Wissenschaftliche Beiträge aus dem Tectum Verlag

Reihe Rechtswissenschaft

Wissenschaftliche Beiträge
aus dem Tectum Verlag

Reihe Rechtswissenschaft
Band 190

Jan Sonntag

Die Online-Gründung von Aktiengesellschaften

Tectum Verlag

Jan Sonntag
Die Online-Gründung von Aktiengesellschaften

Wissenschaftliche Beiträge aus dem Tectum Verlag
Reihe: Rechtswissenschaft; Bd. 190

Zugl. Diss. Europa-Universität Viadrina Frankfurt (Oder), 2022

ISBN 978-3-8288-4795-8
ePDF 978-3-8288-7907-2
ISSN 1861-7875

Gesamtverantwortung für Druck und Herstellung:
Nomos Verlagsgesellschaft mbH & Co. KG
Printed in Germany

Besuchen Sie uns im Internet
www.tectum-verlag.de

Bibliografische Informationen der Deutschen Nationalbibliothek
Die Deutsche Nationalbibliothek verzeichnet diese Publikation
in der Deutschen Nationalbibliografie; detaillierte bibliografische
Angaben sind im Internet über http://dnb.d-nb.de abrufbar.

Vorwort

Die Juristische Fakultät der Europa-Universität Viadrina Frankfurt (Oder) hat diese Arbeit im Wintersemester 2021/2022 als Dissertation angenommen. Das Manuskript ist im Wesentlichen auf dem Stand von Dezember 2021.

Die Arbeit wäre ohne die Unterstützung vieler Menschen nicht entstanden, denen ich an dieser Stelle allen danken möchte. Einige möchte jedoch besonders hervorheben.

Zunächst möchte ich meinem Doktorvater Prof. Dr. *Kaspar Frey* danken, der mir mit der Einstellung an seinem Lehrstuhl und der Betreuung der Arbeit stets das notwendige Vertrauen und die Motivation gegeben hat, diese Arbeit zu erstellen. Die lehrreichen Aufgaben, Tipps, vor allem die tolle und kollegiale Atmosphäre im gesamten Lehrstuhlteam werden mir immer in Erinnerung bleiben. Danken möchte ich ferner Prof. Dr. *Oliver Knöfel* für das Erstellen des Zweitgutachtens. Prof. Dr. *Christian Becker* danke ich für die bereitwillige Übernahme des Prüfungsvorsitzes meiner Disputation.

Natürlich dürfen meine Kollegen am Lehrstuhl nicht unerwähnt bleiben. Ich danke Dr. *Krysztof Paluch* (LL.M. Frankfurt (Oder)), *Dominik Schäfer*, *Moritz Jarzcyk* und *Maximilien Pelc* (LL.M. Frankfurt (Oder)) für die tolle und lehrreiche Zusammenarbeit, aber auch die schönen arbeitsfreien Zeiten auf dem Tennisplatz oder an der Oder. Obwohl die „PdW-Runden" oftmals mehr Arbeit für uns bedeutet haben, werde ich auf die intensiven Diskussionen, teilweise auch nur über ein bestimmtes Wort, mit Freude zurückblicken.

Ein besonderer Dank gilt meiner Familie, meinen engsten Freunden und Wegbegleitern, insbesondere meinen Eltern *Antje* und *Horst Sonntag*, aber auch meiner Oma *Waltraud Weitzel*, sowie *Alexandra* und *Steve Dartau*, *Jan Mahlke*, *Florian Lautner*, *Holly* sowie Dr. *Lukas Böffel* (LL.M. Berkeley), die mich aufbauten, motivierten oder inspirierten. Für ihre stets bedingungslose Unterstützung möchte ich meiner

Frau *Aylin Sonntag* ganz besonders danken. Ohne dich wäre die Arbeit in dieser Form und auf diesem Weg wohl nie entstanden. Eine Person fehlt in dieser Aufzählung, die den Anfang und den Schaffungsprozess der Arbeit erlebt hat, aber leider nicht mehr ihre Abgabe. Wenn ich den Glauben in meinen Weg verloren habe, wusste ich, ihn bei dir wiederfinden zu können. Ich danke dir und denke an dich, immer. Dir ist die Arbeit gewidmet, Opa.

Inhaltsverzeichnis

A. Einleitung

I. Problemaufriss

Wie sich bereits dem Titel der Arbeit „Die Online-Gründung der Aktiengesellschaft" entnehmen lässt, ist auch sie dem weiten Gebiet der Digitalisierung des Rechts zuzuordnen. Ganz grundsätzlich sind die Vor- und Nachteile der Technisierung von Prozessen jedweder Art darin zusammenfassen, dass diese sich schneller, effektiver und kostengünstiger durchführen lassen, wohingegen digitalen Lösungen eine erhöhte Fehleranfälligkeit und Manipulierbarkeit nachgesagt wird.[1] Auch im Bereich des Gesellschaftsrechts wird der Einsatz von Technik abseits von Gesellschaftsgründungen intensiv diskutiert. Nur beispielhaft sind der Einfluss von Big-Data auf die Organhaftung[2] und auf der *Blockchain*-Technologie basierende *Decentralized Autonomous Organization*[3], Stimmabgaben in Hauptversammlungen[4] oder Mitgliedschaften in GmbH[5] und AG[6] zu nennen.

Zwingende Formvorschriften können die Digitalisierung des Rechts ausbremsen und eine erste Hürde darstellen, dessen Überspringen in den Verantwortungsbereich des Gesetzgebers fällt. So zum Beispiel, wenn der rechtliche Regelungsrahmen zwingend papiergebundene Do-

---

1 *Spindler* ZGR 2018, 17 (19 f.); *Zöllner*, in: Noack/Spindler, Unternehmensrecht und Internet, S. 69 ff; *Claussen* AG 2001, 161 (163 ff.); *Schwarz/Stein* DB 2017, 1525 (1526 f.); *M. Müller* AG 2017, R15 f.; *Holten/Bauerfeind* AG 2015, 489 (491 ff.); *König* AG 2017, 262 (266 ff.).

2 *Spindler* ZGR 2018 17 (42 ff.).

3 *Teichmann* ZfPW 2019, 247 (266 ff.); *Mann* NZG 2017, 1014 (1015 ff.); *Langheld/Haagen* NZG 2021, 724 (724 ff.); *Möslein/Omlor/Urbach* ZIP 2020, 2149 (2150).

4 *Kruchen* DZWIR 2020, 431 (449); *Möslein/Omlor/Urbach* ZIP 2020, 2149 (2162); *Kuntz* ZHR 183 (2019), 190 (204).

5 *Möslein/Omlor/Urbach* ZIP 2020, 2149 (2157 ff.).

6 *Möslein/Omlor/Urbach* ZIP 2020, 2149 (2159 ff.); *Zetzsche* AG 2019, 1 (13); vgl. auch zum polnischen Gesellschaftsrecht *Weber-Elżanowska/Dybiński* BKR 2021, 292 (292 ff.); *Feind/Paluch* WiRO 2018, 327 (329, 330).

kumente, persönliches Erscheinen an einem bestimmten Ort oder analoges Handeln verlangt. Sollen auch solche Bereiche digitalisiert werden, sind seit gegebenenfalls Jahrzehnten bestehende Formvorschriften zu hinterfragen. Ganz zugespitzt stellt sich die Frage, ob sich das, was seit Jahrzehnten papiergebunden oder unter persönlicher Anwesenheit durchgeführt wurde, nicht auch schneller, effektiver und kostengünstiger durch den Einsatz von technischen Hilfsmitteln vollziehen lässt. Zumindest für die GmbH musste der deutsche Gesetzgeber ein Gesetz erarbeiten, das das elektronische Gründungsverfahren umsetzt und zum 1.8.2022 in Kraft treten soll[7]. Hierzu waren die Mitgliedsstaaten der Europäischen Union verpflichtet, um den Anforderungen der Richtlinie (EU) 2019/1151 des Europäischen Parlaments und des Rates vom 20. Juni 2019 zur Änderung der Richtlinie (EU) 2017/1132 im Hinblick auf den Einsatz digitaler Werkzeuge und Verfahren im Gesellschaftsrecht[8] (kurz: RL) gerecht zu werden. So können die notarielle Beurkundung der Satzung einer GmbH sowie die im Rahmen der Gründung der Gesellschaft gefassten Beschlüsse der Gesellschafter[9] im Fall einer Gründung ohne Sacheinlagen auch mittels Videokommunikation gemäß den §§ 16a-e BeurkG-E[10] erfolgen (§ 2 Abs. 3 GmbHG-E).[11]

Eine solche rechtliche Grenze besteht jedoch weiterhin im Gründungsrecht der Aktiengesellschaft. § 23 Abs. 1 S. 1 AktG verlangt noch immer die Präsenzbeurkundung der Satzung. Zudem wurde das elektronische Beurkundungsverfahren bewusst auf die Rechtsform der

7 BGBl 2021 I Nr. 51, S. 3338 (3369).

8 Richtlinie (EU) 2019/1151 des Europäischen Parlaments und des Rates vom 20. Juni 2019 zur Änderung der Richtlinie (EU) 2017/1132 im Hinblick auf den Einsatz digitaler Werkzeuge und Verfahren im Gesellschaftsrecht; ABl. L 186 vom 11.7.2019, S. 80.

9 Wird wie hier in der gesamten Arbeit an manchen Stellen das generische Maskulin verwendet, ist damit jedes binäre wie nicht binäre Geschlecht gemeint. Das verwendete generische Maskulin dient nur der Simplifizierung der Sprache und soll niemanden ausgrenzen.

10 Wenn nicht anders gekennzeichnet handelt es sich bei allen im Folgenden mit „-E“ gekennzeichneten Gesetzen um solche aus dem Gesetz zur Umsetzung der Digitalisierungsrichtlinie (DiRuG) vom 5.7.2021, veröffentlich im BGBl 2021 I Nr. 52, S. 3338.

11 Näheres hierzu C.II.3.a).

GmbH beschränkt (§ 16a Abs. 1 BeurkG-E).[12] Gründer einer Aktiengesellschaft können das elektronische Beurkundungsverfahren gem. §§ 16a-e BeurkG-E nicht nutzen. Im Rahmen dieser Arbeit ist zu überdenken, ob die rechtlichen Grenzen in § 23 Abs. 1 AktG und § 16a Abs. 1 BeurkG-E weiterhin Bestand haben sollten oder das Gründungsrecht der Aktiengesellschaft nicht auch zu digitalisieren und für sie die Online-Gründung anzubieten ist.

II. Begriffsbestimmung „Online-Gründung"

Zunächst ist festzulegen, was unter einer „Online-Gründung" im Sinne der Arbeit zu verstehen ist. Um eine Definition für das zusammengesetzte Wort zu erarbeiten, sind die beiden Begriffe zunächst einzeln zu erläutern und inhaltlich sodann zusammenzuführen.

„Online" fungiert als Präfix[13] und bezieht sich auf das dahinterstehende Nomen. Ein Sinn lässt sich dem Präfix damit erst im Zusammenhang mit dem nachstehenden Wort entnehmen. Dennoch ist eine Begriffsbedeutung zu erarbeiten. Hierzu wird die Bedeutung des Adverbs „online" herangezogen.[14] Ausgehend von der Wortbedeutung des Adverbs ist jemand online, wenn er an das Datennetz oder das Internet angeschlossen und in direkter Verbindung mit der Datenverarbeitungsanlage arbeitet. Es besteht demnach eine Plattform, der man sich allein durch eine Internetverbindung ankoppeln kann. Im Sinne der Arbeit gilt das Präfix „Online" als ein Verfahren, welches ausschließlich durch elektronische Fernkommunikationsmittel durchgeführt werden kann, ohne dass sich Personen an einem bestimmten Ort persönlich einfinden müssen. Ziel muss es sein, eine Aktiengesellschaft allein mit Hilfe eines Computers und einer Internetverbindung zu gründen. Weitere Kontur erlangt der Begriff „Online" gem. den Erwägungsgründen 10 und 21 RL, wonach keiner der Gründer persönlich vor Behörden, Personen oder Stellen, die mit der Bearbeitung

12 Begr. DiRuG-RegE, BR-Drucks. 144/21, S. 133 f.

13 Vgl. hierzu https://www.duden.de/rechtschreibung/Online_ (zuletzt aufgerufen am: 16.11.21, 11:47 Uhr).

14 Vgl. hierzu https://www.duden.de/rechtschreibung/online (zuletzt aufgerufen am: 16.11.21, 11:47 Uhr).

von Aspekten der Online-Gründung betraut sind, erscheinen muss. Eine Aktiengesellschaft ist online gegründet, wenn keiner der Gründer vor einer staatlichen Stelle erscheinen muss, sondern er alle Verfahrensschritte von einem beliebigen Ort aus mit technischen Hilfsmitteln steuern kann.

Weiterhin ist der Endzeitpunkt einer Gründung festzulegen. Ausgangspunkt unserer Definition ist Art. 13a Nr. 4 RL, wonach unter dem Begriff „Gründung" im Rahmen der Richtlinie das gesamte Verfahren bis zur Errichtung der Gesellschaft verstanden wird. Art. 13a Nr. 4 RL gibt damit einen Endzeitpunkt vor, in dem das Gründungsverfahren endet, nämlich dann, wenn die Gesellschaft im Handelsregister eingetragen wurde.

Hingegen lässt sich der Definition nicht entnehmen, in welchem Zeitpunkt die Gründung beginnt. Um den Anfangszeitpunkt einer „Gründung" zu definieren, ist auf die Sicht der Gründer abzustellen. Stellen wir uns vor, selbst Gründer zu sein, so wird für uns das Gründungsverfahren damit beginnen, einen Notar oder Rechtsanwalt aufzusuchen, um uns über das Gründungsverfahren einer Aktiengesellschaft zu erkundigen und die nun einzuhalten Verfahrensschritte abzusprechen. Die „Gründung" beginnt nach deutschem Recht mit der Kontaktaufnahme zu einem Rechtsanwalt oder einem Notar.

Für das Gründungsrecht einer Aktiengesellschaft folgt daraus, dass von der ersten Kontaktaufnahme der Gründer bis zur Errichtung der Gesellschaft durch ihre Eintragung in das Handelsregister vollständig online durchgeführt werden können muss, das heißt ausschließlich unter Nutzung eines Computers, sonstiger elektronischer Hilfsmittel und einer Internetverbindung.

In manchen Teilen der Arbeit bietet es sich an, die Wortneubildung „Online-Gründung" durch „elektronische Gründung" zu ersetzen. Beide Redewendungen werden im Sinne der Arbeit als Synonym verwendet.

III. Gang der Untersuchung

Ziel der Arbeit ist es eine Antwort auf die Frage zu erarbeiten, ob sich das Geld- wie Sachgründungsrecht einer Aktiengesellschaft nach dem Vorbild der elektronischen Gründung einer GmbH gestalten lässt.

Um sich der aufgeworfenen Frage zu nähren, werden zunächst Argumente aus der Literatur gegeneinander abgewogen, die für und gegen die Online-Geldgründung einer Aktiengesellschaft sprechen (B.). In einem nächsten Schritt ist das geplante elektronische Geldgründungsverfahren der GmbH zu skizzieren (C.). Hierzu ist in einem kurzen historischen Abriss aufzuzeigen, wie sich europäische und nationale Vorhaben zur Realisierung einer Online-Gründung entwickelt haben und von welchen Motiven das Vorhaben einer elektronischen Gründung von Kapitalgesellschaften geleitet ist (C.I.).

Sodann sind die Grundzüge des Online-Gründungsrechts einer GmbH zu erarbeiten, anhand derer das Gründungsrecht der Aktiengesellschaft auf seine Vereinbarkeit mit den Anforderungen einer Online-Gründung untersucht wird (C.II.).

Damit ist der Grundstein dafür gelegt, das Gründungsrecht der Aktiengesellschaft in den Mittelpunkt der Darstellungen zu rücken (D.). Hierzu sind in einem ersten Schritt verschiedene Gründungsvarianten auf ihre Eignung für ein elektronisches Gründungsverfahren einer Aktiengesellschaft zu untersuchen, sei es mit oder ohne notarielle Beteiligung oder sei es mit oder ohne Mustersatzung (D.I., D.II. und D.III.). Teil der Darstellung ist eine empirische Untersuchung stichprobenartig ausgewählter Satzungen von Aktiengesellschaft aus dem Bundesland Brandenburg (D.III.3.).

Sind damit die Eckpfeiler der elektronischen Gründung einer Aktiengesellschaft erarbeitet, wird nun nach diesem Vorbild das Geldgründungsrecht einer Aktiengesellschaft untersucht und auf seinen Anpassungsbedarf analysiert, mit dem Ziel, erste Gesetzesvorschläge für das elektronische Gründungsverfahren einer Aktiengesellschaft zu erarbeiten (E. und F.).

Im Anschluss ist die elektronische Beurkundung im Aktienrecht zu beleuchten (G.). Insbesondere tritt die Identifizierung mit Hilfe elektronischer Identifizierungsmittel in das Zentrum der Darstellungen (G.II.). Maßstab der Ausführungen ist dabei die dem deutschen Recht seit einem Jahrhundert innewohnende Identifizierungspflicht. Wie zu zeigen sein wird, hat sich auch die Identifizierung mit Hilfe elektronischer Identifizierungsmittel in einer elektronischen Beurkundung an ihr zu messen.

Ist das Konzept einer elektronischen Identifizierung bestätigt, sind erste praktische Probleme näher zu beleuchten (G.II.4.). Dies betrifft vor allem elektronische Gründungen durch Gesellschaften und Bevollmächtigte. Hierbei ist ein Lösungsansatz näher zu untersuchen, der die Einführung eines *Blockchain*-basierten Vollmachtregisters vorschlägt. Im Zuge dieser Ausführungen ist die Vereinbarkeit dieser Lösung mit der Datenschutzgrundverordnung zu prüfen (G.II.4.b)cc)).

Sodann sind die übrigen mit der Beurkundung der Satzung einer Aktiengesellschaft verfolgten Zwecke hervorzuheben und auf ihre Vereinbarkeit mit den Anforderungen einer Online-Gründung zu beleuchten (G.II.-VI.). Abschließend werden erste Gesetzesvorschläge erarbeitet und diskutiert (G.VIII.).

Nun wird die elektronische Sachgründung einer Aktiengesellschaft betrachtet (H.). In einem kurzen Überblick sind erste Argumente aus der Literatur zu sammeln, die für und gegen die elektronische Sachgründung einer Aktiengesellschaft sprechen (H.II.). Ganz zentral werden die Rechtsfolgen einer verdeckten Sachgründung im elektronischen Verfahren geprüft, sollte das elektronische Gründungsverfahren ausdrücklich nur Geldgründungen ermöglichen (H.II.2.), wie es für das Geldgründungsrecht einer GmbH vorgesehen ist.

Sodann ist das Sachgründungsrecht der Aktiengesellschaft auf seine Vereinbarkeit mit den Anforderungen einer elektronischen Gründung zu untersuchen (H.III.). Ist dieser Schritt abgeschlossen, muss die Anwendbarkeit der elektronischen Beurkundung im Immobilienrecht und bei der Übertragung von GmbH-Anteilen analysiert werden (H.IV. und H.V.). Sodann ist in einem Ergebnis festzuhalten, ob sich das Sachgründungsverfahren digitalisieren lässt wie schon das Geldgründungsverfahren einer Aktiengesellschaft (H.VI.). Abschließend werden die Endergebnisse zusammengefasst (I.).

B. Argumente für und gegen die Online-Gründung einer Aktiengesellschaft

In einem kurzen Überblick sind zunächst einige Argumente zu sammeln und zu entwickeln, die für und gegen die Online-Gründung einer Aktiengesellschaft sprechen. Das Meinungsspektrum in der wissenschaftlichen Literatur ist hierbei sehr übersichtlich und gespalten zugleich, wobei die Gegenstimmen die Fürsprecher einer Online-Gründung einer Aktiengesellschaft deutlich überwiegen.[15] Jüngst zeichnet sich allerdings eine leicht gegenläufige Tendenz ab, so dass die Online-Gründung einer Aktiengesellschaft mehr Zuspruch findet.[16]

I. Meinungsstand in der Literatur

1. Komplexes Gründungsverfahren

Die wissenschaftliche Literatur hat sich gerade zu Beginn der Debatte mit Erscheinen der Richtlinie (EU) 2019/1151[17] einheitlich dafür ausgesprochen, die Online-Gründung auf die Rechtsform der GmbH zu beschränken und für die Rechtsform der AG nicht anzubieten. Das Gründungsverfahren der Aktiengesellschaft wurde pauschal als

---

15 *Lieder* NZG 2018, 1081 (1082 aE); *ders.* NZG 2020, 81 (82); *Bormann/Stelmaszcyk* NZG 2019, 601 (602); *Birkefeld/Schäfer* BB 2019, 2626 (2627); *Kindler/Jobst* DB 2019, 1550 (1551); *Knaier* GmbHR 2018, 560 (564); *Teichmann* ZIP 2018, 2451 (2453); *Halder* NJOZ 2020, 1505 (1511).

16 *Drygala/Grobe* GmbHR 2020, 985 (989 Rn. 24); offener, wenn auch kritisch *Bayer/J. Schmidt* BB 2019, 1922 (1923); *J. Schmidt* ZIP 2021, 112 (113).

17 Richtlinie (EU) 2019/1151 des Europäischen Parlaments und des Rates vom 20. Juni 2019 zur Änderung der Richtlinie (EU) 2017/1132 im Hinblick auf den Einsatz digitaler Werkzeuge und Verfahren im Gesellschaftsrecht.

zu kompliziert eingestuft, als dass sich dieses digital abbilden ließe.[18] Hingegen bleiben die Stimmen in der Literatur einen Hinweis schuldig, welche Gründungsschritte zu kompliziert seien.

2. Notwendige Folgeänderungen

Darüber hinaus sind die möglicherweise auftretenden Konflikte bei einer Online-Sachgründung zu nennen, die gegen die Online-Gründung einer Aktiengesellschaft streiten. Gegen die Online-Sachgründung wird überwiegend angebracht, dass das Kapitalschutzsystem in einer Online-Gründung nicht angemessen geschützt werden kann und insgesamt sehr komplex sei, weshalb sich eine digitale Lösung verbiete.[19]

In der Praxis ist es nicht unüblich, dass Aktiengesellschaften als Holdinggesellschaft gegründet werden und das Stammkapital durch Leisten von GmbH-Anteilen erbracht wird. Selbst wenn die Online-Geldgründung einer Aktiengesellschaft künftig angeboten werden sollte, ließen sich damit nicht alle Gründungsvarianten abdecken und ein großer Teil der Praxis könnte von dem elektronischen Gründungsverfahren nicht profitieren. Problematisch ist dies deshalb, weil bei der Übertragung von GmbH-Anteilen sowohl das Verpflichtungsgeschäft (§ 15 Abs. 4 GmbHG), als auch das Verfügungsgeschäft (§ 15 Abs. 3 GmbHG) notariell beurkundet werden müssen. Es kommt häufiger vor, dass die Gründer Grundstücke als Sacheinlage leisten. Auch das allgemeine Zivilrecht stellt an das Verpflichtungsgeschäft mit der notariellen Beurkundung (§ 311b Abs. 1 BGB) und das Verfügungsgeschäft mit der Auflassung (§ 925 BGB) besondere Formerfordernisse.

Während der Transaktionen von GmbH-Anteilen und Grundstücken müssen die Beteiligten oder zumindest ein Vertreter zwingend per-

18 *Lieder* NZG 2018, 1081 (1082 aE); *ders.* NZG 2020, 81 (82); *Bormann/Stelmaszcyk* NZG 2019, 601 (602); *Birkefeld/Schäfer* BB 2019, 2026 (2627); *Kindler/Jobst* DB 2019, 1550 (1551); *Knaier* GmbHR 2018, 560 (564); *Teichmann* ZIP 2018, 2451 (2453).

19 *Halder* NJOZ 2020, 1505 (1511); *Omlor* DStR 2019, 2544 (2549); *Bormann/Stelmaszczyk* NZG 2019, 601 (606); *Knaier* GmbHR 2021, 169 (172); ausführlich zur Online-Sachgründung unter H.

sönlich vor einem Notar erscheinen. Die Satzung einer GmbH (§ 2 Abs. 3 GmbHG-E) ist derzeit das einzige Rechtsgeschäft, das gem. §§ 16a-e BeurkG-E elektronisch beurkundet werden darf. Um einer Vielzahl von (entstehenden) Aktiengesellschaften das elektronische Gründungsverfahren anbieten zu können, müsste eine Online-Sachgründung möglich sein. Die Online-Gründung einer Aktiengesellschaft würde damit eine Vielzahl an Folgeänderungen nach sich ziehen. Gerade die Digitalisierung von Grundstückstransaktionen verlangt nach tiefgreifenden Änderungen seit über 100 Jahre bestehender Traditionen. Der Schritt zu einer elektronischen Gründung einer Aktiengesellschaft scheint damit hohen Hürden gegenüberzustehen.

3. Kein Bedarf an schneller Gründung

Zudem soll kein praktisches Bedürfnis an einer schnelleren Gründung einer Aktiengesellschaft bestehen.[20] Zuzugeben ist diesem Ansatz, dass die Gründung einer Aktiengesellschaft ein wohl überlegter Schritt ist, um beispielsweise einen Börsengang vorzubereiten oder eine Konzernstruktur aufzubauen. Eine Aktiengesellschaft wird man in der Start-Up-Szene eher nicht vorfinden, die durch die Online-Gründung einer GmbH gerade angesprochen werden soll.[21]

II. Bewertung der Gegenargumente

Insbesondere das erstgenannte Argument überzeugt nicht. Zum einen ist nicht dargelegt, an welchen Stellen das Gründungsverfahren zu komplex ist. Es fehlt an einer Begründung für diese These. Daran anknüpfend ist zum anderen darauf hinzuweisen, dass die Online-Gründung insbesondere nach einem elektronischen Beurkundungsverfahren verlangt, unabhängig davon, ob eine GmbH oder eine AG gegründet werden soll. Das Erfordernis der elektronischen Beurkun-

20 *Birkefeld/Schäfer* BB 2019, 2626 (2627); *Weber*, Digitalisierung im Gesellschaftsrecht, S. 52.

21 Hierzu sogleich unter C.I.2.a).

dung ist die größte Hürde der Online-Gründung einer Kapitalgesellschaft. Denn hierbei ist darauf zu achten, kein Beurkundungsverfahren „zweiter Klasse“[22] zu schaffen. Mit dem von der Bundesnotarkammer betriebenen Videokommunikationssystem (§ 78p Abs. 1 BNotO-E) besteht allerdings schon die Möglichkeit, die Satzung einer GmbH elektronisch zu beurkunden.

Der letztgenannte Hinweis führt zu der Erkenntnis, dass eine digitale Infrastruktur für ein elektronisches Beurkundungsverfahren bereits besteht. Damit ist der finanzielle Erfüllungsaufwand der Online-Gründung einer Aktiengesellschaft insgesamt niedriger einzuschätzen, als jener bei der Online-Gründung einer GmbH. Allein die Einrichtung des von der Bundesnotarkammer betriebenen Videokommunikationssystems (§ 78p BNotO-E) kostet schätzungsweise 11.500.000 EUR.[23] Ebenso ist zu erwarten, dass die auf einen Wert von 2.700.000 EUR[24] geschätzten wiederkehrenden Verwaltungs- und Betriebskosten des Videokommunikationssystem effizienter genutzt werden können, wenn die Nutzung des Videokommunikationssystems nicht bloß auf die elektronische Beurkundung der Satzung einer GmbH beschränkt bleibt. Denn anders als vor der Etablierung der Online-Gründung einer GmbH besteht für die Online-Gründung einer Aktiengesellschaft eine digitale Infrastruktur, auf die im Gründungsverfahren einer Aktiengesellschaft zurückgegriffen werden kann. Es existiert damit eine Kommunikationsplattform, die das Gründungsverfahren einer Aktiengesellschaft sinnvoll ergänzen kann und nicht erst entwickelt und etabliert werden muss.

Dass das Gründungsverfahren einer Aktiengesellschaft mehr Verfahrensschritte aufweist und dadurch möglicherweise komplexer ist als jenes einer GmbH, ist hingegen kein Problem, welches ausschließlich aus den Erfordernissen einer Online-Gründung herrührt. Auch wenn eine Aktiengesellschaft auf herkömmlichen Weg gegründet wird, ist ihr Gründungsverfahren komplexer. Allerdings wurde bisher keine Korrelation zwischen der Komplexität eines Gründungsverfahrens und seiner Eignung für eine elektronische Lösung nachgewiesen. Nach

22 Begr. DiRuG-RegE, BR-Drucks. 144/21, S. 134.
23 Begr. DiRuG-RegE, BR-Drucks. 144/21, S. 87.
24 Begr. DiRuG-RegE, BR-Drucks. 144/21, S. 87.

aktuellem Stand der Wissenschaft fehlt eine Untersuchung, ob das Gründungsrecht tatsächlich derart komplex ist, als dass es sich nicht sinnvoll digital abbilden ließe. Diese Lücke soll durch die vorliegende Arbeit geschlossen werden. Erst dann kann die in der Literatur aufgestellte These belegt oder widerlegt werden. Dass das Gründungsverfahren einer Aktiengesellschaft grundsätzlich diffiziler als jenes einer GmbH ist, mindert nicht das Interesse der Gründer einer Aktiengesellschaft, einzelne Gründungsschritte effektiver zu gestalten. Diese Erkenntnis lässt keine Rückschlüsse dahingehend zu, dass es an dem Interesse einer Online-Gründung der Aktiengesellschaft mangeln würde. Zumindest bestehen hierfür keine Anhaltspunkte. Denn der Gründungsvorgang, insbesondere die Beurkundung und Beglaubigung aller erforderlichen Dokumente, ließe sich zeiteffektiver gestalten.

Gleichermaßen verhält es sich mit dem Argument, dass die Online-Gründung einer Aktiengesellschaft auch für Sachgründungen anzubieten ist. Es ist zwar richtig, dass hierfür allgemeine Formerfordernisse überdacht werden müssen. Hingegen versperrt sich der Gesetzgeber den Weg in die Digitalisierung, wenn künftig an den alten Formerfordernissen festgehalten und digitale Lösungen pauschal als zu komplex abgewiesen werden. Die Online-Gründung einer Aktiengesellschaft bietet die Möglichkeit, das Formerfordernis von z.B. Zeichnungsverträgen im Rahmen von Sachgründungen zu überdenken. Damit ist die Online-Gründung einer Aktiengesellschaft als Chance zu verstehen, diese Bereiche in das digitale Zeitalter zu überführen.[25]

III. Argumente für die Online-Gründung einer Aktiengesellschaft

Die bisher genannten Argumente jener Stimmen, die ein elektronischen Gründungsverfahren einer Aktiengesellschaft ablehnen, sind damit relativiert. Nun sind weitere Argumente zu sammeln, die für die Online-Gründung einer Aktiengesellschaft sprechen.

25 So im Ergebnis auch *Drygala/Grobe* GmbHR 2020, 985 (991 Rn. 34).

1. Transaktionsgeschäft dem Zweck des Beurkundungsgesetzes anpassen

Die Satzung einer GmbH lässt sich bereits elektronisch beurkunden. Hierzu wird auf das von der Bundesnotarkammer betriebene Videokommunikationssystem zurückgegriffen. Ziel des Vorhabens auf europäischer[26] wie nationaler[27] Ebene war es, den organisatorischen wie logistischen Aufwand für die Gründer zu reduzieren. Auch in der Literatur wird auf die mit der Online-Gründung einhergehenden Potentiale hingewiesen, die einer Präsenzbeurkundung nicht zugesprochen werden. So sei der Zeitaufwand für die an der Online-Beurkundung Beteiligten geringer. Zudem entfallen Kosten, die unter Umständen für eine Reise anfallen würden und auch der mit der Anfahrt anfallende logistische Aufwand. Entfällt für die Beteiligten der logistische, zeitliche und finanzielle Aufwand in einer Online-Beurkundung, dann schwinde aus Sicht der Beteiligten auch die Notwendigkeit von Vollmachtsgründungen. Denn fortan müssen die Gründer niemanden mehr für eine Online-Beurkundung bevollmächtigen, um den mit einer Präsenzbeurkundung entstehenden Aufwand zu umgehen.[28]

Damit besteht das Potential, Abschied von in der notariellen Praxis etablierten Strukturen zu nehmen. Denn bei Beurkundungen ist es ganz häufig so, dass jene Personen, denen die Rechtswirkungen des zu beurkundenden Rechtsgeschäfts unmittelbar treffen, der Beurkundung selbst gar nicht beiwohnen. Gerade bei der Gründung von Kapitalgesellschaften ist es oftmals zu beobachten, dass die Gründer von wissenschaftlichen Mitarbeitern, Referendaren und/oder Sekretären durch Vollmacht vertreten werden.

Dies ist insoweit misslich, als dass der Notar gem. § 17 Abs. 1 BeurkG den Willen der Beteiligten erforschen, den Sachverhalt klären, die Beteiligten über die rechtliche Tragweite des Geschäfts belehren und ihre Erklärungen klar und eindeutig in der Niederschrift wiedergeben soll. Natürlich ist die Möglichkeit, sich bei einer Beurkundung vertreten zu lassen, im Beurkundungsgesetz angelegt und mit den Kardinalpflich-

26 Richtlinie (EU) 2019/1151 ErwG 2.

27 Begr. DiRuG-RegE, BR-Drucks. 144/21, S. 69.

28 Statt vieler *Lieder* NZG 2020, 81 (86); *Omlor* DStR 2019, 2544 (2545).

ten eines Notars zu vereinbaren (§ 12 BeurkG). Die Regel sollte es aber sein, dass die rechtlich und wirtschaftlich Berechtigten und Verpflichteten aus dem Rechtsgeschäft belehrt werden. Denn nur dann wird der mit den notariellen Pflichten verfolgte Zweck erreicht, nämlich die Berechtigten und Verpflichteten zu warnen, zu belehren und aufzuklären.

Anhand der bei einer Beurkundung verfolgten Warnfunktion lässt sich dies skizzieren. Neben der Vollständigkeitsgewähr und der Reduzierung von gerichtlichen Prozessen, verfolgte der Gesetzgeber mit der notariellen Beurkundung ganz zentral eine Schutzfunktion im Interesse der Beteiligten.[29] Ihnen soll die notarielle Beurkundung seither Bedenkzeit verschaffen, sie vor übereiligen Entscheidungen schützen und vor folgenreichen Rechtsgeschäften warnen.[30] Zwar wird den Geschäftsherrn vor Augen geführt, dass ihr Vorhaben rechtlich der Einschaltung eines Notars bedarf und sich damit von Alltagsgeschäften unterscheidet. Die Tragweite des Rechtsgeschäfts wird ihnen aber nicht dadurch bewusst, dass sie theoretisch an der Beurkundung teilnehmen müssen und sich der Teilnahme durch Einschaltung eines Bevollmächtigten entziehen.[31] Es besteht ein qualitativer Unterschied zwischen Beurkundungen, an denen die Vertragspartner des zu beurkundenden Rechtsgeschäfts teilnehmen und jenen, bei denen Bevollmächtigte die Vertragspartner vertreten.

Im Ergebnis geht die mit einer Beurkundung verfolgte Aufklärung, Belehrung, Beratung und Warnung oftmals ins Leere, weil die eigentlich aufzuklärenden, zu belehrenden, zu beratenden und zu warnenden Personen gar nicht anwesend sind. Mit anderen Worten ließe sich ganz zugespitzt in Frage zu stellen, welche Funktion ein Notar bei einer Beurkundung hat, wenn von seiner fachlichen Expertise nur die Bevollmächtigten unmittelbar und die Geschäftsherrn allenfalls mittelbar profitieren.

Eine elektronische Beurkundung bietet damit ganz grundlegend das Potential, dass die notariellen Pflichten im Rahmen einer Beurkundung gegenüber jenen Personen erfüllt werden, die von dem Rechtsge-

29 Mugdan, Protokolle des Bürgerlichen Gesetzbuches, Band 2, S. 621.
30 Mugdan, Protokolle des Bürgerlichen Gesetzbuches, Band 2, S. 621.
31 Zur Warnfunktion in einer elektronischen Beurkundung, vgl. G.IV. und H.IV.1.b)bb).

schäft rechtlich und wirtschaftlich unmittelbar betroffen sind. Mit der elektronischen Gründung einer Aktiengesellschaft lässt sich das Transaktionsgeschäft in der Praxis wieder näher an den mit der notariellen Beurkundung verfolgten Sinn und Zweck heranführen.

2. Erfahrungen mit elektronischer Beurkundung erweitern

Zudem würde sich der sachliche Anwendungsbereich des elektronischen Beurkundungsverfahrens gem. §§ 16a-e BeurkG-E erweitern, ließe sich fortan auch eine Aktiengesellschaft unter Nutzung von elektronischen Fernkommunikationsmitteln gründen. Im Gegensatz zu den von Emotionen und widerstreitenden Interessen geprägten Rechtsgeschäften im Bereich des Familienrechts, bietet das überwiegend von sachlichen und rationalen Interessen geleitete Gesellschaftsrecht[32] die Möglichkeit, die elektronische Beurkundung in ihrer praktischen Anwendung zu erproben. Die elektronische Beurkundung im Gründungsverfahren einer Aktiengesellschaft würde den Kreis und Erfahrungsschatz elektronisch beurkundeter Erklärungen erweitern. Diese Chance sollte nicht ungenutzt bleiben, um die Digitalisierung der Beurkundungserfordernisse außerhalb des Gesellschaftsrechts weiter vorantreiben zu können.

32 Begr. DiRuG-RegE, BR-Drucks. 144/21, S. 134.

C. Die Online-Gründung einer GmbH

Gem. § 2 Abs. 3 GmbHG-E können die Beurkundung der Satzung einer GmbH und die im Rahmen der Gründung gefassten Beschlüsse der Gesellschafter nach den § 16a-e BeurkG-E erfolgen. Bisher fehlt im Aktienrecht eine solche Vorschrift, nach der in ihrem Gründungsverfahren das Videokommunikationssystem der Bundesnotarkammer genutzt werden kann. Das geplante elektronische Gründungsrecht der GmbH fungiert für die Arbeit als Vorbild. Aus diesem sollen Erkenntnisse erarbeitet werden, um das Aktienrecht *de lege ferenda* dem elektronischen Gründungsverfahren zuführen zu können.

Hierzu ist das Online-Gründungsrecht einer GmbH zu skizzieren. Diese Skizze dient als Vorbild, um den Anpassungsbedarf des Gründungsrechts der Aktiengesellschaft identifizieren zu können. Bevor die Konturen des GmbH-Onlinegründungsrechts erarbeitet werden, sind die Motive und die Entstehungsgeschichte des elektronischen Gründungsverfahrens der GmbH darzustellen.

I. Historie und Motive

Das am 25.04.2018 vorgestellte EU-Company Law Package soll den Gang zum Notar für die Gründung einer Kapitalgesellschaft ersparen, das europäische Gesellschaftsrecht in das digitale Zeitalter überführen und einen Beitrag zur Gesamtstrategie der Europäischen Union zur Vollendung des (digitalen) Binnenmarktes leisten.[33] Mit dem EU Company Law Package werden die Mitgliedsstaaten aufgefordert EU-Bürgern zu ermöglichen, Kapitalgesellschaften grenzüberschreitend und innerhalb der eigenen Landesgrenzen im Wege einer Online-Gründung zu errichten.

---

33 *Bormann/Stelmaszcyk* NZG 2019, 601; COM (2015) 192 final v. 6.5.2015.

1. Societas Privata Europaea und Societas Unius Personae

Dabei ist die grenzüberschreitende Erschließung des europäischen Binnenmarktes durch die Online-Gründung von Kapitalgesellschaften kein Produkt jüngster Entwicklungen.

Bereits seit 1973 versuchte man auf europäischer Ebene, mit der supranationalen Rechtsform Societas Privata Europaea, kurz SPE[34], den grenzüberschreitenden Marktzugang voranzutreiben. Die komplizierten und unterschiedlichen Rechts- und Verwaltungsvorschriften[35] der einzelnen Rechtsordnungen europäischer Mitgliedsstaaten wirkten nach Ansicht der Kommission seit jeher hemmend auf die Neugründung vielversprechender Unternehmen.[36] Nach angedrohter Rücknahme des SPE-Vorschlags am 2. Oktober 2013 durch die Europäische Kommission[37], wurde das Vorhaben am 21. Mai 2014 endgültig für gescheitert erklärt[38], ehe eine finale Fassung einer Verordnung überhaupt vorgestellt werden konnte.[39] Im Anschluss an das Scheitern der SPE wagte die Europäische Kommission mit der supranationalen Einpersonengesellschaftsform Societas Unius Personae, kurz SUP, einen erneuten Vorstoß. Neben vielen Neuerungen gegenüber der SPE, unterschied sich die SUP von der SPE maßgebend dadurch, dass sie online gegründet werden sollte.[40] Aber auch dieses Vorhaben scheiterte. Faktoren für ihr Scheitern waren die fehlende notarielle oder gerichtli-

---

34 Auch Europäische Privatgesellschaft, Société Fermée Européenne, SFE oder EPG genannt, vgl. hierzu *Peters/Wüllrich* NZG 2008, 807; *Bachmann* ZGR 2001, 351 (370).

35 Hierzu *Hommelhoff/Teichmann* DStR 2008, 925 (925 f.); *Kalss/Klampfl*, in: Dauses/Ludwigs Hdb EU-Wirtschaftsrecht, E.III. Gesellschaftsrecht Rn. 620.

36 Grünbuch zur Innovation KOM(1995) 688, S. 43 ff.; Grünbuch KOM(2000) 567 Abschnitt 2.4, Abschnitt 4 Ziel 5.

37 Anhang zur Mitteilung der Kommission an das Europäische Parlament, den Rat, den Europäischen Wirtschafts- und Sozialausschuss und den Ausschuss der Regionen: Effizienz und Leistungsfähigkeit der Rechtsetzung (REFIT): Ergebnisse und Ausblick, v. 2.10.2013, COM(2013) 685 final, S. 10 Fn. 40.

38 ABlEU v. 21.5.2014, C 153/3, 6; hierzu auch *Bayer/J. Schmidt* BB 2015, 1731.

39 Anhang zur Mitteilung der Kommission an das Europäische Parlament, den Rat, den Europäischen Wirtschafts- und Sozialausschuss und den Ausschuss der Regionen: Effizienz und Leistungsfähigkeit der Rechtsetzung (REFIT): Ergebnisse und Ausblick, v. 2.10.2013, COM(2013) 685 final, S. 10 Fn. 40.

40 *Teichmann/Götz* ZEuP 2019, 260 (272 ff.).

che Prüfung der Gründungsunterlagen und Identifizierung der Gründer sowie deren Beratung und Belehrung im Vorfeld der Gründung.[41]

2. EU-Company Law Package

Im Gegensatz zu den Vorhaben SPE und SUP hat die Europäische Kommission mit der Richtlinie 2019/1151 die Online-Gründung nationaler Kapitalgesellschaften erneut aufgegriffenen und es bis zu einer finalen Richtlinie gebracht, die von den Mitgliedsstaaten umgesetzt werden muss. Die Richtlinie 2019/1151 ist damit ein Produkt jahrzehntelanger Arbeit, die Erschließung des europäischen Binnenmarktes voranzutreiben, und reiht sich in den Prozess von der SPE zur SUP als (vorläufiges) Ergebnis ein.[42]

So erhofft man sich durch eine Online-Gründung, dass wirtschaftliche Aktivitäten einfacher, rascher und effizienter vollzogen werden können.[43] Grenzüberschreitende Gründungen würden die Niederlassungsfreiheit (Art. 49 AEUV) von Unternehmen stärken.[44] Neben den darzustellenden wirtschaftlichen Vorteilen für den europäischen Binnenmarkt sollen auch die Verwaltungsabläufe durch den Einsatz digitaler Instrumente verbessert werden[45]. Damit steigert die Online-Gründung nicht nur die Kosteneffizienz einer Gründung, sondern senkt zugleich den praktischen Aufwand für alle an einer Online-Gründung Beteiligten.[46]

41 *Weber*, Digitalisierung im Gesellschaftsrecht, S. 31 f.; *Klumpen*, Die elektronische Gesellschaftsgründung über die Grenze, S. 45 ff.

42 So auch *Teichmann/Götz* ZEuP 2019, 260 (261).

43 Richtlinie (EU) 2019/1151 ErwG 2.

44 Begründung zur Richtlinie (EU) 2019/1151 COM (2018) 239 final v. 25.4.2018, S. 13.

45 Begründung zur Richtlinie (EU) 2019/1151 COM (2018) 239 final v. 25.4.2018, S. 5.

46 Begründung zur Richtlinie (EU) 2019/1151 COM (2018) 239 final v. 25.4.2018, S. 9.

a) Start-Up-Szene stärken

Von einer Online-Gründung könnten neben größeren Kapitalgesellschaften vor allem die Start-Up-Szene profitieren. Laut der Europäischen Kommission gibt es 19,2 Mio. Kapitalgesellschaften, von denen mindestens 18,816 Mio. kleinere und mittlere Unternehmen seien.[47] Mit der Richtlinie will die Europäische Kommission gerade letztgenannten Unternehmen den grenzüberschreitenden Marktzugang mit der Gründung einer Kapitalgesellschaft im EU-Ausland erleichtern.[48] Dies sei auch notwendig, um die Gründung florierender Unternehmen zu fördern. Die kleineren und mittleren Unternehmen identifiziert die Europäische Kommission als Schlüssel für die Förderung des Wirtschaftswachstums im europäischen Binnenmarkt.[49] Neben gesteigerten wirtschaftlichen Aktivitäten erhofft sich die Europäische Union ansteigende Gründeraktivitäten. Dies soll Arbeitsplätze schaffen, aber auch soziale Werte für Unternehmen stärken,[50] insgesamt den wirtschaftlichen und sozialen Nutzen von Gesellschaften steigern[51].

b) Harmonisierung der europäischen Rechtsordnungen

Das Wachstum stuft die Europäische Kommission in genannten Gebieten als gefährdet ein, ließe man die Möglichkeiten einer Digitalisierung im EU-Gesellschaftsrecht außer Acht. Hauptfaktoren der ausgemachten Hemmung des grenzüberschreitenden Wachstums sind die unterschiedlichen Vorschriften zur Online-Eintragung, zur Online-Einreichung und zur Online-Veröffentlichung in den Mitgliedstaaten. Bei analogen Gründungen sollen für die Unternehmen unnötige Kosten und Belastungen entstehen, die Unternehmen im schlimmsten Fall

47 Begründung zur Richtlinie (EU) 2019/1151 COM (2018) 239 final v. 25.4.2018, S. 2.

48 Begründung zur Richtlinie (EU) 2019/1151 COM (2018) 239 final v. 25.4.2018, S. 2.

49 Begründung zur Richtlinie (EU) 2019/1151 COM (2018) 239 final v. 25.4.2018, S. 2.

50 Begründung zur Richtlinie (EU) 2019/1151 COM (2018) 239 final v. 25.4.2018, S. 2.

51 Richtlinie (EU) 2019/1151 ErwG. 3.

von einer grenzüberschreitenden Gründung abhalten könnten.[52] So ergab auch eine von der Europäischen Kommission durchgeführte Konsultation, dass Unternehmensverbände vollständig online durchführbare Verfahren, elektronische Identifizierungsstandards und der Grundsatz der einmaligen Erfassung als oberste Priorität bei dem Abbau bestehender Hemmnisse für eine grenzüberschreitende Tätigkeit identifizieren. Dieser Einschätzung schlossen sich Wissenschaftler und Forschungseinrichtungen an,[53] wurde von Notaren und Gewerkschaften jedoch kritisch bewertet, mit einem Hinweis auf das Missbrauchsrisiko.[54]

Um eine florierende Wirtschaft zu fördern, müsse auch ein entsprechendes administratives und rechtliches Umfeld geschaffen werden. Dies soll durch die nun zu ermöglichenden reibungsfreieren Online-Gründungen geschehen. Ziel ist, dass künftig z.B. ein Spanier und z.B. ein Franzose eine Kapitalgesellschaft z.B. in Deutschland gründen können, ohne dass sie hierfür unmittelbar höchstpersönlich oder vertreten durch einen Bevollmächtigten mittelbar dem Notar physisch im selben Raum gegenübersitzen oder zur Abgabe der für die Gründung einer Kapitalgesellschaft erforderlichen Unterlagen für die Anmeldung im Registergericht erscheinen müssen.[55] Als wesentlichen Vorteil einer Online-Gründung gegenüber einer analogen Gründung identifiziert die Europäische Kommission Zeit- und Kostenersparnisse.[56] Auch entstünde ohne eine grenzüberschreitende Online-Gründung eine Ungleichbehandlung zwischen Unternehmen, weil grenzüberschreitenden Unternehmungen höhere Hürden für ihre Expansionsbestrebungen gestellt seien.[57]

---

52 Begründung zur Richtlinie (EU) 2019/1151 COM (2018) 239 final v. 25.4.2018, S. 4.

53 Begründung zur Richtlinie (EU) 2019/1151 COM (2018) 239 final v. 25.4.2018, S. 10.

54 Begründung zur Richtlinie (EU) 2019/1151 COM (2018) 239 final v. 25.4.2018, S. 10 f.

55 *Eickelberg* NZG 2015, 81 (82); *Teichmann* ZIP 2018, 2351 (2354).

56 Begründung zur Richtlinie (EU) 2019/1151 COM (2018) 239 final v. 25.4.2018, S. 4.

57 So deutet es die Europäische Kommission an, vgl. Begründung zur Richtlinie (EU) 2019/1151 COM (2018) 239 final v. 25.4.2018, S. 4, 6.

II. Das GmbH-Online-Gründungsrecht

Anhaltspunkte für die konkrete Umsetzung der Online-Gründung von Kapitalgesellschaften finden sich auf europäischer und auch bereits auf nationaler Ebene. In der EU-Richtlinie 2019/1151[58] hat die Europäische Kommission eine geringe Anzahl zwingend umzusetzender Regelungen aufgeführt. Auf nationaler Ebene hat ursprünglich das Bundesland Nordrhein-Westfalen einen ersten Gesetzesvorschlag im Bundesrat vorgestellt, mit welchem die Richtlinie der Europäischen Kommission umgesetzt werden soll.[59] Daneben besteht ein Gesetz zur Umsetzung der Digitalisierungsrichtlinie (DiRuG) vom 5. Juli 2021, welches am 1.8.2022 in Kraft treten wird.[60]

Ziel ist es, ein Vorbild für die Online-Gründung einer Aktiengesellschaft zu erarbeiten und das im Online-Gründungsrecht der GmbH bestehende Wissen zu nutzen. Anhand dies Vorbildes sollen die Möglichkeiten und Grenzen einer Online-Gründung von Aktiengesellschaften aufgezeigt werden. Zudem sollen erste Erkenntnisse gesammelt und Formulierungsvorschläge bewertet werden, die auch bei der Umsetzung der Online-Gründung von Aktiengesellschaften zu berücksichtigen sind. Im Rahmen der Darstellung ist zu erarbeiten, ob der Gesetzesvorschlag des Bundeslandes NRW und das Gesetz zur Umsetzung der Digitalisierungsrichtlinie (DiRuG)[61] die Vorgaben der europäischen Richtlinie erfüllen oder hinter den Vorgaben zurückbleiben.

1. Personeller Anwendungsbereich

Zu klären ist, ob neben natürlichen Personen auch Gesellschaften in den personellen Anwendungsbereich der Online-Gründung fallen und eine Kapitalgesellschaft online gründen können.

58 Alle im Folgenden Art. sind solche der Richtlinie (EU) 2019/1151.
59 Gesetzesantrag NRW, BR-Drucks. 611/19.
60 BGBl. 2021 I Nr. 52, S. 3338 (3369).
61 BGBl. 2021 I Nr. 52, S. 3338.

a) Vorgaben der Richtlinie 2019/1151 (EU)

Ob neben natürlichen Personen auch Gesellschaften die Möglichkeit einer Online-Gründung durch die Mitgliedsstaaten zu eröffnen ist, beantwortet die Richtlinie nicht eindeutig.

Der Anwendungsbereich der Online-Gründung ist gem. Art. 13g RL ausdrücklich nicht auf natürliche Personen beschränkt, während für elektronische Sachgründungen den Mitgliedsstaaten ganz eindeutig eine Opt-Out-Möglichkeit eröffnet wurde. Da es für Online-Gründungen durch Gesellschaften an einem solch ausdrücklichen Hinweis fehlt, könnten sie in den personellen Anwendungsbereich fallen. Andernfalls hätte eine ausdrückliche Regelung aufgenommen werden müssen. Die Europäische Kommission hat die Online-Gründung durch Gesellschaften als denklogisch vorausgesetzt, was Art. 13g Abs. 3 lit. a) RL untermauert. Dort heißt es, dass die von den Mitgliedsstaaten zu schaffenden Regelungen auch Verfahren zur Gewährleistung der erforderlichen Rechts- und Geschäftsfähigkeit der Antragssteller und ihrer Befugnis zur Vertretung der Gesellschaft umfassen müssen. Hieraus ist abzuleiten, dass Gesellschaften eine Kapitalgesellschaft online gründen können sollen und der personelle Anwendungsbereich insoweit nicht auf natürliche Personen beschränkt ist.[62] Andernfalls wäre es nicht notwendig, dass Antragssteller ihre Befugnis zur Vertretung einer Gesellschaft nachweisen müssten.

b) Gesetzesvorschlag NRW

Auch der Gesetzesvorschlag des Bundeslandes Nordrhein-Westfalen beschränkt den personellen Anwendungsbereich der Online-Gründung einer GmbH nicht auf natürlichen Personen. In § 2 Abs. 3 GmbHG-E-NRW[63] heißt es nur, dass auf die Beurkundung mittels Fernkommunikation nicht zurückgegriffen werden kann, wenn Sacheinlagen vereinbart sind.

62 So auch *Birkefeld/Schäfer* BB 2019, 2626 (2628); *Bormann/Stelmaszczyk* NZG 2019, 601 (605).

63 Gesetzesantrag NRW, BR-Drucks. 611/19, S. 2.

Vom Anwendungsbereich der Online-Gründung nimmt der Gesetzesvorschlag somit nur die Sachgründung aus. Die Gründung durch Gesellschaften wäre durch die gewählte Formulierung möglich.

c) Gesetz zur Umsetzung der Digitalisierungsrichtlinie (DiRUG)

Das Gesetz zur Umsetzung der Digitalisierungsrichtlinie (DiRuG) weicht von dem Gesetzesvorschlags des Bundeslandes NRW nicht ab und schränkt den Anwendungsbereich der Online-Gründung in personeller Hinsicht nicht ein. Trotz entgegengebrachter Kritik[64] ist es natürlichen Personen und Gesellschaften möglich, eine GmbH im Rahmen eines elektronischen Gründungsverfahrens zu gründen. Mit dem Gesellschaftsregister für die GbR und dem Handelsregister für die OHG, die KG, die AG und die GmbH bestehen Register, mit denen sich die Existenz einer inländischen Gesellschaft künftig rechtsicher beurteilen lässt. Der Existenznachweis ausländischer Gesellschaften lässt sich hingegen nicht einheitlich beschreiben. Er hängt von der Zuverlässigkeit der ausländischen Register und von dem Umstand ab, ob die Gesellschaft überhaupt in ein Register einzutragen ist.

d) Zwischenergebnis

Nach der Richtlinie müssen auch Gesellschaften eine GmbH elektronisch gründen können. Sowohl der Gesetzesvorschlag des Bundeslandes NRW und das Gesetz zur Umsetzung der Digitalisierungsrichtlinie (DiRuG) setzen diese Vorgabe um, in dem sie den persönlichen Anwendungsbereich der elektronischen Gründung nicht einschränken.

2. Vollmachtsgründungen

Fraglich ist, ob sich Gründer von Bevollmächtigten bei einer Online-Gründung vertreten lassen können.

---

64 *Lieder* NZG 2018, 1081 (1083 f.); *Knaier* GmbHR 2018, 560 (563 f.); *Teichmann* GmbHR 2018, 1 (11 f.); *ders.* ZIP 2018, 1081 (1083 f.); *Stelmaszczyk/Kienzle* ZIP 2021, 765 (772).

a) Vorgaben der Richtlinie 2019/1151 (EU)

Die finale Fassung der Richtlinie erwähnt an keiner Stelle explizit, ob Vollmachtsgründungen in einem Online-Gründungsverfahren durch die Mitgliedstaaten zuzulassen sind oder nicht.

Zur Beantwortung dieser Frage wird teilweise auf den Begriff des Antragsstellers im Sinne der Richtlinie und ihrer Entwurfsfassung Bezug genommen.[65] In Art. 13g Abs. 3 lit. a) RL heißt es, dass die Mitgliedstaaten Verfahren zur Gewährleistung der erforderlichen Rechts- und Geschäftsfähigkeit der Antragssteller und ihrer Befugnis zur Vertretung der Gesellschaft zu entwickeln haben. Dies gibt Aufschluss darüber, dass der Antragssteller im Sinne der Richtlinie nicht notwendig jene Person ist, die die von der Eintragung ausgehenden Rechtswirkungen unmittelbar betreffen. Antragssteller scheint nicht die Kapitalgesellschaft, sondern eine vertretungsberechtigte Person zu sein.

Die historische Entwicklung der Richtlinie streitet weder eindeutig für die eine noch für die andere Interpretation. In der Entwurfsfassung der Richtlinie hieß es in Art. 13 f Abs. 1, Abs. 3 lit. b)[66] (im Folgenden: RL-Vorschlag), dass die Mitgliedstaaten Verfahren zur Gewährleistung der Rechts- und Geschäftsfähigkeit des Antragsstellers und seiner Befugnis zur Vertretung der Gesellschaft entwickeln müssen. Das zweite „und" untermalt eindeutig, dass Vertreter und Antragsteller in diesem Fall identisch sind. Mit Antragssteller sind gesetzliche Vertreter gemeint, die ihre durch Eintragung entstehende Gesellschaft typischerweise bei der Anmeldung zur Eintragung in das Handelsregister vertreten. Ob auch Bevollmächtigte eine Kapitalgesellschaft nach der Entwurfsfassung gründen können sollten, ließ sich Art. 13 f Abs. 1, Abs. 3 lit. b) RL-Vorschlag nicht entnehmen.

Der Absatz 3 dieses Artikels lässt sich in seinem systematischen Kontext auch gegenteilig interpretieren. In seinem Absatz 1 wird der Grundsatz aufgestellt, dass die Eintragung von Gesellschaften vollständig online durchgeführt werden soll, ohne dass die Antrag-

65 *Bormann/Stelmaszczyk* NZG 2019, 601 (606).

66 Vorschlag für eine Richtlinie des Europäischen Parlaments und des Rates, 25.4.2018, COM(2018) 239 final, 2018/0113 (COD), abrufbar unter: https://eur-lex.europa.eu/legal-content/DE/ALL/?uri=COM:2018:239:FIN, letzter Aufruf am: 22.06.2022, 12:24 Uhr.

steller oder ihre Vertreter persönlich vor einer zuständigen Behörde oder einer sonstigen mit der Bearbeitung der Anträge auf Eintragung betrauten Person oder Stelle erscheinen müssen (so in Art. 13f Abs. 1 RL-Vorschlag und auch in Art. 13i Abs. 1 RL-Vorschlag). Das „oder" lässt sich nun dahingehend interpretieren, dass Antragssteller und Vertreter nicht identisch sind, somit durchaus auch Bevollmächtigte als „Vertreter" gemeint sein könnten. So fordert die Entwurfsfassung in den einleitenden Worten die Mitgliedstaaten dazu auf, dass das für die Eintragung in einem Register notwendig werdende Einreichen von Unterlagen vollzogen werden kann, ohne dass „die physische Anwesenheit des Antragstellers (oder seines Vertreters) bei einer Behörde oder sonstigen am Verfahren beteiligten Personen oder Stellen notwendig ist"[67]. Dieser Hinweis lässt darauf schließen, dass sich die Antragssteller im Zuge des Einreichens der Unterlagen vertreten lassen können.

Hingegen wird diese Terminologie in der Richtlinie nicht einheitlich verwendet. Einmal wird vom „Antragssteller und seiner Befugnis zur Vertretung der Gesellschaft" (Art. 13f Abs. 3 lit. a RL-Vorschlag)[68] gesprochen, einmal von „Antragsstellern und Geschäftsführern"[69] und einmal von „Antragssteller oder seines Vertreters"[70]. Dies mahnt, aus den gewählten Formulierungen keine vorschnellen Rückschlüsse auf ihre rechtliche Bedeutung zu ziehen.

---

67 Vorschlag für eine Richtlinie des Europäischen Parlaments und des Rates, 25.4.2018, COM(2018) 239 final, 2018/0113 (COD), S. 12, abrufbar unter: https://eur-lex.europa.eu/legal-content/DE/ALL/?uri=COM:2018:239:FIN, letzter Aufruf am: 18.06.2022, 19:34 Uhr.

68 Vorschlag für eine Richtlinie des Europäischen Parlaments und des Rates, 25.4.2018, COM(2018) 239 final, 2018/0113 (COD), S. 30, abrufbar unter: https://eur-lex.europa.eu/legal-content/DE/ALL/?uri=COM:2018:239:FIN, letzter Aufruf am: 18.06.2022, 19:35 Uhr.

69 Vorschlag für eine Richtlinie des Europäischen Parlaments und des Rates, 25.4.2018, COM(2018) 239 final, 2018/0113 (COD), S. 21, abrufbar unter: https://eur-lex.europa.eu/legal-content/DE/ALL/?uri=COM:2018:239:FIN, letzter Aufruf am: 18.06.2022, 19:35 Uhr.

70 Vorschlag für eine Richtlinie des Europäischen Parlaments und des Rates, 25.4.2018, COM(2018) 239 final, 2018/0113 (COD), S. 20, abrufbar unter: https://eur-lex.europa.eu/legal-content/DE/ALL/?uri=COM:2018:239:FIN, letzter Aufruf am: 18.06.2022, 19:35 Uhr.

Auch lässt sich aus dem Sinn und Zweck der Richtlinie nicht eindeutig ableiten, ob Vollmachtsgründungen von den Mitgliedstaaten in einem Online-Verfahren anzubieten sind.

Einerseits ist hervorzuheben, dass die Europäische Kommission mit der Richtlinie grenzüberschreitende Gründung vorantreiben möchte. Grenzüberschreitende Gründungen sind jedoch möglich, wenn die Online-Gründung durch Bevollmächtigte aus ihrem Anwendungsbereich herausgenommen wird. Denn die Geschäftsherren können an der elektronischen Beurkundung per audiovisueller Echtzeitverbindung ohne großen finanziellen und logistischen Aufwand zugeschaltet werden, so dass teilweise der praktische Nutzen einer Vollmachtsgründung angezweifelt wird.[71]

Allerdings wird in einem Online-Gründungsverfahren nicht auf die elektronische Beurkundung und mit ihr auf das zeitraubende Verlesen der elektronischen Niederschrift verzichtet. So kann es in der Praxis dazu kommen, dass ein Teil des Gründerkreises auf Grund anderweitiger Verpflichtungen den elektronischen Notartermin nicht wahrnehmen kann. Dann wäre es lebensfremd, wenn die gesamte Online-Gründung scheitert.

Im Ergebnis lässt sich der Richtlinie nicht eindeutig entnehmen, ob auch Vollmachtsgründungen Gegenstand eines Online-Gründungsverfahrens sein sollen. In jedem Fall ist die Vollmachtsgründung nicht ausdrücklich aus dem Anwendungsbereich der Richtlinie herausgenommen wie die Sachgründung. Das spricht eher dafür, dass auch Online-Gründungen unter der Beteiligung von Bevollmächtigten möglich sein sollen oder dies zumindest in den Ermessenspielraum der Mitgliedsstaaten gestellt ist.

b) Gesetzesvorschlag NRW

Nach dem Gesetzesvorschlag des Bundeslandes Nordrhein-Westfalen ist die Online-Gründung durch Bevollmächtigte eindeutig nicht ausgeschlossen. Etwas versteckt heiß es im § 35a Abs. 2

71 *Bormann/Stelmaszczyk* NZG 2019, 601 (606); *Lieder* NZG 2018, 1081 (1085); Bundesrat BR-Drs. 163/18, S. 6.

Nr. 4 BeurkG-E-NRW[72], dass „Vollmachten und Ausweise über die Berechtigung eines gesetzlichen Vertreters (...) der elektronischen Niederschrift in elektronisch beglaubigter Abschrift nach § 39a beigefügt werden (sollen)." Im Umkehrschluss können Bevollmächtigte im elektronischen Gründungsverfahren eingesetzt werden.

c) Gesetz zur Umsetzung der Digitalisierungsrichtlinie (DiRUG)

Das Gesetz zur Umsetzung der Digitalisierungsrichtlinie (DiRuG) steht einer Beteiligung von Bevollmächtigten offen gegenüber und verlangt hierzu nur, dass die Bevollmächtigten ihre Vertretungsnachweise vorlegen müssen (§ 16d BeurkG-E).[73] Dies setzt voraus, dass auch Bevollmächtigte an der Online-Gründung beteiligt sein können.

d) Zwischenergebnis

Die Vorgaben der Richtlinie sind nicht eindeutig. Da die Gründung durch Bevollmächtigte nicht ausdrücklich ausgeschlossen ist, kann die Online-Gründung durch Bevollmächtigte umgesetzt werden. Zwang besteht nicht. Den Ermessensspielraum haben sowohl das Gesetz zur Umsetzung der Digitalisierungsrichtlinie (DiRuG) als auch die Entwurfsfassung des Bundeslandes NRW genutzt und die Online-Gründung durch Bevollmächtigte zugelassen.

3. Einbindung eines Notars

Ob Stellen der vorsorgenden Rechtspflege und damit auch etablierte Rechtstraditionen in einem Online-Gründungsverfahren eingebunden bleiben dürfen, war im Zuge der Entwicklung der Richtlinie lange Zeit unklar. Noch der Richtlinienentwurf las sich teilweise so, dass ein Notar nur bei der Einreichung eines Eintragungsantrags eingebunden können werden soll.[74]

72 Gesetzesantrag NRW, BR-Drucks. 611/19, S. 2 ff.

73 Begr. DiRuG-RegE, BR-Drucks. 144/21, S. 23.

74 *Bormann/Stelmaszczyk* NZG 2019, 601 (608).

a) Möglichkeit einer elektronischen Beurkundung

Für das deutsche Rechtssystem der vorsorgenden Rechtspflege ist die Frage bedeutsam, ob an der notariellen Beurkundung der Satzung einer Kapitalgesellschaft in einem Online-Verfahren – anders als noch in den SUP-Vorschlägen[75] – festgehalten werden kann.

aa) Vorgaben der Richtlinie 2019/1151 (EU)

Nach der Intention der Europäischen Kommission sollen die Rechtstraditionen der Mitgliedsstaaten, wozu auch Maßnahmen der vorsorgenden Rechtspflege zählen, durch die Richtlinie unberührt bleiben.[76] Um dies zu gewährleisten, werden den Mitgliedsstaaten weitreichende Gestaltungsspielräume eingeräumt bezüglich der Art und Weise, wie sich Notare oder Rechtsanwälte in den Gründungsprozess fortan einbinden lassen[77], so zum Beispiel auch, um die Identität, Rechts- und Geschäftsfähigkeit der Antragssteller elektronisch sicherzustellen.[78] Dabei steht die Einbindung staatlicher Stellen unter dem Vorbehalt, dass das Ziel der Richtlinie nicht konterkariert wird. Hieraus folgt, dass Notare nur eingebunden werden können, wenn ein persönliches Erscheinen nicht der Grundsatz ist, sondern auf Ausnahmefälle beschränkt wird.[79] Nach der Intention der Europäischen Kommission lassen sich Notare nur durch elektronische Fernkommunikationsmittel in den Gründungsprozess integrieren. Denn ohne elektronische Fernkommunikationsmittel lässt sich nur durch persönliches Erscheinen kommunizieren.

bb) Gesetzesvorschlag NRW

Der Gesetzesvorschlag des Bundeslandes Nordrhein-Westfalen hält an dem Prinzip der vorsorgenden Rechtspflege fest und bindet Notare auch fortan über eine audiovisuelle Echtzeitverbindung durch ein Vi-

75 *Teichmann* ZIP 2018, 2451 (2453).
76 Richtlinie (EU) 2019/1151 ErwG 19, S. L 186/83.
77 Richtlinie (EU) 2019/1151 ErwG 19, S. L 186/83.
78 Richtlinie (EU) 2019/1151 ErwG 22, S. L 186/83.
79 Richtlinie (EU) 2019/1151 ErwG 19, S. L 186/83.

deokommunikationssystem in die Online-Gründung einer GmbH mit ein.

Hierzu eröffnet § 2 Abs. 3 GmbHG-E-NRW[80] dem Notar die Möglichkeit, die für die Gründung und Ersteintragung einer GmbH erforderlichen Erklärungen über ein Videokommunikationssystem entgegenzunehmen. Näheres regelt das Beurkundungsgesetz. Demnach soll zwischen den Gründern und dem Notar gem. § 35a Abs. 1 BeurkG-E-NRW[81] durchgängig eine audiovisuelle Echtzeitverbindung bestehen. Hierdurch werden die in einem analogen Gründungsverfahren einzuhaltenden Schritte digital abgebildet:

- Der Notar hat eine elektronische Niederschrift über die Verhandlung aufzunehmen (§ 35a Abs. 1 Nr. 1 BeurkG-E-NRW[82]), die im Anschluss von dem Notar und den Beteiligten durch die qualifizierte elektronische Signatur i.S.d. § 126a BGB zu unterschreiben ist (§ 35a Abs. 6 BeurkG-E-NRW[83]).
- Ebenso hat sich der Notar Gewissheit über die Person der Beteiligten zu verschaffen (§ 35a Abs. 3 BeurkG-E-NRW[84]).

cc) Gesetz zur Umsetzung der Digitalisierungsrichtlinie (DiRUG)

Auch das Gesetz zur Umsetzung der Digitalisierungsrichtlinie (DiRuG) hält an dem Notar als Organ der präventiven Rechtspflege im Gründungsverfahren einer GmbH fest. Hierzu sieht das Gesetz ein elektronisches Beurkundungsverfahren gem. §§ 16a-e BeurkG-E vor, welches von der Bundesnotarkammer zentral betrieben und verwaltet wird (§ 78p BNotO-E).[85] Das elektronische Beurkundungsverfahren kann allerdings nur für die Geldgründung einer GmbH gem. § 2 Abs. 3 GmbHG-E genutzt werden. Die Veräußerung von GmbH-Anteilen oder von Grundstücken in einer elektronischen Sachgründung ist damit weiterhin in einer Präsenzbeurkundung durchzuführen.

80 Gesetzesantrag NRW, BR-Drucks. 611/19, S. 2.
81 Gesetzesantrag NRW, BR-Drucks. 611/19, S. 2 ff.
82 Gesetzesantrag NRW, BR-Drucks. 611/19, S. 2 aE.
83 Gesetzesantrag NRW, BR-Drucks. 611/19, S. 3.
84 Gesetzesantrag NRW, BR-Drucks. 611/19, S. 3
85 Begr. DiRuG-RegE, BR-Drucks. 144/21, S. 20 ff.

Wie schon der Gesetzesvorschlag des Bundeslandes NRW hat der Notar auch nach dem Gesetz zur Umsetzung der Digitalisierungsrichtlinie (DiRuG) im Rahmen einer elektronischen Beurkundung eine elektronische Niederschrift anzufertigen (§ 16b BeurkG-E), die am Ende durch den Notar und die Gründer mit einer qualifizierten elektronischen Signatur zu unterzeichnen ist (§ 16b Abs. 4 BeurkG-E). Zudem hat der Notar die Beteiligten unter Verwendung elektronischen Fernkommunikationsmitteln zu identifizieren (§ 16c BeurkG-E).

Vertretungsnachweise müssen dem Notar postalisch zugesendet werden, so dass dieser eine elektronisch beglaubigte Abschrift der elektronischen Niederschrift hinzufügen kann (§ 16d BeurkG-E).

b) Überprüfung der Rechts- und Geschäftsfähigkeit der Antragsteller

Damit Identitätsmissbrauch, Unternehmensdiebstahl oder strafbewehrte Handlungen im Online-Gründungsverfahren einer Kapitalgesellschaft vorgebeugt wird, muss die Rechts- und Geschäftsfähigkeit der Antragssteller mit hoher Sicherheit überprüft werden können.[86]

aa) Vorgaben der Richtlinie 2019/1151 (EU)

Nach Art. 13g Abs. 3 lit. a) RL haben die Mitgliedsstaaten zwingend Verfahren zu entwickeln, mit denen sich die Rechts- und Geschäftsfähigkeit der Antragssteller und ihrer Befugnis zur Vertretung einer Gesellschaft im Online-Gründungsverfahren gewährleisten lässt. Bezüglich der Verfahrensgestaltung zur Überprüfung der Rechts- und Geschäftsfähigkeit lassen sich der Richtlinie keinerlei Vorgaben entnehmen. Den Mitgliedsstaaten ist also ein weiter Gestaltungsspielraum zuzusprechen.

bb) Gesetzesvorschlag NRW

Das Verfahren zur Überprüfung der Rechts- und Geschäftsfähigkeit der Antragssteller im Online-Gründungsverfahren wurde in dem Gesetzesvorschlag des Bundeslandes Nordrhein-Westfalen nicht ausgestal-

86 Richtlinie (EU) 2019/1151 ErwG 20, S. L 186/83.

tet. Dies sei auch nicht notwendig, da sich der Notar mit der Beurkundung mittels Fernkommunikation ohnehin Gewissheit über die Personen der Beteiligten zu verschaffen hat. Hierzu bestehe im Berufs- und Beurkundungsrecht bereits ein engmaschiges Normenkorsett, welches die notariellen Pflichten zur Überprüfung der Rechts- und Geschäftsfähigkeit abschließend regelt. § 11 BeurkG sei insoweit auch im Beurkundungsverfahren mittels Fernkommunikation entsprechend anwendbar, wonach der Notar die Rechts- und Geschäftsfähigkeit der Beteiligten festzustellen hat.[87]

cc) Gesetz zur Umsetzung der Digitalisierungsrichtlinie (DiRUG)

Das Gesetz zur Umsetzung der Digitalisierungsrichtlinie (DiRuG) stellt wie auch der Gesetzesvorschlag des Bundeslandes NRW für die Feststellung der Rechts- und Geschäftsfähigkeit keine detaillierten Anforderungen auf. Dies ist auch nicht notwendig, weil der Notar die Geschäftsfähigkeit der Beteiligten ohnehin gem. § 11 BeurkG und auf Grund seiner allgemeinen Berufspflichten festzustellen hat.[88]

c) Identitätsfeststellung

Um Betrug oder andere strafbewehrte Handlungen im Online-Gründungsverfahren zu unterbinden, aber auch um die Publizität nationaler Register nicht zu schmälern, ist die Identität der Antragssteller festzustellen.[89]

aa) Vorgaben der Richtlinie 2019/1151 (EU)

In einem Online-Gründungsverfahren muss gem. Art. 13g Abs. 3 lit. b) iVm. Art. 13b RL die Identität der Antragssteller zwingend festgestellt werden können. Dabei müssen die Antragssteller gem. Art. 13g Abs. 3 lit. c) RL dazu verpflichtet werden, die nach der Verordnung

87 Hierzu und zum Vorstehenden vgl. Gesetzesantrag NRW, BR-Drucks. 611/19, S. 16.
88 Begr. DiRuG-RegE, BR-Drucks. 144/21, S. 135.
89 Richtlinie (EU) 2019/1151 ErwG 20, S. L 186/83.

(EU) Nr. 910/2014[90] (Im Folgenden: eIDAS-Verordnung) authentifizierten Vertrauensdienste zu nutzen.

Darunter fallen solche Identifizierungsmittel, die im Rahmen eines durch den jeweiligen Mitgliedstaat genehmigten elektronischen Identifizierungssystems ausgestellt wurden (Art. 13b Abs. 1 lit. a) RL).

Soll ein in einem Mitgliedsstaat ausgestelltes elektronisches Identifizierungsmittel grenzüberschreitend nutzbar sein, dann muss es nach Art. 6 Abs. 1 eIDAS-Verordnung anerkannt werden und das Notifizierungsverfahren gem. Art. 9 eIDAS-Verordnung durchlaufen haben. Elektronische Identifizierungsmittel, die dieses Verfahren nicht durchlaufen haben, müssen bei grenzüberschreitenden Online-Gründungen durch die Mitgliedsstaaten nicht berücksichtigt werden. In diesem Punkt ist die Richtlinie strenger als noch ihr Entwurf und soll dadurch ein höheres Sicherheitsniveau bei grenzüberschreitenden Online-Gründungen gewährleisten.[91]

Um das Notifizierungsverfahren vor der Europäischen Kommission erfolgreich abzuschließen und in der von der Europäischen Kommission geführten Liste gem. Art. 9 eIDAS-Verordnungaufgelistet zu werden, muss folgendes beachtet werden.

Zunächst ist das Identifizierungsmittel zu beschreiben und das Sicherheitsniveau zu benennen (Art. 9 Abs. 1 lit. b) eIDAS-Verordnung). Art. 8 der eIDAS-Verordnung differenziert die unterschiedlichen Sicherheitsniveaus in „niedrig", „substanziell" und „hoch".

Ein Sicherheitsniveau ist „niedrig", wenn das elektronische Identifizierungsmittel nur begrenztes Maß an Vertrauen in die beanspruchte oder behauptete Identität einer Person vermitteln kann; „substanziell", wenn das elektronische Identifizierungsmittel nur substanzielles Maß an Vertrauen in die beanspruchte oder behauptete Identität einer Person vermitteln kann und „hoch", wenn das elektronische Identifizierungsmittel ein höheres begrenztes Maß an Vertrauen in die be-

90 Verordnung (EU) Nr. 910/2014 des Europäischen Parlaments und des Rates vom 23. Juli 2014 über elektronische Identifizierung und Vertrauensdienste für elektronische Transaktionen im Binnenmarkt und zur Aufhebung der Richtlinie 1999/93/EG.

91 *Bayer/J. Schmidt* BB 2019, 1922 (1924); *Bormann/Stelmaszczyk* NZG 2019, 601 (607).

anspruchte oder behauptete Identität einer Person vermitteln kann als ein „substanzielles" Identifizierungsmittel.[92] Kontur erhalten die unbestimmten Begriffe „niedrig", „substantiell" und „hoch" durch die Durchführungsverordnung (EU) 2015/1502[93].

Allerdings haben die Mitgliedsstaaten die Anforderungen des nationalen Rechts in Bezug auf Echtheit, Korrektheit, Zuverlässigkeit, Vertrauenswürdigkeit und die vorgeschriebene rechtliche Form eingereichter Urkunden und Informationen eigenständig anzugeben und das elektronische Identifizierungsmittel zu bewerten. Eine nochmalige Überprüfung des elektronischen Identifizierungsmittels durch die Europäische Kommission erfolgt nicht.[94]

Da jeder Mitgliedsstaat das Sicherheitsniveau eines elektronischen Identifizierungsmittels auf der Grundlage eigener Erfahrungen festlegt, gilt bei der Beurteilung kein gesamteuropäischer, einheitlicher Standard.[95]

Etwas transparenter wird das Verfahren rund um die Bewertung der Identifizierungsmittel, indem einige Informationen durch die Mitgliedsstaaten gegenüber der Europäischen Kommission offenzulegen sind. Hierzu gehören gem. Art. 9 Abs. 1 lit. b) eIDAS-Verordnung das geltende Aufsichtssystem und Informationen über die Haftungsregelungen in Bezug auf die das elektronische Identifizierungsmittel ausstellenden und die das Authentifizierungsverfahren durchführenden Beteiligten. Zudem sind nach Art. 9 Abs. 1 lit. c) eIDAS-Verordnung die für das elektronische Identifizierungssystem zuständigen Behörden zu nennen und gem. Art. 9 Abs. 1 lit. d) eIDAS-Verordnung Informationen über die Einrichtungen sowie Behörden offenzulegen, die die Registrierung der eindeutigen Personenidentifizierungsdaten verwalten. Diese Mitteilungspflicht kann eine fehlende einheitliche

92 Zu den Definitionen vgl. Art. 8 eIDAS-Verordnung

93 Durchführungsverordnung (EU) 2015/1502 der Kommission vom 8. September 2015 zur Festlegung von Mindestanforderungen an technische Spezifikationen und Verfahren für Sicherheitsniveaus elektronischer Identifizierungsmittel gemäß Artikel 8 Absatz 3 der Verordnung (EU) Nr. 910/2014 des Europäischen Parlaments und des Rates über elektronische Identifizierung und Vertrauensdienste für elektronische Transaktionen im Binnenmarkt (Text von Bedeutung für den EWR)

94 *Bormann/Stelmaszczyk* NZG 2019, 601 (607).

95 *Kindler/Jobst* DB 2019, 1550 (1551).

und zentrale Kontrolle durch die Europäische Kommission nicht ersetzen, so dass das Vertrauen in die elektronischen Identifizierungsmittel insgesamt zu bezweifeln ist.[96]

Die Bewertung der elektronischen Identifizierungsmittel hat auch Auswirkungen auf die Online-Gründung von Kapitalgesellschaften. Denn einschränkend stellt Art. 13b Abs. 2 RL iVm Art. 6 Abs. 1 lit. b) eIDAS-Verordnung klar, dass Identifizierungsmittel aus EU-Mitgliedsstaaten im Inland nicht anerkannt werden müssen, soweit dieses dem inländischen Sicherheitsniveau des Identifizierungsmittels nicht entspricht, welches im Online-Gründungsverfahren zu verwenden ist. Der deutsche Personalausweis mit elektronischer Identifizierungsfunktion ist ein Identifizierungsmittel, welches unter Art. 6 eIDAS-Verordnung fällt und somit in den EU-Mitgliedstaaten anerkannt werden muss. Umgekehrt kann ein deutscher Notar ein Identifizierungsmittel ablehnen, wenn es nicht denselben Sicherheitsstandard „hoch" wie der Personalausweis mit elektronischer Identifizierungsfunktion aufweist.[97]

bb) Gesetzesvorschlag NRW

Der Gesetzesvorschlag des Bundeslandes Nordrhein-Westfalens setzt die Vorgaben richtliniengetreu um und erweitert den Identifizierungsprozess um einen weiteren Baustein.

Gem. § 35a Abs. 2 Nr. 1 Var. 1 GmbHG-E-NRW[98] hat sich ein inländischer Gründer durch den Personalausweis mit elektronischer Identifizierungsfunktion vor einem Notar zu identifizieren. Hierzu liest der Notar das auf dem Pass hinterlegte Lichtbild aus.

Um dasselbe Sicherheitsniveau „hoch" bei Gründern aus dem EU-Ausland zu gewährleisten, muss das durch einen EU-Ausländer genutzte elektronische Identifizierungsmittel, welches nicht selbst in Deutschland ausgestellt wurde, den Notar gem. § 35a Abs. 2 Nr. 3 lit. a) Var. 3 GmbHG-E-NRW[99] in die Lage versetzen, ein biometrisches

96 *Bormann* ZGR 2017, 621 (642 ff.); *Bormann/Stelmaszczyk* NZG 2019, 601 (607); *Teichmann* GmbHR 2018, 1 (11); *Wachter* GmbH-StB 2018, 214 (221 ff.); *Eickelberg* NZG 2015, 81 (85); *Kindler* ZHR 179 (2015), 330 (342).

97 *J. Schmidt* DK 2018, 229 (230 f.).

98 Gesetzesantrag NRW, BR-Drucks. 611/19, S. 2.

99 Gesetzesantrag NRW, BR-Drucks. 611/19, S. 2.

Passbild auslesen zu können. Daneben können sich EU-Ausländer auch mit dem in Deutschland ausgestellten elektronischen Aufenthaltstitel gem. § 35a Abs. 2 Nr. 3 lit. a) Var. 2 BeurkG-E-NRW[100] identifizieren lassen.

Zusätzlich gleicht der Notar in allen drei Fällen gem. § 35a Abs. 3 Nr. 3 lit. b) GmbHG-E-NRW[101] das über ein audiovisuelles Fernkommunikationssystem übermittelte Erscheinungsbild mit der Person auf dem ausgelesenen biometrischen Lichtbild ab. Nach der Richtlinie ist es den Mitgliedsstaaten unbenommen, mehrere elektronische Fernkommunikationsmittel miteinander zu kombinieren, um zum Beispiel die Identität festzustellen.[102]

cc) Gesetz zur Umsetzung der Digitalisierungsrichtlinie (DiRUG)

Die Identifizierung nach § 16c BeurkG-E erfolgt in einem elektronischen Identifizierungsverfahren in zwei Schritten.[103]

Der erste Schritt der Identifizierung erfolgt bereits im Rahmen der Anmeldung auf dem Online-Gründungsportal. Für die Anmeldung auf dem Gründer-Portal haben die Beteiligten die in § 16c BeurkG-E aufgelisteten elektronischen Identifizierungsmittel zu nutzen. Dabei dient die Anmeldung auf dem Gründer-Portal zwei Zwecken. Zum einen soll die elektronische Identität der Beteiligten überprüft werden. Dies geschieht allein durch Besitz (an der Karte) und Wissen (der persönlichen Geheimnummer)[104], ein Verfahren, welchem grundsätzlich ein hohes Sicherheitsniveau zugesprochen wird.[105] Um die elektronische Identität bestätigen zu können, wird das elektronische Identifizierungsmittel ausgelesen und die Identität durch Eingabe der persönlichen Geheimnummer bestätigt. Zum anderen werden die für Signatur der Gründungsdokumente mittels der qualifiziert elektronischen Si-

100 Gesetzesantrag NRW, BR-Drucks. 611/19, S. 2.

101 Gesetzesantrag NRW, BR-Drucks. 611/19, S. 3.

102 Richtlinie (EU) 2019/1151 ErwG 22, S. L 186/83.

103 *Stelmaszczyk/Kienzle* ZIP 2021, 765 (770).

104 Für den elektronischen Personalausweis vgl. § 18 Abs. 4 S. 1 PAsuwG; für die eID-Karte vgl. § 12 Abs. 3 S. 2 e-ID Kartengesetz i-V.m. § 18 Abs. 4 S. 1 PAuswG; für den elektronischen Aufenthaltstitel vgl. § 78 Abs. 5 S. 2 AufenthG i.V.m. § 18 Abs. 4 S. 1 PAuswG.

105 Kritisch auch BT-Drs. 16/10489, S. 41 f.

gnaturen erforderlichen Signaturzertifikate erstellt. Dies ist notwendig, damit die elektronische Beurkundung am Ende der Verlesung der Niederschrift durch die Unterzeichnung formgerecht abgeschlossen werden kann (§ 16b Abs. 4 S. 1 BeurkG-E).

Damit die Beteiligten eindeutig identifiziert werden können, muss das über das Videokommunikationssystem übertragene Erscheinungsbild in einem zweiten Schritt mit einem elektronisch übermittelten amtlichen Lichtbild verglichen werden. Für den zweiten Schritt des Identifizierungsvorgangs ist der Kreis der nutzbaren Identifizierungsmittel erheblich eingeschränkt. Beispielsweise kann die eID-Karte[106] für den zweiten Schritt nicht genutzt werden, da auf ihr kein durch den Notar auslesbares amtliches Lichtbild gespeichert ist.[107] Damit der Notar ein auf einem elektronischen Speichermedium hinterlegtes Lichtbild auslesen kann, ist die Eingabe der *Card Access Number* erforderlich. Diese Funktionen haben bisher allerdings nur Reisepässe und elektronische Personalausweise.[108]

d) Elektronische Anmeldung zum Handelsregister

aa) Vorgaben der Richtlinie 2019/1151 (EU)

Nach Art. 13j Abs. 1 S. 2 RL müssen künftig jegliche Anmeldungen zum Handelsregister online eingereicht werden können, ohne dass die Antragssteller persönlich vor einer Behörde, Person oder Stelle erscheinen müssen, die mit der Bearbeitung der Online-Einreichung betraut sind. Allerdings können die Mitgliedsstaaten gem. Art. 13j Abs. 5 RL die Einreichung von Dokumenten und Unterlagen auf Notare übertragen, vorausgesetzt, die Antragssteller müssen nicht persönlich beim Notar erscheinen.[109]

Auffällig ist zunächst, dass die Online-Einreichung von Urkunden und Informationen von Gesellschaften – anders als bei der Digitalisierung des Gründungsverfahrens – nicht auf bestimmte Kapitalgesellschaften

106 Hierzu im Detail G.II.2.d).
107 *Stelmaszczyk/Kienzle* ZIP, 2021 765 (770).
108 *Stelmaszczyk/Kienzle* ZIP, 2021 765 (770).
109 In dem Entwurf zur Richtlinie fehlte ein so eindeutiger Hinweis noch, vgl. *Bock* DNotZ 2018, 643 (651).

beschränkt ist, sondern für alle Kapitalgesellschaftsformen umgesetzt werden muss. Mithin sind neben der Gesellschaft mit beschränkter Haftung auch Vorschriften für die Aktiengesellschaft und die Kommanditgesellschaft auf Aktien zu schaffen. Denn Art. 13j Abs. 4 RL erklärt Art. 13g Abs. 2–5 RL für entsprechend anwendbar. Die Opt-Out-Möglichkeit für die Aktiengesellschaft und die Kommanditgesellschaft auf Aktien ist in Art. 13g Abs. 1 RL geregelt und von dem Verweis aus Art. 13j Abs. 4 RL somit ausdrücklich ausgenommen.

Vereinzelt bestehen Zweifel, was unter der Online-Einreichung zu verstehen ist.[110] Die Definition des Wortes „einreichen“ ist entscheidend dafür, welche Prozesse durch die Mitgliedsstaaten digitalisiert werden müssen. Im Folgenden sind die unterschiedlichen Möglichkeiten durch Auslegung darzustellen.

(1) Historische Auslegung

Mit Verweis auf die historische Entwicklung der Digitalisierungsrichtlinie wird in der Literatur angedeutet, dass der Begriff extensiv ausgelegt werden kann. Von dem Wort „einreichen“ ist nach extensiver Wortlautauslegung nicht nur die Übermittlung der für die Anmeldung zur Eintragung in das Handelsregister notwendigen Unterlagen erfasst. Vielmehr ist z.B. bei einer Kapitalerhöhung auch der hierzu erforderliche Gesellschafterbeschluss online durchzuführen.[111] Eine restriktive Lesart des Wortes „einreichen“ würde bereits dem bisherigen europäischen Standard entsprechen, der sich bereits Art. 16 Abs. 3 S. 2 GesRiL entnehmen lässt.[112] Dort heißt es, dass die Mitgliedstaaten dafür sorgen müssen, dass die Gesellschaften und sonstige anmelde- und mitwirkungspflichtige Personen und Stellen alle Urkunden und Angaben in elektronischer Form einreichen können. Die Richtlinie würde bei restriktiver Lesart an der geltenden Rechtslage somit nichts ändern. Nach extensiver Lesart ließe sich hingegen der gesamte Lebenszyklus einer Kapitalgesellschaft vollständig digitalisieren.

110 Zweifel hegen *Halder* NJOZ 2020, 1505 (1509 f.); *Bormann/Stelmaszczyk* NZG 2019, 601 (612); *Bock* DNotZ 2018, 643 (650 f.).

111 *Halder* NJOZ 2020, 1505 (1509 f.); *Bock* DNotZ 2018, 643 (650 f.).

112 *Bock* DNotZ 2018, 643 (650).

(2) Wortlautauslegung

Das Wortlautverständnis streitet dafür, den Begriff „einreichen" nur auf den Akt des Zusendens der Anmeldung zum Handelsregister zu beschränken. Denn unter „einreichen" ist ein einzelner Akt zu verstehen, bei dem einer Instanz ein Dokument übergeben wird.[113] Synonyme sind unter anderem die Wörter abgeben, abliefern, aushändigen und einbringen.[114] All diese Wörter erfassen ersichtlich nicht die Erstellung jenes Dokuments, welches es einzureichen gilt. Bei den aufgezählten Synonymen handelt es sich allesamt um Verben, die eine punktuelle, zeitlich stark eingegrenzte Handlung umschreiben, aber keinen langwidrigen Verlauf bzw. keine Aneinanderreihung mehrerer Handlungen.

(3) Systematische Auslegung

Auch ein systematischer Vergleich zu Art. 10 RL stützt das Ergebnis eines restriktiven Wortlautverständnisses. Denn Art. 10 RL stellt die materiellen Anforderungen auf, die bei einer Satzungsänderung zu beachten sind.[115] Hätte der Richtliniengeber das gesamte Verfahren der Statusänderung digitalisieren wollen, dann hätte dieses Vorhaben thematisch im Rahmen des Art. 10 RL verortet werden müssen. Auch nach systematischer Auslegung ist festzuhalten, dass Art. 13j RL allein den letzten Akt einer Statusänderung regelt, nämlich die für eine Statusänderung notwendige Übermittlung der Dokumente und Unterlagen sowie die Anmeldung zum Handelsregister.[116]

(4) Widerspruch bei der AG und der KGaA

Zudem entstünde bei den Kapitalgesellschaftsformen der Aktiengesellschaft und der Kommanditgesellschaft auf Aktien bei extensiver

113 So nach Duden, vgl. https://www.duden.de/suchen/dudenonline/einreichen (zuletzt aufgerufen am: 16.11.21, 11:48 Uhr).

114 So nach Duden, vgl. https://www.duden.de/suchen/dudenonline/einreichen (zuletzt aufgerufen am: 16.11.21, 11:49 Uhr).

115 *Lieder* NZG 2018, 1081 (1090); *Bock* DNotZ 2018, 643 (650 f.).

116 So richtigerweise auch *Lieder* NZG 2018, 1081 (1090).

Auslegung ein Wertungswiderspruch,[117] der für ein restriktives Wortlautverständnis streitet. Denn für die Online-Gründung hat der Richtliniengeber den Mitgliedstaaten bei diesen Kapitalgesellschaftsformen eine Opt-Out-Möglichkeit eingeräumt (Art. 13g Abs. 1 S. 2 RL). Legt man ein extensives Wortlautverständnis bei der Auslegung des Wortes „einreichen" zu Grunde, so müsste sich eine Aktiengesellschaft nicht online gründen lassen können, allerdings z.B. eine im Lebenszyklus der Aktiengesellschaft notwendig werdende Kapitalerhöhung digital durchführbar sein. Das ist schon deswegen widersprüchlich, da zu diesem Zeitpunkt auch bisherige Entwicklungen und Streitpunkte unter den Gesellschaftern der Kapitalgesellschaft die Verhandlungen prägen und diese dadurch insgesamt als komplexer zu bewerten sind. Das Gründungsverfahren ist insofern einfacher, weil dort die Interessen nur zu einem gegenwärtigen Zeitpunkt zu berücksichtigen sind.[118] Hinzukommt, dass die Interessen bei einer später notwendigen Statusänderung, anders als bei der Gründung, nicht auf ein gemeinsames Ziel ausgerichtet, sondern noch stärker[119] von widerstreitenden Vorstellungen und dem Streben nach der Verteidigung eines Besitzstandes geprägt sind. Eine Statusänderung im Lebenszyklus einer Kapitalgesellschaft erfordert eine intensivere Beratung, um einen Konsens zu finden.[120]

Zudem wäre unter Zugrundelegung eines extensiven Wortlautverständnisses des Wortes „einbringen" eine Kapitalerhöhung mit Sachmitteln bei allen Kapitalgesellschaftsformen gedeckt. Für die Online-Gründung mit Sachmitteln besteht hingegen eine Opt-Out-Möglichkeit. Ein sachlicher Grund für diese Ungleichbehandlung bei der Einbringung von Sachmitteln im Gründungsstadium oder im fortlaufenden Lebenszyklus ist nicht ersichtlich.[121]

Nicht zuletzt würde ein extensives Begriffsverständnis auch zu der Schlussfolgerung führen, dass die für eine Statusänderung erforderlichen internen Willensbildungsprozesse von den Mitgliedsstaaten durch entsprechende Regelungen digitalisiert werden müssten.

117 So im Ergebnis richtigerweise auch *Bormann/Stelmaszczyk* NZG 2019, 601 (612).

118 Begr. BR-Drucks. 611/19 S. 15 f.

119 Zu den widerstreitenden Interessen schon bei der Gründung einer Kapitalgesellschaft vgl. *Bormann* ZGR 2017, 621 (630 f.).

120 So auch Begr. BR-Drucks. 611/19 S. 15 f.

121 Richtigerweise auch *Bock* DNotZ 2018, 643 (651).

Denn diese sind für Satzungsänderungen zwingend notwendig (§ 53 Abs. 1 GmbHG, § 179 Abs. 1 AktG). Dass eine solche weitgreifende Regelung vom Richtliniengeber beabsichtigt war, der mit der Richtlinie allein die Gründung von Kapitalgesellschaften harmonisieren und digitalisieren wollte, ist äußerst unwahrscheinlich.[122] Ein solch tiefgreifender Einschnitt in das Binnenrecht der Kapitalgesellschaften hätte nach einer ausführlicheren Regelung in der Richtlinie verlangt und wäre nicht nur beiläufig erwähnt worden.[123]

Im Ergebnis ist festzuhalten, dass durch die Mitgliedsstaaten Regelungen zu schaffen sind, die es allen Kapitalgesellschaftsformen ermöglichen, Anmeldungen zur Eintragung im Handelsregister digital durch einen Notar einreichen zu lassen, nicht aber auch die für eine Statusänderungen intern erforderlich werdenden Verfahrensschritte zu digitalisieren.

bb) Gesetzesvorschlag NRW

Auf nationaler Ebene besteht diesbezüglich wenig Handlungsbedarf.[124] Denn mit § 12 HGB ist die elektronische Einreichung von Anmeldungen zur Eintragung zum Handelsregister bereits vorgeschrieben.

Einziger Handlungsbedarf besteht darin, die nach § 12 Abs. 1 HGB erforderliche Beglaubigung der Anmeldung zu digitalisieren. Nach derzeitiger Rechtslage verlangt auch die notarielle Beglaubigung von Unterschriften, dass der Vorgang der Beglaubigung gem. § 40 Abs. 1 BeurkG in Gegenwart eines Notars durchzuführen ist. Dies erfordert, dass sich alle Beteiligten in einem Raum persönlich einfinden.[125]

§ 40a BeurkG-E-NRW[126] setzt dieses Erfordernis um und schafft die Möglichkeit eines elektronischen Beglaubigungsverfahrens. Das elektronische Beglaubigungsverfahren tritt im Rahmen von Online-Grün-

122 So auch *Teichmann* ZIP 2018, 2451 (2461).
123 So auch *Bock* DNotZ 2018, 643 (651 in Fn. 51).
124 *Noack* DB 2018, 1324 (1328); *Lieder* NZG 2018, 1081 (1090).
125 Armbrüster/Preuß/Renner/*Preuß* BeurkG § 40 Rn. 19.
126 Gesetzesantrag NRW, BR-Drucks. 611/19, S. 4.

dungen an die Stelle der nach § 12 HGB erforderlichen notariellen Beglaubigung i.S.v. § 40 Abs. 1 BeurkG.

§ 40a BeurkG-E-NRW[127] schafft zwei Varianten, wie der Notar eine Anmeldung zum Handelsregister elektronisch beglaubigen kann. So ist es dem Notar möglich, die elektronische Beglaubigung in einem Präsenz- und einem Fernverfahren vorzunehmen. Einerseits kann der Notar eine ihm vorliegende Anmeldung elektronisch beglaubigen, die in seiner Gegenwart von den Antragsstellern mit der qualifiziert elektronischen Signatur versehen wurde, § 40a Abs. 2 Nr. 1 BeurkG-E-NRW[128]. Für die Online-Gründung einer Kapitalgesellschaft nach dem Vorbild der Europäischen Kommission ist diese das persönliche Erscheinen aller Beteiligten voraussetzende Alternative ungeeignet.

Mit der neu geschaffenen zweiten Variante in § 40a Abs. 2 Nr. 2 BeurkG-E-NRW[129] setzt der Gesetzesvorschlag die Anforderungen einer Online-Gründung um. Denn die zweite Variante ermöglicht es dem Notar, ein bereits mit der qualifiziert elektronischen Signatur unterschriebenes Dokument zu beglaubigen. Hierzu muss sich der Notar mit dem Antragssteller im Wege einer audiovisuellen Fernkommunikation über das von der Bundesnotarkammer betriebene Videokommunikationssystem verbinden (§ 40a Abs. 3 BeurkG-E-NRW[130]). Ein wesentlicher Unterschied zu § 40a Abs. 2 Nr. 1 BeurkG-E-NRW[131] besteht darin, dass die Anmeldung von den Antragsstellern nicht in persönlicher Gegenwart eines Notars qualifiziert elektronisch signiert wird, sondern dies bereits im Vorfeld eigenständig durch die Beteiligten durchgeführt wurde.[132] Soll ein elektronisches Dokument unter Nutzung von Fernkommunikationsmitteln beglaubigt werden, so hat der Notar ein bereits signiertes Dokument anzuerkennen.

Zudem wird die Identität der Antragssteller auch im Fernbeglaubigungsverfahren über eine audiovisuelle Echtzeitverbindung durch das von der Bundesnotarkammer betriebene Videokommunikations-

127 Gesetzesantrag NRW, BR-Drucks. 611/19, S. 4.
128 Gesetzesantrag NRW, BR-Drucks. 611/19, S. 4.
129 Gesetzesantrag NRW, BR-Drucks. 611/19, S. 4.
130 Gesetzesantrag NRW, BR-Drucks. 611/19, S. 4 f.
131 Gesetzesantrag NRW, BR-Drucks. 611/19, S. 4.
132 Gesetzesantrag NRW, BR-Drucks. 611/19, S. 25.

system nach demselben Verfahren wie bei der elektronischen Beurkundung überprüft.[133] Die Überprüfung der Identität der Person des Erklärenden erfolgt, wie schon bei der Beurkundung unter Nutzung des von der Bundesnotarkammer bereitgestellten Videokommunikationssystems. So liest der Notar mittels einer speziellen Software das biometrische Passbild auf einem elektronischen Personalausweis nach § 17 Abs. 5 Personalausweisgesetzes, einem elektronischen Aufenthaltstitels nach § 78 Abs. 7 S. 2 AufenthaltsG oder einem in einem anderen Mitgliedssaat zugelassenen Identifizierungsmittel aus und gleicht dies mit dem im Wege der audiovisuellen Fernkommunikation übermittelten Erscheinungsbildes des Beteiligten ab (§ 40a Abs. 3 BeurkG-E-NRW[134]).

cc) Gesetz zur Umsetzung der Digitalisierungsrichtlinie (DiRUG)

Auch das Gesetz zur Umsetzung der Digitalisierungsrichtlinie (DiRuG) führt die Möglichkeit einer elektronischen Beglaubigung ein. So kann eine qualifiziert elektronische Signatur in Gegenwart eines Notars oder mittels den von der Bundesnotarkammer bereitgestellten Videokommunikationssystems anerkannt werden (§ 40a Abs. 1 BeurkG-E). Wie schon der Gesetzesentwurf des Bundeslandes NRW, so müssen die Beteiligten auch nach dem Gesetz zur Umsetzung der Digitalisierungsrichtlinie (DiRuG) unter Nutzung des von der Bundesnotarkammer bereitgestellten Videokommunikationssystems gem. § 16c BeurkG-E identifiziert werden (§ 40a Abs. 4 S. 2 BeurkG-E).[135]

e) Präsenzvorbehalte

Unter Präsenzvorbehalten werden Regelungen verstanden, die das persönliche Erscheinen der Beteiligten vor einer staatlichen Stelle oder einer Person der Rechtspflege unter bestimmten Voraussetzungen im Einzelfall vorschreiben. Damit kollidieren Präsenzvorbehalte grundsätzlich mit dem Leitbild der Richtlinie, nach welchem ein persönli-

133 Hierzu und zum Gesetzesvorschlag des Bundeslandes NRW unter C.II.3.c)bb).

134 Gesetzesantrag NRW, BR-Drucks. 611/19, S. 4 f.

135 Zur Identifikation im elektronischen Beurkundungsverfahren nach dem Gesetz zur Umsetzung der Digitalisierungsrichtlinie (DiRuG) unter C.II.3.c)cc).

ches Erscheinen in einer Online-Gründung verhindert werden soll. In bestimmten Fällen überwiegen hingegen öffentliche Interessen, die ein persönliches Erscheinen rechtfertigen.

aa) Vorgaben der Richtlinie 2019/1151 (EU)

Präsenzvorbehalte können die Mitgliedsstaaten nach den Vorgaben der Richtlinie in Fällen schaffen, in denen die Identität einer Person (Art. 13b Abs. 4 RL) oder die Rechts- und Geschäftsfähigkeit sowie die Befugnis der Antragssteller zur Vertretung der Gesellschaft (Art. 13g Abs. 8 RL) nur durch persönliches Erscheinen festgestellt werden kann und nicht unter Nutzung von Fernkommunikationsmitteln. Beispiele sind der Richtlinie nicht zu entnehmen. Technische Störungen sollten ein solches Vorgehen rechtfertigen.[136]

Auf Grund des eindeutigen Wortlauts von Art. 13g Abs. 8 S. 2 RL und von Art. 13b Abs. 4 S. 2 RL ist das persönliche Erscheinen ausdrücklich nur für die Feststellung genannter Umstände bzw. Informationen beschränkt. Im Übrigen müssen die sonstigen Verfahrensschritte online abgeschlossen werden können, selbst wenn zur Überprüfung der Rechts- und Geschäftsfähigkeit sowie die Befugnis der Antragssteller zur Vertretung der Gesellschaft oder der Identität das persönliche Erscheinen angeordnet wurde (Art. 13g Abs. 8 S. 3 RL; Art. 13b Abs. 4 S. 2 RL). Daraus folgt grundsätzlich, dass das Verfahren im Anschluss an die Feststellung genannter Informationen bzw. Umstände unter Nutzung der elektronischen Fernkommunikationsmittel fortzusetzen ist.

Unterstellt, die Vorgaben der Richtlinie würden in Deutschland tatsächlich in dieser Form umgesetzt werden, entstünden in der Praxis seltsam erscheinende Situationen. Kann die Identität eines Beteiligten, der sich zu Beginn der Identifizierung in Spanien aufhält, über die Fernkommunikationsmittel nicht festgestellt werden, so müsste dieser eine Beteiligte persönlich vor dem Notar erscheinen. Hierzu müsste das Beurkundungsverfahren unterbrochen werden, damit der Beteiligte nach Deutschland fliegen und sich dem Notar persönlich vorstellen kann. Im Anschluss an die Identitätsfeststellung muss das Verfahren

136 Begr. DiRUG-RegE, BR-Drucks. 144/21, S. 134.

jedoch unter Nutzung der Fernkommunikationsmittel fortgesetzt werden.[137] Der eine Beteiligte hat den Raum sodann wieder zu verlassen und sich in dem Fernkommunikationssystem anzumelden.

Es wäre konsequenter gewesen, das Verfahren in diesen eng umgrenzten Fällen vollständig auf ein Präsenzverfahren umzustellen. In der getroffenen Regelungstechnik lässt sich die Präsenz hingegen nur für die fest definierten Verfahrensschritte anordnen, so dass das übrige Verfahren digital durchzuführen ist.

bb) Gesetzesvorschlag NRW

Die Richtlinienvorgaben bezüglich der Präsenzvorbehalte wurden in dem Gesetzesvorschlag des Bundeslandes NRW für das neu geschaffene Beurkundungsverfahren mittels Fernkommunikationsmittel fast wortlautgetrau übernommen. Für elektronische Beglaubigungen gelten die Präsenzvorbehalte durch den Verweis gem. § 40a Abs. 5 BeurkG-E-NRW[138] auf § 35a Abs. 2 Nr. 5 BeurkG-E-NRW[139] gleichermaßen.

So kann der Notar gem. § 35a Abs. 2 Nr. 5 Var. 1 BeurkG-E-NRW[140] das persönliche Erscheinen aller Beteiligten anordnen, wenn hinsichtlich mindestens eines Beteiligten ein Verdacht auf Identitätsmissbrauch, Identitätsänderung, fehlende Rechtsfähigkeit, fehlende Geschäftsfähigkeit oder fehlende Vertretungsbefugnis besteht. Daneben eröffnet § 35a Abs. 2 Nr. 5 Var. 2 BeurkG-E-NRW[141] dem Notar die Möglichkeit das persönliche Erscheinen anzuordnen, wenn dies für die ordnungsgemäße Durchführung des Verfahrens geboten ist.

cc) Gesetz zur Umsetzung der Digitalisierungsrichtlinie (DiRUG)

Das Gesetz zur Umsetzung der Digitalisierungsrichtlinie (DiRuG) listet einige Präsenzvorbehalte auf. Im Gesetz zur Umsetzung der Digitalisierungsrichtlinie (DiRuG) heißt es in § 16a Abs. 2 BeurkG-E, dass

137 Richtlinie (EU) 2019/1151 ErwG 21, S. L 186/83.
138 Gesetzesantrag NRW, BR-Drucks. 611/19, S. 5.
139 Gesetzesantrag NRW, BR-Drucks. 611/19, S. 3.
140 Gesetzesantrag NRW, BR-Drucks. 611/19, S. 3.
141 Gesetzesantrag NRW, BR-Drucks. 611/19, S. 3.

der Notar das elektronische Beurkundungsverfahren abzulehnen hat, wenn er seine Amtspflichten auf diese Weise nicht erfüllen kann. Hiervon ist insbesondere dann auszugehen, wenn er sich auf diese Weise keine Gewissheit über die Person eines Beteiligten verschaffen kann oder er Zweifel an der erforderlichen Rechtsfähigkeit oder Geschäftsfähigkeit eines Beteiligten hat (§ 16a Abs. 2 BeurkG-E). Abschließend ist die Aufzählung hingegen nicht. Dass „insbesondere" die fehlende Gewissheit über die Person eines Beteiligten oder seine Rechts- und Geschäftsfähigkeit Gründe sind, das elektronische Beurkundungsverfahren abzulehnen, bestätigt ihre Einordnung als Regelbeispiele.[142]

III. Zwischenergebnis

Der Gesetzesvorschlag des Bundeslandes NRW und das Gesetz zur Umsetzung der Digitalisierungsrichtlinie (DiRuG) gleichen sich in weiten Teilen. Im Kern, nämlich dem elektronischen Beurkundungsverfahren gehen sie mit der Drei-Faktor-Authentifizierung durch Besitz, Wissen und einem Echtzeitabgleich des Erscheinungsbilds mit einem elektronisch ausgelesenen biometrischen Bild einen ähnlichen Weg.

Für die Rechtsform der Aktiengesellschaft besteht damit ein Vorbild, deren Konturen sich wie folgt beschreiben lassen. Bei der Gestaltung eines elektronischen Gründungsverfahrens müssen die Gründer sicher identifiziert werden. Zudem sind ihre Rechts- und Geschäftsfähigkeit festzustellen. Mit der Umsetzung dieser Vorgaben können weiterhin die Notare betraut werden. Vorschriften, die die Einreichung von Unterlagen zur Anmeldung zur Eintragung in das Handelsregister betreffen, bestehen nach Umsetzung des DiRuG bereits für die Aktiengesellschaft. Ein künftiges Gesetzgebungsverfahren zur Umsetzung der Online-Gründung einer Aktiengesellschaft wird sich darauf beschränken, das Gründungsverfahren vor der Anmeldung zur Eintragung in das Handelsregister vollständig zu digitalisieren.

Dies steht unter der Prämisse, dass sich ein elektronisches Gründungsverfahren für die Aktiengesellschaft realisieren lässt. Hierzu müssen

142 Begr. DiRUG-RegE, BR-Drucks. 144/21, S. 112.

die einzelnen Verfahrensschritte untersucht, an den Anforderungen einer Online-Gründung gemessen und gegebenenfalls angepasst werden. Hierzu soll die Arbeit ihren Beitrag leisten.

D. Erste Erkenntnisse für die elektronische Gründung einer Aktiengesellschaft

In gebotener Kürze ist in Erinnerung zu rufen, weshalb bei der Gründung einer Aktiengesellschaft nicht auf den Notar verzichtet werden kann und in welchem Umfang seine Funktionen in einem elektronischen Gründungsverfahren aufrechterhalten bleiben sollten. Als Ergebnis wird eine Variante gesucht, die als Maßstab für den gewählten Untersuchungsgegenstand der gesamten Arbeit dient und anhand dessen das bisher bekannte Gründungsrecht der Aktiengesellschaft auf seinen Anpassungsbedarf hin untersucht wird.

I. Varianten für die Gestaltung einer Online-Gründung

Zunächst ist zu skizzieren, welche Möglichkeiten grundsätzlich bestehen, den Notar in einem Gründungsverfahren (nicht) einzubinden.

1. Mustersatzung ohne Notar

Auf einen Notar und auf das Formerfordernis der notariellen Beurkundung könnte gänzlich verzichtet werden. An die Stelle einer notariellen Beurkundung träte als Element der präventiven Rechtspflege eine Mustersatzung mit stark reduziertem Gestaltungsspielraum für den Satzungsgeber. Weitere Szenarien, wie das Gründungsrecht ohne Notar gestaltet werden könnte, bestehen nicht. Auf eine Mustersatzung zu verzichten und den Gründern damit vollständige Gestaltungsfreiheit zu geben, ist für das deutsche Rechtssystem von vornherein keine Alternative, die ernsthaft in Betracht gezogen werden kann.

2. Notar mit oder ohne Mustersatzung

Wird ein Notar eingebunden, sind zwei Varianten möglich, das Online-Gründungsverfahren zu gestalten. Denkbar ist es, eine Mustersatzung für die Rechtsform der Aktiengesellschaft zu etablieren und zusätzlich einen Notar einzubinden. Die Mustersatzung wäre wie im GmbHG nicht dispositiv.[143]

Als letzte Variante ließe sich die Präsenzbeurkundung vollständig digitalisieren, ohne auf die umfassenden Aufklärungs-, Belehrungs- und Informationspflichten eines Notars in einem Beurkundungsverfahren verzichten zu müssen. In der Folge müsste das für die Gründung einer GmbH vorgesehene elektronische Beurkundungsverfahren für die Aktiengesellschaft geöffnet werden.

3. Gang der Untersuchung

Die Ausführungen im Folgenden werden sich mit diesen drei Gründungsvarianten auseinandersetzen, mit dem Ziel, das Für und Wider zu skizzieren und gegeneinander abzuwiegen.

In einem ersten Schritt ist zu beantworten, ob auf einen Notar verzichtet werden kann, ehe auf die Frage Bezug genommen wird, ob sich eine Mustersatzung für die Gründung einer Aktiengesellschaft unter notarieller Beteiligung eignet.

II. Formfreies elektronisches Gründungsverfahren mit Mustersatzung

Fraglich ist, ob auf das Formerfordernis der notariellen Beurkundung gem. § 23 Abs. 1 S. 1 AktG und § 128 BGB in einem elektronischen Gründungsverfahren verzichtet werden kann. Um sich dieser Frage zu nähern, sind die umfassenden Funktionen des Notars zu skizzieren und ihr Nutzen im Gründungsverfahren einer Aktiengesellschaft hervorzuheben.

143 Für die GmbH vgl. auch *Teichmann* GmbHR 2018, 1 (11).

1. Vermeidung doppelter Arbeit

Zunächst ist die durch den Notar zu leistende Aufklärungsarbeit und Legalitätskontrolle zu beleuchten.

a) Aufklärungsfunktion

Gem. § 17 Abs. 1 BeurkG hat der Notar den Willen der Beteiligten zu erforschen, den Sachverhalt zu klären, die Beteiligten über die rechtliche Tragweite des Geschäfts zu belehren und ihre Erklärungen klar und unzweideutig in der Niederschrift wiederzugeben. Dadurch hat der Notar die entscheidende Funktion, die tatsächlichen Umstände materiell-rechtlich korrekt zu formulieren und in die zu beurkundende Satzung zu transportieren.[144] So besteht bei einer Gründung ohne notarielle Beteiligung die Gefahr, dass das von den Gründern übereinstimmend Gewollte nicht in die Satzung geschrieben wird. Diese Gefahr ist umso größer, als dass die juristischen Fachbegriffe, aber auch die Vor- und Nachteile bestimmter Gestaltungsmöglichkeiten und ihrer Rechtsfolgen ohne juristische Beratung einem Laien schwer zugänglich sind. Denn trotz der Satzungsstrenge (§ 23 Abs. 5 AktG) ist die Menge an dispositivem Recht im AktG hoch,[145] was belegt, dass für die Satzung einer Aktiengesellschaft genug Gestaltungsfreiraum besteht, der nur durch die beratende und aufklärende Tätigkeit von Notaren rechtssicher gefüllt werden kann.

Das Registergericht kann diesen Beitrag nicht leisten. Denn das Registergericht führt keine Wirtschaftlichkeits- oder Zweckmäßigkeitskontrollen durch und kann nicht beurteilen, was von den Gründern eigentlich gewollt ist und ob sich dieser Wille in der Satzung wiederfindet.[146] Die einstufige Gründungskontrolle durch die Registergerichte

144 OLG Frankfurt v. 22.2.2006 – 4 U 170/05, BeckRS 2006, 10084 m. Anm. *Harder* IBR 2006, 263; Armbrüster/Preuß/*Renner*/*Armbrüster* BeurkG § 17 Rn. 22.

145 Einen Überblick zum dispositiven Recht liefern BeckOGKAktG/*Limmer* § 23 Rn. 48; MüKoAktG/*Pentz* § 23 Rn. 163 f.

146 BayObLG BB 1985, 545 (546); BayObLGZ 1982, 368 (373) = WM 1983, 248; Hüffer/Koch/*Koch* AktG § 38 Rn. 3; MüKoAktG/*Pentz* § 38 Rn. 46, 49; GroßKommAktG/*Röhricht*/*Schall* Band 2 § 38 Rn. 26; Hölters/*Solveen* AktG § 38 Rn. 3; Grigoleit/*Vedder* AktG § 38 Rn. 2; BeckOGKAktG/*Stelmaszczyk* § 38 Rn. 7.

kann die umfassendere notarielle Beratung und Erforschung des Willens insoweit nicht ersetzen.[147] Denn das Registergericht kann anhand der eingereichten Dokumente nicht überprüfen, was die Gründer tatsächlich gewollt haben. Dies lässt sich nur in einem Dialog herausfinden. Es kann auch nicht darauf gehofft werden, dass sich Unternehmer zumindest rechtlichen Rat in den Anwaltskanzleien einholen, bevor sie die Satzung formulieren. Ohne notarielle Beteiligung besteht im Gründungsverfahren einer Aktiengesellschaft nach dem AktG seither kein anderer Sicherheitsmechanismus, der garantiert, dass das von den Parteien Gewollte in die Satzung aufgenommen wird.

In diesem Zusammenhang ist beispielhaft zu nennen, dass die Gründer ihre Aktiengesellschaft mit Aktien auf den Namen oder Inhaber, mit oder ohne Nennbetrag ausstatten können. Um das Gewollte in die Satzung aufzunehmen, müssen die Vor- und Nachteile dieser Aktiengattungen in Bezug auf das unternehmerische Vorhaben verstanden und abgewogen werden. Die Übersetzung des Gewollten in etwas juristisch Verständliches gelingt nur mit zwingend vorgeschalteter qualifiziert-juristischer Beratung durch einen Notar. Geschieht dies nicht, entsteht für alle Beteiligten zusätzliche Arbeit. Haben sich die Gründer auf eine nicht ihrem Vorhaben und Willen entsprechende und damit für sie „falsche" Aktiengattung geeinigt, so müssen diese in einem mehrstufigen Verfahren umgewandelt werden. Die dadurch notwendig werdende Satzungsänderung ist erneut zu beurkunden, was zusätzliche Kosten auslöst. Darüber hinaus ist diese Satzungsänderung erneut zur Eintragung im Handelsregister anzumelden. Im Ergebnis droht die Gefahr einer doppelten Belastung der Registergerichte und der Gründer.[148]

Aber auch das Innenverhältnis in der Aktiengesellschaft bietet Konfliktpotential für spätere Uneinigkeiten, welches nur durch eine zwingend vorgeschaltete notarielle Beratung im Vorfeld geringgehalten werden kann. Zu nennen sind die Möglichkeiten, das Machtverhältnis zwischen dem Aufsichtsrat und dem Vorstand festzulegen oder die sich aus den Aktien ergebenen unterschiedlichen Rechte (vgl. § 11 S. 1 AktG) auszugestalten. Fehlt ein dem Willen der Gründer

147 So aber offenbar *Weber*, Digitalisierung im Gesellschaftsrecht, S. 86.
148 Ähnlich *Weber*, Digitalisierung im Gesellschaftsrecht, S. 100, 113.

entsprechender Passus in der Satzung, so kann es im Lebenszyklus einer Aktiengesellschaft Konflikte bei der Vornahme von Geschäftsführungsmaßnahmen oder der Durchführung einer Hauptversammlung provozieren, die auf dem Rechtsweg entschieden werden müssen. Solche Konflikte lassen sich durch eine vorgeschaltete zwingend notwendig notarielle Beratung und klar formulierte Satzungsregelungen vermeiden. Denn beurkundete Rechtsgeschäfte werden im Gegensatz zu formfreien Rechtsgeschäften gerechter und im Einklang mit dem geltenden Recht abgeschlossen, wodurch sich das Risiko von Rechtsstreitigkeiten minimiert.[149]

b) Legalitätskontrolle

Gemäß § 17 Abs. 2 S. 2 BeurkG i.V.m. § 14 Abs. 2 BNotO hat der Notar jederzeit zu überprüfen, ob das zu beurkundende Rechtsgeschäft im Einklang mit dem geltendem Recht abgeschlossen wird. Durch die Einbindung eines Notars lässt sich sicherstellen, dass alle Satzungsregelungen materiell-rechtlich richtig an das Handelsregister zur Eintragung übersendet werden. Der Notar dient dem Registergericht damit als Filter und nimmt eine bedeutende Funktion im Bereich der präventiven Rechtspflege ein. So trägt der Notar maßgeblich dazu bei, dass keine falschen Informationen in das Handelsregister eingetragen werden und dieses nicht an Publizität verliert.[150]

In diesem Zusammenhang sind die nach § 23 Abs. 3 Nr. 1, 2 AktG zu wählende Firma und der zu formulierende Unternehmensgegenstand zu nennen. Die Bildung einer nach dem Firmenrecht rechtmäßigen Firma ist eine anspruchsvolle Aufgabe, die nach juristischer Beratung verlangt.[151] Bereits nach geltendem Gründungsrecht mit notarieller Beteiligung ist die Anzahl entdeckter Verstöße gegen die Kennzeichnungs- und Unterscheidungskraft sowie dem Irreführungsverbot in der Registerpraxis hoch.[152] Bei einer unrechtmäßigen Firmenbildung

149 BeckOGKAktG/*Limmer* § 23 Rn. 14, 17; Staudinger/*Hertel* BeurkG § 1 Rn. 25 ff.; Frenz/Miermeister/*Limmer* BeurkG § 1 Rn. 8.

150 Zur Publizität des Handelsregisters sogleich unter D.II.2.

151 *Heckschen* DStR 2007, 1442 (1444); grundsätzliches zur Firmenbildung *ders.* NotBZ 2006, 346 (346 ff.).

152 *Ries* NotBZ 2007, 244 (245).

drohen Abmahnungen wegen Urheber- und Markenrechtsverletzungen, aber auch Zwischenverfügungen durch das Handelsregister.[153] Dieses Risiko lässt sich durch eine Verknüpfung mit einem elektronischen Markenregister nur bedingt reduzieren. Eine Software kann wohl identische Firmen erkennen.[154] Ob sie auch in eigenständiger juristischer Subsumtion feststellt, ob die gewählte Firma gegen das Irreführungsverbot verstößt, ist zumindest fragwürdig.

Auch der Unternehmensgegenstand muss konkret und präzise formuliert werden.[155] Der richtigen Wahl des Unternehmensgegenstandes kommen im Innen- und Außenverhältnis der Aktiengesellschaft gewichtige Funktionen zu. So grenzt der Unternehmensgegenstand im Innenverhältnis die Geschäftsführungsbefugnis ein[156], konkretisiert damit den Pflichtenkreis der handelnden Organe[157] und gibt den Gründern die Möglichkeit, die unternehmerische Grundausrichtung der Aktiengesellschaft zu bestimmen. Aber auch der Rechtsverkehr wird über das Tätigkeitsfeld informiert[158] und lässt zugleich sittenwidrige Tätigkeiten erkennen. Wird der Unternehmensgegenstand zu allgemein[159] gewählt, erfüllt seine Angabe in der Satzung ihren Zweck nicht mehr.

153 *Heckschen* DStR 2007, 1442 (1444); *Ries* NotBZ 2007, 244 (244).

154 *Teichmann* GmbHR 2018, 1 (8).

155 BeckOGKAktG/*Limmer* § 23 Rn. 30; MüKoAktG/*Pentz* § 23 Rn. 79; Grigoleit/*Vedder* AktG § 23 Rn. 25.

156 OLG Köln ZIP 2009, 1469 = RNotZ 2009, 548; OLG Stuttgart AG 2003, 527 = NZG 2003, 778 = ZIP 2003, 1981; BayObLG NZG 2000, 987; BeckOGKAktG/*Limmer* § 23 Rn. 30; Hüffer/Koch/*Koch* AktG § 23 Rn. 21; GroßkommAktG/*Röhricht/Schall* Band 2 § 23 Rn. 112 ff.; K. Schmidt/Lutter/*Seibt* AktG § 23 Rn. 32; *Kiesewetter/Spengler* DK 2009, 451 (457); *Fleischer/Maas* AG 2020, 761 (763); *Thoma* RNotZ 2011, 413 (414); *Priester* ZGR 2017, 474 ff.

157 BGH NJW 2013, 1958 = NZG 2013, 293; BGHZ 119, 305 (332) = DB 1992, 2383.

158 BGH WM 1981, 163 (164); BayObLG NJW-RR 1996, 413; OLG Frankfurt OLGZ 1987, 40; OLG Köln ZIP 2009, 1469 = RNotZ 2009, 548; GroßkommAktG/*Röhricht/Schall* Band 2 § 23 Rn. 112 ff.; K. Schmidt/Lutter/*Seibt* AktG § 23 Rn. 32; BeckOGKAktG/*Limmer* § 23 Rn. 30; *Hirte*, in: FS Hüffer, 2010, S. 329 (330); *Thoma* RNotZ 2011, 413 (414); *Wicke* DNotZ 2020, 448 (453); *Fleischer/Maas* AG 2020, 761 (763).

159 Mit Beispielen *Ries* NotBZ 2007, 244 (244).

c) Alternative Lösungen

Betrachtet man die Aufklärungsarbeit des Notars im Zusammenhang mit der Legalitätskontrolle, so stellt man fest, dass das Rechtsgeschäft im Zuge einer notariellen Beurkundung auf seine Vereinbarkeit und Übereinstimmung mit dem geltenden Recht und den tatsächlichen Umständen hin überprüft wird. Fraglich ist, ob alternative Lösungen im gleichen Maße Aufklärungsarbeit und Legalitätskontrolle leisten können.

aa) Information Sheets

Theoretisch ließen sich die notwendigen Informationen in sogenannten *Information Sheets* auf der Internetseite des Registerportals veröffentlichen oder auf einer eigens für die Online-Gründung konzipierten Internetseite des Registerportals derart einbauen, so dass durch einen Klick ihre Kenntnisnahme bestätigt werden muss, ehe die Gründung fortgesetzt werden kann.[160]

Allerdings lässt sich schon nicht sicherstellen, dass die Informationen tatsächlich gelesen und schon gar nicht, dass sie verstanden wurden. Die Praxis im Umgang mit Allgemeinen Geschäftsbedingungen[161] verdeutlicht die Gefahr, dass solche Informationen oftmals drohen als lästig empfunden und schließlich übersprungen zu werden.

Zusätzlich hätten die Gründer keinerlei Möglichkeiten, individuelle Rückfragen zu stellen. So bestünde fortlaufend die Gefahr, dass etwas nicht Gewolltes in die Satzung aufgenommen wird, was zu einem späteren Zeitpunkt einen Konflikt auslösen, zu einer Satzungsänderung und einer doppelten Belastung der Registergerichte führen kann.[162] Es ist insbesondere nicht zu erwarten, dass Hinweise zu dem Firmenbildungsrecht in Form von *Information Sheets* zur Bildung einer rechtmäßigen Firma ohne juristische Beratung beitragen können.[163]

160 Kritisch auch *Teichmann* GmbHR 2018, 1 (12 f.).

161 Eindeutig *McColgan*, Abschied vom Informationsmodell im Recht allgemeiner Geschäftsbedingungen, S. 130 ff.

162 Ähnlich *Weber*, Digitalisierung im Gesellschaftsrecht, S. 100.

163 Kritisch zu solchen Informationen ohne notarielle Beteiligung auch *Teichmann* GmbHR 2018, 1 (12).

bb) Mustersatzung

In gewissem Maße könnte präventive Legalitätskontrolle durch eine Mustersatzung geleistet werden. Allerdings wurde bereits gezeigt, dass der auch bei einer Mustersatzung bestehende Gestaltungsspielraum viel Raum für falsche Satzungsregelungen bietet. Fällt der Notar aus dem Gründungsverfahren heraus, müssten seine Aufgaben durch das Registergericht wahrgenommen werden. Die Kontrolle durch die Registergerichte erreicht aus folgenden Gründen nicht dasselbe Schutzniveau, wie eine vorherige notarielle Prüfung.

Zum einen kann eine doppelte Kontrolle der Satzung durch den Registerrichter und den Notar ihre Fehleranfälligkeit minimieren. Zum anderen fehlt dem Registergericht die Möglichkeit, die Satzungsregelungen mit den tatsächlichen Umständen abzugleichen. Aber auch diese ist notwendig, um die Fehleranfälligkeit der Satzung zu minimieren. Denn das Gericht führt die Rechtsprüfung auf Grundlage der eingereichten Unterlagen durch.[164] Aus ihnen muss nicht notwendigerweise hervorgehen, ob der Unternehmensgegenstand tatsächlich richtig gewählt ist. Dies lässt sich nur beurteilen, wenn einem die tatsächlichen Umstände bekannt sind. Denkbar ist, dass die Gründer durch eigene Recherche einen typischen Unternehmensgegenstand in die Satzung aufnehmen, der das wirtschaftliche Vorhaben aber tatsächlich gar nicht wiedergibt. Eine Software, die nur zulässige Gestaltungen vorsieht, kann an dieser Stelle keine Abhilfe schaffen.[165] Denn die Software könnte nicht überprüfen, ob das in der Satzung Verankerte der wahren Rechts- und Sachlage entspricht.

Zusätzlich bestünde trotz des bei einer Mustersatzung stark eingeschränkten Gestaltungsspielraums die Gefahr, dass unrechtmäßige Satzungsbestandteile getroffen werden. Denn einige in der Satzung aufzunehmende Bestimmungen müssten eigenständig durch die Gründer ausgefüllt werden, wenn auf einen Notar vollständig verzichtet wäre. Beispielhaft zu nennen ist die Wahl einer rechtmäßigen Firma, die ohne juristische Beratung wohl kaum gelingen wird.[166]

164 BeckOGKAktG/*Stelmaszczyk* § 38 Rn. 7; MüKoAktG/*Pentz* § 38 Rn. 18.

165 So aber *Teichmann* GmbHR 2018, 1 (12).

166 *Bormann*/*Stelmaszczyk* ZIP 2018, 764 (767); *Heckschen* DStR 2007, 1442 (1444); grundsätzliches zur Firmenbildung *ders.* NotBZ 2006, 346 (346 ff.).

Abgesehen davon kann durch diese Lösung nicht gewährleistet werden, dass sich die Mustersatzung für das unternehmerische Vorhaben der Gründer überhaupt eignet. Werden die Gründer durch einen Notar im Vorfeld nicht aufgeklärt, so ist nicht auszuschließen, dass zu einem späteren Zeitpunkt Satzungsänderungen notwendig werden, denen durch eine zwingend vorgeschaltete juristische Beratung hätte vorgebeugt werden können.

d) Zwischenergebnis

Im Gründungsverfahren einer Aktiengesellschaft kann der Notar eine doppelte Beanspruchung der Registergerichte verhindern, indem er dafür Sorge trägt, dass die Satzung mit den tatsächlichen Umständen und dem Willen der Gründer übereinstimmt sowie zusätzlich im Einklang mit dem geltendem Recht formuliert ist. Information Sheets oder eine Mustersatzung können diese notariellen Pflichten nur bedingt ersetzen. Dabei kommt den Notaren im Interesse des Rechtsverkehrs und der Registergerichte, aber auch im Interesse der Gründer eine herausragende Bedeutung zu.

2. Erhalt der Registerpublizität

Gestaltet man die Online-Gründung einer Aktiengesellschaft ohne notarielle Beteiligung, so müsste die in § 15 HGB statuierte Registerpublizität grundlegend neu überdacht werden. Aus nun darzustellenden Gründen in Frage gestellt, ob auf die im Handelsregister befindlichen Informationen vertraut werden kann.[167]

Die Folgen einer unzureichenden Eingangskontrolle durch einen Gatekeeper zeigen angloamerikanische Rechtsordnungen auf. Als Beispiel soll das Company House aus England hinzugezogen werden. Das Company House überprüft lediglich, ob die eingereichten Dokumente vollständig sind und der Gesellschaftszweck sowie die Firma rechtmä-

167 *Bormann/Stelmaszczyk* ZIP 2018, 764 (771); *Weber*, Digitalisierung im Gesellschaftsrecht, S. 101.

ßig gewählt wurde.[168] Hingegen fehlt dem Company House die gesetzliche Befugnis, aber auch die Fähigkeit, den Inhalt der eingereichten Dokumente zu verifizieren.[169] Denn ein Abgleich mit den tatsächlichen Umständen ist ohne Kommunikation und intensive Beratung mit den Beteiligten nicht möglich. Die fehlende Eingangskontrolle begünstigt das bekannte Problem des *company hijacking* und des *corporate identity theft*, ein Phänomen, welches 50–100 mal im Monat aufgedeckt werden kann.[170] Hierbei handelt es sich um kriminelle Vorgehen, bei denen sich Kriminelle die Identität einer Gesellschaft anmaßen, in dem sie durch gefälschte Anmeldungen einen neuen Geschäftsführer bestellen, den Sitz einer Gesellschaft verändern oder sonstige Angaben in der Satzung umschreiben.[171]

Aber auch der Rechtsverkehr kann von den eingereichten Unterlagen nicht profitieren, da sich die fehlende Eingangskontrolle negativ auf die Publizitätswirkung eines Registers auswirkt. Eine der hierzulande in § 15 HGB fest verankerten Registerpublizität ähnliche Wirkung ist dem englischen Companies House fremd,[172] wäre auch unvorstellbar, da auf die Richtigkeit der veröffentlichten Informationen nicht mehr vertraut werden kann, wenn sie keiner präventiven inhaltlichen Überprüfung unterzogen werden. Repressive Sanktionen können diese Folgen nicht abfangen.[173]

Zudem würde ein fehlender Gatekeeper nicht nur negative Auswirkungen für den inländischen Rechtsverkehr haben. Auch würden

168 *Bormann/Stelmaszczyk* ZIP 2018, 764 (767); *Heckschen* DStR 2007, 1442 (1444); grundsätzliches zur Firmenbildung *ders.* NotBZ 2006, 346 (346 ff.); *Weber*, Digitalisierung im Gesellschaftsrecht, S. 75.

169 So heißt auf der Internetseite des Companies House, abrufbar unter http://resources.companieshouse.gov.uk/serviceInformation.shtml (zuletzt aufgerufen am: 23.11.21, 16:44 Uhr): „We carry out basic checks on documents received to make sure that they have been fully completed and signed, but we do not have the statutory power or capability to verify the accuracy of the information that companies send to us. The fact that the information has been placed on the public record should not be taken to indicate that Companies House has verified or validated it in any way.".

170 *Wolf* MittBayNot 2018, 510 (521); *Kindler* ZHR 2015, 330 (339 f.); *Bormann/Stelmaszczyk* ZIP 2018, 764 (769); *Bormann/Apfelbaum* ZIP 2007, 946 (949).

171 Näheres zum *Company Hijacking* in England vgl. *Bock* ZIP 2011, 2449 ff.

172 *Levedag*, in: Süß/Wachter, HdB internationale GmbH-Recht, England Rn. 262.

173 *Weber*, Digitalisierung im Gesellschaftsrecht, S. 75.

den im deutschen Handelsregister eingetragenen Aktiengesellschaften zeitlicher und finanzieller Mehraufwand im Ausland entstehen, wenn sie ihre Existenz gegenüber ausländischen Registern mit hoher Registerpublizität[174] nachweisen wollten. Sie müssten zusätzliche bürokratische Prozesse auf sich nehmen, was spätere Transaktionen in die Länge zieht und kostenintensiver macht. Dieser Umstand lässt sich gegenwärtig beobachten, wenn englische Gesellschaften bei einer Gesellschaftsgründung nach deutschem Recht beteiligt sind. Um ihren Bestand und auch die Vertretungsbefugnis ihrer vermeidlichen Geschäftsführer nachweisen zu können, müssen amtliche Dokumente aus Staaten mit keinem hinreichend zuverlässigen Handelsregister – wie es das *Registrar of Companies* ist – erst mit einer Apostille[175] durch den das Dokument ausstellenden Staat versehen werden.[176] Nur dann ist für das deutsche Handelsregister ausreichend sichergestellt, dass die eingetragenen Informationen richtig sind und das Handelsregister insgesamt nicht an Publizität verliert.

Die Publizität des Handelsregisters, aber auch später anfallende Transaktionskosten, lassen sich nur aufrecht- bzw. geringhalten, wenn an dem Prinzip der vorsorgenden Rechtspflege unter Einschaltung eines Notars festgehalten wird.[177]

3. Beschleunigung der Eintragung in das Handelsregister

Auch trägt die notarielle Beteiligung maßgeblich dazu bei, dass Anmeldungen zur Eintragung durch den Registerrichter effektiver vollzogen werden können. Zwar mag die Gründungsphase in kontinentaleuropäischen Rechtsordnungen im Vergleich zu angloamerikanischen Rechtsordnungen ohne notarielle Beteiligung länger dauern.[178] Aller-

174 Dazu zählen zB Spanien, Österreich oder Italien, vgl. *Bormann/Stelmaszczyk* NZG 2019, 601 (603).

175 Näheres zur Apostille, vgl. *Schaub*, in: MünchAnwHdB-AktR § 5 Rn. 194 ff.

176 *Bormann/Stelmaszcyk* NZG 2019, 601 (604); *Lieder* NZG 2018, 1081 (1084); *ders.* NZG 2020, 81 (85 ff.).

177 So richtigerweise auch *Bormann/Stelmaszczyk* ZIP 2018, 764 (770); *Teichmann* GmbhR 2018, 1 (12 f.).

178 *Bormann/Stelmaszczyk* ZIP 2018, 764 (770).

dings ist es gerade der Notar, der die Eintragung von Informationen in das Handelsregister auch zu späteren Zeitpunkten im Lebenszyklus dieser Gesellschaft maßgeblich beschleunigt. Denn nur durch die notarielle Begleitung im Vorfeld der Eintragung können die Urkunden einwandfrei und präzise formuliert[179], aber auch erwiesenermaßen inhaltlich vollständig und richtig[180] an die Registergerichte übersandt werden, so dass diese die Informationen nur noch einpflegen müssen. Es ist nicht mehr notwendig, die Formulierungen nach ihrem Sinn zu hinterfragen, auf das tatsächlich Gewollte zu schließen und einer detaillierten Rechtmäßigkeitsprüfung unterziehen. Denn gem. § 378 Abs. 3 FamFG sind Anmeldungen in Registersachen vor ihrer Einreichung für das Registergericht von einem Notar auf Eintragungsfähigkeit zu prüfen.[181]

So ist zu erwarten, dass eine Online-Gründung ohne notarielle Beteiligung den Eintragungsprozess im Vergleich zu einer Online-Gründung mit notarieller Beteiligung verlängert.[182] Denn fällt der Notar mit seiner Filterfunktion als Gatekeeper weg, ist absehbar, dass die Registergerichte die eingereichten Dokumente erst einmal einer tiefergehenden Überprüfung unterziehen müssten. Dies ist den Registergerichten allerdings nicht möglich, da sie den Willen der Gründer nicht erforscht haben und sie deswegen nicht kontrollieren können, ob das tatsächlich Gewollte in die Satzung aufgenommen wurde. Zudem haben die Registergerichte derzeit keine hierfür ausreichenden zeitlichen und personellen Kapazitäten und würden den Mehraufwand wohl nicht bewältigen können.[183]

179 Vgl. hierzu auch *Frey* NotBZ 2021, 13 (14, 16).

180 *Jerschke* ZNotP 2001, 89 (90); BeckOGKAktG/*Limmer* § 23 Rn. 17.

181 Hierzu und zum Vorstehenden *Bormann* ZGR 2017, 621 (632); *Bormann* DNotZ-Sonderheft 2016, 9 (12 f.); *Bormann/Stelmaszczyk* ZIP 2018, 764 (769); *Eickelberg* NZG 2015, 81 (82); *Bormann/König* notar 2008, 256 (257); *Melchior* NotBZ 2006, 409.

182 Ähnlich *Weber*, Digitalisierung im Gesellschaftsrecht, S. 104 f.

183 Ähnlich *Weber*, Digitalisierung im Gesellschaftsrecht, S. 100 f.

4. Sicherheitslücken vermeiden

Eröffnet man die Möglichkeit, eine Aktiengesellschaft ohne Notar zu gründen, so wird es Gründer mit entsprechender krimineller Energie geben, die die Sicherheitslücke zu nutzen wissen. Dies gilt insbesondere für die dann fehlende Echtzeitidentifizierung der Gründer. Ohne einen Notar ließe sich die Identität der Gründer nicht mit an Sicherheit grenzender Wahrscheinlichkeit feststellen.

So wäre zu befürchten, dass geringere Gründungskosten bei fehlender notarieller Beteiligung die Gründung von Briefkastengesellschaften fördern.[184] Durch die Online-Gründung ohne notarielle Beteiligung und mit geringeren Anforderungen an die Identifizierung der Beteiligten könnten EU-ausländische Gründer strengere Gründungsvorschriften umgehen und in Deutschland eine solche Briefkastengesellschaft gründen.[185] Solche Gesellschaften werden genutzt, um Geld zu waschen, Steuern zu hinterziehen oder terroristische Aktivitäten zu finanzieren.[186]

Unterbinden lässt sich dies durch eine exakte Identifizierung der Beteiligten. Dies kann im elektronischen Rechtsverkehr nur durch eine audiovisuelle Echtzeitverbindung gelingen, bei der eine staatliche Stelle Daten von einem elektronischen Identifizierungsmittel auslesen und mit dem durch das Videosystem übertragenen Erscheinungsbild vergleicht. Hierfür muss aber eine Person in Echtzeit die Gründer sehen können. Wie zu zeigen sein wird, ist dies die einzige Möglichkeit, die sich mit der im deutschen Recht verankerten Identifizierungspflicht vereinbaren lässt.[187]

---

184 *Weber*, Digitalisierung im Recht, S. 98 mwN in Fn. 419.

185 *Bormann/Stelmaszczyk* ZIP 2018, 764 (772).

186 *Wachter* GmbH- StB 2018, 214 (218); *Wolf* MittBayNot 2018, 510 (521); *Weber*, Digitalisierung im Recht, S. 98 mwN in Fn. 422; vgl. rechtsvergleichend in der Schweiz insoweit auch *Müller* SJZ 2020, 555 (566 f.).

187 Hierzu bereits unter G.II.

5. Gesetzgebungsgeschichte zur vereinfachten Gründung gem. § 2 Abs. 1a GmbHG

Zudem zeigt die Gesetzgebungsgeschichte zum vereinfachten Gründungsverfahren gem. § 2 Abs. 1a GmbHG, dass die Gründung einer Kapitalgesellschaft auf Grundlage einer Mustersatzung ohne notarielle Beurkundung im Interesse des Erhalts der Registerpublizität, ersichtlich vom Gesetzgeber nicht gewollt war. Der Vorschlag der Bundesregierung, an die Stelle einer notariellen Beurkundung der Satzung die Beglaubigung von Musterprotokoll und Mustersatzung treten zu lassen,[188] wurde auf Anraten des Bundesrates[189] durch den Gesetzgeber nicht umgesetzt[190]. Dies führt zu der Erkenntnis, dass eine präventive inhaltliche Überprüfung der Gründungsunterlagen nach der Intention des Gesetzgebers gewollt ist. Denn die Beglaubigung beschränkt sich darauf, die Echtheit einer Unterschrift zu beweisen. Ihre Beweiskraft erstreckt sich hingegen nicht auf den Inhalt einer Erklärung. Eine präventive notarielle Kontrolle kann somit nur erfolgen, wenn die Satzung notariell beurkundet wird. Für die Aktiengesellschaft als komplexere Gesellschaftsform gilt die Notwendigkeit einer inhaltlichen Überprüfung durch eine notarielle Beurkundung erst recht.

6. Rechtstradition

Auch ist darauf hinzuweisen, dass sich das Prinzip der vorsorgenden Rechtspflege durch die notarielle Beurkundung für Kapitalgesellschaften im deutschen Rechtsraum über Jahrzehnte hinweg bewährt hat und eine so weitreichende Registerpublizität, wie sie § 15 HGB statuiert, überhaupt erst rechtfertigt. Auf das Formerfordernis der notariellen Beurkundung zu verzichten, würde nicht nur mit dieser Rechtstradition brechen, sondern auch einen dem deutschen Gesellschaftsrecht immanenten Grundsatz in Frage stellen.

188 BT-Drs. 16/6140, S. 1.
189 BT-Drs. 16/6140, S. 149 ff.
190 BT-Drs. 16/9737, S. 93.

Das zentrale Ziel des Gesellschaftsrechts, Transaktionen effizient und rechtssicher zu vollziehen[191], lässt sich auf unterschiedliche Art und Weise erreichen. Das zeigt ein Vergleich zum angloamerikanischen Rechtssystem. Im Gegensatz zu der angloamerikanischen Rechtsordnung fußt das kontinentaleuropäische Gesellschaftsrecht auf der Grundidee, einen ordnungspolitischen Rechtsrahmen zu schaffen.[192] Innerhalb dieses vom Staat geschaffenen Rechtsrahmens kann der Rechtsanwender nur punktuell und innerhalb vorgegebener Grenzen abweichen. Dies dient dem übergeordneten Ziel, die innerhalb eines Unternehmens zusammenlaufenden Interessen in einen sachgerechten Ausgleich zu bringen, aber auch Gläubigerinteressen zu berücksichtigen und allgemein den Rechtsverkehr zu schützen.[193]

Dabei lässt sich das Prinzip der vorsorgenden Rechtspflege auf einen Grundsatz des deutschen Zivilrechts bzw. des kontinentaleuropäischen Gesellschaftsrechts durchaus zurückzuführen. In gewisser Hinsicht spielt auch der Notar in dem ordnungspolitischen System eine gewichtige Rolle. Denn zu seinen Kernaufgaben gehört es, die Parteien umfassend aufzuklären, zu belehren und Informationsasymmetrien zu beheben (§ 17 Abs. 1 BeurkG).[194] Vor allem hat der Notar die Gründungsunterlagen im Rahmen der notariellen Beurkundung einer inhaltlichen Überprüfung zu unterziehen und die Vereinbarkeit der Satzung mit dem geltenden Ordnungsrahmen – nämlich dem Gesellschaftsrecht – zu überprüfen. Er trägt auch dazu bei, Transaktionen effektiver zu gestalten. Denn nur durch seine Vorprüfung können die Anmeldungen zur Eintragung in das Handelsregister schneller bearbeitet werden.[195] Die präventive Richtigkeitskontrolle ermöglicht es, spätere Transaktionen reibungslos durchführen zu können. Denn auf den Bestand und die inhaltliche Richtigkeit der Informationen kann bei einer vorherigen notariellen Beteiligung vertraut werden.[196]

191 *Bormann/Stelmaszczyk* ZIP 2018, 764 (765).

192 *Bormann/Stelmaszczyk* ZIP 2018, 764 (765); *Mülbert* ZGR 1997, 129 (142 f.); *Perridon/Steiner/Rathgeber*, Finanzwirtschaft der Unternehmung, S. 18.

193 *Bormann/Stelmaszczyk* ZIP 2018, 764 (765); *Mülbert* ZGR 1997, 129 (142 f.); *Perridon/Steiner/Rathgeber*, Finanzwirtschaft der Unternehmung, S. 18.

194 Armbrüster/Preuß/Renner/*Armbrüster* BeurkG § 17 Rn. 24; *Münch* DNotZ 2004, 901 (911 f.).

195 Näheres unter D.II.3.

196 Näheres unter D.II.1.

Ein solch tiefgreifender Bruch mit – und auch im internationalen Vergleich bewährten – Traditionen sollte nicht die Folge eines zusätzlichen Online-Angebots im Gründungsrecht der Aktiengesellschaft sein. Im Ergebnis streitet auch die Rechtstradition dagegen, auf einen Notar in einem elektronischen Gründungsverfahren einer Aktiengesellschaft zu verzichten.

7. Warnfunktion

Nicht zuletzt muss die Warnfunktion[197] einer notariellen Beurkundung bei der Online-Gründung einer Aktiengesellschaft aufrechterhalten bleiben.[198] Der Gang bzw. die Zuschaltung zum Notar im Rahmen einer Online-Gründung warnt die Gründer davor, dass ihr Vorhaben von erhöhter Tragweite und Relevanz ist. Denn mit der Gründung entstehen erhebliche Risiken und Pflichten, vor denen die Gründer durch den Notar gewarnt werden. Ließe sich eine Aktiengesellschaft ohne notarielle Beteiligung gründen, so bestünde kein Instrument, den Gründern die Bedeutung ihrer Willenserklärungen unter Beweis zu stellen.[199]

Der Referentenentwurf eines Gesetzes zur Umsetzung der Digitalisierungsrichtlinie (kurz DiRuG[200]) verdeutlicht, dass auch bei der Gründung einer GmbH auf einen Notar nicht verzichtet werden soll. Dies gilt somit erst recht für die Aktiengesellschaft.

197 Grundlegend zur Warnfunktion BGHZ 58, 386 (394); *Heldrich* AcP 147 (1941), 89 (91 ff.); Armbrüster/Preuß/Renner/*Armbrüster/Renner* BeurkG Einl. Rn. 14 ff.; *Bohrer* DNotZ 2002, 579 ff.

198 BeckOGKAktG/*Limmer* § 23 Rn. 14.

199 Grundlegend zur Warnfunktion der notariellen Beurkundung der Satzung, vgl. RGZ 130, 74; RGZ 156, 138; Hüffer/Koch/*Koch* AktG § 23 Rn. 1; MüKo-AktG/*Pentz* § 23 Rn. 26.

200 Abrufbar unter https://www.bmjv.de/SharedDocs/Gesetzgebungsverfahren/DE/Digitalisierungsrichtlinie.html (zuletzt aufgerufen am: 16.11.21, 12:00 Uhr).

8. Zwischenergebnis

Ein Blick auf die Rolle des Notars innerhalb des Systems der präventiven Rechtspflege hat unter Beweis gestellt, dass an dem Formerfordernis der notariellen Beurkundung der Satzung einer Aktiengesellschaft festzuhalten ist. Der Notar nimmt eine wesentliche Funktion im Rechts- und Geschäftsverkehr ein. Dabei unterstützt er nicht nur die Gründer, ein maßgeschneidertes Satzungskorsett für das durch die Aktiengesellschaft getragene Unternehmen zu entwickeln. Auch die Publizität anderer Register wird durch die Einbindung des Notars geschützt. Insoweit ist der Notar unverzichtbar.

III. Notar mit oder ohne Mustersatzung

Im vorstehenden Abschnitt wurde veranschaulicht, dass ein elektronisches Gründungsverfahren ohne notarielle Beteiligung keine Option ist. Fraglich ist nun, ob die Online-Gründung einer Aktiengesellschaft auf Grundlage einer zu beurkundenden Mustersatzung oder durch notarielle Beurkundung der Satzung mit Gestaltungsspielraum (§ 23 Abs. 5 AktG) möglich sein sollte.

Die Ausführungen konzentrieren sich auf die Frage, ob eine Mustersatzung für die Rechtsform der Aktiengesellschaft einen großen Anwendungsbereich hätte. Dann wäre sie eine sinnvolle Alternative innerhalb eines elektronischen Gründungsverfahrens. Damit ist fraglich, ob die Online-Gründung einer Aktiengesellschaft auf Grundlage einer Mustersatzung nach dem Vorbild des einfachen Gründungsverfahren gem. § 2 Abs. 1a GmbHG geschaffen werden sollte. Erst wenn dies zu verneinen ist, bleibt als letzte der eingangs genannten Varianten jene übrig, nach der die Präsenzgründung *de lege ferenda* in ein digitales Verfahren zu übersetzen ist, das heißt eine Gründung durch die elektronische Beurkundung der Satzung bei weitgehender Gestaltungsfreiheit (§ 23 Abs. 5 AktG).

1. Praktische Erfahrungen

Praktische Erfahrungswerte zeigen, dass bei der Gründung einer Aktiengesellschaft seitens der Gründer ein Bedarf nach individueller Beratung und individuellen Lösungen besteht.

In diesem Zusammenhang ist das organische Wachstum jener Unternehmen hervorzuheben, die eine Holdingsstruktur mit einer Aktiengesellschaft als Muttergesellschaft errichten, ohne eine bereits bestehende GmbH umzuwandeln und zum Erlöschen zu bringen. Es sind somit nicht ausschließlich Start-Ups, die für ihre unternehmerische Idee die Rechtsform der Aktiengesellschaft wählen, sondern gestandene Unternehmen, die mit der Gründung der Aktiengesellschaft eine Konzernstruktur aufbauen. Hingegen verfolgte der Gesetzgeber mit der Mustersatzung das Ziel, die Start-Up-Szene zu stärken[201], nicht aber, um Konzernstrukturen aufzubauen.

Die Aufgabe besteht bei der Rechtsform der Aktiengesellschaft darin, ein maßgeschneidertes Satzungskorsett zu erarbeiten, das den Anforderungen eines Unternehmens gerecht wird. Es ist schwer vorstellbar, eine Mustersatzung für schon seit Jahren bestehende Unternehmen zu erarbeiten, die nur bei punktuell und eng begrenztem Gestaltungsspielraum – zum Beispiel bei der Wahl der Firma – auf die individuellen Bedürfnisse des Unternehmens zugeschnitten werden kann. So wird auch die Mustersatzung für die GmbH in der Praxis größtenteils bei Einpersonen- und Mantelgründungen genutzt,[202] Verfahren, die sich auf Grund fehlender divergierender Interessen im Innenverhältnis der GmbH einfacher vereinheitlichen lassen. Mehrpersonengesellschaften lassen sich hingegen schwerer standardisieren.[203] Da das vereinfachte Gründungsverfahren für die GmbH gem. § 2 Abs. 1a GmbHG vornehmend von der Einpersonen-GmbH genutzt wird, ist ihre praktische Relevanz für die Mehrpersonen-GmbH insgesamt als nüchtern zu bewerten.[204] Nichts anderes ist für die Aktien-

201 *Schurr* EuZW 2019, 772 (778).

202 Lutter/Hommelhoff/*Bayer* GmbHG § 2 Rn. 51; Habersack/Casper/Lübbe/*Ulmer/Löbbe* GmbHG § 2 Rn. 135, 137; Roth/Altmeppen/*Altmeppen* GmbHG § 2 Rn. 57.

203 Einen Überblick für die GmbH liefern *Bayer/Hoffmann/J. Schmidt* GmbHR 2007, 953 ff.

204 *Bayer/Hoffmann/Lieder* GmbHR 2010, 9 (13).

gesellschaft zu erwarten, zumal das innere Machtverhältnis auf den Vorstand sowie den zwingend mehrköpfigen Aufsichtsrat nach dem Checks & Balance-Prinzip verteilt ist.

2. Transparenz der Satzung sichern

Erfahrungen veranschaulichen, dass die Anzahl an Nebenraden zunimmt, wenn der Gestaltungsspielraum in einer Mustersatzung stark eingeschränkt ist.[205] Da die Nebenabreden nicht im Handelsregister veröffentlicht werden[206], sinkt die Transparenz der im Handelsregister veröffentlichten Informationen und die Aussagekraft des Handelsregisters[207].

Aber auch für das Verhältnis der Gesellschafter untereinander wäre die Ausgliederung bestimmter Regelungsgegenstände in schuldrechtliche Nebenabreden mit Nachteilen verbunden. Denn für die Gesellschafter besteht die Gefahr, dass nicht mehr überblickt werden kann, welche Regelungen gelten. Dieser Umstand befördert das Konfliktpotential unter den Gesellschaftern. So ist für diese nicht mehr erkennbar, was schriftlich oder mündlich vereinbart wurde und woran sie gebunden sind. Problematisch ist dieser Umstand auch im Hinblick auf die Verkehrsfähigkeit der Aktien, die durch aktienrechtliche Regelungen wie dem Prinzip der Satzungsstrenge (§ 23 Abs. 5 AktG) gerade gestärkt werden soll.[208] Denn ist für einen Aktienerwerber nicht auf den ersten Blick erkennbar, welche Vereinbarungen die Gesellschafter in schuldrechtliche Nebenabreden verlagert haben, birgt dies gewisse Risiken in sich. Der Erwerber ist nicht kraft Erwerbes an die schuldrechtlichen Nebenabreden gebunden.[209] Allerdings wird auf Seiten der anderen Gesellschafter ein Interesse bestehen, dass sich der Erwerber durch

205 *Bormann/Stelmaszczyk* ZIP 2018, 764 (771).

206 BGH NJW 2010, 3718 = RNotZ 2010, 589; OLG München AG 2017, 441; MüKoAktG/*Pentz* § 23 Rn. 198; GroßkommAktG/*Röhricht/Schall* Band 2 § 23 Rn. 324; K. Schmidt/Lutter/*Seibt* AktG § 23 Rn. 66; Bürgers/Körber/*Körber* AktG § 23 Rn. 50; BeckOGKAktG/*Limmer* § 23 Rn. 60.

207 *Bormann/Stelmaszczyk* ZIP 2018, 764 (771).

208 BeckOGKAktG/*Limmer* § 23 Rn. 46 mwN.

209 *Priester* DB 1979, 686; Hüffer/Koch/*Koch* AktG § 23 Rn. 46.

eine Vertragsübernahme[210] an die schuldrechtlichen Nebenabreden bindet. Je mehr Vereinbarungen in den schuldrechtlichen Nebenabreden getroffen werden, desto höher ist das Konfliktpotential.

3. Stichprobenartige Untersuchung von Satzungen

Für die Rechtsform der GmbH wurde anhand der Auswertung einer Vielzahl von Satzungen unter Beweis gestellt, dass sich diese erheblich unterscheiden und eine Mustersatzung den unterschiedlichen Interessen in einer Mehrpersonen-GmbH nicht gerecht wird. Als Ergebnis wurde festgehalten, dass der überwiegende Teil der untersuchten GmbH mit der für eine vereinfachte Gründung gem. § 2 Abs. 1 a GmbHG vorgesehenen Mustersatzung nicht hätte gegründet werden können.[211] Für die Rechtsform der Aktiengesellschaft fehlt eine solche Untersuchung. Diese Lücke gilt es zu schließen.

Um diese Lücke für nicht-börsennotierte Aktiengesellschaften zu schließen, wurden Satzungen von insgesamt 30 Aktiengesellschaften[212] untersucht, die ihren Sitz im Bundesland Brandenburg haben. In Brandenburg waren am 1.1.2021 insgesamt 268 Aktiengesellschaften gemeldet.[213] Mithin wurde ungefähr jede zehnte aller in Brandenburg gemeldeter Aktiengesellschaften Teil der empirischen Datenerhebung. Bei der Analyse wurden Aktiengesellschaften aus den unterschiedlichsten Unternehmensbranchen für die Erhebung der Daten herangezogen. Die Auswahl der untersuchten Aktiengesellschaften erfolgte stichprobenartig und nach dem Zufallsprinzip durch eine Einsicht in das Online-Portal des Handelsregisters.[214]

Zwingendes Aktienrecht, welches mit in die Satzung aufgenommen wurde, aber auch ohne eine entsprechende Satzungsregelung gilt, blieb bei der Datenerhebung weitestgehend unberücksichtigt. Ebenso rück-

---

210 Zum Erfordernis einer Vertragsübernahme vgl. Hüffer/Koch/*Koch* AktG § 23 Rn. 46; MüKoAktG/*Pentz* § 23 Rn. 198.

211 Vgl. Hierzu *Bayer/Hoffmann/J. Schmidt* GmbHR 2007, 953 ff.

212 Firmen werden auf Anfrage gerne herausgegeben.

213 *Kornblum* GmbHR 2021, 681 (682).

214 Abrufbar unter https://www.handelsregister.de/rp_web/welcome.do (zuletzt aufgerufen am: 16.11.21, 12:01 Uhr).

ten Satzungsregelungen nicht in den Mittelpunkt der Betrachtung, die kraft eindeutiger Vorgabe des AktG zwingend in die Satzung aufzunehmen sind. Der erste Teil der Untersuchung wird zeigen, dass solche Satzungsregelungen in eine Mustersatzung aufgenommen werden können.[215]

Im Zuge der Analyse lag der Schwerpunkt vielmehr auf dem dispositiven Aktienrecht. Um den vorliegenden Untersuchungsgegenstand einzugrenzen, wurden die Möglichkeiten der Satzungsgestaltungen in Bezug auf die Art, die Übertragung und die Form der auszugebenden Aktien, der Anzahl sowie die Beschlussmodalitäten der Organe und auch die Gestaltungsmöglichkeiten der Gewinnverteilung gem. § 60 AktG untersucht und ausgewertet. Ziel ist es, Unterschiede und Gemeinsamkeiten herauszuarbeiten, um Rückschlüsse auf die Sinnhaftigkeit von Mustersatzungen in einem elektronischen Gründungsverfahren für die Rechtsform der Aktiengesellschaft zu ziehen.

a) Allgemeines

Damit die im folgenden darzustellenden Ergebnisse besser eingeordnet werden können, wird zunächst ein allgemeiner Überblick über die erhobenen Daten gegeben.

Im Schnitt umfasst die Satzung einer Aktiengesellschaft 50 unterschiedliche Satzungsregelungen.

Unter einer Satzungsregelung wurden einzelne Absätze und Unterabsätze der Paragraphen der Satzung verstanden. Die Zählweise soll am folgenden Beispiel veranschaulicht werden:

> **„§ 6 Zusammensetzung des Vorstands**
> Der Vorstand besteht aus einer oder mehreren Personen. Die Anzahl der Mitglieder des Vorstands bestimmt der Aufsichtsrat.
> **§ 7 Geschäftsführung, Vertretung der Gesellschaft**
> (1) Der Aufsichtsrat legt fest, welche Arten von Geschäften nur mit seiner Zustimmung durch den Vorstand vorgenommen werden dürfen.
> (2) Ist nur ein Vorstandsmitglied bestellt, so vertritt dieses die Gesellschaft allein. Sind mehrere Vorstandsmitglieder bestellt, so wird die Gesellschaft durch zwei Vorstandsmitglieder gemeinsam oder durch ein Vorstandsmitglied in Gemeinschaft mit einem Prokuristen gesetzlich

215 Hierzu sogleich unter D.III.3.b).

vertreten. Der Aufsichtsrat kann bestimmen, dass einzelne oder alle Vorstandsmitglieder einzelvertretungsbefugt sind. Der Aufsichtsrat kann weiter allgemein oder für den Einzelfall bestimmen, dass einzelne oder alle Vorstandsmitglieder berechtigt sind, die Gesellschaft bei Rechtsgeschäften mit sich als Vertreter eines Dritten zu vertreten."[216]

Die Regelungen zum Vorstand wären im Rahmen der Datenerhebung als drei Satzungsregelungen gezählt worden. Gezählt wurde somit nicht jeder Satz, sondern jeder Absatz, der sich unter einen abstrakten Begriff wie „Mitgliederanzahl", „Zustimmungspflichtige Rechtsgeschäfte" oder „Vertretungsverhältnisse" subsumieren lässt. Auf unterschiedliche und dem Stil eines Notars entspringende Formulierungen kam es mithin nicht an. Es zählte ausschließlich der Inhalt einer Satzungsregelung.

b) Generell verwendbare Satzungsklauseln

Zunächst sollen in einem Überblick Satzungsklauseln dargestellt werden, die in mindestens 90% aller untersuchten Satzungen zu finden waren. Bezüglich dieser Regelungen ist es somit grundsätzlich vorstellbar, sie in eine Mustersatzung aufzunehmen, vorausgesetzt, das Prinzip der Mustersatzung ließe sich sinnvollermaßen im Aktienrecht etablieren und umsetzen. Ob eine Mustersatzung im Aktienrecht sinnvoll ist, soll erst am Ende der Auswertung der empirischen Datenerhebung beantwortet werden. Erforderlich ist zunächst, den Anteil generell verwendbarer Satzungsregelungen zu messen.

Ganz denklogisch, weil gem. § 23 Abs. 3, 4 AktG zwingend in die Satzung aufzunehmen, war in jeder gesichteten Satzung eine Regelung enthalten, die den Namen der Gesellschaft bestimmt, den Sitz der Gesellschaft, den Unternehmensgegenstand, die Höhe des Grundkapitals, die Art der ausgegebenen Aktien, die Zahl der Mitglieder des Vorstandes (§ 23 Abs. 3 AktG) sowie die Form der Bekanntmachungen der Gesellschaft (§ 23 Abs. 4 AktG). Natürlich unterscheiden sich die Firmen auf Grund der Anforderungen des Firmenrechts. Es ist nicht überraschend, dass der Sitz der Gesellschaft in den Satzungen abweicht und auch die Höhe der übernommenen Gründungskosten variiert. Hierbei

216 Beispiel aus Krauß/Weise/*Pfisterer*/*Döbereiner*, Form. 7.9.1.1 Klausel zu Anm. 23–25.

handelt es sich um Satzungsgegenstände, die notwendigerweise von den Gründern im Einzelfall individuell festgelegt werden müssen.

Doch auch zwingend in die Satzung aufzunehmende Regelungen lassen erste Rückschlüsse zu, die zur Beantwortung der aufgeworfenen Frage führen, ob sich eine Mustersatzung für die Rechtsform der Aktiengesellschaft anbietet, was voraussetzt, dass sie bei einer überwiegenden Anzahl von Aktiengesellschaften auf Zuspruch träfe. Bezüglich der Art der ausgegebenen Aktien und der Anzahl der Vorstandsmitglieder wird auf den nächsten Abschnitt verwiesen. Das Grundkapital unterscheidet sich in den gesichteten Satzungen erheblich.[217]

Im Übrigen haben sich Geschäftsführungsmaßnahmen bei allen gesichteten Aktiengesellschaften am Unternehmensgegenstand auszurichten. Zudem haben Bekanntmachungen in jeder analysierten Aktiengesellschaft im Bundesanzeiger zu erfolgen. Auch hat der Vorstand in jeder gesichteten Satzung den Jahresabschluss sowie den Lagebericht aufzustellen und dem Aufsichtsrat sowie dem Abschlussprüfer vorzulegen. Überraschend ist dies nicht, wird diesbezüglich lediglich das geltende Aktienrecht gem. § 172 AktG wiedergegeben.

Besteht der Vorstand aus mehr als einem Mitglied, so wird jede der gesichteten Aktiengesellschaften immer zusammen mit einem weiteren Vorstandsmitglied oder zusammen mit einem Prokuristen vertreten. Die weiteren Vertretungsgestaltungen unterscheiden sich dann jedoch erheblich.[218] Ein ähnliches Bild zeichnet sich bei der Wahl des Ortes der Hauptversammlung ab. Zwar findet sich in jeder der untersuchten Satzungen eine Regelung, wonach die Hauptversammlung am Sitz der Gesellschaft durchzuführen ist. Allerdings bestehen darüber hinaus in 90% der untersuchten Satzungen zusätzliche Möglichkeiten, die Hauptversammlung auch an einem anderen Ort als dem Sitz der Gesellschaft abhalten zu können.[219]

Die Mitglieder des Aufsichtsrates erhalten in fast allen analysierten Aktiengesellschaften eine Vergütung, die durch die Hauptversammlung frei festgesetzt werden kann. In zwei Aktiengesellschaften hat der Satzungsgeber die Vergütung auf einen bestimmten Betrag festgesetzt.

217 Hierzu sogleich unter D.III.3.c)(aa).
218 Hierzu sogleich unter D.III.3.c)(ff).
219 Hierzu sogleich unter D.III.3.c)(ii).

Zusammenfassend lässt sich festhalten, dass sich mindestens 13 Regelungen für eine Mustersatzung eignen würden. Ausgehend von einem Durchschnittsumfang von 50 unterschiedlichen Satzungsregelungen pro Satzung, ließen sich somit ungefähr 25% in Musterregelungen zusammenfassen.

c) Individuelle Satzungsklauseln

Im Detail haben sich die Satzungen jedoch erheblich unterschieden.

aa) Geld- und/oder Sachgründung

Bereits ein Blick auf die Art der Gründung der untersuchten Aktiengesellschaften stellt unter Beweis, dass auch Aktiengesellschaften in der überwiegenden Mehrheit nach individueller Beratung und individuellen Regelungen verlangen. 27% der gesichteten Aktiengesellschaften sind durch eine (teilweise) Sachgründung errichtet worden.

Um zu gewährleisten, dass ein bestehendes Unternehmen auch im neuen Rechtskleid wie gewünscht funktionsfähig und aufgebaut ist, ist ein erhöhtes Maß an individueller Beratung und Satzungsgestaltung erforderlich. Würde man die elektronische Gründung von Aktiengesellschaften nur auf Grundlage einer Mustersatzung im Wege einer Geldgründung ermöglichen, so wäre bereits im Vorfeld ein erheblicher Teil vom Anwendungsbereich der Online-Gründung ausgeschlossen. Abgesehen von diesem Umstand legt diese Erkenntnis nahe, dass die Praxis eine Online-Umwandlung nach dem UmwG fordern wird, sobald die Online-Gründung von Aktiengesellschaften möglich ist, ohne dass ein bestehendes Unternehmen durch Umwandlung sein Rechtskleid wechselt. Eine dahingehende Untersuchung würde den Rahmen dieser Arbeit allerdings sprengen und muss an anderer Stelle analysiert werden.

Ein Blick auf die Sachgründungen verdeutlicht, dass bei Aktiengesellschaften zunächst geklärt werden muss, in welcher Art und Weise ein bestehendes Unternehmen fortan mit einer Aktiengesellschaft geführt werden kann. In Betracht kommt ein Formwechsel, aber auch die Etablierung einer Holdingstruktur, bei der die Aktiengesellschaften lediglich Anteile der GmbH erwirbt. Dies sind Fragen, die nach juristischer Beratung verlangen und nur in einem Austausch mit dem Notar in der Satzung richtig beantwortet werden können.

Interessant ist in diesem Zusammenhang ein Blick auf das Grundkapital der gesichteten Aktiengesellschaften. Auch eine Orientierung der Mustersatzung am Wert des Grundkapitals führt nicht dazu, automatisch mehr Aktiengesellschaften zu erreichen. So ließe sich die These aufstellen, dass man mit einem festgelegten Höchstwert im Grundkapital den weit überwiegenden Teil von Geldgründungen abdecken könnte.

Knapp 30% der untersuchten Aktiengesellschaften haben ein Grundkapital von 50.000–150.000€. Das Grundkapital der gesichteten Satzungen ist im Detail sehr unterschiedlich. Insgesamt erstreckt sich die Differenz zwischen dem höchsten und dem niedrigsten Grundkapital auf einen Wert von 199.950.000€. Im Durchschnitt betrug das Grundkapital 130.823.336€. Bleiben die Spitzenwerte von rund 16.500.000€ und 200.000.000€ in dieser Rechnung unberücksichtigt, beträgt der Durchschnittswert 671.610€. Wiederrum reduziert sich dieser Durchschnittswert erheblich, wenn man den Durchschnittswert nur aus den Grundkapitalen von unter 1.000.000€ bildet, welches Kriterium 76% der gesichteten Aktiengesellschaften erfüllen. Der Durchschnittswert ihrer Grundkapitale beträgt 196.744€.

Betrachtet man nur diese 76% der gesichteten Aktiengesellschaften, also nur jene mit einem Grundkapital unter 1.000.000€, so wurden von ihnen rund 1/3 im Wege eines Rechtsformwechsels durch Sachgründung errichtet. Oberhalb dieses Grenzwertes von 1.000.000€ Grundkapital bemisst sich der Anteil von Sachgründungen im Rahmen eines Rechtsformwechsel auf rund 85%. Eröffnet man für die Aktiengesellschaft nach Vorbild des § 2 Abs. 1a GmbHG ein vereinfachtes Gründungsverfahren auf Grundlage einer Mustersatzung nur für Geldgründungen, so würde man in jedem Fall einen nicht unerheblichen Teil der Aktiengesellschaften mit einer Mustersatzung nicht erreichen.

Bringt man die Entwicklung des Grundkapitals in Zusammenhang mit der Art der Gründung, so lässt sich keine Wertgrenze im Grundkapital ziehen, unter welcher man einem überwiegenden Anteil von Aktiengesellschaften eine Mustersatzung sinnvollerweise anbieten könnte. Denn Sachgründungen mit und ohne Rechtsformwechsel sowie Geldgründungen finden sich unabhängig vom gewählten Grundkapital in beliebiger Höhe.

Ein erster Blick auf die Gründungsvarianten und die starken Unterschiede der Grundkapitale liefert bereits erste Hinweise darauf, dass Aktiengesellschaften unabhängig von ihrer Kapitalausstattung und Größe nach individuellen Regelungen und individueller Beratung verlangen.

bb) Aktiengattungen

Bei der Frage, mit welcher Aktiengattung die Gründer ihre Aktiengesellschaft ausstatten wollen, besteht für den Satzungsgeber ein erheblicher Gestaltungsspielraum[220]. Je nach Wahl der Aktiengattung werden auch Folgeregelungen notwendig, nach denen nur bestimmte Aktiengattungen verlangen. So müssen in einer Satzung auch Regelungen aufgenommen werden, auf welche Art und Weise und mit welchen Rechten die Stamm- und Vorzugsaktien einer Aktiengesellschaft im Einzelnen ausgestattet sind. Dadurch erhöht sich die Anzahl an denkbaren Satzungsregelungen, was zugleich den Anwendungsbereich einer Mustersatzung erheblich einschränken würde. Denn in dieser müsste der Gesetzgeber eine Aktiengattung vorgeben.

Belegen lässt sich dies anhand der gesichteten Satzungen. Offensichtlich ist, dass keine Aktiengattung am häufigsten verwendet wird.[221]

cc) Vinkulierung von Aktien

Ein breites Spektrum an Gestaltungsmöglichkeiten eröffnet sich für den Satzungsgeber bei der Vinkulierung von Aktien. Zwar ist die Übertragung von Aktien bei ungefähr der Hälfte der untersuchten Aktiengesellschaften ohne Zustimmung der Gesellschaft möglich. Ist die Übertragung einer Aktie an die Zustimmung der Gesellschaft

---

220 *Dewald*, in: Saenger/Aderhold/Lenkaitis/Speckmann Handels- und Gesellschaftsrecht § 6 Rn. 666–671.

221 Stückaktien auf den Namen: gesichtet in 9 Satzungen; Stückaktien auf den Inhaber: gesichtet in 8 Satzungen, Nennbetragsaktien auf den Inhaber: gesichtet in 2 Satzungen, Nennbetragsaktien auf den Namen: gesichtet in 10 Satzungen; Nennbetragslose Stamm- und Vorzugsaktien auf den Namen: gesichtet in 1 Satzung.

geknüpft, so konnten insgesamt sechs unterschiedliche Gestaltungen ermittelt werden, wobei keine dieser Varianten deutlich dominiert.[222] Auch bei dieser Satzungsregelung würde die Festlegung auf eine Variante einen erheblichen Teil von Aktiengesellschaften nicht erfassen können.

dd) Zwangseinziehung von Aktien gem. § 237 Abs. 1 S. 2 AktG

Etwas klarer ist das Bild bei der durch die Satzung vorgebenden Möglichkeit für die Aktiengesellschaft, Aktien gegen den Willen eines Aktionärs einzuziehen. Es wäre somit durchaus vertretbar, auf eine Satzungsregelung zur Zwangseinziehung in einer Mustersatzung zu verzichten.

Hingegen ist es nicht empfehlenswert, die zur Zwangseinziehung berechtigenden Gründe in eine Mustersatzung aufzunehmen. Insgesamt wurden mehr als fünfzehn unterschiedliche Varianten gesichtet, die die Aktiengesellschaft zur Zwangseinziehung berechtigten. Hinzukommt, dass die gezählten Varianten nicht wie bisher alternativ, sondern kumulativ zueinander stehen. Es ist nicht unüblich, dass einige Aktiengesellschaften mehrere Gründe in ihrer Satzung aufgelistet haben. Dadurch entsteht ein vielfältiges Gestaltungsspektrum, was einer Regelung durch Mustersatzung im Wege steht.

ee) Form und Inhalt von Aktienurkunden

Auch unterscheiden sich die untersuchten Satzungsregelungen, die die Form und den Inhalt von Aktienurkunden sowie von Gewinnanteils- und Erneuerungsscheinen zum Gegenstand haben.

222 Zustimmungserklärung durch den Vorstand nach eigenem Ermessen: gesichtet in 6 Satzungen; Zustimmungserklärung durch den Vorstand auf Anweisung des Aufsichtsrats: gesichtet in 2 Satzungen; Zustimmungserklärung durch den Aufsichtsrat: gesichtet in 1 Satzung; Zustimmungserklärung durch den Vorstand auf Grundlage eines ¾-Mehrheitsbeschlusses des vertretenen Grundkapitals der Hauptversammlung: gesichtet in 4 Satzungen; Zustimmungserklärung durch den Vorstand auf Grundlage eines Beschlusses der Hauptversammlung mit einfacher Mehrheit: gesichtet in 2 Satzungen; Zustimmung durch einfache Mehrheit der Hauptversammlung: gesichtet in 1 Satzung.

Nach 60% aller untersuchten Satzungen, haben der Aufsichtsrat und der Vorstand über den Inhalt der Aktienurkunden zu entscheiden. Von allen gesichteten Satzungen enthielten knapp 30% darüber hinaus zusätzlich eine Regelung, wonach Vorstand und Aufsichtsrat über die Form und den Inhalt von Gewinnanteils- und Erneuerungsscheinen bestimmen.

Fraglich ist, ob mit zuletzt genannter Regelung etwas vom Gesetz Abweichendes normiert wird. Ist dies zu verneinen, ließen sich beide Gruppen zusammenziehen, so dass ein Übergewicht von 60% dieser Satzungsregelung entstünde. Mit einer solch starken Tendenz wäre eine Regelung in einer Mustersatzung denkbar.

Fehlt eine Regelung in der Satzung haben die Aktionäre nach hM[223] einen gesetzlich nicht normierten Anspruch auf Überreichung eines Gewinnanteils- und Erneuerungsscheins. Dies wird damit begründet, dass eine Ausstellung bei nicht-börsennotierten Aktiengesellschaften üblich und damit gewohnheitsrechtlich anerkannt ist.[224] Der Anspruch richtet sich seinem Inhalt und seiner Form nach den üblichen Gepflogenheiten von Inhaberaktien, selbst wenn die Aktien auf den Namen ausgestellt sind.[225] So wird ein Gewinnanteilsschein auf den Inhaber (Inhalt) ausgestellt, und zwar in Bögen (Form), die den Aktien beigegeben werden.[226] Die Gewinnanteilsscheine können somit einzeln, wie auch global verbrieft werden. Mithin besteht ein Gestaltungsspielraum, der in knapp 30% der gesichteten Satzungen dem Vorstand und dem Aufsichtsrat übertragen ist und gewohnheitsrechtlich gerade nicht anerkannt ist. Damit wurde in diesen 30% der gesichteten Satzungen eine vom Gewohnheitsrecht abweichende Satzungsregelung getroffen und die beiden dargestellten Gruppen lassen sich nicht zusammenziehen. Folglich unterscheiden sich Satzungsregelungen zur

223 Hüffer/Koch/*Koch* AktG § 58 Rn. 29; K. Schmidt/Lutter/*Fleischer* AktG § 58 Rn. 51; BeckOGKAktG/*Cahn*/*v. Spannenberg* § 58 Rn. 99; MüKoAktG/*Bayer* § 58 Rn. 118; *Sailer-Coceani*, in: MünchHdB-GesR Band 4 § 12 Rn. 27.

224 Hüffer/Koch/*Koch* AktG § 58 Rn. 29; Großkomm AktG/*Henze* § 58 Rn. 105 aE; MüKoAktG/*Bayer* AktG § 58 Rn. 119; an der Üblichkeit jedoch zweifelnd *Sailer-Coceani*, in: MünchHdB-GesR Band 4 § 12 Rn. 27.

225 *Sudmeyer*, in: MünchAnwHdb-AktR § 10 Rn. 104.

226 Grigoleit/*Grigoleit*/*Zellner* AktG § 58 Rn. 36; *Sailer-Coceani*, in: MünchHdB-GesR Band 4 § 12 Rn. 27.

Ausgabe von Gewinnanteils- und Erneuerungsscheinen stark. Dies führt zu dem Schluss, dass sich eine allgemeingültige Regelung in einer Mustersatzung für die gesichteten Satzungen nicht bilden lässt.

Ein einheitlicheres Ergebnis zeichnete die Datenerhebung zu dem Ausschluss des Anspruchs eines Aktionärs auf Verbriefung seines Anteils gem. § 10 Abs. 5 AktG. Etwas mehr als 2/3 aller gesichteten Satzungen haben von der Möglichkeit Gebrauch gemacht, das Recht auf Einzelverbriefung gem. § 10 Abs. 5 AktG auszuschließen.

Abschließend ist dennoch zu konstatieren, dass eine einheitliche Regelung in einer Mustersatzung, die die Rechte rund um die Form und den Inhalt von Aktien und Gewinnanteils- sowie Erneuerungsscheinen in einer Mustersatzung festlegt, auf keinen breiten Zuspruch stoßen würde.

ff) Zusammensetzung des Vorstandes und seine Vertretungsbefugnis

Die Datenerhebung hat ergeben, dass sich eine einheitliche Satzungsregelung für die Zusammensetzung des Vorstandes etablieren ließe. In einer Klausel, dass sich der „Vorstand aus mindestens einer Person zusammensetzen muss“, würde knapp 90% aller Aktiengesellschaften repräsentieren.

Zu beachten ist allerdings, dass mit der gewählten Zusammensetzung des Vorstandes auch Folgeregelungen notwendig werden. Denn setzt sich der Vorstand aus nur einer Person zusammen, dann muss dieser auch alleine zur Einzelvertretung befugt sein. Die Möglichkeit zur Einzelvertretung findet sich in allen untersuchten Satzungen, die auch nur mindestens ein Vorstandsmitglied akzeptieren. So ließe sich generalisieren:

> **„§ xx Zusammensetzung des Vorstands**
> Der Vorstand besteht aus mindestens einer Person. Die Anzahl der Mitglieder des Vorstands bestimmt der Aufsichtsrat.
>
> **§ xy Vertretung der Gesellschaft**
> Ist nur ein Vorstandsmitglied bestellt, so vertritt dieses die Gesellschaft allein.“

Hervorzuheben ist, dass eine solche Regelung die Vertretungsverhältnisse in einer Aktiengesellschaft nur lückenhaft normiert. Denn setzt sich der Vorstand aus mindestens einer Person zusammen, so kann der Vorstand zwei, drei, vier oder mehrere Mitglieder zählen. In allen gesichteten Satzungen, die mindestens ein Vorstandsmitglied vorschreiben, wird die Gesellschaft nach den Regeln der echten und unechten Gesamtvertretung vertreten. Allerdings ist zusätzlich in 90% dieser Satzungen die Möglichkeit zur generellen und nicht auf den Einzelfall beschränkten Einzelvertretung vorgesehen. Wie und ob ein einzelnes Vorstandsmitglied zur Einzelvertretung befugt ist, ergab sich auf unterschiedliche Art und Weise:

Eine Befugnis des Aufsichtsrats, den Vorstand generell zur Einzelvertretung zu ermächtigen, fand sich in 76% der gesichteten Satzungen. Allerdings ist zu beachten, dass diese Satzungsregelung das Innenverhältnis einer Aktiengesellschaft betrifft und dieser grundsätzlich ein hohes Konfliktpotential anhaftet. Denn die Machtverteilung zwischen dem Aufsichtsrat und dem Vorstand ist auch Ausdruck zum Teil divergierender Interessen. So wird mit solchen Satzungsregelungen ein Machtgleichgewicht geschaffen, welches von den Gründern wohl durchdacht ist. Ob sich eine Musterklausel aus diesem Blickwinkel eignet, ist zu bezweifeln.

Dieses differenzierte Bild setzt sich bei der Befugnis des Aufsichtsrats fort, einzelne oder alle Vorstandsmitglieder von dem Verbot des Insichgeschäfts gem. § 181 Alt. 2 BGB generell oder im Einzelfall zu befreien.[227]

Im Ergebnis ist festzuhalten, dass sich Satzungsregelungen zu der Zusammensetzung des Vorstands und den Vertretungsverhältnissen in einer Musterregelung nur bis zu einem geringen Maße zusammenfassen lassen, die den praktischen Erfordernissen des Rechtsverkehrs aber nicht ausreichend Rechnung tragen. Darüberhinausgehende notwendige Regelungen sind einer Regelung durch Mustersatzung nicht zugänglich.

227 Einzelne oder alle Vorstandsmitglieder sind kraft Satzung befreit: gesichtet in 2 Satzungen; eine Satzungsermächtigung für den Aufsichtsrat, einzelne oder alle Vorstandsmitglieder generell zu befreien: gesichtet in 16 Satzungen; eine Satzungsermächtigung für den Aufsichtsrat, einzelne oder alle Vorstandsmitglieder generell oder einzeln zu befreien: gesichtet in 7 Satzungen; keine Regelung: gesichtet in 5 Satzungen.

gg) Anzahl der Aufsichtsratsmitglieder und Beschlussmodalitäten

Wie schon bei der Anzahl der Vorstandsmitglieder, so zeichnet sich auch bei der Anzahl der Aufsichtsratsmitglieder ein klareres Bild ab. Ungefähr 2/3 aller untersuchten Aktiengesellschaften haben die Mitgliederanzahl fest auf 3 beschränkt. Jeweils 2 Satzungen beinhalteten eine Regelung, wonach sich der Aufsichtsrat aus 4, 6 oder mindestens 3 Mitgliedern zusammensetzen muss. Nach einer Satzung setzte sich der Aufsichtsrat aus 20 Mitgliedern zusammen.

Sichtbare Differenzen ergaben sich bei Satzungsregelungen, die die Beschlussfähigkeit des Aufsichtsrates betreffen. Auffällig ist nicht nur, dass neun unterschiedliche Beschlussfähigkeitsmehrheiten gesichtet wurden. Auch teilten sich die genutzten Varianten in den unterschiedlichen Satzungen weitestgehend gleich auf.[228] Ein einheitliches Bild ist somit nicht erkennbar.

Noch undurchsichtiger ist die Lage bei den Satzungsregelungen, die die Beschlussmodalitäten des Aufsichtsrates außerhalb von Präsenzsitzungen zum Gegenstand haben. Im Rahmen der Datenerhebung wurden vierzehn unterschiedliche Beschlussmodalitäten gesichtet. In 20% der gesichteten Satzungen ist eine Beschlussfassung schriftlich, telegraphisch, fernschriftlich, per Telefax oder Online möglich, wenn niemand widerspricht. Die übrigen dreizehn Regelungen teilten sich in den Satzungen gleichmäßig auf. Unabhängig davon, in welcher Form die Beschlüsse außerhalb von Präsenzsitzungen gefasst werden können, lagen signifikante Unterschiede darin, ob – und falls ja mit welcher Mehrheit – die Aufsichtsratsmitglieder einer vom Vorsitzenden angeordneten Form widersprechen können.

Eine möglichst weit formulierte Klausel, die eine Vielzahl von Beschlussformen zulässt, würde wohl auf einen breiten Konsens stoßen und ließe sich in einer Mustersatzung aufnehmen. Es wird jedoch stark bezweifelt, dass sich die Widerspruchsmöglichkeiten der Auf-

228 Mindestens 2 Mitglieder müssen anwesend sein nach **2** Satzungen; die Hälfte der Mitglieder, mindestens jedoch 3 in **6** Satzungen; die Hälfte der Mitglieder in **5** Satzungen; alle Mitglieder, mindestens aber 3 in **1** Satzung; 2/3 der Mitglieder in **1** Satzung; 3 Mitglieder in **4** Satzungen; mindestens 3 Mitglieder in **3** Satzungen; alle Mitglieder in **8** Satzungen.

sichtsratsmitglieder generalisieren lassen und auf viel Zuspruch stoßen würden.

Ein Blick auf das Innenrecht führt mithin erneut zu der Schlussfolgerung, dass sich das Innenrecht des Aufsichtsrates nicht in einer Form generalisieren lässt, die ein überwiegender Anteil von Aktiengesellschaften akzeptieren könnte.

hh) Möglichkeit der Niederlegung des Aufsichtsratsamtes

Die Möglichkeit eines Aufsichtsratsmitgliedes, sein Amt aufzugeben, ist in den gesichteten Satzungen an unterschiedliche Anforderungen geknüpft. Diese betreffen nicht die Form der Niederlegungserklärung, sondern vielmehr die einzuhaltende Frist, aber auch den richtigen Adressaten der Erklärung. So fanden sich acht[229] unterschiedliche Formulierungen, von denen sich drei gleichmäßig verteilt haben. In 20% der gesichteten Satzungen war nicht geregelt, wie ein Mitglied des Aufsichtsrates das Amt niederlegen kann.

Das deutlichste Ergebnis erzielte eine Satzungsregelung, die die Abbestellung eines Aufsichtsratsmitglieds durch einen Beschluss der Hauptversammlung normiert. In 90% der gesichteten Satzungen wurde das Gesetzesrecht gem. § 103 Abs. 1 S. 2 AktG nicht abbedungen. Zumindest diese Regelung würde in einer Mustersatzung auf viel Zuspruch treffen.

229 „Schriftliche Erklärung gegenüber dem Vorsitzenden Aufsichtsrates oder des Vorstandes" in **2** Satzungen; „Durch schriftliche Erklärung gegenüber Vorstand mit 4 Wochenfrist" in **5** Satzungen; „Durch schriftliche Erklärung gegenüber Vorstand mit 12 Wochenfrist" in **2** Satzungen; „Durch schriftliche Erklärung gegenüber Vorstand **oder** Aufsichtsratsvorsitzende mit 4 Wochenfrist" in **5** Satzungen; „Durch schriftliche Erklärung gegenüber Vorstand **oder** Aufsichtsratsvorsitzende mit 8 Wochenfrist" in **1** Satzung; „Durch schriftliche Erklärung gegenüber Vorstand **und** Aufsichtsratsvorsitzende mit 8 Wochenfrist" in **1** Satzung; „Durch schriftliche Erklärung gegenüber Vorstand **und** Benachrichtigung des Aufsichtsratsvorsitzenden mit 4 Wochenfrist" in **5** Satzungen; „Durch schriftliche Erklärung gegenüber Vorstand jederzeit" in **3** Satzungen; Keine Regelung in **6** Satzungen.

ii) Hauptversammlung und Stimmrechte

Einleitend ist festzustellen, dass knapp 90% aller gesichteten Satzungen gem. § 121 Abs. 5 S. 1 AktG von der Möglichkeit Gebrauch gemacht haben, die Hauptversammlung auch an einem anderen Ort als den Sitz der Gesellschaft abhalten zu können.

Allerdings wird die Wahl des Ortes der Hauptversammlung im AktG nicht weiter eingeschränkt und dem Gestaltungsspielraum des Satzungsgebers überlassen.

So wurden im Rahmen der Datenerhebung insgesamt acht verschiedene Gestaltungsmöglichkeiten gefunden, einen alternativen Ort der Hauptversammlung zum Satzungssitz zu definieren, von denen sich jedoch keine eindeutig abhob.[230]

Im Gegensatz zu dem uneinheitlichen Bild, was die Wahl des Ortes der Hauptversammlung durch den Satzungsgeber zeichnet, entsteht das Stimmrecht eines Aktionärs nach rund 2/3 aller gesichteten Satzungen erst mit der vollständigen Einlageleistung.

jj) Abweichung von § 60 Abs. 1, 2 AktG

Abschließend soll beantwortet werden, ob und in welchem Umfang die untersuchten Satzungen gem. § 60 Abs. 3 AktG von der gesetzlichen Gewinnverteilung gem. § 60 Abs. 1, 2 AktG abweichen.

Bei 60% aller gesichteten Satzungen wurde das dispositive Gesetzesrecht nicht abbedungen. Knapp 17% der gesichteten Satzungen beinhalteten eine nur von § 60 Abs. 2 AktG abweichende Gewinnverteilung. Daneben wichen 10% aller untersuchten Satzungen von § 60 Abs. 1 und Abs. 2 AktG ab und weitere 10% von § 60 Abs. 2 S. 3 AktG. Die restlichen 3% der gesichteten Satzungen wichen hingegen nur von § 60 Abs. 1 AktG ab.

---

230 „Sitz einer Niederlassung der Gesellschaft" in 2 Satzungen; „50 km Radius um Sitz der Gesellschaft" in 1 Satzung; „100 km Radius um Sitz der Gesellschaft" in 1 Satzung; „Stadt mit mindestens 100.000 Einwohnern" in 3 Satzungen; „Beliebiger Ort in Deutschland" in 2 Satzungen; „Durch Vorstand zu bestimmen" in 4 Satzungen; „Platz einer deutschen Börse" in 8 Satzungen; „Konkret benannte Stadt" in 5 Satzungen.

d) Ergebnis

Die empirische Datensammlung hat unter Beweis gestellt, dass trotz des im Aktienrecht geltenden Prinzips der Satzungsstrenge eine Vielzahl an Gestaltungsmöglichkeiten für den Satzungsgeber besteht, von welchem rege Gebrauch gemacht wird. Zu beachten ist natürlich, dass nicht alle Gestaltungsmöglichkeiten von Satzungsregelungen untersucht werden konnten und es durchaus Regelungsgegenstände geben kann, die von einem überwiegenden Teil von Aktiengesellschaften genutzt werden. Genauso wird es jedoch auch nicht gesichtete Satzungsregelungen geben, die ein ähnlich uneinheitliches Bild zeichnen, wie die vorliegend untersuchten Satzungen.

Bei den aufgearbeiteten Satzungsregelungen lässt sich zusammenfassend festhalten, dass bei einem überwiegenden Anteil an Regelungsgegenständen viele verschiedene Gestaltungsmöglichkeiten existieren, von denen gleichermaßen Gebrauch gemacht wird, ohne dass sich bestimmte Varianten deutlich abheben würden. Zuzugeben ist, dass ein Teil der dargestellten Satzungsregelungen in einer Mustersatzung durchaus alternativ angeboten werden könnte. So könnte eine Satzungsregelung zu der Gewinnverteilung nach § 60 AktG auch Gestaltungsspielraum zulassen und Alternativen vorgeben. Allerdings müsste auch dieser Vorgang durch einen Notar begleitet werden. Nur dann ist gewährleistet, dass auch die tatsächliche Gewollte Regelung in die Satzung mit aufgenommen wird. Denn von juristischen Laien kann nicht erwartet werden, sich die Gewinnverteilung gem. § 60 Abs. 1 AktG in Eigenarbeit zu erklären. In ähnlicher Weise ließen sich Alternativen zu der Anzahl an Vorstandsmitgliedern und Aufsichtsratsmitgliedern vorgeben. Muss der Notar allerdings die einzelnen Varianten erläutern, dann kann der Gestaltungsspielraum bei der Satzungsgestaltung auch im gewohnten Maße innerhalb des Prinzips der Satzungsstrenge aufrechterhalten bleiben, ohne dass Alternativen in einer Mustersatzung vorgegeben werden und sich der Gestaltungsspielraum auf die Wahl zwischen den Alternativen beschränkt.

Allerdings bietet sich das Modell der Mustersatzung mit alternativen Satzungsregelungen nicht für jeden Satzungsgegenstand an. Zum Beispiel ließen sich neben den in Abbildun 7 aufgelisteten Gründen noch weitere finden, in denen die Aktiengesellschaft Aktien gegen den

Willen des Aktionärs einziehen kann. Ebenso sprechen Satzungsgegenstände wie die Vinkulierung von Aktien, die Möglichkeiten der Art und Weise der Amtsniederlegung eines Aufsichtsratsmitgliedes und der Beschlussmodalitäten im Aufsichtsrat außerhalb von Präsenzsitzungen auf Grund der weitreichenden Gestaltungsvielfalt dagegen, die Rechtsform der Aktiengesellschaft in eine Mustersatzung zu pressen.

Als Ergebnis ist festzuhalten, dass sich eine Mustersatzung auf Grund der Gestaltungsvielfalt in der Praxis nicht durchsetzen wird. So hat die empirische Datenerhebung ergeben, dass von einer elektronischen Gründung auf Grundlage einer Mustersatzung abzuraten ist.

4. Abschließende grundsätzliche Erwägungen

Die vorstehende Untersuchung hat gezeigt, dass auf einen Notar nicht verzichtet werden kann und an dem Formerfordernis der notariellen Beurkundung festzuhalten ist. Zusätzlich hat die empirische Datenerhebung unter Beweis gestellt, dass sich eine Mustersatzung für die Rechtsform der Aktiengesellschaft nicht anbietet.

Damit ist an dem Formerfordernis der notariellen Beurkundung in gewohnter Weise – das heißt bei vollem Gestaltungsspielraum innerhalb der Grenzen der Satzungsstrenge (§ 23 Abs. 5 AktG) und ohne Etablierung einer Mustersatzung – in einem Online-Gründungsverfahren festzuhalten.

Im Ergebnis ist das momentan geltende Präsenzverfahren *de lege ferenda* digital zu übersetzen und der Notar auch in einem elektronischen Gründungsverfahren als Gatekeeper einzubinden. Ob und auf welche Art und Weise dies gelingen kann, ist im weiteren Verlauf der Arbeit zu untersuchen.

E. Problemfelder einer Online-Geldgründung einer Aktiengesellschaft

Der gesetzliche Normalfall ist die Errichtung einer Aktiengesellschaft durch Geldgründung (§ 23 Abs. 2 Nr. 3 AktG).[231] Daneben kann die Aktiengesellschaft auch im Wege einer Sachgründung gegründet werden (§ 27 Abs. 1 AktG). Hiervon sind wiederrum Fälle zu unterscheiden, in denen ein Teil der Aktien gegen Geldeinlage und der andere Teil gegen Sacheinlage übernommen wird[232] und solche, in denen auf eine Aktie sowohl Geld- als auch Sacheinlage gezahlt werden[233].

In diesem Abschnitt ist zunächst zu untersuchen, ob die Geldgründung einem Online-Verfahren zugeführt werden kann. Erst dann werden Sachgründungen im folgenden Abschnitt gesondert behandelt.

Um die Problemkreise einer Online-Gründung einer Aktiengesellschaft ausfindig machen zu können, dient der analoge Gründungsprozess einer Aktiengesellschaft im Folgenden als roter Faden. Dabei ist jeder Schritt einer Geldgründung auf seine Vereinbarkeit mit den Erfordernissen einer Online-Gründung hin zu untersuchen. Ziel ist es, die Problemkreise zu identifizieren sowie Lösungsansätze vorzustellen.

I. Notarielle Beurkundung und Beglaubigung

Im Rahmen der Gründung einer Aktiengesellschaft kommt dem Notar eine entscheidende Bedeutung zu. Denn im Laufe des gesamten Gründungsverfahrens hat der Notar eine Reihe von Dokumenten zu beurkunden und zu beglaubigen. Hierzu zählen die durch die Gründer festgestellte Satzung (§ 23 Abs. 1 S. 1 AktG), die Bestellung des ersten

231 *Hoffmann-Becking*, in: MünchHdB-GesR Band 4 § 3 Rn. 2.

232 *Hoffmann-Becking*, in: MünchHdB-GesR Band 4 § 3 Rn. 2.

233 Dazu Hüffer/Koch/*Koch* AktG § 36 Rn. 12; MüKoAktG/*Pentz* § 27 Rn. 69.

Aufsichtsrates und des ersten Abschlussprüfers (§ 30 Abs. 1 S. 2 AktG) sowie die Beglaubigung von Vollmachten (§ 23 Abs. 1 S. 2 AktG), sofern sich zumindest ein Gründer während des Gründungsverfahrens vertreten lässt. Die Satzung sowie die Beschlüsse zur Bestellung des ersten Aufsichtsrates und des Abschlussprüfers sind beurkundet, wenn sie dem Gründungsprotokoll als Anlage angehängt werden (§ 9 Abs. 1 S. 2 BeurkG) und nur das Gründungsprotokoll durch den Notar beurkundet wird.[234]

Da das elektronische Beurkundungsverfahren gem. §§ 16a-e BeurkG-E i.V.m. §§ 78 Abs. 1 S. 2 Nr. 10, 78p-q BNotO-E bisher nur für die Geldgründung einer GmbH (§ 2 Abs. 3 GmbHG) möglich ist, stellt die Präsenzbeurkundung des Gründungsprotokolls *de lege lata* für das Vorhaben der Online-Gründung einer Aktiengesellschaft die größte Hürde dar. Denn das Erfordernis des persönlichen Erscheinens im Rahmen einer Präsenzbeurkundung lässt sich mit den Anforderungen einer Online-Gründung nicht im Einklang bringen. Ob und wie das elektronische Beurkundungsverfahren für das Gründungsverfahren einer Aktiengesellschaft angeboten werden kann, wird in einem gesonderten Abschnitt behandelt.[235] Die Ausführungen im Folgenden problematisieren das Beurkundungserfordernis zunächst nicht. Zentral wird untersucht, ob der Gründungshergang einer Aktiengesellschaft abseits der notariellen Beurkundung nach dem persönlichen Erscheinen der Beteiligten verlangt.

II. Gründungsprotokoll

Über den Gründungsvorgang einer Aktiengesellschaft erstellt der Notar ein Gründungsprotokoll, welches notariell zu beurkunden ist.[236] Fraglich ist, ob das Gründungsprotokoll problemlos in einem Online-Gründungsverfahren erstellt werden kann oder das persönliche Erscheinen einzelner oder aller Beteiligten erforderlich ist.

234 *Hoffmann-Becking*, in: MünchHdB-GesR Band 4 § 3 Rn. 11.
235 Ausführlich unter G.
236 *Hoffmann-Becking*, in: MünchHdB-GesR Band 4 § 3 Rn. 3.

1. Inhalt

Der Mindestinhalt des Gründungsprotokolls lässt sich § 23 Abs. 2 und Abs. 3 AktG entnehmen. Hiernach sind in dem Gründungsprotokoll die Gründer zu nennen, ist die festgestellte und notariell beurkundete Satzung der Gesellschaft (§ 23 Abs. 1 AktG) als Anlage aufzuführen, sind die Aktien zu übernehmen, sind der erste Aufsichtsrat und Abschlussprüfer zu bestellen. In der notariellen Praxis wird der Umfang des Gründungsprotokolls grundsätzlich erweitert. So werden zusätzlich die nach § 30 AktG erstbestellen Aufsichtsratsmitglieder, Vorstandsmitglieder und Abschlussprüfer in das Gründungsprotokoll aufgenommen.[237] Zudem wird in ihr sogleich eine umfassende Registervollmacht an den Notar erteilt, der die Beurkundung durchführt.[238] Ebenso wird der von der Gesellschaft zu tragende Gründungsaufwand genannt.

Probleme entstehen aus Sicht der Anforderungen einer Online-Gründung durch den gesetzlich vorgeschrieben Mindestinhalt des Gründungsprotokolls nicht. Denn ob der Inhalt für eine elektronische oder eine physische Urkunde zwingend vorgeschrieben wird, ist für die Umsetzung ohne Belang.

2. Form

Für die elektronische Gründung einer Aktiengesellschaft ist vielmehr entscheidend, in welcher Form das Gründungsprotokoll errichtet werden muss.

Eine Formvorschrift ergibt sich nicht unmittelbar aus dem Gesetz. Erst aus einem Zusammenspiel von §§ 23 Abs. 1 und Abs. 2 AktG folgt, dass auch das Gründungsprotokoll notariell zu beurkunden ist: § 23 Abs. 1 S. 1 AktG stellt klar, dass die Satzung notariell zu beurkunden ist. Gem. § 23 Abs. 2 AktG wird wie soeben dargestellt der Mindestinhalt *dieser* Urkunde vorgeschrieben. Aus dieser Systematik lässt sich

237 *Dewald*, in: Saenger/Aderhold/Lenkaitis/Speckmann Handels- und Gesellschaftsrecht § 6 Rn. 499.

238 Ein Muster findet sich in *Heckschen*, in: BeckNotHdB § 23 Rn. 680.

ableiten, dass das Gründungsprotokoll selbst notariell zu beurkunden ist.[239]

3. Zwischenergebnis

Neben dem Formerfordernis der notariellen Beurkundung tauchen keine zusätzlichen Probleme auf, die nach einer weitergehenden digitalen Lösung verlangen. Das Gründungsprotokoll kann durch den Notar in gewohnter Weise an einem Computer geschrieben werden. Statt dieses Dokument auszudrucken und den Gründern zur Unterzeichnung zu überreichen, wird auf den Ausdruck verzichtet. Stattdessen muss das elektronische Dokument allen Gründern digital zur Verfügung gestellt werden.

III. Satzungsfeststellung und Übernahmeerklärung

1. Grundsatz: Einheitsgründung

Sobald die Satzung von dem Notar beurkundet ist, § 23 Abs. 1, 3 AktG, gilt die Satzung als festgestellt.[240] Dabei muss der Satzungsinhalt nicht als eigenständiger Teil in die Gründungsurkunde aufgenommen werden. Die Satzung gilt bereits als beurkundet, wenn diese dem Gründungsprotokoll als Anlage hinzugefügt wird, aus dem Gründungsprotokoll auf den Satzungsinhalt verwiesen wird, § 9 Abs. 1 S. 2 BeurkG, und das Gründungsprotokoll von dem Notar und den Gründern unterzeichnet wird.[241]

Zusätzlich muss in dem Gründungsprotokoll neben der Erklärung zur Feststellung der Satzung auch die Übernahmeerklärung enthalten sein. Die Feststellung der Satzung und die Übernahmeerklärung müssen eine Einheit bilden. Das Einheitserfordernis von Übernahmeerklä-

---

239 *Voß*, in: MünchAnwHdB-AktR § 12 Rn. 9; *Dewald*, in: Saenger/Aderhold/Lenkaitis/Speckmann Handels- und Gesellschaftsrecht § 6 Rn. 498.

240 Grigoleit/*Vedder* AktG § 23 Rn. 12 f.; BeckOGKAktG/*Limmer* § 23 Rn. 6.

241 MüKoAktG/*Pentz* § 23 Rn. 28; *Hoffmann-Becking*, in: MünchHdB-GesR/ Band 4 § 3 Rn. 11; BeckOGKAktG/*Limmer* § 23 Rn. 6.

rung und Erklärung zur Feststellung folgt mittelbar aus § 181 Abs. 1 S. 2 AktG und Art. 8 § 1 des Gesetzes zur Durchführung der Ersten Richtlinie des Rates der Europäischen Gemeinschaften zur Koordinierung des Gesellschaftsrechts vom 15.8.1969[242],[243] wahlweise aus § 23 Abs. 1 AktG i.V.m. § 23 Abs. 2 AktG[244]. Aus den genannten Normen ergibt sich der Grundsatz, dass sich aus dem Handelsregister der jeweils vollständige Satzungsinhalt ergeben muss. Dieser lässt sich allerdings nur vollständig der Handelsregisterakte entnehmen, wenn auch die Satzungs*feststellung* (nicht ihr Inhalt) und Übernahmeerklärung in einer (Gründungs-)Urkunde notariell beurkundet werden.[245]

Da die Übernahmeerklärung selbst nicht Teil der Satzung ist[246], muss Folgendes beachtet werden.

In dem von der Satzungsfeststellung zu trennendem Rechtsgeschäft[247] der Übernahmeerklärung erklären die Gründer, die Aktien zu übernehmen, aber auch, wie sich die übernommenen Aktien auf die Gründer aufteilen. Hierdurch verpflichten sich die Gründer zur Übernahme der Aktien und zur Leistung der in der Satzung festgeschriebenen Einlage.[248] In der notariell beurkundeten Übernahmeerklärung ist der Nennbetrag bei Nennbetragsaktien anzugeben, bei Stückaktien die Zahl, der Ausgabebetrag und für den Fall, dass mehrere Gattungen bestehen, auch die Gattung der Aktien, vgl. § 23 Abs. 2 Nr. 2 AktG.

Aus dem Einheitserfordernis folgt indessen nicht, dass die Gründer bei der Feststellung der Satzung gleichzeitig anwesend sein müssen.

---

242 BGBl. 1969 I, S. 1146.

243 MüKoAktG/*Pentz* § 23 Rn. 20; Hüffer/Koch/*Koch* AktG § 23 Rdn. 9.

244 GroßkommAktG/*Röhricht*/*Schall* Band 2 § 23 Rn. 55 ff.; Heidel/*Braunfels* AktG § 23 Rn. 6; K. Schmidt/Lutter/*Seibt* AktG § 23 Rn. 15; Bürgers/Körber/*Körber* AktG § 23 Rn. 6; BeckOGKAktG/*Limmer* § 23 Rn. 6.

245 So MüKoAktG/*Pentz* § 23 Rn. 28.

246 GroßkommAktG/*Röhricht*/*Schall* § 23 Rn. 93, Heidel/*Braunfels* AktG § 23 Rn. 13; K. Schmidt/Lutter/*Seibt* AktG § 23 Rn. 23; Bürgers/Körber/*Körber* AktG § 23 Rn. 14; Wachter/*Wachter* AktG § 23 Rn. 22; Grigoleit/*Vedder* AktG § 23 Rn. 18; BeckOGKAktG//*Limmer* § 23 Rn. 24.

247 Hüffer/Koch/*Koch* AktG § 23 Rn. 16; MüKoAktG/*Pentz* § 23 Rn. 55; Heidel/*Braunfels* AktG § 23 Rn. 24; K. Schmidt/Lutter/*Seibt* AktG § 23 Rn. 23 f.; Grigoleit/*Vedder* AktG § 23 Rn. 18; BeckOGKAktG//*Limmer* § 23 Rn. 24.

248 Hüffer/Koch/*Koch* AktG § 23 Rn. 16; MüKoAktG/*Pentz* § 23 Rn. 55; Heidek/*Braunfels* AktG § 23 Rn. 24; K. Schmidt/Lutter/*Seibt* AktG § 23 Rn. 23 f.; Grigoleit/*Vedder* AktG § 23 Rn. 18; BeckOGKAktG//*Limmer* § 23 Rn. 24.

§ 23 Abs. 1 AktG schreibt Gegenteiliges nicht vor.[249] Sie können die Feststellung der Satzung vielmehr nacheinander und auch an verschiedenen Orten erklären und unterzeichnen.[250] Einzig erforderlich bleibt, dass die Erklärungen der Gründer in einer einheitlichen Urkunde durch den Notar festzuhalten und von ihm zu unterzeichnen sind.

2. Folgen für die Online-Gründung

Das Einheitserfordernis stellt die elektronische Gründung einer Aktiengesellschaft vor keine unlösbaren Probleme. Wie in einer Präsenzbeurkundung ist lediglich darauf zu achten, dass die zur Feststellung der Satzung und zur Übernahme der Aktien erforderliche Erklärung in demselben elektronischen Gründungsprotokoll geäußert werden.

3. Feststellung der Satzung im Ausland

Ob und wie die Satzung einer Aktiengesellschaft nach deutschem Gesellschaftsstaut im Ausland festgestellt werden kann, ist vor dem Hintergrund des gewähltem Untersuchungsschwerpunktes unerheblich. Wird eine Gesellschaft mit ausländischer Beteiligung im Wege der Online-Gründung errichtet, so kann die Beurkundung ebenfalls online vor einem inländischen Notar und nach deutschem Recht erfolgen. Denn dies soll ein elektronisches Beurkundungsverfahren gerade bezwecken, um grenzüberschreitende Gründungen zu fördern.[251]

---

249 Hüffer/Koch/*Koch* AktG § 23 Rn. 9; Heidel/*Braunfels* AktG § 23 Rn. 6; K. Schmidt/Lutter/*Seibt* AktG § 23 Rn. 15; Bürgers/Körber/*Körber* AktG § 23 Rn. 6; BeckOGKAktG//*Limmer* § 23 Rn. 6.

250 Hüffer/Koch/*Koch* AktG § 23 Rn. 9; GroßkommAktG/*Röhricht*/*Schall* Band 2 § 23 Rn. 58; MüKoAktG/*Pentz* § 23 Rn. 28.

251 Hierzu bereits unter C.I.2.a).

4. Erklärung zur Einzahlung des Stammkapitals

§ 23 Abs. 2 Nr. 3 AktG fordert, dass in der Gründungsurkunde der eingezahlte Betrag des Grundkapitals anzugeben ist. Zur Zeit der Errichtung der notariell beurkundeten Gründungsurkunde existiert allerdings nicht einmal der Vorstand, zu dessen freier Verfügung das Grundkapital einzuzahlen ist. Mithin kann und sollte im Gründungsprotokoll lediglich festgelegt werden, wann und in welcher Höhe die Einlageverpflichtungen durch die Gründer erfüllt werden.[252] Ist ein solcher Passus aufgenommen, so ist unerheblich, ob der Vorstand[253] oder die Gründer für die Vor-AG vor Anmeldung und Eintragung der Gesellschaft die Einlage einfordern können. Die Aufnahme in dem Gründungsprotokoll gilt insoweit als Aufforderung zur Einzahlung der Einlage.[254]

Wird diese Erklärung in einem elektronischen Gründungsverfahren in das elektronische Gründungsdokument geschrieben, bestehen ersichtlich keine Konflikte. Eine Anpassung des Gesetzes ist nicht erforderlich.

IV. Bestellung des ersten Aufsichtsrates, § 30 AktG

Ist die Satzung festgestellt, die Übernahmeerklärung der Aktien erklärt und in das Gründungsprotokoll aufgenommen, so haben die Gründer im nächsten Schritt den ersten Aufsichtsrat und Abschlussprüfer für das erste Voll- oder Rumpfgeschäftsjahr durch Beschluss zu bestellen, § 30 Abs. 1 AktG. Die besonderen Bestimmungen zu der Beteiligung der Arbeitnehmer[255] gelten gem. § 30 Abs. 2 AktG bei der Erstbestellung des Aufsichtsrates nicht. Nur für den Fall, dass die Aktiengesellschaft im Wege der Sachgründung errichtet wird, sind die Arbeitneh-

252 *Hoffmann-Becking*, in: MünchHdB-GesR Band 4 § 3 Rn. 13; BeckOGKAktG/*Döbereiner* § 36a Rn. 3.

253 Nach BeckOGKAktG/*Döbereiner* § 36a Rn. 4; nach *Hoffmann-Becking*, in: MünchHdB-GesR Band 4 § 3 Rn. 14 ist der Vorstand zuständig.

254 *Hoffmann-Becking*, in: MünchHdB-GesR Band 4 § 3 Rn. 14.

255 Hierzu zählen das DrittelbG, das MitbestG, das Montan-MitbestErG und das Montan-MitbestG.

mer bei der Bestellung des ersten Aufsichtsrates gem. § 31 Abs. 1 AktG zu beteiligen.[256]

1. Versammlung der Gründer

Fraglich ist, ob das Aktiengesetz formale Bestimmungen für das Beschlussverfahren aufstellt. Problematisch wäre, wenn sich die Gründer für den Beschluss in einer Versammlung zusammenfinden müssen. In Anlehnung an den Versammlungsbegriff im Sinne des § 118 AktG ließe sich schlussfolgern, dass die Bestellung des ersten Aufsichtsrates einen Beschluss in Präsenz verlangt.[257]

Allerdings ist nach überwiegender Ansicht in der Literatur für die Bestellung keine eigenständige Versammlung der Gründer erforderlich,[258] so dass sie sich nicht alle in einem Raum zusammenfinden müssen.

Dies eröffnet den Gründern die Möglichkeit, den Beschluss über ein Videokommunikationssystem zu fassen. Der Notar notiert im Anschluss an die Abstimmung das Ergebnis in der elektronischen Urkunde und fährt mit dem Gründungsverfahren fort. Eine Klarstellung durch das AktG muss deswegen nicht erfolgen.

2. Vertretung im Beschluss

Die Gründer können sich in dem Beschluss vertreten lassen.

Lassen sich die Gründer bei der Bestellung des ersten Aufsichtsrates vertreten, so müssen die Stellvertreter eine Vollmacht vorlegen. Diese muss nicht notariell beurkundet werden. Es genügt, wenn die Vollmacht gem. § 134 Abs. 3 S. 3 AktG in Textform (§ 126b BGB) vorgelegt

---

256 Hierzu noch unter H.III.4.

257 Zum Versammlungsbegriff iSd § 118 Abs. 1 AktG vgl. BT-Drucks 16/11642 S. 26; auch bereits im Referentenentwurf ARUG I vom 6.5.2008, S. 37; MüKoAktG/*Kubis* § 118 Rn. 17.

258 MüKoAktG/*Pentz* § 30 Rn. 11 mwN.; BeckOGKAktG/*Gerber* § 30 Rn. 7.

wird.[259] Hierzu muss eine lesbare Erklärung, in der die Person des Erklärenden genannt ist, auf einem dauerhaften Datenträger abgegeben werden. Eine Erklärung ist dauerhaft auf einem Datenträger abgegeben, wenn der Empfänger in die Lage versetzt wird, die Erklärung für eine spätere Nutzung dauerhaft aufzubewahren und zu speichern.[260] Diesen Anforderungen ist bereits genüge getan, wenn die Erklärung auf elektronischem Wege per Fax, E-Mail oder sogar soziale Netzwerke oder per SMS an den Empfänger gelangt.[261]

Im Rahmen der Bestellung des ersten Aufsichtsrates kann ein Gründer einen Dritten per E-Mail bevollmächtigen und den Notar zur Kenntnisnahme in Cc setzen. Das Erfordernis der Textform kollidiert somit nicht mit den Anforderungen einer Online-Gründung.

3. Anwesenheit des Gewählten

Damit Willenserklärungen wirksam werden, müssen sie dem Empfänger zugehen. Aus diesem Erfordernis ließe sich ableiten, dass die gewählten Aufsichtsratsmitglieder an einem bestimmten Ort physisch anwesend sein müssen, um die Annahme des Amtes zu erklären.

Aber auch dies wird nach einhelliger Ansicht[262] nicht verlangt. Um die Annahme zu erklären, genügt konkludentes Handeln. Die Gewählten bringen ihren Willen schlüssig zum Ausdruck, wenn sie an der Anmeldung der Gesellschaft zum Handelsregister selbst mitwirken.[263]

Somit bedarf es keiner Anpassung des Aktiengesetzes, um eine Online-Gründung zu realisieren.

---

259 GroßkommAktG/*Röhricht/Schall* Band 2 § 30 Rn. 4; MüKoAktG/*Pentz* § 30 Rn. 12; K. Schmidt/Lutter/*Bayer* AktG § 30 Rn. 5; BeckOGKAktG/*Gerber* § 30 Rn. 6.

260 BGH NJW 2010, 3566 (3567); *Lehmann/Rettig* NJW 2020, 569 (570); *Boente/Riehm* Jura 2001, 793 (794); BeckOKBGB/*Wendtland* § 126b Rn. 8.

261 OLG München BeckRS 2014, 18401; OLG Schleswig BeckRS 2012, 9116; *Preis/Schwarz* NJW 2018, 3673 (3675); *Beckmann/Waßmuth* WM 2019, 89 (94); BeckOKBGB/*Wendtland* § 126b Rn. 8.

262 K. Schmidt/Lutter/*Bayer* AktG § 30 Rn. 6; GroßkommAktG/*Röhricht/Schall* Band 2 § 30 Rn. 5.

263 K. Schmidt/Lutter/*Bayer* AktG § 30 Rn. 6; GroßkommAktG/*Röhricht/Schall* Band 2 § 30 Rn. 5.

4. Notarielle Beurkundung bei Entsendeberechtigten

Ist in der Satzung gem. § 101 Abs. 2 AktG ein Entsendungsrecht für die Mitglieder des Aufsichtsrates vorgesehen, so ist die Willenserklärung des Entsendeberechtigten durch eine entsprechende Anwendung des § 30 Abs. 1 S. 2 AktG notariell zu beurkunden.[264]

Um diesem Erfordernis im Rahmen einer Online-Gründung gerecht zu werden, muss das Aktiengesetz hingegen nicht erneut geändert werden. Denn die fortan bestehende Regelungslücke wird im Rahmen einer Online-Gründung durch eine entsprechende Anwendung des § 30 Abs. 1 S. 3 AktG-E[265] gefüllt, so wie es bisher durch eine entsprechende Anwendung des § 30 Abs. 1 S. 2 AktG in einer Präsenzgründung getan wurde.

V. Bestellung des ersten Abschussprüfers, § 30 AktG

Neben dem ersten Aufsichtsrat ist grundsätzlich ein Abschlussprüfer durch die Gründer zu bestellen. Dieser Grundsatz gilt zumindest für Aktiengesellschaften, die gem. § 267 HGB als große Aktiengesellschaft einzustufen sind. Denn bei diesen ist der Lage- und Abschlussbericht durch einen Abschlussprüfer zu bestellen, § 316 HGB. Ob auch kleine Aktiengesellschaften einen Abschlussprüfer zu bestellen haben, muss an dieser Stelle nicht entschieden werden.[266] Vor dem Hintergrund des gewählten Untersuchungsgegenstands ist im Hinblick auf einen möglichst breiten Anwendungsbereich der Online-Gründung einer Aktiengesellschaft zu untersuchen, ob und wie die Bestellung eines Abschlussprüfers auch in einem elektronischen Gründungsverfahren erfolgen kann. Es wird somit im Folgenden unterstellt, dass auch klei-

---

264 So die h.M., vgl. Hüffer/Koch/*Koch* AktG § 30 Rn. 2; K. Schmidt/Lutter/*Bayer* AktG § 30 Rn. 7; MüKoAktG/*Pentz* § 30 Rn. 15; BeckOGKAktG/*Gerber* § 30 Rn. 6.

265 Hierzu unter G.VIII.2.

266 Befürworter: Hüffer/Koch/*Koch* AktG § 30 Rn. 10; *Hoffmann-Becking*, in: MünchHdB-GesR Band 4 § 3 Rn. 23; Grigoleit/*Vedder* AktG § 30 Rn. 25; Kritiker: BeckOGKAktG/*Gerber* § 30 Rn. 20.

ne Aktiengesellschaften bereits bei der Gründung einen Abschlussprüfer bestellen müssen.

1. Form

Der Beschluss zur Bestellung des Abschlussprüfers bedarf der notariellen Beurkundung (§ 30 Abs. 1 S. 2 AktG) und muss entsprechend § 133 Abs. 2 AktG in mindestens einfacher Stimmenmehrheit erfolgen. Es bietet sich wie schon bei der Bestellung des ersten Aufsichtsrates an, die Bestellung des Abschlussprüfers zusammen mit dem Gründungsprotokoll zu beurkunden. Notwendig ist dies nicht.[267] Entscheiden sich die Gründer dafür, den Beschluss später zu fassen, so kann die Beurkundung auch zusammen mit der Beurkundung der Bestellung des ersten Aufsichtsrates erfolgen.[268]

Gesonderter Klarstellung bedarf es in einem elektronischen Gründungsverfahren nicht. Denn § 30 Abs. 1 S. 3 AktG-E[269] erfasst auf Grund eindeutiger Systematik die Bestellung des ersten Aufsichtsrates wie die Bestellung des Abschlussprüfers gleichermaßen.

2. Verfahren

Zudem ist fraglich, ob sich dem Aktiengesetz Verfahrensvorschriften für die Bestellung des ersten Abschlussprüfers entnehmen lassen. Denn gem. § 119 Abs. 1 Nr. 5 AktG fällt die Bestellung des Abschlussprüfers in den Kompetenzbereich der Hauptversammlung. Dies wäre problematisch, weil die Hauptversammlung gem. § 118 Abs. 1 AktG grundsätzlich noch immer eine Präsenzveranstaltung ist.[270] Allerdings erfolgt die Bestellung gem. § 30 Abs. 1 AktG abweichend von § 119 Abs. 1 Nr. 5 AktG,[271] sodass die Grundsätze zur Hauptversammlung

267 MüKoAktG/*Pentz* § 30 Rn. 45; *Hoffmann-Becking*, in: Münchener HdB-GesR Band 4, 2 § 3 Rn. 23.

268 MüKoAktG/*Pentz* § 30 Rn. 45.

269 Zum Gesetzesvorschlag siehe unter G.VIII.2.

270 BT-Drs. 16/11642, S. 26 linke Spalte.

271 *Voß*, in: MünchAnwHdB-AktR § 12 Rn. 27.

für die Bestellung eines Aufsichtsratsmitgliedes nicht gelten. Dies ist auch konsequent. Denn die Aktiengesellschaft entsteht als juristische Person mit ihren Organen erst im Zeitpunkt der Eintragung in das Handelsregister (§ 41 Abs. 1 S. 1 AktG).[272] Auch besteht im Zeitpunkt der Bestellung der Aufsichtsratsmitglieder noch keine mit der Aktiengesellschaft rechtlich identische Vorgesellschaft, denn im Zeitpunkt der Bestellung des ersten Aufsichtsrates und des ersten Abschlussprüfers ist das Gründungsprotokoll – und damit die festzustellende Satzung der Aktiengesellschaft – grundsätzlich noch nicht beurkundet.[273]

Mithin brauchen die für einen Hauptversammlungsbeschluss erforderlichen Formalitäten nicht eingehalten zu werden. Da § 30 Abs. 1 AktG für die Bestellung neben der notariellen Beurkundung keine weiteren Formalitäten vorschreibt, lässt sie sich in einem elektronischen Gründungsverfahren unproblematisch umsetzen. Um den Abschlussprüfer zu bestellen, können die Gründer über eine audiovisuelle Echtzeitverbindung abstimmen und der Notar kann das Ergebnis im Anschluss in seiner elektronischen Niederschrift festhalten.

VI. Bestellung des ersten Vorstandes, § 30 Abs. 4 AktG

1. Grundlegendes

Haben die Gründer den Aufsichtsrat bestellt, so bestellt der Aufsichtsrat den ersten Vorstand. Anders als noch der Abschlussprüfer und die Aufsichtsratsmitglieder, erfolgt die Bestellung des Vorstandes nicht durch die Gründer selbst, sondern ausschließlich durch die Aufsichtsratsmitglieder.

272 MüKoAktG/*Pentz* § 41 Rn. 9.

273 Zur Vorgesellschaft vgl. BeckOGKAktG/*Heidinger* § 41 Rn. 27; Grigoleit/*Vedder* AktG § 41 Rn. 4; MüKoAktG/*Pentz* § 41 Rn. 22 ff.

2. Form

Im Gegensatz zum Beschluss der Gründer zur Bestellung von Aufsichtsrat und Abschlussprüfer, muss die Bestellung des ersten Vorstandes nicht notariell beurkundet werden. Der Beschluss des Aufsichtsrates ist nur zur Niederschrift aufzunehmen, § 107 Abs. 2 AktG. Inhaltliche Vorgaben an die Niederschrift lassen sich § 107 Abs. 2 AktG entnehmen. Eine nähere Betrachtung der inhaltlichen Vorgaben ist für die Anforderungen einer Online-Gründung jedoch belanglos und bleibt auf Grund des gewählten Untersuchungsgegenstandes aus. Wie bereits im Rahmen des Gründungsprotokolls festgestellt wurde, wirkt sich ein gesetzlich vorgeschriebener Inhalt eines Dokuments nicht auf seine Form aus. Dies gilt auch für den Beschluss des ersten Vorstandes.

Für die Online-Gründung ist allein entscheidend, ob die formalen Vorgaben an die Erstellung einer Niederschrift zur Bestellung des ersten Vorstandes das persönliche Erscheinen der Gründer vor einem Notar voraussetzen. Aus dem Aktiengesetz lassen sich keine formalen Vorgaben entnehmen. Nach einhelliger Ansicht muss die Niederschrift dem Schriftformerfordernis gem. § 126 BGB genügen.[274] Unter welchen Umständen das Schriftformerfordernis gem. § 126 Abs. 3 BGB durch die elektronische Form gem. § 126a BGB ersetzt werden kann, ist in gebotener Kürze darzustellen.

Grundsätzlich gilt, dass elektronische Dokumente ohne eine qualifiziert elektronische Signatur gegenüber schriftlichen Dokumenten eine geringere Beweisfunktion haben, weil unberechtigte nachträgliche Änderungen eines elektronischen Dokuments nicht sichtbar sind. Um eine starke Beweiskraft wie ein schriftliches Dokument zu gewährleisten, lassen sich elektronische Dokumente mit einer qualifiziert elektronischen Signatur unterzeichnen und autorisieren. Gem. Art. 3 Nr. 15 eIDAS-VO ist eine qualifiziert elektronische Signatur eine fortgeschrittene elektronische Signatur, die von einer qualifizierten elektronischen Signaturerstellungseinheit erstellt wurde und auf einem qualifizierten Zertifikat für elektronische Signaturen beruht. Die qualifiziert elektronische Signatur ersetzt die Unterschrift der Schriftform dann, wenn sie einem Unterzeichner eindeutig zugeordnet werden

274 BeckOGKAktG/*Spindler* § 107 Rn. 75; Hüffer/Koch/*Koch* AktG § 107 Rn. 13.

kann, diesen identifiziert, mittels elektronischer Signaturerstellungsdaten unter alleiniger Kontrolle des Unterzeichners erstellt wurde und dadurch nachträgliche Änderungen erkennbar werden.[275]

Um dies sicherzustellen, muss die Signatur auf einem nur einer Person privat zugeordneten Schlüssel (*private key*) beruhen. Dieser private Schlüssel ist mit der Datei verknüpft, indem die Datei einen unverwechselbaren Datenfingerabdruck erstellt. Datenfingerabdruck und privater Schlüssel sind einander zugeordnet. So ist gewährleistet, dass nachträgliche Änderungen eindeutig erkennbar sind, weil die Signatur ihre Gültigkeit verliert, wenn ein Unberechtigter die Datei nachträglich verändert.[276] Die qualifiziert elektronische Signatur muss auf dem Zertifikat eines qualifizierten Vertrauensdienstanbieters (Art. 3 Nr. 17 eIDAS-VO) beruhen und von einer sicheren Signaturerstellungseinheit (Art. 3 Nr. 23 eIDAS-VO) erstellt werden, welche einheitlichen europäischen Sicherheitsstandards genügen muss, um dieses Prädikat zu erhalten. Der Vertrauensdienstanbieter ordnet jedem Nutzer ein einmaliges Signaturschlüsselpaar zu[277], wobei nur der öffentliche (*public key*) von dem Adressaten einsehbar ist. Durch den öffentlichen Schlüssel kann der Adressat eindeutige Rückschlüsse auf die Identität des Erklärenden ziehen[278], ohne dabei den privaten Schlüssel des Unterzeichnenden berechnen zu können.[279] Dies wird durch eine bei Erstellung des Schlüsselpaares verwendete mathematische Funktion ermöglicht, die auf dem Prinzip asymmetrischer Kryptographie beruht.[280]

Im Ergebnis kommt der qualifiziert elektronischen Signatur dieselbe Beweiskraft zu, wie der zu Papier gegebenen Unterschrift. Diese Gleichstellung hat Eingang in das Gesetz gefunden. Einerseits findet sie sich in §§ 126, 126a BGB wieder. Aber auch die §§ 39, 39a BeurkG

275 BeckOKZPO/*von Selle* § 130a Rn. 13; *Roßnagel* NJW 2001, 1817 (1825); BeckOKBGB/*Wendtland* § 126a Rn. 5; MüKoBGB/*Einsele* § 126a Rn. 9.

276 MüKoBGB/*Einsele* § 126a Rn. 9 f.

277 *Kühn* CR 2017, 834 (839); *Noack* DStR 2001, 1893 zum SigG aF; BeckOKBGB/*Wendtland* § 126a Rn. 5.

278 BeckOKBGB/*Wendtland* § 126a Rn. 5.

279 Näheres zum Verfahren vgl. MüKoBGB/*Einsele* § 126a Rn. 9.

280 Zum technischen und mathematischen Hintergrund vgk. *Fischer-Dieskau*, Elektronisch signierte Dokumente, S. 62 ff.

zeigen, dass die elektronische Signatur das Äquivalent zur auf Papier gebrachten Unterschrift ist.[281] Konsequenz dieser Gleichstellung ist, dass jede körperliche Urkunde in elektronischer Form dargestellt werden kann,[282] soweit sich aus dem Gesetz nicht ein anderes ergibt (§ 126 Abs. 3 BGB).

Da sich aus dem Aktiengesetz nichts anderes ergibt, kann die Niederschrift gem. § 107 Abs. 2 S. 1 AktG als bloße Beweisurkunde[283] durch die elektronische Form §§ 126 Abs. 3, 126a BGB ersetzt werden.

Zusätzlich ist zu beachten, dass die Niederschrift gem. § 107 Abs. 2 S. 1 AktG nur durch den Vorsitzenden zu unterschreiben ist.[284] Im Rahmen einer Online-Gründung müssen somit nicht alle Aufsichtsratsmitglieder die für die qualifiziert elektronische Signatur erforderlichen technischen Geräte besitzen. Es genügt, wenn der Aufsichtsratsvorsitzende entsprechendes Equipment bei der Online-Gründung bereithält. Daneben wird dem Protokollführer ebenfalls empfohlen, dass Protokoll zu unterschreiben.[285] Mehraufwand entsteht den Beteiligten dadurch nicht. Denn auch der Protokollführer kann sich mit dem technischen Equipment ausstatten. Natürlich erfordert dies eine gewisse Planung und Kommunikation im Voraus. Allerdings handelt es sich hierbei um verhältnismäßige Anforderungen, die im Vorfeld einer Gründung erwartet werden können.

Festzuhalten ist, dass das Aktiengesetz nicht angepasst werden muss, damit der Vorsitzende des Aufsichtsrats den Beschluss in elektronischer Form gem. §§ 126 Abs. 3, 126a BGB zur Niederschrift aufnehmen und unterzeichnen kann.

281 S. *Apfelbaum/Bettendorf* RNotZ 2007, 89 (90 f.).
282 S. *Apfelbaum/Bettendorf* RNotZ 2007, 89 (92).
283 Hüffer//Koch/*Koch* AktG § 107 Rn. 15.
284 BeckOGKAktG/*Spindler* § 107 Rn. 75; MüKoAktG/*Habersack* § 107 Rn. 79; Grigoleit/*Grigoleit*/*Tomasic* AktG § 107 Rn. 20; Hüffer/Koch/*Koch* AktG § 107 Rn. 13.
285 MüKoAktG/*Habersack* § 107 Rn. 79.

3. Verfahren

Für das Verfahren zur Bestellung des ersten Vorstandes durch den ersten Aufsichtsrat gilt § 108 AktG,[286] wonach der Aufsichtsrat durch Beschluss entscheidet.

a) Überblick

Einen Beschluss fasst der Aufsichtsrat gem. § 108 Abs. 1 S. 1 AktG in einer Präsenzsitzung.[287]

Daneben kann der Aufsichtsrat auch unter den besonderen Voraussetzungen der § 108 Abs. 3, Abs. 4 AktG einen Beschluss außerhalb von Sitzungen fassen.[288] Was unter einer Präsenzsitzung zu verstehen ist, ergibt sich hingegen nicht unmittelbar aus dem Gesetz. In § 108 Abs. 4 AktG heißt es lediglich, dass schriftliche, fernmündliche oder vergleichbare Formen der Beschlussfassung des Aufsichtsrates und seiner Ausschüsse vorbehaltlich einer näheren Regelung durch die Satzung oder eine Geschäftsordnung des Aufsichtsrats nur zulässig sind, wenn kein Mitglied diesem Verfahren widerspricht.

Neben einer Präsenzsitzung im Sinne des § 108 Abs. 1 AktG kann damit unter Verwendung technischer Hilfsmittel ein Beschluss gefasst werden. Vor dem Hintergrund des gewählten Untersuchungsgegenstandes ist maßgeblich, unter welchen Voraussetzungen ein fernmündlicher Beschluss (§ 108 Abs. 4 AktG) oder ein Beschluss auf einer Präsenzsitzung (§ 108 Abs. 1 AktG) zustande kommt und unter welchen Absatz des § 108 AktG ein durch Nutzung von elektronischen Fernkommunikationsmitteln zustande gekommener Beschluss zu subsumieren ist.

b) Anforderungen der Online-Gründung und Beschlussfassung

Um den Anforderungen einer Online-Gründung gerecht zu werden, muss die Möglichkeit für die Aufsichtsratsmitglieder bestehen, den

286 BeckOGKAktG/*Gerber* § 30 Rn. 22; Grigoleit/*Vedder* AktG § 30 Rn. 18; Hüffer/Koch/*Koch* AktG § 30 Rn. 12.

287 *Kindl* ZHR 166 (2002), 335 (340); *Wagner* NZG 2002, 57 (58).

288 BeckOGKAktG/*Gerber* § 30 Rn. 22.

Beschluss aus der Ferne, das heißt ohne lokales Zusammenkommen fassen zu können. Natürlich könnten die Gründer mit Verweis auf § 108 Abs. 4 AktG bei der Satzungsgestaltung darauf achten, einen entsprechenden Passus in die Satzung mit aufzunehmen, der es dem Aufsichtsrat erlaubt unter Verwendung von Fernkommunikationsmitteln einen Beschluss zu fassen. Fehlt es an einer solchen Regelung, dann kann jedes einzelne Mitglied des Aufsichtsrats ein solches Vorhaben durch Widerspruch zu Fall bringen und die Online-Gründung würde scheitern (§ 108 Abs. 4 aE AktG). Unproblematischer wäre es somit, wenn ein Beschluss unter Verwendung von Fernkommunikationsmitteln als Präsenzsitzung im Sinne des § 108 Abs. 1 AktG zu qualifizieren ist, so dass niemand widersprechen könnte.

Somit ist die Frage aufzuwerfen, ob und unter welchen rechtlichen Besonderheiten sich die Bestellung des ersten Vorstandes durch den Aufsichtsrat unter Verwendung von Fernkommunikationsmitteln in die Gesetzessystematik einfügt.

c) Beschluss durch schriftliche Stimmabgabe, § 108 Abs. 3 AktG

Fraglich ist, ob die Aufsichtsratsmitglieder den Beschluss zur Bestellung des ersten Aufsichtsrates mittels schriftlicher Stimmabgabe gem. § 108 Abs. 3 AktG dergestalt fassen können, den Anforderungen einer Online-Gründung gerecht zu werden.

Nach § 108 Abs. 3 AktG können die Stimmen der Aufsichtsratsmitglieder in Schriftform (§ 126 BGB) durch einen Boten eingereicht werden. Der systematische Vergleich zu § 108 Abs. 4 AktG zeigt, dass für die Stimmabgabe nach den Voraussetzungen des § 108 Abs. 3 AktG eine Präsenzsitzung i.S.d. § 108 Abs. 1 AktG abgehalten werden muss, in welche die Stimmen durch einen Boten eingereicht werden können.[289] Die Schriftform kann durch die elektronische Form ersetzt werden, §§ 126 Abs. 3, 126a BGB. Ob die Stimmabgabe per Telefax, per Telex, per Telegramm oder mittels signierter E-Mail den Anforderungen

289 MüKoAktG/*Habersack* § 108 Rn. 51; K. Schmidt/Lutter/*Drygala* AktG § 108 Rn. 22 u. 26; BeckOGKAktG/*Spindler* § 108 Rn. 55.

an die elektronische Form gem. § 126a BGB im Rahmen des § 108 Abs. 3 BGB genügen,[290] kann an dieser Stelle dahinstehen.

Denn wenn Aufsichtsratsmitglieder gem. § 108 Abs. 3 AktG an einer Beschlussfassung teilnehmen können, obwohl sie bei der Präsenzsitzung nicht anwesend sind, bleibt ungeklärt, was unter einer Präsenzsitzung i.S.d. § 108 Abs. 1 AktG zu verstehen ist. § 108 Abs. 3 AktG zeigt lediglich auf, wie der Aufsichtsrat auch dann, wenn ein Mitglied der Präsenzsitzung *fernbleibt* und seine schriftliche Stimmabgabe *überreichen* lässt, beschlussfähig bleibt. Eine darüberhinausgehende Erkenntnis ist dem systematischen Vergleich von § 108 Abs. 1 und Abs. 3 AktG hingegen nicht zu entnehmen.

d) Beschluss mit (§ 108 Abs. 1 AktG) oder ohne Sitzung (§ 108 Abs. 4 AktG)

Nach § 108 Abs. 4 AktG kann ein Beschluss auch schriftlich, fernmündlich oder durch andere vergleichbare Formen *ohne Sitzung*[291] gefasst werden.

Um die lokale Präsenz der Aufsichtsratsmitglieder zu umgehen, könnten diese den Beschluss zur Bestellung des ersten Vorstandes durch eine Telefonkonferenz oder Videokonferenz fassen. Ob eine Präsenzsitzung im Sinne des § 108 Abs. 1 AktG unter Verwendung einer

290 Generell zum Problem vgl. *Hoffmann-Becking*, in: MünchHdB-GesR Band 4 § 31 Rn. 90; zum **Telegramm** vgl. KG JW 1938, 1824; umfassend *Kindl*, Die Teilnahme an der Aufsichtsratssitzung, 1993, 30 ff., 33; kritischer gegenüber **Telex** und **Telegramm** ist hingegen *E. Vetter*, in: Marsch-Barner/Schäfer Börsennotierte AG-HdB Rn. 27, 70; ausschließlich für **Telefax** plädiert *Lutter/Krieger*/Verse, in: Lutter/Krieger/Verse Rechte und Pflichten des Aufsichtsrats, Rn. 725; Stimmabgabe über **Telegramm**, **Telex** oder einfache **E-Mail** ablehnend MüKoAktG/*Habersack* AktG § 108 Rn. 53; K. Schmidt/Lutter/*Drygala* AktG § 108 Rn. 23; Habersack/Henssler/*Habersack* MitbestG § 25 Rn. 31a; v. Schenck/*Schütz* AktG § 108 Rn. 170; Hölters/*Hambloch-Gesinn*/*Gesinn* AktG § 108 Rn. 49; Henssler/Strohn/*Henssler* AktG § 108 Rn. 15; BeckOGKAktG/*Spindler* § 108 Rn. 59.

291 So auch Müller-Glöge/Preis/I. Schmidt/*Oetker* AktG § 108 Rn. 5; ferner in den Überschriften so bezeichnet vor BeckOGKAktG/*Spindler* § 108 Rn. 60; *Hoffmann-Becking*, in: Münchener HdB-GesR Band 4 § 31 Rn. 94; Henssler/Strohn/*Henssler* AktG § 108 Rn. 16; Hölters/*Hambloch-Gesinn*/*Gesinn* AktG § 108 Rn. 54; MüKo-AktG/*Habersack* § 108 Rn 59; Heidel/*Breuer*/*Fraune* AktG § 108 Rn. 19. Enger deuten die Überschriften „ohne unmittelbare Präsenz/Anwesenheit“ an vor Hüffer/Koch/*Koch* AktG § 108 Rn. 21; Grigoleit/*Tomasic* AktG § 108 Rn. 7.

audiovisuellen Echtzeitverbindung abgehalten werden kann oder dies unter die zusätzlichen Bedingungen des § 108 Abs. 4 AktG gestellt ist, wird nun untersucht.

aa) Einmalige Bestellung des ersten Vorstandes ist keine Regelsitzung iSd § 110 Abs. 3 S. 1 AktG

Beim genaueren Betrachten muss auf Grund des gewählten Untersuchungsgegenstandes allerdings nicht entschieden werden, ob eine Präsenzsitzung im Sinne des § 108 Abs. 1 AktG unter Verwendung von audiovisuellen Kommunikationsmitteln in Form einer Videokonferenz[292] abgehalten werden kann oder den zusätzlichen Bedingungen des § 108 Abs. 4 AktG unterliegt.

Die rechtliche Einordnung gewinnt vor dem Hintergrund des § 110 Abs. 3 AktG an Relevanz. Nach § 110 Abs. 3 S. 1 AktG muss der Aufsichtsrat mindestens zwei Sitzungen bzw. nach § 110 Abs. 3 S. 2 AktG eine Sitzung im Kalenderhalbjahr abhalten. Nach herrschender Ansicht wird diese gesetzliche Pflicht nicht erfüllt, wenn die Aufsichtsratsmitglieder Beschlüsse gem. § 108 Abs. 4 AktG schriftlich, fernmündlich oder in vergleichbarer Form fassen.[293] Diese Pflichtsitzungen müssen demnach als Präsenzsitzung im Sinne des § 108 Abs. 1 AktG abgehalten werden. Darüber hinausgehende Sitzungen lassen sich im Umkehrschluss auf andere Art und Weise durchführen, unabhängig davon, ob sie als Präsenzsitzung im Sinne des § 108 Abs. 1 AktG gelten oder nicht.

Da die Bestellung des ersten Vorstandes vor Eintragung nicht als Pflichtsitzung im Sinne des § 110 Abs. 3 S. 1 AktG zu qualifizieren ist[294], steht auch diese Erkenntnis den Anforderungen einer Online-

---

292 Begr. RegE (NaStraG), BT-Drs. 14/4051, 12; K. Schmidt/Lutter/*Drygala* AktG § 108 Rn. 24; Henssler/Strohn/*Henssler* AktG § 108 Rn. 16; BeckOGKAktG/*Spindler* § 108 Rn. 61; MüKoAktG/*Habersack* § 108 Rn. 16; *E. Vetter*, in: Marsch-Barner/Schäfer Börsennotierte AG-HdB Rn. 27, 54; *Lutter/Krieger/Verse*, in: Lutter/Krieger/Verse Rechte und Pflichten des Aufsichtsrats, Rn. 690; *Hoffmann-Becking*, in: FS Happ, 2006, S. 81 (86); *Horn*, Die Virtualisierung von Unternehmen als Rechtsproblem, 125 f.

293 MüKoAktG/*Habersack* § 110 Rn. 44; *Götz* NZG 2002, 599 (601); Hüffer/Koch/*Koch* AktG § 110 Rn. 10; BeckOGKAktG/*Spindler* § 110 Rn. 50.

294 BeckOGKAktG/*Spindler* § 108 Rn. 51.

Gründung nicht im Wege. Ob ein Beschluss per Videokonferenz unter den Begriff der Präsenzsitzung im Sinne des § 108 Abs. 1 AktG oder an die zusätzlichen Bedingungen des § 108 Abs. 4 AktG geknüpft ist, wirkt sich somit für die Bestellung des ersten Vorstandes nicht aus.

Für den Fall, dass eine Videokonferenz nur unter den zusätzlichen Bedingungen des § 108 Abs. 4 AktG zulässig ist, wird das Vorhaben der Online-Gründung kaum an dem Widerspruchsrecht der Aufsichtsratsmitglieder scheitern. Denn wenn sich Leute zusammenfinden, die eine Aktiengesellschaft vollständig online gründen wollen, dann ist nicht zu erwarten, dass sie dieses Ziel durch ein Widerspruchsrecht zu Fall bringen. Um sich abzusichern, wird jedoch empfohlen, dass das Widerspruchsrecht in der Satzung ausgeschlossen wird.[295]

bb) Einmalige Bestellung des ersten Vorstandes ist keine Regelsitzung iSd Empfehlung D.8 DCGK

Diese Erkenntnis wird nicht dadurch erschüttert, dass die Empfehlung D.8 DCGK davon spricht, dass mittels Telefon- oder Videokonferenzen an Beschlüssen im Aufsichtsrat teilgenommen werden kann, dies aber nicht die *Regel* sein sollte.

Zum einen handelt es sich bei den Vorschriften im Kodex um keine staatlichen Rechtsnormen.[296] Die Kodexbestimmungen haben nicht einmal den Rang einer Satzungsbestimmung.[297] So kann der Kodex durch eine Aktiengesellschaft in seiner Gesamtheit abgelehnt werden.[298] Mit anderen Worten müssen sich die Aktiengesellschaften nicht an die Kodexbestimmungen halten.

295 Der Ausschluss ist nach ganz hM möglich, vgl. hierzu Hüffer/Koch/*Koch* AktG § 108 Rn. 23; Großkomm AktG/*Hopt/Roth* Band 5 § 108 Rn. 124; BeckOGKAktG/*Spindler* § 108 Rn. 63; Hölters/*Hambloch-Gesinn/Gesinn* AktG § 108 Rn. 55; *Lutter/Krieger/Verse*, in: Lutter/Krieger/Verse Rechte und Pflichten des Aufsichtsrats, Rn. 728; *Kindl* ZHR 166 (2002), 338 (339); *Wagner* NZG 2002, 58; MüKoAktG/*Habersack* § 108 Rn. 67.

296 OLG München AG 2009, 294 Rn. 37; MüKoAktG/*Goette* § 161 Rn. 22; Hüffer/Koch/*Koch* AktG § 161 Rn. 3; K. Schmidt/Lutter/*Spindler* AktG § 161 Rn. 7 f.; BeckOGKAktG/*Bayer/Scholz* § 161 Rn. 18.

297 OLG München AG 2009, 294 Rn. 38.

298 Hierzu BeckOGKAktG/*Bayer/Scholz* § 161 Rn. 98.

Zum anderen wird ausschließlich die Vereinbarkeit des Gesetzes *de lege lata* mit den Anforderungen überprüft, die eine Online-Gründung stellt. Wenn der Aufsichtsratsbeschluss zur Bestellung des ersten Vorstandes per Videokonferenz durchgeführt wird, wird er nicht zur Regel. Weitere Beschlüsse, die im Laufe eines Lebenszyklus einer Aktiengesellschaft anfallen, können weiterhin unter physischer Anwesenheit beschlossen werden und somit die *Regel* darstellen.

cc) Videokonferenz ist Präsenssitzung iSd § 108 Abs. 1 AktG

Mit dieser Argumentation verschlösse man sich jedoch den Weg, den Lebenszyklus einer Aktiengesellschaft zu digitalisieren. Dies lässt die Frage aufkommen, ob und welche Gründe dagegensprechen, eine digitale Konferenz als Präsenzsitzung im Sinne des § 108 Abs. 1 AktG einzuordnen.

Konferenzen mit audiovisueller Videoübertragung ermöglichen nach hier vertretener Auffassung aus nun darzustellenden Gründen eine Beschlussfassung durch Präsenzsitzung gem. § 108 Abs. 1 S. 1 AktG, ohne dass den Aufsichtsratsmitgliedern ein einseitiges Widerspruchsrecht gem. § 108 Abs. 4 AktG zusteht. Die Frage ist in der Literatur höchst umstritten.[299]

Die Wortlautauslegung ist nur bedingt aussagekräftig. Denn gem. § 108 Abs. 1 AktG entscheidet der Aufsichtsrat durch Beschluss, ohne dass der Begriff „Beschluss" näher definiert wird. Was unter einem

299 Für Gleichwertigkeit mit Präsenzsitzung und damit **gegen** Widerspruchsrecht aus Abs. 4 ebenso Großkomm AktG/*Hopt*/*Roth* § 108 Rn. 27, 116 f.; Semler/v. Schenck/*Schütz* AktG § 108 Rn. 96 f.; Hölters/Hambloch-Gesinn/*Gesinn* AktG § 108 Rn. 9; Hüffer/Koch/*Koch* AktG § 108 Rn. 22; Bürgers/Körber/*Israel* AktG § 108 Rn. 8; *Kindl* ZHR 166 (2002), 335 (341 f., 344 ff.); *Miettinen*/*Villeda* AG 2007, 346 (349); *Wagner* NZG 2002, 57 (59); *S. H. Schmidt*, Videokonferenzen als Aufsichtsratssitzungen, 2012, 201 f.; enger *Wasse* AG 2011, 685 (689), der auf die Wahrung der Kontrollfunktion abstellt; **aA** Begr. RegE (NaStraG), BT-Drs. 14/4051, 12; K. Schmidt/Lutter/*Drygala* AktG § 108 Rn. 24; Henssler/Strohn/*Henssler* AktG § 108 Rn. 16; BeckOGKAktG/*Spindler* § 108 Rn. 61; MüKoAktG/*Habersack* § 108 Rn. 16; *E. Vetter*, in: Marsch-Barner/Schäfer Börsennotierte AG-HdB Rn. 27.54; *Lutter*/*Krieger*/*Verse*, in: Lutter/Krieger/Verse Rechte und Pflichten des Aufsichtsrats, Rn. 690; *Hoffmann-Becking*, in: FS Happ, 2006, S. 81 (86); *Horn*, Die Virtualisierung von Unternehmen als Rechtsproblem, 2005, 125 f.

Beschluss im Sinne des § 108 Abs. 1 AktG zu verstehen ist, muss durch teleologische und systematische Auslegung erfasst werden.

(a) Teleologische Auslegung

Teleologische Gründe sprechen dafür, die Videokonferenz einer Präsenzsitzung im Sinne des § 108 Abs. 1 AktG gleichzustellen. Bei Verabschiedung des Aktiengesetzes ging der Gesetzgeber mangels technischer Möglichkeiten gewiss davon aus, dass sich der Aufsichtsrat an einem Ort körperlich gemeinsam einfindet. So sei für die Sitzung des Aufsichtsrates bisher entscheidend, dass die Mitglieder unmittelbar miteinander kommunizieren können, bei gleichzeitiger und allseitiger Hör- und Sichtbarkeit.[300] Die Technik ist mittlerweile derart fortgeschritten, dass sich die Aufsichtsratsmitglieder per Videokonferenz gegenseitig sehen und hören, gar die Mimik wahrnehmen können.[301] Auch können innerhalb eines virtuellen Meetings private Räume kreiert werden, in denen sich Aufsichtsratsmitglieder während einer Sitzung mündlich kurzschalten können, ohne dass die restlichen Mitglieder in der Lage sind, diesem Gespräch zu folgen.[302] Auch ist es durch die Chatfunktion in Videokonferenzsystemen denkbar, dass die Aufsichtsratsmitglieder miteinander kommunizieren, direkt und privat, ohne dass die restlichen Teilnehmer Einsicht in den privaten Chat haben.[303]

Verbale Kommunikationsformen lassen sich bei einer audiovisuellen Echtzeitverbindung wahrnehmen.[304] Nonverbale Verhaltensweisen wie z.B. der Geruch anderer Menschen, das unsicherheitsbedingte Hinzuziehen von Hilfsmitteln oder das stressbedingte Wippen eines Fußes lassen sich zumindest teilweise durch ein audiovisuelles Videokonferenzsystem ablesen. Unsicherheiten, die sich z.B. durch einen Blick

300 *Wagner* NZG 2002, 57 (59).

301 So BeckOGKAktG/*Spindler* § 108 Rn. 61; *Horn*, Die Virtualisierung von Unternehmen als Rechtsproblem, 2005, 125 f. kommt zumindest für die Videokonferenz zum gleichen Ergebnis; *Wasse* AG 2011, 685 (689).

302 Dies anzweifelnd *Reichard/Kaubisch* AG 2013, 150 (153); *Kindl* ZHR 166 (2002), 335 (339); *Wagner* NZG 2002, 57 (58); BeckOGKAktG/*Spindler* § 108 Rn. 61.

303 So Cisco Webex, vgl. https://www.webex.com/de/video-conferencing.html (zuletzt aufgerufen am: 16.11.21, 12:01 Uhr).

304 So im Ergebnis bereits auch *Miettinen/Villeda* AG 2007, 346 (349).

auf Hilfsmittel äußern, sind in einer audiovisuellen Videokonferenz erkennbar. Fokussiert ein Teilnehmer wiederholt ein Buch neben seinem Computer, dann schweift sein Blick automatisch vom Desktop ab. Die übrigen Teilnehmer haben sodann nicht mehr den Eindruck, dass der Teilnehmer in den Computerbildschirm und die Kamera schaut. Bezieht ein Teilnehmer Hilfsmittel aus dem Internet, dann wird zumindest sein Redefluss darunter leiden. Hingegen werden die Teilnehmer einer digitalen Konferenz den Geruch der anderen Personen nicht wahrnehmen können. Das ist jedoch unerheblich. Zum einen lässt sich die Ursache eines Geruchs auch in einer Präsenzsitzung nicht sicher ableiten. So kann eine Person generell mehr schwitzen, ohne dass dies in der konkreten Situation stressbedingt geschehen muss. Zum anderen ist die Wahrnehmung dieser unter Umständen stressbedingten Eigenschaft einer Person davon abhängig, dass eine Person in Stresssituationen überhaupt schwitzt. Nicht zuletzt wird man auch in einer Präsenzsitzung einen Geruch einer Person nicht mit an Sicherheit grenzender Wahrscheinlichkeit eindeutig zuordnen können.

Hingegen lässt sich stressbedingtes Wippen eines Fußes in einer digitalen Sitzung in der Tat nicht wahrnehmen. Jedoch ist die Wahrnehmung einer solchen nonverbalen Reaktion in einer Präsenzsitzung davon abhängig, dass freie Sicht auf die Beine der jeweils anderen Teilnehmer besteht. Dies wird man beispielsweise verneinen müssen, wenn sich alle Teilnehmer an einem runden Tisch einfinden.

Insgesamt ist die Wahrnehmung nonverbaler Kommunikation in einer Präsenzsitzung von den verschiedenen Umständen des Einzelfalls abhängig. Sie tragen damit nicht maßgeblich zum Austausch bei und können ein Gespräch nur in Nuancen beeinflussen. Insgesamt ist davon auszugehen, dass die verbalen Kommunikationsformen während einer audiovisuellen Echtzeitverbindung wahrgenommen werden können. Die Wahrnehmung nonverbaler Kommunikationsformen ist wie auch in einer Präsenzsitzung von den Umständen des Einzelfalls abhängig.

So können auch umfangreiche Tagesordnungspunkte, komplizierte Gegenstände mit einem großen Personenkreis[305] abgehandelt werden. Eine unmittelbare körperliche Anwesenheit ist für die Einordnung eines Beschlusses mit Sitzung gem. § 108 Abs. 1 S. 1 AktG nicht zu verlangen.[306] Denn all das, was der historische Gesetzgeber mit der Aufsichtsratssitzung bezweckte, lässt sich digital durchführen. Entscheidend ist nicht der Ort des Zusammenkommens, sondern sein Zweck.[307]

Wird teilweise darauf hingewiesen, dass sich „geheime Sitzungen" nicht ohne weiteres abhalten lassen würden[308], kann dies nicht überzeugen[309]. Die technischen Möglichkeiten sind mittlerweile derart fortgeschritten, dass sich Umfragen erstellen lassen, an denen man teilnehmen kann, ohne seine Identität preisgeben zu müssen.[310]

(b) Systematische Auslegung

Daneben treten **systematische** Vergleiche zu §§ 108 Abs. 3, 4 und 110 Abs. 3 AktG, die für die Einordnung einer Videokonferenz als Präsenzsitzung im Sinne des § 108 Abs. 1 AktG streiten.

Gem. § 108 Abs. 3 AktG können abwesende Mitglieder an einem Beschluss gem. § 108 Abs. 1 AktG durch schriftliche Stimmabgabe teilnehmen (§ 108 Abs. 3 AktG). Abwesend ist ein Mitglied nach § 108 Abs. 3 AktG, wenn es sich nicht im selben Raum wie die übrigen Mitglieder befindet, ebenso, wenn es an einer Videokonferenz ohne Kamera und Mikrophon teilnimmt.[311] Präsenz kann ein Teilnehmer offenbar auch auf einer Videokonferenz zeigen. Auf eine örtliche Zusammenkunft kommt es mithin nicht an. Entscheidend ist die Teilnah-

305 Cisco Webex lässt Videokonferenzen mit bis zu 1000 Teilnehmern zu, vgl. https://www.webex.com/de/video-conferencing.html (zuletzt aufgerufen am: 16.11.21, 12:01 Uhr).

306 So auch *Wagner* NZG 2002, 57 (59).

307 So auch für die Beschlussfassung in der OHG, vgl. BT-Drs. 19/27635, S. 226.

308 MüKoAktG/*Habersack* § 108 Rn. 16; Hölters/*Hambloch-Gesinn*/*Gesinn* AktG § 108 Rn. 10.

309 GroßkommAktG/Hopt/*Roth* § 108 Rn. 48; Hüffer/Koch/*Koch* AktG § 108 Rn. 22.

310 Vgl. insoweit die Möglichkeiten der Plattform Moodle.

311 Selbiges gilt im Rahmen des § 110 Abs. 3 AktG, vgl. *Miettinen*/*Villeda* AG 2007, 346 (349); *Wagner* NZG 2002, 57 (59); BeckOGKAktG/*Spindler* § 110 Rn. 50.

me an einem unmittelbaren Austausch, wobei man sich sehen und hören kann.

Zudem kann auf § 110 Abs. 3 AktG inhaltlich Bezug genommen werden, nach welchem Videokonferenzen mittlerweile Eingang in das Aktiengesetz gefunden haben und zumindest im Rahmen des § 110 Abs. 3 AktG einer Präsenzsitzung gleichgestellt sind.[312] In der Gesetzesbegründung zum TransPuG heißt es zusätzlich, dass die Pflichtsitzungen im Sinne des § 110 Abs. 3 AktG kein physisches Zusammenkommen mehr erfordern, um den Aufwand für die Aufsichtsratsmitglieder zu verringern und die Internationalität des Aufsichtsrates zu steigern.[313] Ausgehend von der mit dem EU-Company-Law-Package verfolgten Zielsitzung bestehen gerade bei grenzüberschreitenden Gründungen keinerlei Bedenken, wenn der Aufsichtsrat einen Beschluss per Videokonferenz fasst. Denn die Online-Gründung soll grenzüberschreitende Gründungen und damit auch die Internationalität nationaler Kapitalgesellschaften fördern.[314]

Auch wenn der systematische Vergleich zu § 110 Abs. 3 AktG nicht zu überzeugen vermag[315], sollte dortige Wertung aus einem Erst-Recht-Schluss auf § 108 AktG übertragen werden: Wenn schon der gesetzliche Mindestturnus des Aufsichtsrates zur Effektuierung der Überwachung des Vorstandes[316] per Videokonferenz durchgeführt werden kann, dann ist erst recht ein einfacher Beschluss zur Bestellung des ersten Vorstandes per Videokonferenz als Präsenzsitzung gem. § 108 Abs. 1 AktG einzuordnen.

Zum selbigen Ergebnis gelangt ein systematischer Vergleich zu § 108 Abs. 4 AktG. Ein Beschluss kann nach § 108 Abs. 4 AktG schriftlich, fernmündlich oder in vergleichbarer Form gefasst werden. Wird eine Sitzung über eine Videokonferenz abgehalten, dann lässt sich dieser Vorgang weder unter das Tatbestandsmerkmal „schriftlich", noch unter das Tatbestandsmerkmal „fernmündlich" subsumieren. Denn als

312 Hüffer/Koch/*Koch* AktG § 108 Rn. 22; *Hoffmann-Becking*, in: MünchHdB-GesR Band 4 § 31 Rn. 95; Grigoleit/*Tomasic* AktG § 108 Rn. 7; Heidel/*Breuer*/*Fraune* AktG § 108 Rn. 20.

313 Gesetzentwurf der Bundesregierung zum TransPuG, BT-Drs. 14/8769, S. 17.

314 Hierzu bereits unter C.I.2.

315 MüKoAktG/*Habersack* § 108 Rn. 16.

316 BT-Drs. 14/8769, S. 16.; MüKoAktG/*Habersack* § 110 Rn. 41.

schriftliche, fernmündliche oder ähnlich vergleichbare Form zählen nach einheitlicher Ansicht Abstimmungen per Telex[317], per E-Mail[318] und per Messenger Dienste wie z.B. Whats App[319]. Allerdings hat ein Beschluss per Videokonferenz aus bereits dargestellten Gründen gegenüber solchen Beschlussformen einen entscheidenden Vorteil: Die Aufsichtsratsmitglieder können die Gestik und Mimik[320] der anderen in Echtzeit wahrnehmen.[321] Dafür, dass eine audiovisuelle Echtzeitverbindung die wichtigen Bestandteile der Kommunikation durch Mimik, Gestik, Rhetorik und Reaktion unzureichend abbilden, bestehen nach derzeitigem Stand der Technik richtigerweise keine Anhaltspunkte mehr.[322] Damit ist ein Beschluss per Videokonferenz nicht mit einem fernmündlichen oder schriftlichen Beschluss vergleichbar und kann nicht als ähnliche Form im Sinne des § 108 Abs. 4 AktG qualifiziert werden.

Wird vereinzelt auf die Regierungsbegründung des NaStraG[323] aus dem Jahre 2000 verwiesen, nach welcher § 108 Abs. 4 AktG die Satzungsautonomie erweitern und auch Videokonferenzen teilweise zulassen soll,[324] so muss darauf hingewiesen werden, dass die Begründung bereits mehr als 20 Jahre alt ist. Die damaligen technischen Möglichkeiten, vor allem die Qualität von audiovisuellen Echtzeitverbindungen, kann mit den heutigen technischen Standards nicht verglichen werden. Zudem wird die Videokonferenz nur beispielhaft als

317 GroßKommAktG/*Hopt*/*Roth* Band 5 § 108 Rn. 116.

318 GroßKommAktG/*Hopt*/*Roth* Band 5 § 108 Rn. 116.

319 MüKoAktG/*Habersack* § 108 Rn. 60.

320 GroßkommAktG/*Hopt*/*Roth* Band 5 § 108 Rn. 136; *Horn*, Die Virtualisierung von Unternehmen als Rechtsproblem, 2005, 125 f.; *Wasse* AG 2011, 685 (689); BeckOGKAktG/*Spindler* § 108 Rn. 66.

321 Hierzu schon unter E.VI.3.d)cc).

322 So aber noch *Spindler* ZGR 2000 420 (441); heute auch noch *Bachmann*, in: FS G. H. Roth, 2011, S. 37 (45); **aA** schon damals *Noack* BB 1998, 2533 (2535): „Wenn man fast wie Anwesende miteinander kommunizieren kann, dann ist der Versammlungszweck gewahrt“ und speziell für Gesellschaften mit kleinem Gesellschafterkreis *Riegger*/*Mutter* ZIP 1998, 637 (639): „Die zur Verfügung stehenden Videokonferenzsysteme sind technisch ohne weiteres in der Lage, die Durchführung einer solchen Versammlung zu ermöglichen.“; Gerichtsverhandlungen können mittels moderner Technik nicht realitätsgetrau simuliert werden, vgl. *Bachmann* ZZP 2005, 133 ff.; **aA** aber *Geiger* ZRP 1998, 365.

323 BegrRegE BT-Drs. 14/4051, S. 12.

324 BeckOGKAktG/*Spindler* § 108 Rn. 66.

neuartige Kommunikationsform genannt.[325] Eine Videokonferenz ist aus heutiger Sicht hingegen keine neuartige Technologie, die erst durch die Satzungsautonomie gem. § 108 Abs. 4 AktG zur Nutzung gelangen kann. Weiterhin hat sich die Gesetzeslage seither insoweit verschoben, als dass nun Videokonferenzen im Rahmen des § 110 Abs. 3 AktG als Präsenzsitzung gelten.[326]

Da das Recht den aktuellen gesellschaftlichen wie technischen Wandel berücksichtigen muss, ist seine Auslegung insoweit stetig anzupassen.[327] Dies führt zu dem Schluss, dass eine Sitzung per Videokonferenz unter Berücksichtigung des heutigen technischen Standards als Präsenzsitzung im Sinne des § 108 Abs. 1 AktG zu qualifizieren ist.

e) Ergebnis

Eine Videokonferenz kann durch die Möglichkeit einer audiovisuellen Echtzeitübertragung eine Präsenzveranstaltung simulieren. Sie hinkt ihr in keinen Punkten hinterher. Die Videokonferenz ist der Präsenzkonferenz somit gleichzustellen. Dies führt dazu, die Videokonferenz nicht nach § 108 Abs. 4 AktG, sondern nach § 108 Abs. 1 AktG zu behandeln.[328] Sie ermöglicht eine Beschlussfassung in einer Sitzung, ohne dass den Aufsichtsratsmitgliedern ein einseitiges Widerspruchsrecht zuzusprechen ist. Damit kann der erste Aufsichtsrat den Vorstand per Videokonferenz bestellen, ohne dass das Aktiengesetz hierzu angepasst werden muss.

VII. Gründungsbericht der Gründer, § 32 AktG

Gem. § 32 Abs. 1 AktG haben die Gründer einen schriftlichen Bericht über den Hergang der Grünung zu erstatten. Dieser Bericht wird als

325 Aus BegrRegE BT-Drs. 14/4051, S. 12: „Dies wird zwangsläufig Videokonferenzen etc." Die Betonung liegt auf „etc.".

326 Hüffer/Koch/*Koch* AktG § 108 Rn. 22.

327 Aus der Rechtsprechung des Bundesverfassungsgerichts vgl. nur BVerfGE 49, 304, (318) = NJW 1979, 305; BverfGE 82, 6 (12) = NJW 1990, 1593; *Geserich* DStR-Beih 2011, 59 (63).

328 So im Ergebnis auch Hüffer/Koch/*Koch* AktG § 108 Rn. 22; GroßKomm-AktG/*Hopt*/*Roth* Band 5 § 108 Rn. 136; *Kindl* ZHR 166 (2002), 335 (345).

Gründungsbericht bezeichnet. Aus dem Wort „schriftlich" folgt, dass der Gründungsbericht in Schriftform gem. § 126 BGB zu erstellen ist.[329]

1. Grundsatz: Schriftform, § 126 BGB

Ausgehend vom Wortlaut des Gesetzes haben die Gründer *einen* Gründungsbericht zu erstellen. Dieser ist dann auch von jedem Gründer zu unterzeichnen, um dem Schrifterfordernis zu genügen.[330] Dies ist insoweit problematisch, als dass ein und derselbe Gründungsbericht durch die Hände jedes einzelnen Gründers gehen muss, damit jeder eine Unterschrift untersetzen kann. Nach dem Leitbild einer Online-Gründung sitzen die Gründer aber nicht alle in demselben Raum, sondern an einem beliebigen Ort vor ihren Computern. Somit müsste der Gründungsbericht auf postalischem Wege an jeden Gründer verschickt werden, ehe er auf dem Postweg den Notar erreichen kann.

Allerdings ist es nicht zwingend, dass jeder Gründer denselben Gründungsbericht unterschreibt. Insbesondere bei Meinungsverschiedenheiten über den Gründungshergang empfiehlt es sich sogar, dass jeder Gründer einen eigenen, körperlich von den anderen Berichten getrennten und auch inhaltlich von diesen abweichenden Gründungsbericht erstellt.[331] Auch bei Konsens über den Gründungsvorgang kann jeder Gründer einen eigenständigen, dann inhaltlich mit den anderen Berichten identischen Gründungsbericht erstellen.[332] Hieraus folgt, dass sich die Gründer zur Erstellung des Gründungsberichts nicht in einem Raum einfinden müssen. Es ist ihnen bereits *de lege lata* möglich, den Gründungsbericht an unterschiedlichen Orten zu erstellen. Im Anschluss könnte jeder Gründer seinen Gründungsbericht auf den Postweg an den Notar übersenden, so dass dieser alle

329 Heide/*Polley*l AktG § 32 Rn. 2.

330 Statt aller BeckOGKAktG/*Gerber* § 32 Rn. 3.

331 MüKoAktG/*Pentz* § 32 Rn. 9; BeckOGKAktG/*Gerber* § 32 Rn. 4.

332 GroßkommAktG/*Röhricht*/*Schall* § 32 Rn. 5; BeckOGKAktG/*Gerber* § 32 Rn. 4; Hüffer/Koch/*Koch* AktG § 32 Rn. 2; K. Schmidt/Lutter/*Bayer* AktG § 32 Rn. 3.

für die Anmeldung erforderlichen Dokumente an das Registergericht übersendet.

2. Substituierbarkeit der Schriftform, § 126 Abs. 3 BGB

Mit dem Leitgedanken einer elektronischen Gründung wäre es allerdings von Vorteil, wenn der Gründungsbericht in elektronischer Form erstellt werden könnte (§ 126 Abs. 3, 126a BGB), was einhellig bejaht wird.[333] Hierfür spricht einerseits, dass § 32 AktG die Ersetzungsbefugnis der Gründer nicht ausdrücklich ausschließt[334]. Auch lässt der Wortlaut des § 32 AktG durch Auslegung nicht darauf schließen, dass der Gründungsbericht zwingend in verkörperter Form vorliegen muss, so dass sich aus dem Gesetz nicht ein anderes ergibt (§ 126 Abs. 3 BGB). Ein „Bericht" lässt sich sowohl körperlich als auch digital erstellen, anders als eine Urkunde[335]. Diese ist als *verkörperte* Gedankenerklärung definiert. Zudem handelt es sich bei der Erstellung eines Gründungsberichts um keinen rechtlichen Vorgang mit Drittwirkung[336], für welchen Rechtsklarheit für Dritte hergestellt werden müsste. Es ist zwar richtig, dass der Gründungsbericht dem Registergericht vorgelegt wird und auch im Handelsregister für Dritte einsehbar ist[337]. Mangels Rechtswirkung des Gründungsberichts für die genannten Personen muss der mit der Schriftform verfolgte Übereilungsschutz[338] nicht auch auf den Gründungsbericht erstreckt werden.

333 MüKoBGB/*Einsele* § 126 Rn. 22.

334 Näheres zum ausdrücklichen Ausschuss MüKoBGB/*Einsele* § 126 Rn. 23 f.; BeckOKBGB/*Wendtland* § 126 Rn. 12; Heidel/Hüßtege/Mansel/Noack/*Noack/Kremer* BGB § 126 Rn. 53.

335 Näheres zum Ausschluss der elektronischen Form kraft Natur der Sache MüKoBGB/*Einsele* § 126 Rn. 25; Heidel/Hüßtege/Mansel/Noack/*Noack/Kremer* BGB § 126 Rn. 55.

336 Näheres zur Drittwirkung MüKoBGB/*Einsele* § 126 Rn. 25.

337 BeckOGKAktG/*Gerber* § 32 Rn. 1.

338 MüKoBGB/*Einsele* § 126 Rn. 23.

3. Stellungnahme

Somit ist festzuhalten, dass der Gründungsbericht durch die Gründer in elektronischer Form erstellt und mittels qualifiziert elektronischer Signatur unterzeichnet werden kann. Dies verlangt von den Gründern, dass sie sich mit dem dafür notwendigen technischen Equipment ausstatten. Das Aktiengesetz muss hierzu nicht angepasst werden. Für die Praxis wird empfohlen, dass der Notar den Gründern ein vorgefertigtes Muster[339] eines Gründungsberichts per E-Mail übersendet, welcher individuell angepasst und unterzeichnet wird.

VIII. Gründungprüfungsbericht von Vorstand und Aufsichtsrat, §§ 33, 34 AktG

1. Durch die Gründer

Grundsätzlich haben auch Vorstand und Aufsichtsrat gem. § 33 Abs. 1 AktG einen schriftlichen Gründungsprüfungsbericht zu erstellen. Hierbei überprüfen sie die Angaben der Gründer auf Richtigkeit und Vollständigkeit, § 34 AktG. Wie schon der Gründungsbericht der Gründer, so muss auch der von Vorstand und Aufsichtsrat anzufertigende Bericht in Schriftform (§ 126 BGB) erstellt werden. Bezüglich der Ersetzungsmöglichkeit durch die elektronische Form (§ 126a BGB) gilt das bereits Gesagte.[340] Der Wortlaut schließt die Ersetzung der Schriftform durch die elektronische Form nicht aus. Wie auch der Gründungsbericht der Gründer ist der Gründungsbericht von Vorstand und Aufsichtsrat höchstpersönlicher Natur, so dass sich Vorstand und Aufsichtsrat nicht vertreten lassen können.[341] Jedes Mitglied muss den Bericht mithin eigenhändig mittels Unterschrift oder qualifiziert elektronischer Signatur unterzeichnen.[342] Möglich ist, dass

339 Für ein Muster vgl. *Heckschen*, in: BeckNotHdB § 23 Rn. 683.

340 Hierzu bereits unter E.VII.2.

341 Hüffer/Koch/*Koch* AktG § 33 Rn. 2; GroßkommAktG/*Röhricht/Schall* § 33 Rn. 3; BeckOGKAktG/*Gerber* § 33 Rn. 4; MüKoAktG/*Pentz* § 33 Rn. 8.

342 Hüffer/Koch/*Koch* AktG § 34 Rn. 4; GroßkommAktG/*Röhricht/Schall* § 34 Rn. 22; K. Schmidt/Lutter/*Bayer* AktG § 34 Rn. 11; MüKoAktG/*Pentz* § 34 Rn. 18.

Vorstand und Aufsichtsrat den Bericht in einer Urkunde zusammenfassen. Bei Meinungsverschiedenheiten sind getrennte Berichte aufzustellen.[343] Weitere Probleme entstehen daraus nicht. Im Ergebnis existieren dann zwei Berichte in getrennten elektronischen Dokumenten, die eigenhändig durch die Mitglieder mittels der qualifiziert elektronischen Signatur unterzeichnet sind.

Neben den in einer Urkunde zusammengefassten internen Prüfungsbericht von Vorstand und Aufsichtsrat, muss ein externer von einem Gründungsprüfer anzufertigender Bericht treten[344], wenn die besonderen Voraussetzungen des § 33 Abs. 2 AktG vorliegen. Die zwei Gründungsberichten müssen in zwei unterschiedlichen Urkunden festgehalten werden.[345] Besondere Voraussetzungen sind gegeben, wenn sich ein Mitglied von Vorstand oder Aufsichtsrat einen besonderen Vorteil oder für die Gründung oder ihre Vorbereitung eine Entschädigung oder Belohnung ausbedungen hat (§ 33 Abs. 2 Nr. 3 AktG) oder eine Gründung mit Sacheinlagen oder Sachübernahmen vorliegt (§ 34 Abs. 2 Nr. 4 AktG). Der dann von einem externen Gründungsprüfer zu erstellende Bericht ist jeweils in eigenständiger Ausführung dem Gericht und dem Vorstand zu überreichen. Auch können die Gründungsprüfer den Bericht nur dem Vorstand überreichen, der diesen dann der Anmeldung zum Handelsregister gem. § 37 Abs. 4 Nr. 4 AktG beifügt und dem Registergericht in elektronischer Form (§ 12 Abs. 2 S. 1 HGB) weiterleitet. Erfolgt die Zustellung des Gründungsberichts durch den Gründungsprüfer, so muss der Bericht nicht erneut durch den Vorstand eingereicht werden.[346]

All dies lässt sich mit den Anforderungen einer elektronischen Gründung in Einklang bringen. Da der Prüfungsbericht in elektronischer Form erstellt werden kann, muss das Aktiengesetz in diesem Punkt nicht angepasst werden.

343 GroßkommAktG/*Röhricht/Schall* § 34 Rn. 22; MüKoAktG/*Pentz* § 34 Rn. 18.

344 Hüffer/Koch/*Koch* AktG § 34 Rn. 4; GroßkommAktG/*Röhricht/Schall* § 34 Rn. 220; K. Schmidt/Lutter/*Bayer* AktG § 34 Rn. 10; MüKoAktG/*Pentz* § 34 Rn. 19.

345 MüKoAktG/*Pentz* § 34 Rn. 19.

346 Hüffer/Koch/*Koch* AktG § 34 Rn. 7; GroßkommAktG/*Röhricht/Schall* § 34 Rn. 27; MüKoAktG/*Pentz* § 34 Rn. 24.

2. Durch Dritte

In den übrigen Fällen des § 33 Abs. 2 AktG kann die Gründungsprüfung auch durch den beurkundenden Notar im Auftrag der Gründer erfolgen, § 33 Abs. 3 S. 1 AktG. Der beurkundende Notar ist ausweichlich des eindeutigen Gesetzeswortlauts jener, der auch die Satzung beurkundet, § 33 Abs. 3 S. 1 AktG. Dies ist für eine Online-Gründung insofern von Vorteil, als dass sich der an der Gründung beteiligte Personenkreis nicht vergrößert. Auch sonst entstehen hierbei keinerlei Konflikte mit den Anforderungen einer Online-Gründung. Der Notar ist gem. § 35 Abs. 1 AktG berechtigt, die erforderliche Unterlagen einzufordern. Besondere Formerfordernisse sind hierbei nicht einzuhalten. Denkbar sind mündliche Erklärungen, aber auch schriftliche, sofern sich diese auf den Gründungshergang beziehen. So sind die Gründer dazu angehalten, Schriftwechsel und Rechnungen vorzulegen. Mangels entgegenstehender Regelungen im Gesetz können die Unterlagen mithin per Post an den Notar versendet werden. Aktienrechtliche Bedenken bestehen insoweit nicht. Soweit Rechnungen im PDF-Format existieren, genügt dies auch.

IX. Anmeldung der Gesellschaft zum Handelsregister

Die Anmeldung der Aktiengesellschaft zur Eintragung in das Handelsregister kann bereits nach geltendem Aktienrecht vollständig online durchgeführt werden. Denn die formalen Vorgaben an die Anmeldung zur Eintragung in das Handelsregister sind zentral in § 12 HGB geregelt. Nach § 12 Abs. 1 S. 1 HGB ist die Anmeldung elektronisch in öffentlich beglaubigter Form einzureichen. Gem. § 40a Abs. 1 S. 2 BeurkG-E kann die erforderlich werdende Beglaubigung vollständig online erfolgen, ohne dass einer der Gründer persönlich vor einer staatlichen Stelle erscheinen muss.

1. Alte Rechtslage vor Inkrafttreten des Gesetzes zur Umsetzung der Digitalisierungsrichtlinie

Für die Anmeldung einer Aktiengesellschaft zur Eintragung in das Handelsregister war erforderlich, dass die Papierdokumente in die elektronische Form überführt wurden. Zunächst musste der Notar die Anmeldung öffentlich beglaubigen. Die Form der öffentlichen Beglaubigung ist in den §§ 39, 40 BeurkG und § 129 BGB näher ausgestaltet. Die Erklärung, hier die Anmeldung, musste mithin schriftlich abgefasst und die Unterschrift des Erklärenden von einem Notar beglaubigt werden, § 129 BGB. Dem Notar musste somit eine schriftlich abgefasste Erklärung vorliegen.[347] Mit der Beglaubigung bestätigt der Notar, dass die im Beglaubigungsvermerk aufgeführte Person die von dem Notar beglaubigte Unterschrift vor dem Notar vollzogen oder anerkannt hat, § 40 Abs. 1, 3 BeurkG. Beglaubigt wird die Unterschrift des Antragstellers.[348] Hierzu hat der Notar die Identität des Unterschreibenden zu prüfen. Denn mit der Beglaubigung der Unterschrift stellt der Notar zugleich die Authentizität des Antragsstellers fest.[349]

Nun folgte der zweite Schritt. Dieser war erforderlich, weil die in einem ersten Schritt erfolgte Beglaubigung der Anmeldung seit dem am 1.1.2007 in Kraft getretenen Gesetz über das elektronische Handelsregister und Genossenschaftsregister sowie das Unternehmensregister (EHUG)[350] beim Registergericht nicht mehr als Original in Papierform eingereicht wurde.[351] Vielmehr verblieb sie beim Notar. Das (beglaubigte) Papierdokument wurde in die elektronische Form überführt (§ 39a BeurkG)[352], wobei sich dieser zweite Schrittet erneut in zwei Unterabschnitte aufteilte.

Um einen elektronischen Beglaubigungsvermerk zu erstellen, wurde zuerst eine elektronische Abschrift des Originals erstellt. Die elektro-

347 Ebenroth/Boujong/Joost/Strohn/*Schaub* HGB § 12 Rn. 52.
348 S. *Apfelbaum/Bettendorf* RNotZ 2007, 89 (90).
349 S. *Apfelbaum/Bettendorf* RNotZ 2007, 89 (90).
350 BGBl I 2006, S. 2553.
351 S. *Apfelbaum/Bettendorf* RNotZ 2007, 89 (90).
352 S. *Apfelbaum/Bettendorf* RNotZ 2007, 89 (90 und 93); *Bormann/Apfelbaum* RNotZ 2007, 15 (18); *Melchior* NotBZ 2006, 409 (410 f.); *Willer/Krafka* DNotZ 2006, 885 (886).

nische Abschrift musste nicht im Wege eines Scanvorgangs erstellt werden. Da es auf die Art und Weise der Herstellung des elektronischen Dokuments nicht ankam, ließen sich durch einen Vorgang der Datenverarbeitung auch Leseabschriften generieren.[353]

Über die Abschriftsbeglaubigung wurde nun ein elektronisches Zeugnis erstellt, welches die inhaltliche Übereinstimmung von elektronischer Datei und Papierdokument bestätigte.[354] Das elektronische Zeugnis erhielt eine qualifiziert elektronische Signatur des Notars, § 39a Abs. 1 S. 2 BeurkG. Ein entsprechendes Programm fügte der signierten Datei auf einer zusätzlichen Seite einen entsprechenden Beglaubigungstext automatisch hinzu. Durch eine eigene Signaturdatei im PKCS-Format wurde dem Dokument nun der Nachweis der Notareigenschaft angehangen, § 39a Abs. 1 S. 4 BeurkG i.V.m. § 5 Abs. 2 SigG, so dass der Urheber erkennbar war. Dieser Vorgang glich der Versiegelung in Papierform.[355] Über eine Zertifikatsabfrage bei einem Zertifikatsdienstanbieter konnte Registergericht und Rechtsverkehr die Urheberschaft des Dokuments und mögliche nachträgliche Änderungen überprüfen, da die elektronische Unterschriftsleistung durch den Notar auf dem Prinzip asymmetrischer Kryptographie beruht.[356] An das Registergericht wurde die nun bestehende elektronisch beglaubigte Abschrift samt der nach § 37 Abs. 4 AktG beizufügenden Unterlagen übermittelt.[357]

Dieser umständliche Vorgang hatte seine Ursache darin, dass mittels elektronischer Form im Sinne des § 126a BGB erstellte Dokumente nicht beglaubigungsfähig sind: nur Unterschriften, nicht aber qualifiziert elektronische Signaturen können gem. § 40 BeurkG beglaubigt werden.[358] Somit war eine öffentliche Beglaubigung in elektronischer Form undenkbar.[359]

---

353 LG Chemnitz RNotZ 2007, 165; *Apfelbaum/Bettendorf* RNotZ 2007, 89 (94 f.); MüKoHGB/*Krafka* § 12 Rn. 17.

354 S. *Apfelbaum/Bettendorf* RNotZ 2007, 89 (90).

355 *Gassen* RNotZ 2007, 142 (147); *Apfelbaum/Bettendorf* RNotZ 2007, 89 (91); MüKoHGB/*Krafka* § 12 Rn. 16.

356 Näheres zur Verschlüsselung vgl. ausführlich *S. Apfelbaum/Bettendorf* RNotZ 2007, 89 (91, 93).

357 *Apfelbaum/Bettendorf* RNotZ 2007, 89 (90).

358 *Apfelbaum/Bettendorf* RNotZ 2007, 89 (93); MüKoHGB/*Krafka* § 12 Rn. 15.

359 *Malzer* DNotZ 2006, 9, (22 f.); *S. Apfelbaum/Bettendorf* RNotZ 2007, 89 (93).

Die der Anmeldung nach § 37 Abs. 4 AktG beizufügenden Dokumenten waren der Anmeldung in unterschiedlicher Form beizufügen. Dokumente, die nicht beurkundet wurden, konnte in einfacher elektronischer Aufzeichnung an das Registergericht versendet werden. Als elektronische Aufzeichnung waren mithin einzureichen: die Bestellung des ersten Vorstandes und die Gründungsbericht der Gründer, des Vorstandes und des Aufsichtsrates.

Notariell beurkundete oder beglaubigte Dokumente waren hingegen gem. § 39a BeurkG jeweils einzeln als elektronisches Zeugnis zu übermitteln. Hierzu war die Urkunde zu unterschreiben und die Unterschrift zu beglaubigen. Nun wurde die beglaubigte Urkunde in ein elektronisches Dokument übertragen und mittels qualifiziert elektronischer Signatur des Notars unterzeichnet. Als elektronisches Zeugnis waren mithin einzureichen: die festgestellte Satzung, etwaige Vollmachten aus dem Gründungsprozess, die Übernahmeerklärungen, die Bestellung der Aufsichtsratsmitglieder und die Bestellung des Abschlussprüfers.

2. Neue Rechtslage nach Inkrafttreten des Gesetzes zur Umsetzung der Digitalisierungsrichtlinie

Obwohl die Anmeldung zur Eintragung schon nach altem Recht vor dem DiRuG gem. § 12 Abs. 1 HGB elektronisch eingereicht werden musste, hätte sich ohne Gesetzesänderung die Gründung einer Kapitalgesellschaft nicht vollständig online durchführen lassen. Denn im Vorfeld der elektronischen Einreichung mussten dem Notar einerseits Papierdokumente vorgelegt werden, die er beglaubigte und in die elektronische Form überführte. Zum anderen musste der Notar die Personen im Rahmen der Beglaubigung identifizieren. Hierzu war das persönliche Erscheinen bei dem Notar notwendig, damit er die Gründer durch Vorlage eines amtlichen Ausweisdokuments identifizieren konnte.

Um auf das Erfordernis des persönlichen Erscheinens vor einer staatlichen Stelle zu verzichten, wurde das analoge Beglaubigungsverfahren gem. § 40a BeurkG-E für alle Gesellschaftsformen in ein digitales Beglaubigungsverfahren überführt. Bereits ab dem 1.8.2022 kann eine Aktiengesellschaft vollständig online zur Eintragung in das Handelsregister angemeldet werden, während der Gründungsprozess davor ausschließlich auf analogem Wege erfolgen muss. Damit die Gründer im Rahmen der elektronischen Beglaubigung identifiziert werden können, ohne dass diese persönlich vor dem Notar erscheinen müssen, wird auf das von Bundesnotarkammer betriebene Videokommunikationssystem zurückgegriffen (§ 40a Abs. 4 S. 2 BeurkG-E). Die Identifizierung im Rahmen einer elektronischen Beurkundung und einer elektronischen Beglaubigung ist damit gleich ausgestaltet, so dass auf die einschlägigen Passagen verwiesen wird[360]. Allerdings ist die elektronische Beglaubigung ausdrücklich nur für die nach § 12 HGB erforderlich werdenden Anmeldungen vorgesehen (§ 40a Abs. 1 S. 2 BeurkG-E). Ihr Anwendungsbereich ist damit stark eingeschränkt.

Statt der Unterschrift wird in einem elektronischen Beglaubigungsverfahren die qualifiziert elektronische Signatur der Gründer durch den Notar beglaubigt (§ 129 Abs. 1 Nr. 2 BGB).

Die Übermittlung der Anmeldung an das Registergericht kann durch einen Boten erfolgen. Der mit der Beurkundung der Satzung und der Beglaubigung der Anmeldeerklärung vertraute Notar kann die Anmeldung der Aktiengesellschaft somit als Bote an das Registergericht übertragen, § 53 BeurkG.[361] Probleme entstehen aber selbst dann nicht, wenn der Notar die Dokumente beim Registergericht als Bevollmächtigter einreicht. Grundsätzlich verlangt § 12 Abs. 1 S. 2 HGB, dass die Vollmacht notariell beglaubigt wird. Das Formerfordernis erscheint problematisch, weil der sachliche Anwendungsbereich des elektronischen Beglaubigungsverfahrens auf die Fälle des § 12 HGB beschränkt ist (§ 40a Abs. 1 S. 2 BeurkG-E). Somit müsste die Vollmacht im Wege eines analogen Verfahrens beglaubigt werden, wobei das persönliche Erscheinen notwendig werden würde. Allerdings beruht die Vertretungsbefugnis des Notars in diesen Fällen nicht auf einer Voll-

360 Zur Identifizierung unter Verwendung elektronischer Fernkommunikationsmittel unter G.II.2.

361 BayObLGZ 1986, 203 (204 f.) = NJW 1987, 136; Hüffer/Koch/*Koch* AktG § 36 Rn. 4; MüKoAktG/*Pentz* § 36 Rn. 27.

macht, als vielmehr auf seiner Amtsstellung.[362] Denn hat der Notar die Erklärungen zur Anmeldung zur Eintragung der Gründer zuvor beurkundet, wird seine Ermächtigung zur Antragsstellung vermutet (§ 378 Abs. 2 FamFG). Dadurch wird ein Nachweis seiner Vertretungsbefugnis gegenüber dem Registergericht in Form einer beglaubigten Vollmacht obsolet. Da das Registergericht in diesen Fällen auch keinen Nachweis fordern kann[363], muss der sachliche Anwendungsbereich der elektronischen Beglaubigung zumindest für Vollmachten im Rahmen der Anmeldung der Aktiengesellschaft zum Handelsregister nicht erweitert werden.

Auch § 39a BeurkG erfuhr durch das DiRuG redaktionelle Anpassungen. So sind Beglaubigungen qualifiziert elektronischer Signaturen elektronisch zu errichten (§ 39a Abs. 1 Hs. 2 BeurkG). Ohne diese Änderung hätte die in einem elektronischen Gründungsverfahren vorliegende elektronisch beurkundete Gründungsurkunde auch schon als einfaches elektronisches Zeugnis überführt werden können, weil nach überwiegender Ansicht qualifiziert elektronische Signaturen vom Anwendungsbereich der elektronischen Vermerkurkunde gem. § 39a BeurkG erfasst waren.[364] § 39a Abs. 1 Hs. 2 BeurkG hat insoweit lediglich Klarstellungsfunktion.[365] Inhaltliche Änderungen erfuhr das Verfahren der Erstellung eines elektronischen Zeugnisses damit nicht. Statt der Überführung eines Papierdokuments in ein elektronisches Dokument hat der Notar die in elektronischer Form vorliegende Urkunde zu duplizieren und mit einer qualifiziert elektronischen Signatur zu versehen (§ 39a Abs. 1 S. 2 BeurkG),[366] die die Übereinstimmung beider Dokumente bestätigt.

Um die Registergerichte zu entlasten[367], hat vor Einreichung der Anmeldung eine Vorprüfung durch einen Notar zu erfolgen, § 378

362 RGZ 93, 68; KG NJW 1959, 295 (296).
363 OLG Karlsruhe GmbHR 2011, 308; Ebenroth/Boujong/Joost/Strohn/*Schaub* HGB § 12 Rn. 124; *Ising* NZG 2012, 289.
364 *Malzer* DNotZ 2006, 9 (20 ff.).
365 BegrRegE z. DiRUG, S. 144 f.
366 BegrRegE z. DiRUG, S. 145.
367 *Krafka* NZG 2017, 889 (891 f.).

Abs. 3 FamFG. Nach erfolgreicher Prüfung wird der Notar die Anmeldung nun das zuständige Registergericht elektronisch weiterleiten.[368]

3. Besonderheiten für die Rechtsform der Aktiengesellschaft

Dass das Stammkapital zu 25% endgültig zur freien Verfügung des Vorstands steht, haben die Anmeldenden in der Anmeldung gem. § 37 Abs. 1 AktG zu versichern. Bei der Versicherung ist der Ausgabebetrag der Aktien und der darauf eingezahlte Betrag anzugeben, §§ 36 Abs. 2, 36a Abs. 1 AktG. Daneben ist zu erklären, dass der eingezahlte Betrag auch noch im Zeitpunkt der Anmeldung dem Vorstand zur freien Verfügung steht. Erfolgt die Einzahlung durch Gutschrift auf ein Konto der (Vor)Gesellschaft oder des Vorstandes in der nach § 54 Abs. 3 AktG zugelassenen Form, so ist der Nachweis der Einzahlung durch eine Bestätigung der Bank zu erbringen, § 37 Abs. 1 S. 3 AktG.

All dies erfordert nicht, dass einer der Gründer vor einer staatlichen Stelle persönlich erscheinen muss. Die abzugebenden Erklärungen über die Einzahlung des Stammkapitals können in einem elektronischen Dokument fixiert und an das Registergericht übersendet werden. Denn § 37 Abs. 1 AktG verlangt nach keiner bestimmten Form, in welcher die Erklärung zwingend abzugeben ist. § 37 AktG bezweckt lediglich, dem Registergericht die Prüfung nach § 38 AktG zu erleichtern.[369] Dies erfordert einen bestimmten Inhalt der abzugebenden Erklärung, der aber nicht deutlicher wird, nur weil er in Schriftform erklärt wird. Den Erklärungen kommt dieselbe Aussagekraft zu, wenn sie in elektronischer Form festgehalten werden, weil der äußere Rahmen der Erklärungen keinen Einfluss auf ihren Wahrheitsgehalt nimmt. Einer schriftlichen Erklärung ist ebenso wenig anzusehen, ob sie wahrheitsgemäß ist, wie einer elektronisch fixierten. Veranschaulicht wird dies durch einen rechtshistorischen Vergleich. Denn das alte Recht hat zwingend nach einer in Schriftform erstellten Erklärung ver-

---

368 *Krafka* NZG 2017, 889 (893).

369 Hüffer/Koch/*Koch* AktG § 37 Rn. 1; MüKoAktG/*Pentz* § 37 Rn. 2; BeckOGK-AktG/*Stelmaszczyk* § 37 Rn. 6.

langt. Dieses Erfordernis wurde im Wege des NaStraG[370] bewusst gestrichen.[371] Insoweit besteht Wahlfreiheit bei der zu wählenden Form, wie die Versicherung erklärt wird.

Auch die nach § 37 Abs. 1 S. 3 AktG erforderliche Bankbestätigung muss in keiner zwingend vorgegebenen Form eingereicht werden. So genügt die Bestätigung der Einlageleistung durch die Bank per Fax, wie auch per Mail oder SMS. Auch ist denkbar, dass der Erklärende die Bestätigung per Telefon erteilt und dies entsprechend von dem Registerrichter vermerkt wird.[372]

X. Stellungnahme

Abgesehen von den Formerfordernissen der notariellen Beurkundung und Beglaubigung während des Gründungsverfahrens einer Aktiengesellschaft ist ihr Gründungsrecht den Anforderungen einer Online-Gründung und digitalen Lösungen zugänglich. Um die einzelnen Verfahrensschritte mit den Anforderungen einer Online-Gründung in Einklang zu bringen, sind – abgesehen der notariellen Form bedürftigen Verfahrensschritte – keine Anpassungen des Aktiengesetztes notwendig. Müssen einige Dokumente in Schriftform erstellt werden, ist diese durch die elektronische Form substituierbar. Nach hier vertretener Auffassung ist ein Aufsichtsratsbeschluss unter Nutzung einer audiovisuellen Fernkommunikationsmitteln nach geltendem Recht einer Präsenzversammlung im Sinne des § 108 Abs. 1 AktG gleichzustellen. Die Anmeldung einer Aktiengesellschaft zur Eintragung in das Handelsregister kann vollständig elektronisch erfolgen, sobald die Vorschriften des DiRuG in Kraft treten. Zusätzliche Anpassungen sind hierbei nicht notwendig.

Im Ergebnis lässt sich das Gründungsrecht einer Aktiengesellschaft mit den Anforderungen einer Online-Gründung in Einklang bringen.

---

370 Gesetz zur Namensaktie und zur Erleichterung der Stimmrechtsausübung (Namensaktiengesetz – NaStraG) vom 18. Januar 2001, BGBl. I, S. 123.

371 BT-Drs. 14/4051 RegB. S. 10; MüKoAktG/*Pentz* § 37 Rn. 27.

372 BeckOGKAktG/*Stelmaszczyk* § 37 Rn. 6; Hüffer/Koch/*Koch* AktG § 37 Rn. 2; MüKoAktG/*Pentz* § 37 Rn. 27.

Die Untersuchung hat gezeigt, dass während einer Online-Gründung eine Vielzahl von Dokumenten ausgetauscht, unterzeichnet und unter Umständen kurzfristig geändert werden muss. Um für die Gründer und den Notar die Gründung übersichtlicher zu gestalten, ist bei der Umsetzung eines elektronischen Gründungsverfahrens eine digitale Plattform einzurichten. Auf dieser sind die elektronischen Dokumente in Echtzeit auszutauschen und notfalls zu ändern. Dieser digitale Raum ersetzt das Versenden der Dokumente per Mail und verschafft allen Beteiligten einen strukturierten Überblick. Denn in diesem digitalen Raum können die Dokumente mit den anderen Beteiligten in Echtzeit geteilt werden.

Zur Verbildlichung soll als Beispiel die Word-Funktion herangezogen werden, bei welcher mehrere Nutzer zusammen in einem Word-Dokument arbeiten können und die Änderungen des/der anderen in Echtzeit verfolgen können.[373]

Für eine elektronische Gründung ist es denkbar, einen virtuellen Gründungsraum einzurichten. Dort finden sich die Gründer und der Notar ein. Um Zugang zu dem virtuellen Raum zu erlangen, generiert der Notar einen Link zu diesem Raum und übersendet diesen vorab an die Gründer.[374] Zusätzlich könnte dieser Raum durch ein Passwort gesichert werden, so dass Unbefugte keinen Zugriff haben.

Haben sich die Gründer und der Notar in dem virtuellen Raum eingefunden, wird mit der Beurkundung begonnen. In diesem Raum ließen sich ähnlich wie in einer Dropbox verschiedene Ordner errichten[375], die entsprechend benannt sind und in denen die für die Gründung erforderlichen Dokumente gesammelt werden. Unter Regie des Notars, der die Gründer durch die Ordner und die einzelnen Dokumente leitet, kann Schritt für Schritt der Gründungsprozess voranschreiten. Da alle Beteiligten in Echtzeit Änderungen sehen können, kann über

373 Vgl. hierzu https://support.microsoft.com/de-de/office/zusammenarbeiten-an-word-dokumenten-mit-gemeinsamer-dokumenterstellung-in-echtzeit-7dd3040c-3f30-4fdd-bab0-8586492a1f1d, zuletzt aufgerufen am: 15.12.2021, 18:56 Uhr.

374 Nach dem Vorbild von Cisco-Webex, vgl. https://help.webex.com/de-de/hxy86d/Invite-People-to-Your-Cisco-Webex-Personal-Room, zuletzt aufgerufen am: 22.06.2022, 11:51 Uhr.

375 Vgl. hierzu https://help.dropbox.com/de-de/files-folders/share/creating-using-folders-on-dropbox, zuletzt aufgerufen am: 22.06.2022, 11:51 Uhr.

die einzelnen Formulierungen diskutiert und eine Lösung erarbeitet werden.

Schlussendlich ist das Gründungsprotokoll mit seinen Anlagen am Ende der Gründung errichtet und kann von allen Beteiligten mit Hilfe der qualifiziert elektronischen Signatur unterzeichnet werden.

F. Kombination von Online- und analoger Gründung

§ 16d BeurkG-E eröffnet den Gründern einer GmbH die Möglichkeit, eine gemischte Beurkundung durchzuführen. Hierbei erfolgt die Beurkundung mit einem Teil der Beteiligten, die bei dem Notar körperlich anwesend sind, und mit dem anderen Teil der Beteiligten mittels Videokommunikation. Hierbei hat der Notar zusätzlich zu der elektronischen Niederschrift mit den bei dem Notar körperlich anwesenden Beteiligten eine inhaltsgleiche Niederschrift nach § 8 aufzunehmen und dies entsprechend in der Niederschrift und der elektronischen Niederschrift zu vermerken (§ 16e Abs. 1 BeurkG-E).

I. Problem: Einheitserfordernis

Problematisch ist zunächst, dass die Satzungsfeststellung und die Übernahmeerklärung der Gründer nach dem Einheitserfordernis in einer Urkunde zusammen zu beurkunden sind. Dies folgt aus § 23 Abs. 2 AktG, nach welchem die Übernahmeerklärung in jener Urkunde erklärt werden muss, in der auch die Satzung festgestellt wird.[376] Der Notar hat mithin eine einheitliche Niederschrift anzufertigen, in welche er den gesamten Gesellschaftsvertrag und die Übernahmeerklärungen aufnimmt. Diese eine Niederschrift wird verlesen, genehmigt und zuletzt von jedem Gründer eigenhändig unterschrieben.[377]

---

376 MüKoAktG/*Pentz* § 23 Rn. 28; Hüffer/Koch/*Koch* AktG § 23 Rn. 9; BeckOGKAktG/*Limmer* § 23 Rn. 11 f.; Hölters/*Solveen* AktG § 23 Rn. 9; Heidel/*Braunfels* AktG § 23 Rn. 6; so auch zur GmbH MüKoGmbHG/*Heinze* § 2 Rn. 29; Baumbach/Hueck/*Fastrich* GmbHG § 2 Rn. 4, 11.

377 MüKoAktG/*Pentz* § 23 Rn. 29; K. Schmidt/Lutter/*Seibt* AktG § 23 Rn. 15; Hüffer/Koch/*Koch* AktG § 23 Rn. 9; BeckOGKAktG/*Limmer* § 23 Rn. 12; Lutter/Hommelhoff/*Bayer* GmbHG § 2 Rn 21; MüKoGmbHG/*Mayer* § 2 Rn 27; Rowed-

Wie bereits gezeigt entstehen bei einer Online-Gründung keine Konflikte mit dem Einheitserfordernis. Statt einer physischen Niederschrift fertig der Notar eine elektronische Niederschrift an, die sodann von den Gründern durch eine qualifiziert elektronische Signatur unterzeichnet und von dem Notar durch eine abschließende qualifiziert elektronische Signatur beurkundet wird.

Wird eine analoge mit einer Online-Gründung kombiniert, so besteht am Ende der Beurkundung nicht ohne Weiteres ein einheitliches Dokument, wenn die Online-Gründer eine elektronische Niederschrift unterschreiben und die Anwesenden ein physisches Dokument. Eine der beiden Urkunde müsste in die jeweils andere Form umgewandelt und mit dem anderen Dokument verbunden werden. Nur dann läge eine einheitliche vor, die von jedermann unterschrieben wurde.

Da die Online-Gründer nicht anwesend sind, könnte ihnen ein physisches Dokument nicht zugeschickt werden. Denkbar ist nur, dass die physische Urkunde in ein elektronisches Dokument umgewandelt wird. Fraglich ist, ob sich die Zusammenführung von elektronischem und physischem Dokument mit dem Einheitserfordernis in Einklang bringen lässt. Um zwei Dokumente zusammenzuführen, müsste es zunächst möglich sein, die elektronische und analoge Niederschrift zu unterschiedlichen Zeitpunkten erstellen zu können. Problematisch ist somit zunächst, ob ein sukzessives Errichten möglich ist, ehe die Zusammenführung zweier Dokumente in unterschiedlichen Formen zu einer einheitlichen Niederschrift untersucht werden kann.

Unter einer sukzessiven Beurkundung versteht man einen Vorgang, bei welchem die für die Satzungsfeststellung und der Aktienübernahme erforderlichen Erklärungen an unterschiedlichen Orten oder zu unterschiedlichen Zeitpunkten abgegeben werden können.[378]

Aus einem Umkehrschluss der Ausnahmevorschrift § 925 BGB folgt, dass die Gründer nicht alle am selben Ort und zur selben Zeit anwe-

---

der/Schmidt-Leithoff/*Schmidt-Leithoff* GmbHG § 2 Rn 36; MHLS/*J. Schmidt* GmbHG § 2 Rn. 49.

378 So auch BeckOGKAktG/*Limmer* § 23 Rn. 12; MHLS/*J. Schmidt* GmbHG § 2 Rn. 51; Hölters/*Solveen* AktG § 23 Rn. 9.

send sein müssen.[379] Zudem ist nach § 23 Abs. 2 AktG gerade nicht erforderlich, dass die Gründer alle anwesend sein müssen.[380]

So haben die Gründer die Möglichkeit, zu unterschiedlichen Zeitpunkten oder an unterschiedlichen Orten ihre Willenserklärung zur Satzungsfeststellung abzugeben. Werden die für die Satzungsfeststellung und die Übernahmeerklärung erforderlichen Erklärungen sukzessiv beurkundet, können sie in getrennten Beurkundungsverhandlungen, aber in einer durch den Notar anzufertigenden Niederschrift beurkundet werden.[381]

Hieran anknüpfend ließe sich der Gedanke entwickeln, dass die Gründer in einer Beurkundung, bei der alle durch audiovisuelle Echtzeitverbindung zeitgleich miteinander kommunizieren können, erst recht die Satzung in formell unterschiedlichen Beurkundungsverfahren feststellen können – eben zur selben Zeit, aber an unterschiedlichen Orten. Daraus folgt zunächst, dass der Notar für die online zugeschalteten Gründer eine elektronische Niederschrift und für die Anwesenden eine physische Niederschrift erstellen kann. So erklären die Gründer sukzessive die für die Feststellung der Satzung erforderlichen und mit den Übrigen übereinstimmenden Willenserklärungen. Zunächst für die analogen Gründer, dann für die Online-Teilnehmenden oder umgekehrt. Für die jeweilige Niederschrift muss die Satzung auch nicht immer beigefügt werden. Es genügt ein Verweis auf die erste Urkunde, der die Satzung beigefügt wurde (§ 13a BeurkG).[382] So könnte die elektronische Niederschrift die Satzung mit beinhalten, worauf die physische verweisen könnte, oder umgekehrt.

Die Anschlussfrage, ob die zwei Dokumente zusammengeführt werden können, scheitert jedoch am Einheitserfordernis. Dies verlangt, dass

379 Heidel/*Braunfels* Akt § 23 Rn. 6; MHLS/*J. Schmidt* GmbHG § 2 Rn. 51.

380 MüKoAktG/*Pentz* § 23 Rn. 29; BeckOGKAktG/*Limmer* § 23 Rn. 11; Hölters/*Solveen* AktG § 23 Rn. 9; im Ergebnis auch Heidel/*Braunfels AktG* § 23 Rn. 6; MHLS/*J. Schmidt* GmbHG § 2 Rn. 51; Baumbach/Hueck/*Fastrich* GmbHG § 2 Rn. 11.

381 MüKoAktG/*Pentz* § 23 Rn. 29; BeckOGKAktG/*Limmer* § 23 Rn. 11; Hölters/*Solveen* AktG § 23 Rn. 9; Heidel/*Braunfels* AktG § 23 Rn. 6; MHLS/*J. Schmidt* GmbHG § 2 Rn. 51; Baumbach/Hueck/*Fastrich* GmbHG § 2 Rn. 11.

382 Heidel/*Braunfels* AktG § 23 Rn. 6; MüKoAktG/*Pentz* § 23 Rn. 29; BeckOGKAktG/*Limmer* § 23 Rn. 12; GroßkommAktG/*Röhricht*/*Schall* Band 2 § 23 Rn. 58; Heidel/*Braunfels* AktG § 23 Rn. 6; MHLS/*J. Schmidt* GmbHG § 2 Rn. 52

die zu unterschiedlichen Zeitpunkten oder an unterschiedlichen Orten erstellten Niederschriften, von dem Notar in einer Urkunde aufzunehmen und durch Unterschrift zusammen zu beurkunden sind.[383]

Allerdings kann der Notar die elektronische Niederschrift, die durch qualifiziert elektronische Signatur unterschrieben wurde, nicht ohne Weiteres mit der analogen Niederschrift in einer Urkunde verbinden. Hierzu müsste er eine von beiden Niederschriften in die jeweils andere Form übertragen werden. Dann aber könnte der Notar sie nicht mehr der einheitlichen Urkunde im Original hinzufügen. Gerade dies verlangt aber das Einheitserfordernis: Am Ende soll von jedem Gründer dieselbe Niederschrift unterschrieben worden sein.[384]

Das ist aber nicht möglich, wenn die anwesenden Gründer eine physische Niederschrift unterschreiben und die Online-Gründer eine elektronische Niederschrift. Auch wenn die Niederschriften inhaltsgleich sind, so sind sie körperlich nicht identisch. Dies verstößt gegen das Einheitserfordernis. Auch aus Gründen der Rechtssicherheit verlangt das Einheitserfordernis, dass die Satzung in einer Urkunde festgestellt wird.[385] Um die Sicherheit im Rechtsverkehr zu stärken, muss der Gründungsvorgang aus einer Urkunde hervorgehen. Denn nur dann gehen für den Rechtsverkehr über das Handelsregister die wichtigsten Gründungsangaben vollständig und aus einer einheitlichen Urkunde hervor.[386] Muss aber eine Niederschrift in die jeweils andere Form umgewandelt werden, hat die Urkunde nicht mehr dieselbe Beweiskraft wie eine Urkunde, welcher ausschließlich Originale beigefügt werden. Eine Kombination von elektronischer und analoger Niederschrift ist nicht möglich.

Denkbar wäre, dass auch für die Erklärungen der physisch anwesenden Gründer eine elektronische Niederschrift durch den Notar angefertigt wird, die von den Anwesenden durch qualifiziert elektronische Signatur unterschreiben wird. So könnten die Online- und die analo-

383 Hüffer/Koch/*Koch* AktG § 23 Rn. 9; MüKoAktG/*Pentz* § 23 Rn. 29.

384 MüKoAktG/*Pentz* § 23 Rn. 29; BeckOGKAktG/*Limmer* § 23 Rn. 11; Hölters/*Solveen* AktG § 23 Rn. 9; Heidel/*Braunfels* AktG § 23 Rn. 6; MHLS/*J. Schmidt* GmbHG § 2 Rn. 51; Baumbach/Hueck/*Fastrich* GmbHG § 2 Rn. 11.

385 BeckOGKAktG/*Limmer* § 23 Rn. 11.

386 *Reul*, in: WürzburgerNotar-HdB Teil 5 Kap. 4 Rn. 7; BeckOGKAktG/*Limmer* § 23 Rn. 11; MüKoAktG/*Pentz* § 23 Rn. 28.

gen Gründer ein und dieselbe elektronische Niederschrift unterzeichnen. Ein solcher Vorgang würde gegen das Einheitserfordernis nicht verstoßen. Wie aufgezeigt, ist eine sukzessive Beurkundung der Erklärungen an unterschiedlichen Orten möglich, so lange gewährleistet ist, dass die Beteiligten dieselbe Niederschrift unterzeichnen.

Festzuhalten ist, dass eine Kombination von analoger und Online-Gründung mit dem Einheitsprinzip zu vereinbaren ist, wenn die körperlich anwesenden und die online anwesenden Gründer dieselbe elektronische Niederschrift durch qualifiziert elektronische Signatur unterzeichnen.

II. Problem: Informationsasymmetrie

Ist ein Teil der Gründer physisch vor Ort anwesend und der übrige Teil der Gründung durch eine audiovisuelle Echtzeitverbindung zugeschaltet, könnte eine Informationsasymmetrie zu Lasten der Online-Gründer entstehen. Im Schrifttum findet sich in anderen Zusammenhängen der Hinweis, dass die physisch anwesenden Personen durch den direkten Austausch einen Informationsvorsprung gegenüber den Online-Teilnehmern haben würden.[387]

Wie bereits gezeigt, kann dem nicht gefolgt werden. Die Qualität einer audiovisuellen Echtzeitverbindung kann einen analogen Dialog digital abbilden,[388] ohne dass hierbei Einbußen zu Lasten der Online-Gründer eintreten. Zudem besteht bei auch einer elektronischen Beurkundung durch einen Notar die Pflicht, die Parteien umfassend aufzuklären und zu belehren, § 17 Abs. 1 S. 2 BeurkG. Teil der Aufklärungs-

---

387 *Spindler* ZGR 2000 420 (441); heute auch noch *Bachmann*, in: FS G. H. Roth, 2011, S. 37 (45).

388 Zu Hauptversammlung vgl. *Noack* BB 1998, 2533 (2535): „Wenn man fast wie Anwesende miteinander kommunizieren kann, dann ist der Versammlungszweck gewahrt" und speziell für Gesellschaften mit kleinem Gesellschafterkreis *Riegger/Mutter* ZIP 1998, 637 (639): „Die zur Verfügung stehenden Videokonferenzsysteme sind technisch ohne weiteres in der Lage, die Durchführung einer solchen Versammlung zu ermöglichen."; zu Gerichtsverhandlungen vgl. *Bachmann* ZZP 2005, 133 ff.: „auch Gerichtsverhandlungen können mittels moderner Technik nicht realitätsgetrau simuliert werden"; **aA** zu Gerichtsverhandlungen aber *Geiger* ZRP 1998, 365.

und Belehrungspflicht ist es mitunter, Informationsgefälle unter den Parteien auszugleichen.[389] Sollte es demnach zu einer Informationsasymmetrie kommen, so hat der Notar die Pflicht einzugreifen. Die audiovisuelle Echtzeitverbindung gewährleistet, dass der Notar mit den Beteiligten jederzeit direkt kommunizieren und etwaigen Informationsdefiziten auf Seite der Online-Gründer entgegenwirken kann.

Informationsasymmetrien sind bei einer gemischten Beurkundung nicht zu befürchten.

III. Problem: Bestellung des ersten Aufsichtsrates

Für die Bestellung des ersten Aufsichtsrates durch die Gründer existieren keine formalen Vorgaben. Somit ist grundsätzlich denkbar, dass ein Teil der Gründer den ersten Aufsichtsrat über eine audiovisuelle Echtzeitverbindung bestellen, die sie mit den körperlich anwesenden Gründern verbindet.

Problematisch ist jedoch, dass der Beschluss notariell beurkundet werden muss. Dies geschieht in der Praxis häufig zusammen mit der notariellen Beurkundung der Satzungsfeststellung und der Übernahmeerklärungen in der Gründungsurkunde.[390] Notwendig ist dies jedoch nicht. So kann die Bestellung des ersten Aufsichtsrates auch separat erfolgen.[391] Wird die Bestellung des ersten Aufsichtsrates in die Gründungurkunde mit aufgenommen, so sollten aus bereits dargestellten Gründen auch die anwesenden Gründer die elektronische Niederschrift durch eine qualifiziert elektronische Signatur unterzeichnen.

Weitere Besonderheiten sind bei der Bestellung des ersten Aufsichtsrates nicht zu beachten. Festzuhalten ist, dass ein Teil der Gründer vor einem Notar präsent sein kann, während die übrigen Gründer durch eine audiovisuelle Echtzeitverbindung zugeschaltet sind. Abgesehen von der Möglichkeit, die Bestellung des ersten Aufsichtsrates elektronisch beurkunden zu können,[392] sind weitere gesetzliche Korrekturen

389 BGH BeckRS 1982, 30382788;
390 BeckOGKAktG/*Gerber* § 30 Rn. 7.
391 BeckOGKAktG/*Gerber* § 30 Rn. 7.
392 Vgl. für einen Gesetzesvorschlag unter G.VIII.2.

nicht erforderlich. Die Bestellung des ersten Aufsichtsrates ist bereits *de lege lata* durch eine audiovisuelle Echtzeitverbindung möglich.

IV. Problem: Bestellung des ersten Vorstandes

Der erste Vorstand wird durch den ersten Aufsichtsrat bestellt. Das Beschlussrecht des Aufsichtsrates wurde bereits eingehend dargestellt. Nach hier vertretener Auffassung kann der Aufsichtsrat einen Beschluss nach § 108 Abs. 1 S. 1 AktG auch über eine audiovisuelle Echtzeitverbindung fassen. Wie schon bei der elektronischen Beurkundung von Satzung und Übernahmeerklärungen, könnten die lokal anwesenden Aufsichtsratsmitglieder durch eine audiovisuelle Echtzeitverbindung den ersten Vorstand bestellen.

Anders als bei einer reinen Online-Gründung könnten die Online-Gründer ihre Stimme auch per Boten in Schriftform in eine Präsenzsitzung des ersten Aufsichtsrats abgeben, § 108 Abs. 3 AktG.

Werden analoge und digitale Gründung kombiniert, so bestehen keine Probleme bei der Bestellung des ersten Vorstandes. Gesetzliche Korrekturen sind nicht erforderlich. Das Beschlussrecht im Aufsichtsrecht gestattet solche gemischten Beschlüsse.

V. Problem: Gründungsbericht der Gründer (§ 32 AktG)

Nach § 32 AktG sind die Gründer dazu verpflichtet einen Gründungsbericht in Schriftform (§ 126 BGB) zu erstellen. Wie bereits gezeigt, kann die Schriftform durch elektronische Form (§ 126a BGB) ersetzt werden. Auch ist es möglich, dass jeder Gründer einen eigenen Bericht erstellt, der mit den anderen identisch ist, gerade aber auch, wenn Meinungsverschiedenheiten bestehen.

Nimmt nun ein Teil der Gründer an der Beurkundung vor Ort teil, der andere Teil per audiovisueller Echtzeitverbindung, so treten keine weiteren Probleme auf. Die Online-Gründer können den Gründungsbericht in elektronischer Form erstellen, während die vor Ort anwesenden Gründer einen Gründungsbericht in Schriftform einreichen.

Praktische wie rechtliche Hindernisse bestehen nicht. Gesetzliche Korrekturen sind nicht erforderlich.

VI. Problem Gründungsprüfungsbericht von Vorstand und Aufsichtsrat (§§ 33, 34 AktG)

Auch der Gründungsprüfungsbericht durch den Vorstand und Aufsichtsrat stellt kein Problem dar, welches Gründer in der Praxis davon abhalten könnte, teils vor Ort und teils per audiovisueller Echtzeitverbindung anwesend zu sein.

Wie schon der Prüfungsbericht der Gründer, so ist auch der Gründungsprüfungsbericht von Vorstand und Aufsichtsrat grundsätzlich in Schriftform zu erstellen, kann aber durch die elektronische Form ersetzt werden. Auch können zwei unterschiedliche Dokumente angefertigt werden.

So können Vorstand und Aufsichtsrat unterschiedliche Gründungsprüfungsberichte in unterschiedlichen Formen erstellen. Gesetzliche Korrekturen sind nicht erforderlich.

VII. Ergebnis

Das Kombinationsmodell lässt sich mit den aktienrechtlichen Anforderungen in Einklang bringen. Weitere gesetzliche Änderungen sind hierzu nicht erforderlich. Möchte ein Teil der Gründer bei einem Notar persönlich anwesend sein, so wird ein Videokommunikationssystem mit audiovisueller Echtzeitverbindung genutzt. Alle Beteiligten sind per audiovisueller Echtzeitverbindung miteinander vernetzt, auch der Notar und die dort anwesenden Gründer. So benötigen die anwesenden Gründer Soft- und Hardware für die elektronisch qualifizierte Signatur.

G. Die elektronische Beurkundung im Aktienrecht

Mit den vorstehenden Ausführungen ist bewiesen, dass sich die einzelnen Gründungsschritte einer Aktiengesellschaft problemlos digital abbilden lassen. Bisher unbeantwortet blieb die Frage, ob das elektronische Beurkundungsverfahren auch für die Aktiengesellschaft anzubieten und der sachliche Anwendungsbereich der §§ 16a-e BeurkG-E entsprechend zu öffnen ist.

Um sich der Antwort auf die aufgeworfene Frage zu nähern ist entscheidend, dass sich der mit den Formerfordernissen im Gründungsrecht der Aktiengesellschaft verfolgte Sinn und Zweck unter Nutzung elektronischer Fernkommunikationsmittel erreichen lässt. Denn mit den Formvorschriften weicht der Gesetzgeber bewusst von dem grundlegenden Prinzip der Formfreiheit ab und schränkt die Privatautonomie ein. An den mit den Formvorschriften verfolgten Zielen ist die Überführung des Gründungsrechts einer Aktiengesellschaft in ein elektronisches Beurkundungsverfahren zu messen.[393] Sie sind die einzige Rechtfertigung für den mit ihr verbundenen Mehraufwand[394] und rücken nun in den Mittelpunkt der Darstellungen.

I. Überblick

In dem Gründungsverfahren einer Aktiengesellschaft sind gleich zweierlei Erklärungen durch einen Notar zu beurkunden. Zuvörderst ist die Beurkundung ihrer Satzung als Teil des Gründungsprotokolls zu nennen (§ 23 Abs. 1 AktG). Daneben ist die Bestellung des ersten Aufsichtsrates bzw. eines Abschlussprüfers zu beurkunden (§ 30 Abs. 1 S. 2 AktG).

393 So auch *Kienzle* DNotZ 2021, 590 (607).

394 *Mankowski* JZ 2010, 662 (663).

Der Zweck der notariellen Beurkundung besteht bei beiden Vorgängen darin, Rechtssicherheit[395] zu schaffen.

Anders als § 30 Abs. 1 AktG werden der Beurkundungsbedürftigkeit der Satzung darüber hinaus weitere Zwecke zugesprochen. So hat die Beurkundung innere Vertragsgerechtigkeit zu schaffen und die materielle Richtigkeit der Satzungsinhalte zu gewähren.[396] Die materielle Richtigkeit entlastet zugleich die Registergerichte, da sich diese auf die Vollständigkeit der eingereichten Unterlagen verlassen können.[397] Ebenso kann der übrige Rechtsverkehr auf die in öffentlichen Registern eingetragenen Informationen vertrauen, sodass die Beurkundungsbedürftigkeit auch dem Verkehrsschutz dient.[398] Zudem werden die Gründer vor den rechtlichen Folgen ihrer Erklärungen gewarnt.[399] Daneben hat der Notar die Beteiligten zu identifizieren, vor allem im Interesse der Allgemeinheit zur Verhinderung von Geldwäsche oder Terrorismusfinanzierung. Zusätzlich sind die Beteiligten durch den Notar umfassend zu belehren und zu beraten.[400]

Zusammenfassend ist zu resümieren, dass die elektronische Beurkundung **Warnfunktion** hat, für **Rechtssicherheit** sorgen, **Richtigkeitsgewähr** erreichen, **Vertragsgerechtigkeit** herstellen, dem **Verkehrsschutz** dienen, die **Identifizierung** der Beteiligten ermöglichen und der Notar seiner **Behlerungsfunktion** gegenüber den Beteiligten nachkommen können sollte. Anhand dieser Merkmale wird die Darstellung im Folgenden ausgerichtet.

---

395 Für § 30 Abs. 1 AktG: Hölters/*Solveen* § 30 Rn. 5; Für § 23 Abs. 1 AktG: MüKoAktG/*Pentz* § 23 Rn. 26.

396 BGH NJW 2017, 175; MüKoAktG/*Pentz* § 23 Rn. 2; Heidel/*Braunfels* AktG § 23 Rn. 3; BeckOGKAktG/*Limmer* § 23 Rn. 14.

397 Staudinger/*Hertel* BeurkG § 1 Rn. 25 ff.; Frenz/Miermeister/*Limmer* BeurkG § 1 Rn. 8; BeckOGKAktG/*Limmer* § 23 Rn. 17.

398 BeckOGKAktG/*Limmer* § 23 Rn. 16.

399 BGHZ 58, 386 (394); *Heldrich* AcP 147 (1947), 91 ff.; BeckOGKAktG/*Limmer* § 23 Rn. 14; MüKoAktG/*Pentz* § 23 Rn. 6.

400 BGH DNotZ 1996, 568 (571).

II. Identifizierung der Beteiligten

Der Identifizierungspflicht eines Notars gem. § 10 BeurkG kommt in einem elektronischen Beurkundungsverfahren eine überragende Bedeutung zu. Sie ist das einzige präventive Element im gesamten Gründungsverfahren, Identitätstäuschungen zur Verschleierung von kriminellen Vorhaben wie zum Beispiel der Finanzierung von Terrorismus oder dem Waffenhandel zu unterbinden. Fraglich ist, wie sich ein elektronisches Identifizierungsverfahren gestalten lässt, um die Identität einer Person eindeutig festzustellen.

1. Wortlautbedeutung „Identifizieren"

Aus einem kurzen Blick nach Schweden[401] lässt sich darlegen, welch wichtige Rolle der Identifizierungspflicht gem. § 10 BeurkG dem Notar in einer Präsenzbeurkundung zukommt. Denn in Schweden wird die Identität der an einem Grundstückserwerb beteiligten Personen gerichtlich nicht festgestellt und überprüft; ein Umstand, der es Betrügern erleichtert hat, sich durch gefälschte Kaufverträge als Eigentümer gegenüber dem schwedischen Grundbuchamt auszugeben und als Eigentümer in das Grundbuch eingetragen zu werden.[402] Gerade für grenzüberschreitende Gründungen[403] muss ein ausreichend sicherer Vorgang entwickelt werden, um Beteiligte unter Einsatz von Fernkommunikationsmitteln identifizieren zu können. Eine Zwei-Faktor-Identifizierung genügt hierfür nicht.[404]

In Deutschland ist die Identifizierung von Gründern in einem Beurkundungsverfahren in § 10 BeurkG geregelt. Gem. § 10 Abs. 1 BeurkG hat sich der Notar Gewissheit über die Personen der Beteiligten zu

401 Im Detail vgl. *Vogel* notar 2002, 42.

402 *Vogel* notar 2002, 42 (43 f.).

403 Bei grenzüberschreitenden Gründungen aus Finnland in Estland konnten finnische Steuerbehörden eine vermehrte Anzahl an kriminell motivierten Gründungen beobachten, vgl. *Teichmann* GmbHR 2018, 1 (10); *Bormann/Stelmaszczyk* ZIP 2018, 764 (772); *Bormann* ZGR 2017, 621 (644 f.); *Wolf* MittBayNot 2018, 510 (522).

404 Vgl. hierzu G.II.2.

verschaffen. Hierbei wird bereits ein wesentlicher Unterschied erkennbar. Erfolgt die Identifizierung durch Besitz und Wissen, identifizieren sich die Bürger aktiv und eigenständig. Gem. § 10 BeurkG identifiziert jedoch der Notar den Bürger. Wann eine Person als identifiziert gilt, hängt wiederrum davon ab, was unter der Identifizierung einer Person im Sinne des § 10 BeurkG zu verstehen ist.

Zur Beantwortung dieser Frage werden zunächst die Anforderungen an die Identifizierungspflicht in einer Präsenzbeurkundung und ihre systematischen Zusammenhänge skizziert. Wie zu zeigen sein wird, lässt sich aus dem systematischen Zusammenhang des BeurkG, des GwG und der AO ein allgemeiner Grundsatz ableiten, der folglich in einem elektronischen Identifizierungsverfahren zu beachten ist.

a) Die notarielle Urkunde als öffentliche Urkunde iSd § 415 ZPO

Im Rahmen einer Präsenzbeurkundung hat sich der Notar Gewissheit über die Person der Beteiligten zu verschaffen (§ 10 Abs. 1 BeurkG) und die Personen in der Niederschrift so genau zu bezeichnen, dass Zweifel und Verwechslungen ausgeschlossen sind (§ 10 Abs. 2 BeurkG). Nähere Vorgaben an den Ablauf der Identifizierung in einer Präsenzbeurkundung finden sich im BeurkG nicht.

Etwas Kontur erlangt die in § 10 BeurkG normierte Identifizierungspflicht durch § 26 DONotO, wonach der Notar bei der Beurkundung die Person der Beteiligten mit besonderer Sorgfalt festzustellen hat. § 26 DONotO verlagert die Identifizierungspflicht bewusst[405] in das Ermessen des Notars und damit den Umständen des Einzelfalls, die der Notar abzuwägen hat.

Da das Identifizierungsverfahren bewusst dem Urteilsvermögen des einzelnen Notars überlassen ist, lässt sich aus dem Gesetz nicht unmittelbar ableiten, unter welchen Umständen eine Person durch einen Notar im Sinne des BeurkG als identifiziert gilt. Ziel der Identifizierung muss es sein, dass der Notar eine Identitätstäuschung ausschließen kann.[406]

405 Winkler/*Winkler* BeurkG § 10 Rn. 17; *Kindler*, in: BeckNotHdB § 31 Rn. 221; BeckOKBNotO/*Bracker* § 26 Rn. 2

406 Andeutend auch BeckOKBNotO/*Bracker* § 26 Rn. 2.

Abgesehen davon ist es allerdings nicht verwunderlich, dass der Begriff „Identifizierung" in dem BeurkG oder der BONotO nicht weiter definiert wird. Denn in einer Präsenzbeurkundung ergibt sich das Ziel einer Identifizierung ganz denklogisch. Nach einhelliger Ansicht hat sich der Notar für die Identifizierung in einer Präsenzbeurkundung ein amtliches Ausweisdokument vorlegen zu lassen, wenn er die Person nicht persönlich kennt.[407] Das auf dem Ausweisdokument befindliche biometrische Passbild kann der Notar mit dem Erscheinungsbild abgleichen. Im Ergebnis kann der Notar am Ende der Identifizierung sicher gehen, dass die identifizierte Person auch die zu beurkundende Willenserklärung abgegeben hat. Hierbei hat der einzelne Bürger durch Vorlage eines Ausweisdokuments nur die Grundvoraussetzungen zu schaffen, damit der Notar im Anschluss diesen Bürger identifizieren kann.

Diese Auslegung lässt sich auch mit einem systematischen Vergleich zu § 415 ZPO belegen. Denn nur wenn der Notar die Personenidentität zwischen identifizierter und erklärender Person festgestellt hat, kommt einer notariellen Urkunde die für öffentliche Urkunden gem. § 415 ZPO charakterisierende und nun zu ermittelnde Beweiskraft zu.

Es ist allgemeinen anerkannt, dass notarielle Urkunden als öffentliche Urkunde im Sinne des § 415 ZPO zählen.[408] Nach § 415 Abs. 1 ZPO begründen Urkunden, die von einer öffentlichen Behörde innerhalb der Grenzen ihrer Amtsbefugnisse oder von einer mit öffentlichem Glauben versehenen Person innerhalb des ihr zugewiesenen Geschäftskreises in der vorgeschriebenen Form aufgenommen sind (öffentliche Urkunden), wenn sie über eine vor der Behörde oder der Urkundsperson abgegebene Erklärung errichtet sind, vollen Beweis des durch die Behörde oder die Urkundsperson beurkundeten Vorganges.

Eine notarielle Urkunde beweist damit, dass die in der Urkunde niedergelegten Erklärungen durch die Beteiligten vor einem Notar abgegeben wurden.[409] Da notarielle Urkunden als Teil der freiwilligen Ge-

407 Statt aller *Kindler*, in: BeckNotHdB § 31 Rn. 222 f.

408 Armbrüster/Preuß/Renner/*Piegsa* BeurkG § 8 Rn. 3; BeckOKBGB/*Litzenburger* BeurkG § 8 Rn. 2.

409 *Kindler*, in: BeckNotHdB § 31 Rn. 229.

richtsbarkeit gelten[410], erstreckt sich die Beweiskraft einer notariellen Urkunde nicht nur auf den Inhalt der Erklärungen, sondern auch auf die Identität der Erklärenden[411]. Damit ist von der Beweiskraft der Urkunde auch erfasst, dass die zu Beginn der Beurkundung identifizierten Personen tatsächlich die beurkundeten Erklärungen abgeben haben.[412] Im Ergebnis beweist die notarielle Urkunde, dass Personenidentität zwischen der identifizierten und der erklärenden Person besteht. Entscheidend ist damit, dass ein Abgleich von denen eine Person identifizierenden Dokumenten mit dem Erscheinungsbild dieser Person durchgeführt werden muss.

Der Notar wird seiner ihm nach § 26 BONotO auferlegten Sorgfaltspflicht gerecht und eine Person ist gem. § 10 BeurkG identifiziert, wenn er festgestellt hat, dass die sich ihm vorstellende Person mit der in dem Ausweisdokument stehenden identisch ist. Nur dann ist gewährleistet, dass die in der Urkunde aufgenommene Identität, die zu beurkundende Willenserklärung auch tatsächlich abgegeben hat. Und nur dieses Ergebnis wird der Beweiskraft einer öffentlichen Urkunde gem. § 415 ZPO gerecht.

b) Identifizierung nach dem GwG

Die Beurkundung der Satzung einer Kapitalgesellschaft verpflichtet den Notar gem. § 2 Abs. 1 Nr. 10 lit. a), ee) GWG zur Beachtung weitergehender Identifizierungsmaßnahmen nach dem GWG.[413] Durch die Vorschriften des GWG wird die allgemeine, in § 10 BeurkG verankerte Identifizierungspflicht für Beurkundungen von Satzungen im Rahmen einer Gesellschaftsgründung in Abhängigkeit des vom Rechtsgeschäft ausgehenden Risikos für Geldwäsche und Terrorismusfinanzierung erheblich konkretisiert (§ 10 Abs. 2 GwG).[414]

---

410 KG KGJ 52, 110 (112); BayObLGZ 1952, 52 (57); MüKoZPO/*Schreiber* § 415 Rn. 27.

411 BGH NJW 2011, 778 (779 Rn. 18); MüKoZPO/*Schreiber* § 415 Rn. 27; Musielak/Voit/*Huber* ZPO § 415 Rn. 10; Zöller/*Geimer* ZPO § 415 Rn. 5; Stein/Jonas/*Leipold* ZPO § 415 Rn. 11; BeckOKZPO/*Krafka* § 415 Rn. 21.

412 *Kindler*, in: BeckNotHdB § 31 Rn. 229.

413 BeckOKGwG/*Pelz* § 2 Rn. 174; für die GmbH *Kindler*, in: BeckNotHdB § 31 Rn. 229; Herzog/Achtelik/*Figura* GwG § 2 Rn. 151.

414 Armbrüster/Preuß/Renner/*Piegsa* BeurkG § 10 Rn. 19 f.

Die allgemeinen Sorgfaltspflichten für die Identifizierung sind in §§ 1 Abs. 3, 10 Abs. 1 Nr. 1, 11 Abs. 1, 12,13 GWG normiert. Nach der abstrakten Definition in § 1 Abs. 3 GWG setzt sich die Identifizierung im Sinne des GWG aus der Feststellung der Identität durch Erheben von Angaben und der Überprüfung der Identität zusammen. Konkrete Vorgaben zum Verfahren der Identitätsüberprüfung lassen sich § 13 GWG entnehmen. Den Grundfall stellt – wie schon in einer Präsenzbeurkundung – die Identifikation durch Vorlage eines gem. § 12 Abs. 1 Nr. 1 GWG gültigen amtlichen Ausweisdokuments dar (§ 13 Abs. 1 Nr. 1 GWG). Dabei wird das Ausweisdokument den nach § 2 GWG Verpflichteten unter Anwesenden vorgelegt und einer optischen Überprüfung unterzogen. Im Anschluss kann der Verpflichtete unter Augenscheinname des biometrischen Passbildes die Identität des sich Ausweisenden überprüfen.

Hervorzuheben ist auch die gem. § 13 Abs. 1 Nr. 2 GWG eröffnete Möglichkeit, die Identität einer Person mittels eines sonstigen Verfahrens festzustellen, das zur geldwäscherechtlichen Überprüfung der Identität geeignet ist und ein Sicherheitsniveau aufweist, das dem in Nummer 1 genannten Verfahren gleichwertig ist. Unter Anwesenden kann statt eines haptischen Ausweises ein nach § 12 Abs. 1 S. 1 Nr. 2 GwG zugelassenes elektronisches Identifizierungsmittel verwendet werden.[415]

Allerdings kann durch § 13 Abs. 1 Nr. 2 GwG nicht nur das Identifizierungsmittel frei gewählt werden. Zudem ist es den Beteiligten gem. § 13 Abs. 1 Nr. 2 GwG möglich, das Identifizierungsverfahren zu digitalisieren. In einem Rundschreiben der BaFin aus dem April 2017[416] wird das Videoidentifizierungsverfahren als gleichwertiges Äquivalent zu einer Präsenzidentifizierung qualifiziert.[417] Hierzu muss das amtliche Ausweisdokument in die Kamera gehalten werden, so dass der Verpflichtete die Möglichkeit hat, die Gültigkeit des Ausweises zu überprüfen, aber auch, um das Erscheinungsbild mit dem Videobild

415 BT-Drs. 16/10489, S. 49.

416 Rundschreiben 3/2017 (GW) – Videoidentifizierungsverfahren, abrufbar unter: https://www.bafin.de/SharedDocs/Veroeffentlichungen/DE/Rundschreiben/2017/rs_1703_gw_videoident.html;jsessionid=230C42E619311A3299173D29C2750E4D.2_cid503?nn=9450904#doc9143870bodyText6 (zuletzt aufgerufen am: 16.11.21, 12:02 Uhr).

417 So auch BT-Drs. 18/11555, S. 119.

zu vergleichen.[418] Auch hierbei erfolgt die Identifizierung eigenständig durch den Notar, wohingegen der einzelne Bürger nur die Grundvoraussetzungen hierfür schafft und sich identifizieren lässt.

Im Detail lassen sich die detaillierten Anforderungen an den Identifizierungsvorgang und die aufzunehmenden Angaben zu einer Person aus dem Katalog gem. § 11 GWG entnehmen. Unabhängig von den einzelnen Anforderungen im Detail hat die Identifizierung denselben Zweck, wie er schon durch § 10 BeurkG, § 26 DNotO und § 415 ZPO deutlich wurde. So hat der Notar in einem ersten Schritt die Identität der ihm vorstehenden Person durch Befragung festzustellen. Im Anschluss überprüft der Notar die Identität dieser Person, in dem er sich von dieser ein Ausweisdokument vorlegen lässt und mit dem Erscheinungsbild der Person abgleicht.[419] Anders als bei einer Zwei-Faktor-Identifizierung, hat die Identifizierung durch den Notar und nicht eigenständig durch den Bürger zu erfolgen. Der einzelne Bürger schafft in einer Beurkundung durch die Vorlage eines Ausweisdokuments die Grundvoraussetzungen dafür, sich durch den Notar identifizieren zu lassen. Im Ergebnis erfolgt die Identifizierung nach dem GWG in einem Zweischritt, so dass im Ergebnis mit an Sicherheit grenzender Wahrscheinlichkeit eine Identitätstäuschung auszuschließen und eine Personenidentität zwischen erklärender und identifizierter Person festzustellen ist.

c) Systematischer Zusammenhang zu § 154 Abs. 2 AO

Interessant ist in diesem Kontext auch der Verweis aus § 154 Abs. 2 AO auf jene soeben genannte Vorschriften des GwG, die die Identifizierung einer Person betreffen. Im Ergebnis wird auf die Identifizierungsvorschriften des GwG sowohl aus dem BeurkG als auch aus der AO verwiesen. Damit finden nach der gesetzgeberischen Wertung

418 Rundschreiben 3/2017 (GW), – Videoidentifizierungsverfahren, VI. Überprüfung des Ausweisdokuments und VII. Überprüfung der zu identifizierenden Person, abrufbar unter: https://www.bafin.de/SharedDocs/Veroeffentlichungen/DE/Rundschreiben/2017/rs_1703_gw_videoident.html;jsessionid=230C42E619311A3299173D29C2750E4D.2_cid503?nn=9450904#doc9143870bodyText6 (zuletzt aufgerufen am: 16.11.21, 12:02 Uhr).

419 Herzog/Achtelik/*Figura* GwG § 1 Rn. 21.

das BeurkG und die AO im GwG eine gemeinsame Schnittmenge. Aus dieser Systematik lässt sich ableiten, dass in der AO dasselbe Verständnis über den Identifizierungsvorgang besteht, wie in dem BeurkG. Denn wenn für beide Gesetze derselbe Normenkatalog im GwG gilt, ist der Identifizierungsvorgang in allen drei Gesetzen derselbe.

Von Bedeutung ist diese Erkenntnis insofern, als dass die Identifizierungspflicht in Deutschland in § 154 Abs. 2 AO verankert ist, der seinerseits aus der im Dezember 1919 verabschiedeten Reichsabgabeordnung[420] (im Folgenden: RAO) hervorgeht und die seither geltenden Anforderungen an die Identifizierung fortführt.[421] Durch den Verweis aus der AO auf die Vorschriften des GwG wird bestätigt, dass die an den modernen Wirtschaftsverkehr angepassten Anforderungen an die Identifizierung nach den Grundsätzen des GwG eben jenen entsprechen, die schon vor über 100 Jahren in der Reichsabgabenordnung gegolten haben.

Verweist auch das BeurkG auf das GwG und sollen die dort verankerten Grundsätze denen der AO entsprechen, was die soeben dargestellte Systematik beweist, dann muss dies auch für ein elektronisches Identifizierungsverfahren nach dem BeurkG gelten. Denn andernfalls wäre mit der oben beschrieben Systematik gebrochen. Diese Systematik lässt sich nur aufrechterhalten, wenn die Identifizierung in einem elektronischen Beurkundungsverfahren bei geldwäscheproblematischen Vorgängen – wie der Gründung einer Aktiengesellschaft – der seit 100 Jahren geltenden Identifizierungspflicht genügt.

Um Rückschlüsse für die elektronische Gründung ziehen zu können, sind die Grundsätze der Identifizierung nach der Abgabenordnung und ihre historischen Verknüpfungen zur Reichsabgabenordnung in gebotener Kürze darzustellen.

Nach § 165 Abs. 1 RAO durfte niemand auf einen falschen oder erdichteten Namen für sich oder einen anderen ein Konto errichten oder Buchungen vornehmen lassen. Weiter ist § 165 Abs. 2 RAO zu entnehmen, dass die Bank, die Sparkasse oder der Kaufmann sich bei der Eröffnung eines Kontos über die Person des Verfügungsberechtigten

420 Gesetz vom 13.12.1919, RGBl. S. 1993.

421 Herzog/Achtelik/*Figura* GwG § 1 Rn. 20, der wohl versehentlich von der Reichsabgabenordnung von 1913 spricht; BeckOKGwG/*Frey* § 1 Rn. 36.

vergewissern musste. Als Verfügungsberechtigte galt jede Person, die ein Konto eröffnen möchte. Aus § 165 RAO wird erkennbar, worauf die Identifizierungspflicht der Kreditinstitute abzielte. Durch die Regelung sollte sichergestellt werden, dass die sich identifizierende Person tatsächlich jene ist, die das Konto eröffnet und auch führt. Es sollte Personenidentität zwischen dem Kontoinhaber und der sich ausweisenden Person bestehen. Dies verdeutlicht schon § 165 Abs. 1 RAO, der es den Menschen verbot, unter fremden oder erdichteten Namen aufzutreten. Dabei hatte die Bank die Personenidentität festzustellen, nicht jedoch der Bürger zu beweisen. Schon damals hatte sich der einzelne Bürger identifizieren zu lassen, in dem er die Grundvoraussetzungen hierzu schuf.

Fortgeführt wird die in der RAO verankerte Identifizierungspflicht in § 154 Abs. 2 S. 1 Nr. 1 AO,[422] wenn es dort heißt, dass sich ein Verpflichteter zuvor Gewissheit über die Person und Anschrift jedes Verfügungsberechtigten und jedes wirtschaftlich Berechtigten im Sinne des Geldwäschegesetzes zu verschaffen und hierzu entsprechenden Angaben in geeigneter Form festzuhalten hat (§ 154 Abs. 2 S. 1 Nr. 2 AO). Die Art und Weise, wie ein Verfügungsberechtigter zu identifizieren ist, bemisst sich gem. § 154 Abs. 2 S. 2 AO nach den bereits genannten Vorschriften des GwG. Diesbezüglich gilt das bereits Gesagte. Grundsätzlich hat die Identifizierung einer Person mithin durch Vorlage eines amtlichen Ausweises gem. § 13 Abs. 1 Nr. 1 GwG zu erfolgen. Darauf beschränkt sich der Einflussbereich des einzelnen Bürgers. Er identifiziert sich nicht gegenüber einer staatlichen Stelle, sondern schafft die Grundvoraussetzung dafür, sich durch eine staatliche Stelle identifizieren zu lassen. Im Ergebnis basiert die Identifizierung nach § 154 Abs. 2 AO auf demselben Prinzip wie schon § 165 RAO. Ziel der Identifizierung ist es seither, dass die Personenidentität zwischen der Erklärenden und sich ausweisenden Person festgestellt wird.

Führt § 154 Abs. 2 AO den schon seit § 165 RAO geltenden Grundsatz fort und verweist für die nähere Ausgestaltung des Identifizierungsverfahrens auf die auf europäische Richtlinien zurückgehende[423] und

---

422 Herzog/Achtelik/*Figura* GwG § 1 Rn. 20.

423 Art. 13 RL (EU) 2015/849 und Art. 14 RL (EU) 2015/849; Herzog/Achtelik/*Figura* GwG § 1 Rn. 23; BeckOKGwG/*Frey* § 1 Rn. 37

an das moderne Wirtschaftsleben angepasste Vorschriften des GwG, so ist damit bestätigt, dass die Anforderungen des GwG denen des § 165 RAO entsprechen. Da aus dem BeurkG für geldwäscherelevanten Rechtsgeschäfte das GwG gilt, gilt an den Identifizierungsvorgang nach § 10 BeurkG dasselbe Prinzip, wie es schon § 165 RAO aufstellte. Digitalisiert man die Gründung einer Aktiengesellschaft, so muss dieser Grundsatz an die Identifizierung aufrechterhalten werden, um die dargestellte Gesetzessystematik aufrecht erhalten zu können.

Erwähnenswert ist in diesem Zusammenhang ebenfalls, dass die auf EU-Richtlinien zurückgehenden Vorschriften zur Identifizierung nach dem GwG zu solchen Regelungen gar nicht gezwungen haben. Denn die Richtlinie (EU) 2015/849 verlangte lediglich ein minimales Maß an Harmonisierung der geldwäscherechtlichen Regelungen zur Identifizierung.[424] In Art. 13 Abs. 1 lit. a) RL (EU) 2015/849 heißt es nur, dass die Identität des Kunden festgestellt und auf der Grundlage von Dokumenten, Daten oder Informationen, die von einer glaubwürdigen unabhängigen Quelle stammen, bestätigt werden muss. Es ist nicht zu verkennen, dass die vom deutschen Gesetzgeber des GwG gewählte Identifizierung durch Vorlage eines Ausweisdokuments aus der Richtlinie hervorgeht. Denn ein amtlicher Lichtbildausweis gilt als Dokument im Sinne des Art. 13 Abs. 1 lit. a) RL (EU) 2015/849.

Allerdings wären daneben auch weitere Möglichkeiten denkbar gewesen, dieser Vorgabe gerecht zu werden, weil die Richtlinie explizit auch die Überprüfung durch Daten oder Informationen zulässt. Dass die Identität durch Vorlage eines Ausweisdokuments gem. § 13 Abs. 1 Nr. 1 GwG zu erfolgen hat, ist damit nicht zwingend vorgegeben gewesen.

Der offene Handlungsspielraum führte in der Umsetzung der Richtlinie (EU) 2015/849 in den Mitgliedstaaten dazu, dass sich die Anforderungen und die Art und Weise des Identifizierungsvorgangs in den einzelnen Mitgliedsstaaten erheblich unterscheiden.[425] Der deutsche Gesetzgeber hatte mit der Umsetzung der Richtlinie die Möglichkeit von der seit 1919 geltenden Identifizierungspflicht abzuweichen und neu zu konzipieren. Im Gegenteil ist der Gesetzgeber nicht davon abge-

424 BeckOKGwG/*Frey* § 1 Rn. 37.
425 BeckOKGwG/*Frey* § 1 Rn. 37.

rückt, die Personenidentität durch Vorlage eines Ausweisdokuments durch einen Notar feststellen zu lassen.

2. Möglichkeiten einer elektronischen Identifizierung ohne persönliches Zusammenkommen

Im Folgenden sollen die technischen Mittel und Wege dargestellt werden, durch die sich Personen im elektronischen Rechts- und Geschäftsverkehr identifizieren lassen. Dabei werden die Lösungsmöglichkeiten daran gemessen, ob sie der zuvor erarbeiteten Identifizierungspflicht genügen.

a) PostIdent

Das PostIdent-Verfahren ist ein Service der Deutschen Post, durch welchen Personen identifiziert werden können. Dabei kann die Identifizierung über die Deutsche Post sowohl offline als auch online erfolgen: offline durch eine Filiale, online durch die elektronische Identifizierungsfunktion des Personalausweises, durch Foto, durch Videochat sowie durch E-Signing.[426] Das PostIdent-Verfahren eignet sich allerdings schon deswegen nicht, weil der Identifizierungsvorgang nicht durch den Notar erfolgt. Vielmehr hätte sich der Notar auf den Validierungsvorgang der Post zu verlassen. Damit verschafft er sich nicht selbst Gewissheit über die Personen, wie es § 10 Abs. 1 BeurkG verlangt. Zudem nimmt der Notar im Rahmen eines Beurkundungsverfahrens staatliche Aufgaben im Bereich der vorsorgenden Rechtspflege wahr. Hierbei handelt es sich um eine Zuständigkeit, die hoheitlich ausgestaltet werden muss.[427] Damit lässt es sich nicht vereinbaren, würde der Notar zur Identifizierung auf die digitale Infrastruktur der Post zugreifen müssen.[428]

Dennoch sind die einzelnen Möglichkeiten des PostIdent-Verfahrens durch Foto, Videochat und E-Signing darzustellen, um daraus Er-

426 https://www.deutschepost.de/de/p/postident.html (zuletzt aufgerufen am: 16.11.21, 12:02 Uhr).

427 BVerfG NJW 1987, 887; BVerfG NJW 2012, 2639 (2641).

428 BegrRegE z. DiRUG, S. 133.

kenntnisse für ein elektronisches Identifizierungsverfahren im Rahmen einer elektronischen Beurkundung zu ziehen. Jedoch wird das PositIdent-Verfahren durch eine Postfiliale nicht weiter beleuchtet, weil hier ein persönliches Erscheinen in einer Filiale notwendig ist. Damit eignet sich ein solches Verfahren für eine Online-Gründung nach hier zu Grunde gelegtem Begriffsverständnis nicht. Auf eine Darstellung des Identifizierungsvorgang durch die elektronische Ausweisfunktion des Personalausweises wird verzichtet, da dieser an gesonderter Stelle auf seine Möglichkeiten und Grenzen im elektronischen Rechtsverkehr hin untersucht wird.[429] Das E-Signing-Verfahren bleibt außer Betracht, da dieses Verfahren nur dem digitalen Unterschreiben von Verträgen dient. Im Vorfeld erfolgt die Identifizierung des Bürgers wie in einem Identifizierungsverfahren durch Videochat.[430]

aa) Durch Foto

Die Identifizierung durch Foto wurde von der Deutschen Post insbesondere zur Überprüfung der Fahrerlaubnis entwickelt. Hierzu haben die zu identifizierenden Personen ihren Ausweis zu fotografieren und zusätzlich eine kurze Videosequenz von ihrem Gesicht aufzuzeichnen. Das Bild und das Video sind nun an die Deutsche Post zu übersenden. Professionell geschulte Mitarbeiter der deutschen Post prüfen anhand der Bild- und Videoauswertung, ob die Person aus Video und Bild identisch ist. Das Validierungsergebnis wird sodann verschlüsselt versendet.[431]

Grundsätzlich ließe sich ein solcher Vorgang auch in einer elektronischen Beurkundung implementieren. Hierzu würde das Foto und die Videosequenz an den Notar übersendet werden. Zumindest wäre damit gewährleistet, dass der Notar die Beteiligten eigenständig identifiziert und sich Gewissheit über die Beteiligten verschaffen kann. Nicht gewährleistet ist hingegen, dass der Notar während der Beurkundung fortlaufend die Personenidentität zwischen der anfangs identifizierten

429 Hierzu sogleich unter G.II.2.b).

430 https://www.deutschepost.de/de/p/postident/privatkunden/digitale-unterschrift-mit-esigning.html (zuletzt aufgerufen am: 16.11.21, 12:03 Uhr).

431 https://www.deutschepost.de/de/p/postident/privatkunden/identifikation-mit-foto.html (zuletzt aufgerufen am: 16.11.21, 12:03 Uhr).

Person und der an der Beurkundung teilnehmenden Person feststellen kann. Denn die Identifizierung durch Foto könnte nur zu Beginn der Beurkundung einmalig durchgeführt werden. Damit genügt dieser Vorgang nicht der Identifizierungspflicht eines Notars in einer Beurkundung.

Zudem kann der Notar die Echtheit des fotografierten Personalausweises nur schwer feststellen. Durch ein Foto lassen sich nicht alle typischen Merkmale eines Personalausweises gleichzeitig erkennen. So lässt sich das Holographische Porträt nur bei bestimmtem Lichteinfall erkennen, während die Kontrastumkehr des kinematischen Adlermotivs nur aus einem anderen Blickwinkel betrachtet werden kann.[432] Beide Blickwinkel lassen sich nicht in einem Bild einfangen.[433] Damit ist das Verfahren missbrauchsanfällig.

Im Ergebnis eignet sich ein Identifizierungsverfahren durch Foto und Videosequenz nicht für eine elektronische Beurkundung.

bb) Durch Videochat

Die Identifikation durch Videochat erfolgt mittels visueller Echtzeitverbindung. Hierbei hat die zu identifizierende Person ihre persönlichen Daten einzugeben und in dem Postident-Portal das Ausweisdokument auszuwählen, durch welches die Identifikation erfolgen soll. Nun wird eine Videoverbindung zu einem Mitarbeiter der deutschen Post hergestellt. Hierbei prüft der Mitarbeiter die Ausweisdaten und die Echtheit des Ausweises über die Videoübertragung. Dabei werden auch Fotos vom Ausweis aus unterschiedlichen Blickwinkeln und dem Gesicht der Person aufgenommen. Im Anschluss hat die zu identifizierende Person das Verfahren durch die Eingabe einer persönlichen PIN abzuschließen, die ihr per SMS zugesendet wird.

Die Identifizierung durch Videochat ermöglicht zunächst, dass der Notar die Beteiligten identifizieren kann und die Beteiligten nur die

432 Zu den Merkmalen des Personalausweises vgl. https://www.bmi.bund.de/SharedDocs/downloads/DE/veroeffentlichungen/themen/moderne-verwaltung/ausweise/personalausweis-sicherheitsmerkmale.pdf?__blob=publicationFile&v=3 (zuletzt aufgerufen am: 16.11.21, 12:03 Uhr).

433 Diese Erkenntnis lässt sich durch einen eigenhändig durchgeführten Versuch belegen.

Grundvoraussetzungen hierzu schaffen. Zudem kann der Notar durch die fortlaufende audiovisuelle Echtzeitverbindung sichergehen, dass Personenidentität zwischen der anfangs identifizierten und der später an der Beurkundung teilnehmenden Person besteht. Damit sind beide Aspekte der Identifizierungspflicht eines Notars in einer Beurkundung abgedeckt.

Dennoch bestehen einige Sicherheitsbedenken. Es ist zwar möglich, die Echtheit eines Ausweisdokuments anhand eines Videos zu prüfen, in dem der Ausweis im Licht hin und her bewegt wird, so dass beispielsweise das holographische Portrait des Ausweisbildes in gewohnt grünem Schimmer sichtbar wird. Allerdings lässt sich die Legitimität eines Passes hierdurch nicht mit aller Sicherheit feststellen.[434]

Abhilfe könnte dabei nur ein elektronisches System schaffen, welches die Echtheit eines Ausweisdokuments validieren kann. Dies muss auf elektronischem Wege erfolgen. Statt der Echtheitsprüfung über eine audiovisuelle Videoverbindung, könnte ein auf dem Personalausweis ausgelesenes Speichermedium ausgelesen werden. Dieser Prozess müsste über eine staatliche Fernkommunikationsverbindung erfolgen. Denn grundsätzlich sind diese deutlich schwerer zu hacken und damit weniger missbrauchsanfällig.[435] Mit dieser Ergänzung würde sich die Identifizierung über Videochat für eine elektronische Beurkundung eignen.

cc) Abschließende Bewertung

Ein Identifizierungsverfahren durch Foto und eine Videosequenz würde sich für eine elektronische Beurkundung nicht eignen. Zwar ermöglicht dieses Verfahren, dass sich der Notar gem. § 10 Abs. 1 BeurkG Gewissheit über eine Person verschaffen kann. Allerdings kann hierdurch nicht sichergestellt werden, dass die später zu beurkundende Erklärung auch von der anfangs identifizierten Person stammt. Damit genügt dieser Vorgang der Identifizierungspflicht in einer Beurkundung nicht. Zudem lassen sich bestimmte Sicherheitslücken nicht schließen.

---

434 So im Ergebnis auch *Weber*, Digitalisierung im Gesellschaftsrecht, S. 167.

435 BegrRegE z. DiRUG S. 126.

Dagegen ist die Identifizierung durch eine fortlaufende audiovisuelle Echtzeitverbindung deutlich besser. Problematisch ist hierbei, dass die Echtheit des Ausweisdokuments nicht elektronisch bestätigt werden kann. Dies müsste in einer elektronischen Beurkundung gewährleistet werden, weil sich die Echtheit eines Personalausweises über eine Videoverbindung nicht sicher feststellen lässt. Allerdings ermöglicht dieser Weg ganz grundsätzlich, dass sich die von der Identifizierungspflicht geforderte Personenidentität nachweisen lässt. Die Identifizierung durch den Notar erfolgt gem. § 10 Abs. 1 BeurkG.

Im Ergebnis könnte die Identifizierung durch Videochat mit einigen Modifikationen den elektronischen Identifizierungsvorgang in einer elektronischen Beurkundung ermöglichen.

b) Elektronische Identifizierung durch Personalausweis

Eine weitere Möglichkeit, sich elektronisch zu identifizieren, liefert die elektronische Identitätsnachweisfunktion des Personalausweises dar.[436] Um sich mit dem Personalausweis unter Nutzung von elektronischen Fernkommunikationsmitteln zu identifizieren, kann der Personalausweisinhaber, der mindestens 16 Jahre alt ist, seinen Personalausweis dazu verwenden, seine Identität gegenüber öffentlichen und nichtöffentlichen Stellen elektronisch nachzuweisen (§ 18 Abs. 1 S. 1 PAuswG).

aa) Fehlende Drei-Faktor-Identifizierung

Damit der Identitätsnachweis gelingt, hat der Ausweisinhaber sein Ausweisdokument durch ein spezielles Lesegerät, welches an einen Computer angeschlossen wird, über ein spezielles Programm – die Ausweis App[437] – einzulesen. Übermittelt werden sodann die auf dem elektronischen Speichermedium hinterlegten Daten (§ 18 Abs. 2 PAuswG), somit auch das dort hinterlegte Lichtbild (§ 5 Abs. 2 Nr. 2 PAu-

436 Eingehend zur Identifikation durch den elektronischen Personalausweis *Leven* VR 2012, 3 ff.; *Borges* NJW 2010, 3334 ff.; *Heckmann* DuD 2009, 656 ff.; *Borges/Schwenk/Stuckenberg/Wegener*, Identitätsdiebstahl und Identitätsmissbrauch im Internet, S. 185 ff.; *Engel* DuD 2006 207ff.; *Hoffmann* DuD 2014, 762 (764).

437 *Borges* NJW 2010, 3334 (3336 aE); *Klumpen*, Die elektronische Gesellschaftsgründung über die Grenze, S. 259.

swG). Im Rahmen der elektronischen Identifizierung muss der Ausweisinhaber nun einen PIN eingeben. Die Identifizierung erfolgt mithin im Wege einer Zweifaktorauthentifizierung, nämlich durch Besitz (des Ausweises) und Wissen (der PIN). Durch diese Zwei-Faktor-Identifizierung ist die Identifizierung nach einheitlicher Ansicht weitgehend äquivalent zum analogen Wege digital umgesetzt worden.[438]

Nach hier vertretener Auffassung stellt die Zwei-Faktor-Authentifizierung mit dem elektronischen Personalausweis im Rahmen einer Online-Beurkundung kein rechtsicheres Äquivalent zu einer analogen Identifizierung dar. Problematisch ist nämlich, dass der Notar die Identität nicht so umfassend wie auf analogem Wege feststellen kann[439] und damit der dem deutschen Recht immanenten Identifizierungspflicht nicht genügt.

Zum einen ist bereits fraglich, ob der Notar sichergehen kann, dass der Ausweis zu einer Identitätstäuschung nicht doch zweckentfremdet und zur Gründung einer Gesellschaft durch Identitätstäuschende genutzt wird. Es ist hervorzuheben, dass der spätere Besitzer des Ausweises persönlich vor einer Behörde erscheinen muss, um sich den Ausweis ausstellen zu lassen. Hier wird einmalig festgestellt, ob der Besitzer auch tatsächlich jene Person ist, die in der Behörde erschienen ist und welcher das Ausweisdokument ausgestellt und ausgehändigt wird. Allerdings wiederholt sich diese Identitätsfeststellung zu keinem späteren Zeitpunkt erneut, so auch dann nicht, wenn der (unter Umständen unrechtmäßige) Besitzer den Identifizierungsvorgang im Rahmen einer Beurkundung in Gang setzt. Zwar erfolgt die Datenübermittlung auf verschlüsseltem Wege. Dies gewährleistet allerdings nur, dass die Daten auf ihrem Weg vor Einwirkungen von Hackern geschützt sind. Es kann jedoch nicht gewährleistet werden, dass die durch die Übermittlung der Daten identifizierte Person auch den Identifizierungsvorgang ausgelöst hat. Ist der Ausweis abhandengekommen, kann sich ein Dritter, der den PIN des Ausweises kennt, der Identität des Ausweisinhabers bemächtigen, ohne dass dies der Notar bemerken könnte.

438 *Roßnagel/Hornung* DÖV 2009, 301 (304); *Roßnagel/Hornung/Schnabel* DuD 2008, 168 (169); *Borges* NJW 2010, 3334 (3336).

439 So im Ergebnis auch *Klumpen*, Die elektronische Gesellschaftsgründung über die Grenze, S. 259 f.;

Allerdings kann der Ausweis gesperrt und ein Identitätsdiebstahl verhindern werden, sollte das Abhandenkommen rechtzeitig auffallen.[440] Diese Schutzfunktion kann aber nicht jene Fälle ausschließen, in denen Dritte den rechtmäßigen Besitzer zur Durchführung der Identifizierung nötigen oder der Verlust zu spät auffällt. Dies ist für den Notar nicht überprüfbar. Zudem kann nur bis zu einem gewissen Grad sichergestellt werden, dass der Computer des den Identifizierungsvorgang in Gang Setzenden nicht von Hackern angegriffen und mit Viren oder Trojanern identifiziert wurde.[441]

Ebenso kann der Notar nicht einsehen, ob der Besitzer tatsächlich zu einem späteren Zeitpunkt die zu beurkundenden Erklärungen abgibt. Auf einer analogen Beurkundung ist jederzeit überprüfbar, ob die anfangs identifizierten Personen auch tatsächlich noch im Raum sind und die zu beurkundenden Erklärungen abgeben. Durch die elektronische Identifizierung lässt sich nur feststellen, dass jemand einen Identifizierungsvorgang in Gang gesetzt hat. Die Eingabe der PIN stellt nur sicher, dass die identifizierte Person Kenntnis und Besitz hat. Sie kann hingegen nicht sicherstellen, dass die identifizierte Person auch tatsächlich zu einem späteren Zeitpunkt Erklärungen abgibt. Denkbar ist, dass der Notar im Laufe der Beurkundung mit ganz anderen Personen kommuniziert.[442]

Daran ändert auch der Umstand nichts, dass ein Lichtbild übertragen wird. Es fehlt an einem Echtzeitabgleich des übermittelten Lichtbildes und des tatsächlichen Erscheinungsbildes der handelnden Person. Dies muss nach der dem deutschen Recht immanenten Identifizierungspflicht in einer Beurkundung gewährleistet werden.

Damit ergibt sich ein ganz wesentlicher Unterschied zu einer Identifizierung durch Vorlage eines Ausweisdokuments im Rahmen einer Beurkundung. Die elektronische Identifizierung durch die elektronische Identifizierungsfunktion eines Personalausweises ermöglicht es

---

440 Hierzu https://www.personalausweisportal.de/SharedDocs/Downloads/DE/Flyer-und-Broschueren/eID_Broschuere.pdf?__blob=publicationFile&v=9, S. 14 (zuletzt aufgerufen am: 16.11.21, 12:04 Uhr).

441 *Borges* NJW 2010, 334 (3338); *Klumpen*, Die elektronische Gesellschaftsgründung über die Grenze, S. 259; *Weber*, Digitalisierung im Gesellschaftsrecht, S. 160; *Kindler/Jobst* DB 2019, 1550 (1551); *Teichmann* GmbHR 2018, 1 (11).

442 Kritisch auch Im Ergebnis *Weber*, Digitalisierung im Gesellschaftsrecht, S. 162 f.

einem Bürger, sich gegenüber einem elektronischen System zu authentifizieren. Ganz entscheidend erfolgt die Identifizierung im Rahmen einer Beurkundung allerdings eigenständig durch den Notar, in dem er sich Ausweisdokumente vorlegen lässt und überprüft, ob die zu identifizierende Person mit der ihm gegenüberstehenden Person identisch ist. Der Einflussbereich des einzelnen Bürgers beschränkt sich somit darauf, das Ausweisdokument vorzulegen. Die Identifizierung erfolgt ab dann jedoch durch den Notar, wohingegen sich der einzelne Bürger mit der elektronischen Identifizierungsfunktion eigenständig identifizieren *kann*. In einer Beurkundung muss aber die Möglichkeit bestehen, sich durch den Notar identifizieren zu *lassen*. Dies kann die elektronische Identifizierungsfunktion nicht gewährleisten. Angenommen, ein einzelner Bürger würde sich über das dargestellte System mit Hilfe der elektronischen Identifizierungsfunktion des Personalausweises identifizieren, dann müsste sich der Notar auf das Ergebnis des elektronischen Systems verlassen, ohne sich Gewissheit über die Personen des Beteiligten zu verschaffen, was § 10 Abs. 1 BeurkG jedoch verlangt.

Im Ergebnis ist festzuhalten, dass die Identifikation durch den elektronischen Personalausweis im Rahmen einer elektronischen notariellen Beurkundung kein ausreichendes Äquivalent zum analogen Identifizierungsvorgang darstellt. Es fehlt, wie schon bei dem Postident-Verfahren an einer Echtzeitidentifizierung von der identifizierten Person und jener Person, die die Erklärungen im Rahmen der mündlichen Verhandlung abgibt.

bb) Zwischenergebnis

Wird ein elektronischer Personalausweis bei der Gründung einer Aktiengesellschaft genutzt, wird dies dem Notar in der Regel nicht auffallen. Im Hintergrund kann die Aktiengesellschaft in Vollzug gesetzt und mit den kriminellen Vorhaben begonnen werden, ohne dass dies im Vorfeld verhindert werden kann. Der elektronische Personalausweis kann das geforderte Schutzniveau nicht erreichen. Zwar bestehen repressive Schutzmechanismen. Allerdings sind auch diese davon abhängig, dass die Täuschung bei der Gründung auffällt. Ihr effektiver Nutzen ist als gering zu bewerten.

c) Elektronischer Aufenthaltstitel

Bei dem Aufenthaltstitel handelt es sich um eine behördliche Erlaubnis, die Ausländern die Einreise und den Aufenthalt in der Bundesrepublik Deutschland ermöglicht, § 4 Abs. 1 S. 1 AufenthG. Ein solcher Aufenthaltstitel wird als eigenständiges Dokument mit einem elektronischen Speichermedium ausgestellt, § 78 Abs. 1 S. 1 AufenthG. Auf dem elektronischen Speichermedium lassen sich unter anderem ein Lichtbild und Fingerabdrücke hinterlegen (§ 78 Abs. 3 S. 1 Nr. 1, Nr. 4 AufenthG). Möglich ist, dass der elektronische Aufenthaltstitel als qualifizierte elektronische Signatureinheit (§ 78 Abs. 4 AufenthG) und als elektronischer Identitätsnachweis (§ 78 Abs. 5 AufenthG) genutzt werden kann.

Für EU-Ausländer bietet sich der elektronische Aufenthaltstitel jedoch nicht an. Denn diese sind keine Ausländer im Sinne des Aufenthaltsgesetzes gem. § 2 Abs. 1 AufenthG.[443] Dennoch soll die Funktionsweise des elektronischen Aufenthaltstitel dargestellt werden, um Rückschlüsse auf die Identifizierungsmöglichkeiten in einem elektronischen Beurkundungsverfahren ziehen zu können.

Die Identifizierung mit dem elektronischen Aufenthaltstitel gelingt wie mit dem elektronischen Personalausweis durch eine Zweifaktor-Identifizierung durch Besitz des Ausweisdokuments und Wissen der PIN.[444] Auch wenn es technisch möglich ist, das Lichtbild und die Fingerabdrücke auszulesen, wird die Übertragung dieser Daten den Identifizierungsvorgang nicht verbessern. Denn ohne eine audiovisuelle Echtzeitverbindung lässt sich das übermittelte Lichtbild mit dem tatsächlichen Erscheinungsbild nicht abgleichen.

Insoweit bringt die Identifizierung durch den elektronischen Aufenthaltstitel keine neuen Erkenntnisse. Wie auch schon zum elektronischen Personalausweis lässt sich resümieren, dass die im elektronischen Aufenthaltstitel verwendete Technik durchaus Potential hat, die Identifizierung bei einer elektronischen Beurkundung durch eine parallele audiovisuelle Echtzeitverbindung rechtssicher vollziehen zu kön-

443 BeckOKAuslR/*Eichenhofer* AufenthG § 1 Rn. 22

444 Zu den Schritten im Einzelnen vgl. G.II.2.b).

nen. Wird allein der elektronische Aufenthaltstitel genutzt, bleibt sein Potential im elektronischen Rechtsverkehr ungenutzt.

d) eID-Karte

Mit dem eID-Kartengesetz[445] möchte der deutsche Gesetzgeber eine Lücke im elektronischen Rechtsverkehr füllen. Handlungsbedarf bestand, weil es kein für Unionsbürger nutzbares elektronisches Identifizierungsmittel gab.[446] So konnten in Deutschland nur deutsche Staatsbürger und Ausländer mit Aufenthaltstitel eine elektronische Identifizierungsfunktion in Deutschland nutzen.[447] Von der Möglichkeit, sich online gegenüber Behörden auf elektronischem Wege zu identifizieren und dadurch E-Government-Dienstleistungen in Anspruch zu nehmen, waren EU-Ausländer in Deutschland bisher ausgeschlossen. Diese Lücke soll die eID-Karte schließen.

Die eID-Karte wird auf Antrag durch eine Behörde ausgestellt. Örtlich zuständig ist jene Behörde, in deren Bezirk der Antragssteller seinen Wohnsitz hat und meldepflichtig ist (§ 7 Abs. 1 eIDKG), für EU-Ausländer sind die vom Auswärtigen Amt bestimmten Auslandsvertretungen zuständig, in deren Bezirk sich die antragstellende Person oder der Karteninhaber für gewöhnlich aufhält (§ 7 Abs. 2 eIDKG). Die sachliche Zuständigkeit wird von den Bundesländern bestimmt (§ 6 Abs. 1 Nr. 1 eIDKG). Vor der Behörde muss sich der Antragssteller mit einem amtlichen Lichtbildausweis ausweisen (§ 8 Abs. 2 S. 3 eIDKG). Zumindest in diesem Zeitpunkt kann der zuständige Mitarbeiter der zuständigen Behörde feststellen, ob die sich ausweisende Person auch tatsächlich die Ausstellung der eID-Karte beantragt.

Ist die eID-Karte ausgestellt, so kann sich der Karteninhaber im elektronischen Rechtsverkehr gegenüber Behörden ausweisen. Die Identifizierung erfolgt sodann durch ein NFC[448]-fähiges Smartphone oder Lesegerät, auf welches der zu Identifizierende seine eID-Karte legt. Alle auf der eID-Karte gespeicherten Daten werden nun übermittelt

445 BGBl. 2019 I Nr. 23, S. 846.

446 BT-Drs. 19/8038, S. 1 f.

447 ZD-Aktuell 2019, 06570.

448 Hierbei handelt es sich um eine auf elektromagnetischer Induktion basierende kontaktlose Datenübermittlung.

(§ 12 Abs. 3 S. 2 eIDKG iVm § 18 Absatz 2 Satz 2, Absatz 3, 4 und 5 des PAuswG). Die Identifizierung basiert somit wie schon bei dem elektronischen Personalausweis aus einer Verknüpfung von Besitz und Wissen. Allerdings ist der Umfang der auf der eID-Karte gespeicherten und einlesbaren Dateien im Gegensatz zum elektronischen Personalausweis geringer. Zu den gespeicherten und ausgelesenen Daten zählen gem. § 4 Abs. 4 eIDKG:

- der Familien- und Geburtsname,
- der Vorname,
- der Ort und Tag der Geburt,
- die Wohnanschrift,
- die Staatsangehörigkeit,
- wenn vorhanden ein Ordens- oder Künstlername,
- die Dokumentart und
- der letzte Tag der Gültigkeitsdauer.

Neben den bereits aus der Analyse des elektronischen Ausweises und des elektronischen Aufenthaltstitels bekannten Problemen tritt folgende Besonderheit hinzu.

Auf der eID-Karte ist im Gegensatz zum elektronischen Personalausweis kein Bild hinterlegt, welches sich auslesen lässt.[449] Im Gegensatz zum elektronischen Personalausweis und dem elektronischen Aufenthaltstitel besteht mit der eID-Karte nicht einmal das Potential, in dem elektronischen Identifizierungsvorgang einer elektronischen Beurkundung eingesetzt zu werden. Das Identifizierungsniveau einer Präsenzbeurkundung lässt sich mit der eID-Karte nach der geltenden Gesetzeslage unter keinen Umständen erreichen.

Im Ergebnis eignet sich die eID-Karte für eine elektronische Beurkundung weniger als der elektronische Personalausweis und die elektronische Aufenthaltsgenehmigung. Mit den auf diesen elektronischen Identifizierungsmedien hinterlegten Lichtbildern und Fingerabdrücken besteht zumindest die theoretische Möglichkeit, die Auslesung dieser Daten auch einem Notar zu ermöglichen.

Dieses Problem lässt sich nur lösen, in dem auch ein biometrisches Passbild auf der eID-Karte hinterlegt wird, bestenfalls auch ein Finger-

449 Vgl. für den elektronischen Personalausweis unter anderem § 23 Abs. 3 PAuswG.

abdruck. Sodann können sich deutsche Staatsbürger, EU-Ausländer und Ausländer aus Drittstaaten im Rahmen einer notariellen Beglaubigung und Beurkundung gleichermaßen identifizieren.

Um eine Drei-Faktor-Authentifizierung mit der eID-Karte zu ermöglichen, ist auch § 4 Absatz 4 eID-Kartengesetz wie folgt zu ändern:

a) In Nummer 8 wird das Wort „und“ durch ein Komma ersetzt;
b) In Nummer 9 wird der Punkt am Ende durch das Wort „und“ ersetzt
c) Folgende Nummer 10 wird angefügt:
   „10. Lichtbild.“
d) § 12 Absatz 3 Satz 2 wird wie folgt gefasst: „Für die Einzelheiten der Datenübermittlung gelten die §§ 17 Satz 5 und 18 Absatz 2 Satz 2, Absatz 3, 4 und 5 des Personalausweisgesetzes entsprechend.“

e) Rechtslage bei nicht ausreichendem Identifizierungsniveau

Fraglich ist, welche Rechtsfolgen an die Nutzung eines elektronischen Personalausweises, eines elektronischen Aufenthaltstitel oder der e-ID-Karte als Nichtberechtigter geknüpft sind. Um die Rechtsfolgen darzustellen, ist zwischen drei Fallgruppen zu differenzieren:

- Zum einen sind Fälle zu beleuchten, in denen alle Gründer kriminelle Absichten verfolgen. Nach allgemeinen Grundsätzen liegt in diesen Fällen keine Identitätstäuschung vor. Die Ausführungen reduzieren sich auf die Auswirkungen, wie sich ein sittenwidriger oder gegen ein Verbotsgesetz verstoßender Unternehmensgegenstand oder Unternehmenszweck auf den Bestand der Aktiengesellschaft auswirkt. Im Folgenden werden Gründer mit kriminellen Absichten und solche, die von den kriminellen Absichten der Anderen Kenntnis haben als bösgläubig bezeichnet.
- Daneben treten jene Fälle, in denen die übrigen Gründer nicht eingeweiht sind und eine Identitätstäuschung nur einer Person vorliegt. Neben stellvertretungsrechtlichen Fragen werden auch Ausführungen zu den Auswirkungen eines sittenwidrigen bzw. gegen ein Verbotsgesetz verstoßenden Unternehmensgegenstandes/-zwecks folgen.

- Nicht zuletzt sind Fälle zu untersuchen, in denen die übrigen Gründer gutgläubig sind, aber keine Identitätstäuschung, sondern eine Namenstäuschung durch den Täuschenden gegeben ist. Auch hierbei ist auf die Rechtsfolgen eines sittenwidrigen bzw. gegen ein Verbotsgesetz verstoßenden Unternehmensgegenstandes/-zwecks einzugehen.

Die im Folgenden darzustellenden Problemkreise konzentrieren sich nicht auf Strohmanngründungen. Hierzu wird auf einschlägiges Schrifttum und Rechtsprechung verwiesen.[450] Zwar mag die Online-Identifikation Strohmanngründungen begünstigen.[451] Für die Beurteilung der Rechtsfolgen der dargestellten Fallgruppen sind Strohmanngründungen nicht weiter entscheidend. Von einer Strohmanngründung wird gesprochen, wenn der Vordermann im eigenen Namen tätig wird, die wirtschaftlichen Folgen einen Hintermann treffen sollen.[452] Identifiziert sich ein Nichtberechtigter mit einem elektronischen Personalausweis, einem elektronischen Aufenthaltsteil oder einer e-ID-Karte, handelt es sich um einen Fall, in denen ein Gründer unter fremden Namen tätig wird und eine Gesellschaft unter der angemaßten Identität gründet, der „Identitätsgeber" in das Vorhaben jedoch gerade nicht eingeweiht ist. In diesen Fällen liegt keine Strohmanngründung vor[453], verlangt diese doch gerade, dass der Handelnde im eigenen Namen, aber auf fremde Rechnung tätig wird[454]. Bedient sich jemand einer

450 Zur grundsätzlichen Zulässigkeit BGHZ 141, 207 = NJW 1999, 2504 (2595); UHL/*Ulmer*/*Löbbe* GmbHG § 2 Rn. 69; Scholz/*Cramer* GmbHG § 2 Rn. 68; einen Überblick liefern statt aller Baumbach/Hueck/*Fastrich* GmbHG § 1 Rn. 41; MüKoAktG/*Heider* § 2 Rn. 22.

451 *Eickelberg* NZG 2015, 81 (85 in Fn. 53); *Klumpen*, Die elektronische Gesellschaftsgründung über die Grenze, S. 269.

452 *Eickelberg* NZG 2015, 81 (85 in Fn. 53); *Klumpen*, Die elektronische Gesellschaftsgründung über die Grenze, S. 269.

453 So aber scheinbar nach *Eickelberg* NZG 2015, 81 (85 in Fn. 53); übernehmend *Klumpen*, Die elektronische Gesellschaftsgründung über die Grenze, S. 269.

454 Zur **GmbH** vgl. BayObLG Beschl. v. 30.5.1994 – 4 St RR 74/94, NJW 1994, 2967 (2968); Esser/Rübenstahl/Saliger/Tsambikakis/*Brand* GmbHG 5. Kapitel § 82 Rn. 41; MHLS/*Dannecker* GmbHG § 82 Rn. 38; UHL/*Ransiek* GmbHG § 82 Rn. 12; Scholz/*Tiedemann*/*Rönnau* GmbHG § 82 Rn. 42; Rowedder/Schmidt-Leithoff/*Schaal* GmbHG § 82 Rn. 9; MüKoGmbHG/*Altenhain* § 82 Rn. 17; Baumbach/Hueck/*Fastrich* GmbHG § 1 Rn. 40 ff.; zur **AG** vgl. MüKoAktG/*Heider* § 2 Rn. 22.

anderen Identität, so handelt er unter fremden Namen und auf eigene Rechnung.

aa) Alle Gründer sind bösgläubig

Sind alle Gründer bösgläubig und maßen sich die Identität einer anderen Person an, treten keine stellvertretungsrechtlichen Probleme auf. Denn ganz offensichtlich ist die Identität für die Gründer unerheblich. Ist die Identität unerheblich, so wenn sich der Handelnde eines Allerweltsnamen[455] bedient oder sich die Identität auf den Abschluss des Rechtsgeschäfts nicht auswirkt[456], liegt ein Eigengeschäft vor.[457]

Problematisch ist in diesen Fällen allerdings, dass die Gründer mit der Gesellschaftsgründung einen sittenwidrigen oder zumindest verbotswidrigen Zweck verfolgen.[458] Sie wollen Geld waschen oder terroristische Organisationen gründen. Täuscht ein Gründer über seine Identität, so wird er dies nur tun, damit der zu beurkundende Notar keinen Verdacht hegt.

Die Aktiengesellschaft wird aber nur dann in das Handelsregister eingetragen, wenn der Unternehmensgegenstand neutral gewählt wird. Denn andernfalls würde das Vorhaben dem Registergericht oder dem Notar direkt auffallen. Mithin weicht der Unternehmensgegenstand in der Satzung von dem tatsächlichen ab.

Um die Rechtsfolgen eines falsch angegebenen Unternehmensgegenstandes in der Satzung beleuchten zu können, ist weiter zu differenzieren. Es kann nur vermutet werden, wie die Geschäfte bei der Geldwäsche oder der Terrorismusfinanzierung ausgestaltet sind. Ziel der

455 BeckOKBGB/*Schäfer* § 164 Rn. 33; Staudinger/*Schilken* BGB Vor § 164 Rn. 88, 92; *Neuner* BGB AT § 49 Rn. 56; MüKoBGB/*Schubert* § 164 Rn. 140.

456 So z.B. bei Bargeschäften wie ein Autokauf, vgl. hierzu auch BGH NJW 2013, 1946, und dazu näher *Schwab* JuS 2014, 265; OLG Düsseldorf NJW 1989, 906 f.; MüKoBGB/*Schubert* § 164 Rn. 140; Soergel/*Leptien* BGB Band 2 BGB § 164 Rn. 25; *Giegerich* NJW 1986, 1975 f.; *Holzhauer* JuS 1997, 43 (48).

457 RGZ 95, 188 (190); BGH NJW-RR 1988, 814 (815); OLG Düsseldorf NJW 1989, 906 f.; OLG München NJW 2004, 1328 f.; LG Bonn NJW-RR 2012, 1008; MüKoBGB/*Schubert* § 164 Rn. 140; Grüneberg/*Ellenberger* BGB § 164 Rn. 12; Staudinger/*Schilken* BGB Vor § 164 Rn. 92; Soergel/*Leptien* BGB Band 2 § 164 Rn. 24; Flume BGB AT Band 2 § 44 IV.

458 Hierzu bereits unter G.II.2.e).

Geldwäsche ist es, die Herkunft des „schmutzigen" Geldes durch viele Transaktionen zu verschleiern.[459] Hierzu bieten sich viele Möglichkeiten. Durch den Kauf hochpreisiger Luxusartikel, aber auch dem Kauf von Kunstwerken kann das schmutzige Geld als Geldanlage geparkt werden, ehe es durch einen Wiederverkauf in den legalen Geldkreislauf gelangt.

(1) Hauptzweck ist neutral

Eine Möglichkeit besteht darin, das schmutzige Geld durch zwei Gesellschaften zu waschen. In einem ersten Schritt wird das schmutzige Geld der einen Gesellschaft in Geld zugeführt. So kann die andere Gesellschaft eine Beraterdienstleistung erbringen und wird im Gegenzug mit dem „schmutzigen" Geld entlohnt. Über die Beraterdienstleistung wird eine Rechnung erstellt. Da es sich um eine immaterielle Leistung handelt, ist es für Behörden schwer nachvollziehbar, ob die Beraterdienstleistung auch tatsächlich erbracht wurde. Sodann erfolgt eine Überweisung auf das Konto der anderen Gesellschaft. Dort kann der Betrag ausgezahlt werden. Das ausgezahlte Geld ist sodann „sauber".

Denkbar ist auch ein Ansatz, wonach eine eigentlich legalen Zwecken dienende Gesellschaft zur Geldwäsche genutzt wird. So kann beispielsweise ein Fußballverein in der Rechtform der AG der Geldwäsche dienen. Notwendige Einkäufe für den Fußballverein werden dann mit dem „schmutzigen" Geld finanziert und das Geld gelangt somit in den legalen Geldkreislauf.

In beiden dargestellten Fällen kann der satzungsrechtliche Unternehmensgegenstand sittlich neutral gewählt werden, ohne dass der satzungsrechtliche Unternehmensgegenstand vom tatsächlichen abweicht. Denn Beraterleistungen oder der Betrieb und die Verwaltung eines Fußballvereins sind zunächst sittlich neutrale Unternehmensgegenstände. Dass die Aktiengesellschaft zusätzlich einem sittenwidrigen Zweck dient, ist unerheblich. Der satzungsrechtliche Unternehmensgegenstand weicht in unseren Fällen nicht vom tatsächlichen ab, da er

459 *Moritz Eichhorn*, in: Frankfurter Allgemeine Zeitung, Geldwäsche im Möbelhaus, 14. April 2017, abrufbar unter: https://www.faz.net/aktuell/politik/inland/geldwaescher-gehen-neue-wege-14964108 (zuletzt aufgerufen am: 16.11.21, 12:04 Uhr).

offengelegt werden kann, ohne dass Verdacht geschöpft wird. Zwar dient die Aktiengesellschaft der Geldwäsche, der zum Zweck der Aktiengesellschaft führende Unternehmensgegenstand[460] ist aber sittlich neutral. Die Beurteilung der Nichtigkeit des Unternehmensgegenstandes und damit der Aktiengesellschaft hängt gerade nicht vom Zweck ab.[461] Ein sittenwidriger oder verbotswidriger Zweck macht die Aktiengesellschaft – wie auch die GmbH[462] – allerdings nicht automatisch nichtig.[463] Erforderlich ist, dass der sittenwidrige oder verbotswidrige Zweck im Einzelfall überwiegt.[464] Über den Bestand der Aktiengesellschaft entstehen in diesen Fällen Rechtsunsicherheiten.

(2) Hauptzweck ist sittenwidrig

Anders ist die Lage zu beurteilen, wenn mit der Aktiengesellschaft terroristische Organisationen unterstützt werden. Geschieht dies maßgeblich durch den Waffenhandel, so wird schon der Unternehmensgegenstand sittenwidrig bzw. verbotswidrig sein.

Der *tatsächliche* Unternehmensgegenstand ließe sich etwa mit „Dem An- und Verkauf von Waffen an terroristische Gruppen" umschreiben, wohl aber kaum der satzungsrechtliche. Damit ist die gesamte Satzung und damit auch die Aktiengesellschaft nichtig, da es an einer für

460 Zum Verhältnis von Gesellschaftszweck und Unternehmensgegenstand vgl. auch BayObLGZ 1975, 447 (447 aE); *Kort* NZG 2011, 929 (931); BeckOGKAktG/*Limmer* § 23 Rn. 34; *Römermann*, in: MünchAnwHdB-GmbHR § 2 Rn. 54; MünchKommAktG/*Heider* § 3 Rn. 15; MünchKommAktG/*Pentz* § 23 Rn. 71; Bürgers/Körber/*Körber* AktG § 23 Rn. 29; BeckOGKAktG/*Holzborn* § 179 Rn. 62; K. Schmidt/Lutter/*Seibt* AktG § 23 Rn. 34; Hüffer/Koch/*Koch* AktG § 23 Rn. 22.

461 Zur Abgrenzung von Unternehmensgegenstand und Zweck im Einzelnen vgl. *Kort* NZG 2011, 929 (931); Bürgers/Körber/*Körber* AktG § 23 Rn. 29 f.; GroßkommAktG/Röhricht/*Schall* Band 2 AktG § 23 Rn. 125 ff.; K. Schmidt/Lutter/*Seibt* AktG § 23 Rn. 34; Wachter/*Wachter* AktG § 23 Rn. 34 ff.; Grigoleit/*Vedder* AktG § 23 Rn. 25 ff.; *Carstens*/Gisewski CCZ 2009, 72; grundlegend *Tieves*, Der Unternehmensgegenstand der Kapitalgesellschaft, S. 13 ff.

462 *Kort* NZG 2011, 929 (931).

463 Rowedder/Schmidt-Leithoff/*Baukelmann* GmbHG § 75 GmbHG Rn. 14; Saenger/Inhester/*Nordmeyer*, GmbHG § 75 Rn. 15; MHLS/*Lieder*, 3. Aufl. 2017, GmbHG § 75 Rn. 13.

464 UHL/*Ulmer*/*Löbbe* GmbHG § 1 Rn. 42; Roth/Altmeppen/*Altmeppen* GmbHG § 1 Rn. 17.

die Eintragung notwendigen Satzungsbestimmung fehlt (§ 23 Abs. 3 Nr. 2 AktG).[465]

(3) Praktisches Problem

Problematisch ist für den Rechtsverkehr, dass das kriminelle Vorhaben nur sehr schwer auffällt. Die rechtliche Einordnung wirkt sich in der Praxis insofern nicht aus, als dass die kriminellen Vorhaben durch die Gründer unbemerkt starten können, wenn auch die Aktiengesellschaft nichtig ist. Sobald die Aktiengesellschaft im Handelsregister steht, kann sich der Rechtsverkehr auf den Bestand der Aktiengesellschaft verlassen (§ 15 HGB). Dies gilt auch unabhängig des Umstandes, dass die Eintragung die Sittenwidrigkeit oder den Verstoß gegen das Verbotsgesetz nicht heilt[466].

Die Gesellschaft kann sodann nur noch im Wege der Nichtigkeitsklage gem. §§ 275 ff. AktG gelöscht werden. Ob die sittenwidrigen oder verbotswidrigen Tätigkeiten den Tatbestand des auf Ausnahmefälle[467] zu beschränkenden Nichtigkeitstatbestandes der §§ 275 ff. AktG erfüllen, kann dahinstehen. Da die Tätigkeiten in jedem Fall gegen die guten Sitten verstoßen, wird auch die einheitlich geforderte Schwelle des § 241 Nr. 4 AktG[468] erreicht sein. Weil lediglich die Gesellschafter und jedes Mitglied von Vorstand und Aufsichtsrat anfechtungsbefugt sind, hilft die Möglichkeit der Anfechtungsbefugnis in den uns interessierenden Fällen nicht weiter. Denn verfolgen die Gründer im Einverständnis rechtswidrige Zwecke, haben sie am Bestand der Aktiengesellschaft maßgebliches Interesse.

Und auch die Amtslöschung gem. §§ 395, 397 FamFG ist kein geeignetes Mittel, eine unentdeckte Identitätstäuschung zur Ermöglichung von Geldwäsche oder Terrorismusfinanzierung zu verhindern. Die Amtslö-

465 BGH NJW 1992, 1826 (1826 lit. b aE); MüKoFamFG/*Krafka* § 397 Rn. 8.

466 Roth/Altmeppen/*Altmeppen* GmbHG § 1 Rn. 20.

467 Hierzu Hüffer/Koch/*Koch* AktG § 275 Rn. 11; eingehend MüKoAktG/*Koch* § 275 Rn. 21; iErg auch GroßkommAktG/*K. Schmidt* Band 12 § 275 Rn. 14; BeckOGKAktG/*Bachmann* § 275 Rn. 9.

468 Hüffer/Koch/*Koch* AktG § 275 Rn. 11; eingehend MüKoAktG/*Koch* § 275 Rn. 21; iErg auch GroßkommAktG/*K. Schmidt* Band 12 § 275 Rn. 14; BeckOGKAktG/*Bachmann*, § 275 Rn. 9.

schung kann in vielen Fällen zu spät erfolgen, nämlich erst dann, wenn die kriminellen Tätigkeiten mit der Aktiengesellschaft auffallen. Bis dahin könnten die Verantwortlichen die nun durch Eintragung errichtete Aktiengesellschaft zur Geldwäsche oder Terrorismusfinanzierung nutzen.

bb) Identitätstäuschung eines Gründers

Fälle, in denen die vorgetäuschte Identität eines Gründers für die Gründung einer Aktiengesellschaft entscheidend gewesen ist und die übrigen Gründer gutgläubig sind, werden dann problematisch, wenn die täuschende Partei nach der Gründung Einfluss auf das operative Geschäft der Aktiengesellschaft haben wird, sei es, weil er im Vorstand sitzt oder zu den einflussreicheren Investoren zählt. Nutzt er die Gesellschaft zu seinen kriminellen Zwecken, so ergibt sich folgende Rechtslage.

Die Wirksamkeit der Satzung hängt von der formgerechten[469] Genehmigung gem. § 182 Abs. 2 BGB des seiner Identität Bestohlenen ab. Zudem finden die stellvertretungsrechtlichen Regelungen (§§ 164 ff. BGB) einschließlich jener zur Haftung eines Stellvertreters ohne Vertretungsmacht analoge[470] Anwendung.[471] Im Ergebnis werden die wahren Gründer Gesellschafter, es sei denn, der Vertretene genehmigt das Rechtsgeschäft.[472]

---

469 GroßkommAktG/Röhricht/*Schall* Band 2 § 23 Rn. 88; Heidel/*Braunfels* AktG § 23 Rn. 2; K. Schmidt/Lutter/*Seibt* AktG § 23 Rn. 3; Bürgers/Körber/*Körber* AktG § 23 Rn. 10; Wachter/*Wachter* AktG § 23 Rn. 16; Grigoleit/*Vedder* AktG § 23 Rn. 15; BeckOGKAktG /*Limmer* § 23 Rn. 26; Hüffer/Koch/*Koch* AktG § 23 Rn. 12; MüKoAktG/*Pentz* § 23 Rn. 16; für die GmbH vgl. auch OLG Köln MDR 1995, 888 (888).

470 Zur analogen Anwendung der §§ 164 ff. BGB bei Identitätstäuschung durch Handeln unter fremden Namen vgl. statt aller BGH NJW 2013, 1946 Rn. 7; OLG Koblenz MDR 2014, 1378 (1379); Wertenbruch BGB AT § 28 Rn. 13; MüKoBGB/*Schubert* § 164 Rn. 144.

471 MüKoAktG/*Pentz* § 23 Rn. 184.

472 GK-AktG/*Röhricht*/*Schall* Band 2 § 23 Rn. 290; MüKoAktG/*Pentz* § 23 Rn. 187; Hölters/*Solveen* § 23 Rn. 37; nach **aA** soll, jedenfalls für die GmbH, der Vertreter auf Schadensersatz oder Erfüllung haften, so Baumbach/Hueck/*Fastrich* GmbHG § 2 Rn. 45.

Problematisch ist jedoch, dass das Handeln unter fremden Namen dem Notar in der Regel nicht auffallen wird. Es kommt also gar nicht zu der Situation, dass der Vertretene die Satzung genehmigt und in den Gesellschafterkreis eintritt. Aus der Sicht des Notars ist nicht erkennbar, ob er mit der durch den elektronischen Personalausweis, dem elektronischen Aufenthaltsteil oder der e-ID-Karte identifizierten Personen tatsächlich kommuniziert. Der Notar würde sich nur darauf verlassen können, dass die identifizierten Personen das Identifizierungsmittel besitzen und Kenntnis des PIN's haben. Wie bereits gezeigt, kann er nicht rechtssicher feststellen, ob er mit dieser identifizierten Person auch wirklich spricht. Und weil das Handeln unter fremden Namen bei der notariellen Beurkundung der Satzung nicht auffällt, ist es nicht unwahrscheinlich, dass die Aktiengesellschaft auch in das Handelsregister eingetragen wird: Wenn die Identitätstäuschung dem Notar nicht auffällt, so wird sie auch dem Registergericht nicht auffallen.

Das ist auch für die gutgläubigen Gründer ausschlaggebend. Denn der unter fremden Namen Handelnde zählt zum Gesellschafterkreis. Grundsätzlich kann der vollmachtlos Vertretene das Handeln des *falsus procurator* genehmigen, §§ 177 Abs. 1, 184 Abs. 1 BGB. Nach lebensnaher Betrachtung ist es allerdings ausgeschlossen, dass der Vertretene zeitnah das Rechtsgeschäft genehmigt. Dafür müsste er Kenntnis von der Identitätstäuschung erlangen. Es ist allerdings nicht zu erwarten, dass es dazu kommt. In der Regel wird der Vertretene keine Kenntnis von dem vollmachtlosen Handeln haben. Der unter fremden Namen Handelnde ist nach überwiegender Meinung im Schrifttum zur Übertragung seiner Aktien verpflichtet.[473] Allerdings ist dieser Schutzmechanismus davon abhängig, dass den gutgläubigen Gründern die Identitätstäuschung auffällt und sie die Übertragung der Aktien entsprechend einfordern.

Der Bestand der Aktiengesellschaft lässt sich nicht problemlos beseitigen. Die Regeln über die fehlerhafte Gesellschaft finden in Fällen einer Identitätstäuschung keine Anwendung, da der vollmachtlos Vertretene das Handeln des *falsus procurator* mangels Kenntnis nicht veranlasst

473 MüKoAktG/*Pentz* § 23 Rn. 184 mwN; Hölters/*Solveen* AktG § 23 Rn. 37.

hat.[474] Eine Ausnahme besteht in Fällen, in denen der Unternehmensgegenstand gegen ein Verbotsgesetz (§ 134 BGB) verstößt oder sittenwidrig (§ 138 BGB) ist.[475] Dass aber nur der Täuschende die Aktiengesellschaft unbemerkt zu eigenen Zwecken nutzt, wirkt sich auf den Bestand der Aktiengesellschaft nicht aus. Da die anderen Gründer gutgläubig sind, sind Unternehmensgegenstand und Unternehmenszweck nicht sittenwidrig oder verbotswidrig. Das kriminelle Handeln einer Person beeinflusst den Unternehmensgegenstand sowie den Unternehmenszweck nicht.[476] Die Aktiengesellschaft besteht wirksam und ist nicht nichtig.

cc) Gutgläubige Gründer ohne Identitätstäuschung

Maßt sich eine Person im Gründungsprozess die Identität irgendeiner Person an, liegt aber keine Identitätstäuschung vor, ist die Rechtslage übersichtlich.

Stellvertretungsrechtliche Wertungen bleiben außer Betracht. Da keine Identitätstäuschung gegeben ist, wird der Handelnde aus dem Rechtsgeschäft verpflichtet. Er gehört zum Gründerkreis, ohne dass der seiner Identität bestohlene das Rechtsgeschäft genehmigen kann.

Auch gesellschaftsrechtlich bestehen keine Besonderheiten. Da die übrigen Gründer gutgläubig sind, infizieren die sittenwidrigen oder verbotswidrigen Absichten des Einzelnen den Unternehmensgegenstand oder Unternehmenszweck der Aktiengesellschaft nicht. Die Überlegungen zu den Grundsätzen der fehlerhaften Gesellschaft bleiben im Gegensatz zu der soeben vorgestellten Fallgruppe außer Betracht.

Gemein ist der Fallgruppe mit den Übrigen, dass die Täuschung nicht auffallen wird. Es ist eher davon auszugehen, dass verbotswidrige oder sittenwidrige Vorhaben in einer Aktiengesellschaft je eher unter gehen, desto kleiner der Kreis der Eingeweihten ist. Im Ergebnis kann der

---

474 BGH NJW 2011, 66 mAnm *K. Schmidt* JuS 2010 918 (919).

475 Staub/*Schäfer* HGB § 105 Rn. 337; Habersack/Schäfer/*Schäfer* HGB § 105 Rn. 337; MüKoHGB/*K. Schmidt* § 105 Rn. 237; *K. Schmidt* GesR § 6 III 3; Westermann/Wertenbruch/*H. P. Westermann* PersGes-HdB Rn. I 227; Grunewald GesR § 1 Rn. 177 f.; *Schäfer*, Die Lehre vom fehlerhaften Verband, 2002, 257 ff.; Ebenroth/Boujong/Joost/Strohn/*Wertenbruch* HGB § 105 Rn. 317.

476 Roth/Altmeppen/*Altmeppen* GmbHG § 1 Rn. 17.

Täuschende die Aktiengesellschaft vorerst zu sittenwidrigen oder verbotswidrigen Zwecken nutzen, ehe die Täuschung bzw. die kriminellen Tätigkeiten auffallen.

dd) Keine Haftung des Berechtigten

Zudem ist fraglich, ob der berechtigte Inhaber des elektronischen Identifizierungsmediums für möglicherweise entstandene Schäden haftet oder strafrechtlich zur Verantwortung gezogen werden kann.

(1) Strafrechtliche Verantwortung

In Betracht kommt zunächst eine strafrechtliche Verantwortung des berechtigten Inhabers des elektronischen Identifizierungsmittels. Wird mit der Aktiengesellschaft Geld gewaschen, könnte ihm der Vorwurf fahrlässiger Geldwäsche gem. § 261 Abs. 6 StGB gemacht werden. Danach wird mit Freiheitsstrafe bis zu zwei Jahren oder mit Geldstrafe bestraft, wer in den Fällen des Absatzes 1 oder 2 leichtfertig nicht erkennt, dass es sich um einen Gegenstand nach Absatz 1 handelt. Allerdings entbindet § 261 Abs. 5 StGB nur von der Kenntnis der Herkunft des Gegenstandes, im Übrigen muss zumindest bedingter Vorsatz hinsichtlich der übrigen objektiven Tatbestandsmerkmale vorliegen.[477] Kenntnis bezüglich des Gegenstandes und/oder der Tathandlung hat ein Bürger keinesfalls, der seinen Ausweis verliert oder verleiht. Eine strafrechtliche Verantwortung gem. § 261 Abs. 6 StGB entfällt.

Allerdings hat der berechtigte Ausweisinhaber den Verlust des Ausweises rechtzeitig anzuzeigen. Andernfalls droht ein Bußgeld (§ 32 Abs. 1 Nr. 7 PAuswG). Dies gilt auch für den berechtigten Inhaber der e-ID-Karte (§§ 20 Abs. 1 Nr. 3, 24 Abs. 1 Nr. 3 eIDKG) bzw. des elektronischen Aufenthaltstitels (§ 77 Nr. 5 AufenthV).

(2) Zivilrechtliche Schadensersatzpflicht

Zudem ist fraglich, ob der berechtigte Ausweisinhaber etwaig entstandene Schäden zu ersetzen hat. In Betracht kommt eine deliktische

---

477 Näheres MüKoStGB/*Neuheuser* § 261 Rn. 97; Lackner/Kühl/*Kühl* StGB § 261 Rn. 13.

Haftung nach § 823 Abs. 1 BGB und nach § 823 Abs. 2 BGB wegen Verletzung einer Verkehrssicherungspflicht.

Der Ausweisinhaber hat einen Verlust anzuzeigen (§ 27 Abs. 1 Nr. 3 PAuswG) und die PIN ausreichend zu sichern (§ 27 Abs. 2 PAuswG).[478] Auch wenn sich dies nicht unmittelbar aus dem PAuswG ergibt, so tritt die Pflicht hinzu, zumutbare Maßnahmen zur Sicherung des Ausweises zu treffen.[479] Dies sind Verkehrssicherungspflichten, die der Ausweisinhaber verletzen kann.[480]

Hinzutreten allgemeine Verkehrssicherungspflichten eines jeden Internetnutzers zur Sicherung des Datenverarbeitungssystems. Um seinen Computer vor Hackerangriffen zu schützen, hat ein Internetnutzer seinen Computer ausreichend vor Viren zu schützen[481], eine Firewall zu installieren[482], aktive Firewalls zumindest nicht zu löschen[483] und sein Betriebssystem, zumindest wenn möglich[484], auf dem neusten Stand zu halten[485]. Diese Verkehrssicherungspflichten betreffen weniger den Verlust des Ausweises, als vielmehr die Nutzung des Ausweises im elektronischen Rechtsverkehr. Deswegen werden diese nicht weiter beleuchtet.

Für eine Haftung des Ausweisinhabers gem. § 823 Abs. 1 BGB wird es im Regelfall an einer Rechtsgutsverletzung fehlen. Nutzt ein Dritter

---

478 Zur PIN-Aufbewahrung vgl. *Borges*, Rechtsfragen der Haftung im Zusammenhang mit dem elektronischen Identitätsnachweis, S. 135; zur Verlustanzeige vgl. *Borges*, Rechtsfragen der Haftung im Zusammenhang mit dem elektronischen Identitätsnachweis, S. 136.

479 Zur Begründung im Detail *Borges*, Rechtsfragen der Haftung im Zusammenhang mit dem elektronischen Identitätsnachweis, S. 137 f.

480 Ausführlich *Borges*, Rechtsfragen der Haftung im Zusammenhang mit dem elektronischen Identitätsnachweis, S. 144 ff.

481 *Ernst* CR 2006, 590 (593 aE); *F. Koch* CR 2009, 485 (488 f.); *Libertus* MMR 2005, 507 (509) f.; *Mantz* K&R 2007, 566 (570); *D. Werner* K&R 2008, 554 (556). Differenzierend hingegen *R. Koch* NJW 2004, 801 (803 ff.); einen Überblick liefert *Borges*, Rechtsfragen der Haftung im Zusammenhang mit dem elektronischen Identitätsnachweis, S. 132.

482 LG Köln MMR 2008, 259 (261); *Ernst* CR 2006, 590 (593 aE); *F. Koch* CR 2009, 485 (487 f.); *Libertus* MMR 2005, 507 (510); *Meder/Blissenbach* EWiR 2008, 243 (244); *Mühlenbrock/Dienstbach* MMR 2008, 630 (631).

483 AG Wiesloch MMR 2008, 626, (627).

484 LG Köln MMR 2008, 259 (261); im Ergebnis auch *Karper* DuD 2006, 215 (217).

485 *Spindler*, BSI-Studie, S. 129 f.

einen fremden Ausweis und gründet damit eine Aktiengesellschaft, um Geld zu waschen, schädigt dieser Vorgang allein noch keine Rechtsgüter eines Dritten iSd § 823 Abs. 1 BGB.

Wird die Aktiengesellschaft zu gesetzeswidrigen Zwecken genutzt, können Rechtsgutsverletzungen auftreten, wenn durch die Aktiengesellschaft terroristische Organisation unterstützt werden. Allerdings fehlt es dann an der haftungsbegründenden Kausalität. Die Verletzung einer Verkehrssicherungspflicht mag kausal für die Rechtsgutsverletzung sein. Allerdings steht sie mit dieser in keinem adäquaten Ursachenzusammenhang. Die Tötung oder Verletzung eines Menschen durch einen terroristischen Akt, der über die Aktiengesellschaft finanziert wurde, liegt außerhalb des nach allgemeiner Lebenserfahrung Vorhersehbaren. Der Ausweisinhaber hat einen Gefahrenbereich durch den Verlust des Ausweises eröffnet. Allerdings spiegelt sich dieser Verlust nicht in der konkreten Rechtsgutsverletzung nieder.

Eine Haftung aus § 823 Abs. 2 BGB hängt davon, ob im Einzelfall ein Schutzgesetz verletzt wurde. Ein Schutzgesetz darf individuelle Rechtsgüter nicht bloß reflexartig schützen, sondern ihren Schutz gerade zum Hauptzweck erheben. Ein solches Schutzgesetz könnte § 27 PAuswG sein. Dies ist zweifelhaft. Bisher existierende Gesetzesbegründungen[486] zu § 27 PAuswG geben diesbezüglich keinen Aufschluss.

Gesetzübergreifend ist der § 15 Nr. 3 PassG zu erwähnen. Dieser ist parallel zu § 27 Abs. 1 Nr. 3 PAuswG ausgestaltet, diente für diesen als Vorbild[487] und bezweckt den Schutz der öffentlichen Sicherheit und Ordnung[488], bezweckt demnach nicht dem Schutz individueller Rechtsgüter, sondern der Allgemeinheit. Auch wenn der Einzelne Teil des Gesamtsystems ist, ist der Schutz bloß reflexartig. Dies spricht gegen die Einordnung als Schutzgesetz. Zudem lässt sich der Kreis potentiell Geschädigter nicht begrenzen. Der Ausweisinhaber stünde einer unbestimmten Vielzahl an Geschädigten gegenüber. Das Haftungsrisiko wäre im Vergleich des damit einhergehenden Schutzes unverhältnis-

486 BT-Drs. 16/10489 S. 45 f.; BT-Drs. 18/11279, S. 31.

487 BT-Drs. 16/10489 S. 45.

488 Vgl. hierzu die Gesetzesbegründung zur Vorgängervorschrift § 14 Nr. 3 PassG des aktuellen § 15 Nr. 3 PassG, BT-Drs. 10/3303 S. 15.

mäßig ausgeweitet.[489] Weitere Schutzgesetze sind nicht ersichtlich. Im Ergebnis entfällt auch eine Haftung des berechtigten Ausweisinhabers gem. § 823 Abs. 2 BGB.

f) De-Mail-Dienste

De-Mail-Dienste sind elektronische Kommunikationsplattformen, die einen sicheren, vertraulichen und nachweisbaren Geschäftsverkehr für jedermann im Internet sicherstellen sollen (§ 1 De-Mail-Gesetz). Neben einem Versand- und Postfachdienst (§ 5 De-Mail-Gesetz), können über die De-Mail-Dienste auch Identitätsbestätigungsdienste (§ 6 De-Mail-Gesetz) und Verzeichnungsdienste (§ 7 De-Mail-Gesetz) angeboten werden.

Für den gewählten Untersuchungsgegenstand ist allein der Identitätsbestätigungsdienst gem. § 6 De-Mail-Gesetz von Bedeutung. Die zur Abwicklung der elektronischen Dienste erforderliche technische Infrastruktur wird dezentral durch private Anbieter zur Verfügung gestellt, nicht jedoch zentral vom Staat vorgegeben. Wie schon im Rahmen der Untersuchung des Postident-Verfahrens angemerkt wurde, ist dies ein Ausschlusskriterium für ein elektronisches Beurkundungsverfahren.[490] Dennoch soll das Verfahren dargestellt werden, um weitere Erkenntnisse für die Identifizierung im elektronischen Rechtsverkehr zu erarbeiten und diesen Prozess auf seine Möglichkeiten hin zu untersuchen, die elektronische Identifizierung in einer elektronischen Beurkundung zu gestalten und entsprechend für Notare hoheitlich zur Verfügung zu stellen.

Damit ein De-Mail-Dienst angeboten werden kann, muss sich der private Dienstleister auf Antrag durch das Bundesamt für Informationstechnik akkreditieren lassen (§§ 17, 2 De-Mail-Gesetz). Hierzu muss der private Dienstleister darlegen, dass er die für den Betrieb von De-Mail-Diensten erforderliche Zuverlässigkeit und Fachkunde besitzt (§ 18 Abs. 1 Nr. 1 De-Mail-Gesetz), eine geeignete Deckungsvorsorge trifft, um seinen gesetzlichen Verpflichtungen zum Ersatz von Schäden

---

489 *Borges*, Rechtsfragen der Haftung im Zusammenhang mit dem elektronischen Identitätsnachweis, S. 164.

490 Zum Postident-Verfahren vgl. G.II.2.a).

nachzukommen (§ 18 Abs. 1 Nr. 2 De-Mail-Gesetz), die technischen und organisatorischen Anforderungen erfüllt und er die Dienste zuverlässig und sicher erbringt, sowie mit den anderen akkreditierten Diensteanbietern zusammenwirkt und für die Erbringung der Dienste ausschließlich technische Geräte verwendet, die sich im Gebiet der Mitgliedstaaten der Europäischen Union oder eines anderen Vertragsstaates des Abkommens über den Europäischen Wirtschaftsraum befinden (§ 18 Abs. 1 Nr. 3 De-Mail-Gesetz) und bei der Gestaltung und dem Betrieb der De-Mail-Dienste die datenschutzrechtlichen Anforderungen erfüllt (§ 18 Abs. 1 Nr. 4 De-Mail-Gesetz).[491]

Möchte sich eine Person über den De-Mail-Dienst im Rechtsverkehr identifizieren, so werden die in dem De-Mail-Dienst-Account hinterlegten Daten versendet (§ 6 Abs. 1 S. 3 De-Mail-Gesetz). Hierzu zählen bei natürlichen Personen der Name, der Geburtsort, das Geburtsdatum und die Anschrift.

Um sich über De-Mail-Dienste gem. § 6 De-Mail-Gesetz zu identifizieren, muss bei einem Diensteanbieter zunächst ein Account erstellt werden. Bei der Eröffnung eines De-Mail-Kontos werden die Nutzer durch einen Mitarbeiter des privaten Dienstleisters identifiziert. Hierzu können die Nutzer einen amtlichen Lichtbildausweis vorlegen (§ 3 Abs. 3 Nr. 1 lit. a) De-Mail-Gesetz), die elektronische Identifizierungsfunktion des Personalausweises nutzen (§ 3 Abs. 3 Nr. 1 lit. c) De-Mail-Gesetz), aber auch eine qualifiziert elektronische Signatur verwenden (§ 3 Abs. 3 Nr. 1 lit. d) De-Mail-Gesetz). Nach hier vertretener Auffassung bestehen damit bei der Eröffnung eines Accounts ganz unterschiedliche Identifizierungsniveaus. Während die Vorlage eines Personalausweises der Identifizierungspflicht eines Notars in einer Beurkundung genügt, kann die elektronische Identifizierungsfunktion des Personalausweises dieses Identifikationsniveau nicht gewährleisten. Denn durch Vorlage eines Personalausweises wird ein Nutzer durch den Diensteanbieter identifiziert, während sich ein Nutzer gegenüber dem Diensteanbieter selbstständig identifiziert, wenn er die elektronische Identifizierungsfunktion des Personalausweises gem. § 18 PAuswG verwendet.[492]

491 Zu den einzelnen Voraussetzungen vgl. auch § 18 Abs. 2–4 De-Mail-Gesetz.

492 Hierzu bereits unter G.II.2.b)aa).

Zudem ist problematisch, dass keine fortlaufende Identifizierung des De-Mail-Kontoinhabers vorgesehen ist. Sie geschieht einmalig, wenn der Nutzer seinen Account eröffnet. Es besteht keine gesetzliche Pflicht des Inhabers, seine Daten immer auf dem neusten Stand zu halten. Somit besteht keine Sanktion für den Fall, dass der Inhaber die Aktualisierung seiner Daten versäumt. Doch selbst wenn eine solche gesetzliche Pflicht bestünde, wäre für den Rechtsverkehr nicht einsehbar, ob der Inhaber seiner Pflicht nachgekommen ist. Der Gesetzgeber hat lediglich vorgesehen, dass der private Dienstanbieter Maßnahmen zu ergreifen hat (§ 3 Abs. 5 De-Mail-Gesetz), um eine fortlaufende Aktualisierung von Daten sicherzustellen. Hierzu wird beispielhaft genannt, dass der private Dienstleister mit seinen Nutzern vertraglich vereinbaren kann, dass sie ihre Daten fortlaufend auf dem neusten Stand halten.[493] Eine fehlende Pflicht zur laufenden Aktualisierung eingepflegter Daten ist ein Umstand, der vor allem bei juristischen Personen gravierende Folgen nach sich zieht. Die Handelsregisterpraxis zeigt, dass sich die Daten einer juristischen Person während ihres Lebenszyklus oft ändern.[494] Sind juristische Personen nicht dazu angehalten, die Daten fortlaufend zu aktualisieren, so erhöht sich die Gefahr des Identitätsmissbrauchs.[495]

Fraglich ist nun, ob sich der elektronische Identifizierungsvorgang über einen Account nach Vorbild der De-Mail-Dienste in einer elektronischen Beurkundung eignen würde.

Es wäre denkbar, dass sich jeder Bürger bei der Bundesnotarkammer einen ähnlichen Account erstellen lassen könnte. Eine entsprechende digitale Infrastruktur müsste hierzu erarbeitet und von der Bundesnotarkammer verwaltet werden. Bei der Eröffnung eines solchen Accounts müssten sich die Nutzer sodann identifizieren. Damit werden die Probleme, die in einer elektronischen Beurkundung bei der elektronischen Identifizierung durch elektronische Identifizierungsmittel auftreten, allerdings nur zeitlich nach vorne verlagert. Denn nun

493 Begr. d. BReg., BT-Drs. 17/3630, S. 27.

494 *Lapp* DuD 2009, 651 (654); Deutscher Notarverein, Stellungnahme zum De-MailG, S. 8 f.

495 Deutscher Notarverein, Stellungnahme zum De-MailG, S. 8 f.; *Klumpen*, Die elektronische Gesellschaftsgründung über die Grenze, S. 265.

müsste sich ein Nutzer gegenüber der Bundesnotarkammer bei Eröffnung des Accounts identifizieren lassen und nicht erst im Rahmen der Beurkundung.

Zusätzlich würden weitere Probleme auftreten. Denn im Rahmen der elektronischen Beurkundung würde die Identifizierung über diesen Account der Identifizierungspflicht eines Notars in einer Beurkundung nicht genügen, weil die Person sich eigenständig identifiziert und der Notar auf das übermittelte Validierungsergebnis vertrauen muss. Damit fehlt es bereits an dem ersten Merkmal der Identifizierungspflicht in einer Beurkundung, nach welcher sich der Notar eigenständig Gewissheit über die Personen verschaffen muss.

Zudem kann nicht sichergestellt werden, dass die einmal beim Erstellen des Kontos identifizierte Person den Identitätsbestätigungsdienst zu einem späteren Zeitpunkt tatsächlich nutzt. Damit bliebe für den beurkundenden Notar auch fraglich, ob die Willenserklärungen der anfangs identifizierten Person beurkundet werden. Die erforderliche Personenidentität kann nicht festgestellt und eine zuverlässige Identifizierung der Gründer über ein solches Identifizierungsverfahren nicht garantiert werden[496].

Es ist festzuhalten, dass ein Identifizierungsvorgang nach dem Vorbild der De-Mail-Dienste der Identifizierungspflicht eines Notars in einer elektronischen Beurkundung nicht gerecht wird.

g) Abschließende Bewertung

Insbesondere grenzüberschreitende Gründungen verdeutlichen[497], dass eine ausreichende Identifizierung durch den Notar unerlässlich ist, um kriminelle Vorhaben der Gründer zu verhindern. Nur wenn die Gründer ihre Identität gegenüber einem Notar offenlegen, können kriminelle Machenschaften im Bereich der Geldwäsche, Terrorismusfinanzierung oder Steuerdelikte probat verhindert werden.[498] Die Identifizierung nach einer Drei-Faktor-Authentifizierung durch Besitz,

496 So auch *Eickelberg* NZG 2015, 81 (85).

497 *Teichmann* GmbHR 2018, 1 (10); *Bormann/Stelmaszczyk* ZIP 2018, 764 (772); *Bormann* ZGR 2017, 621 (644 f.); *Wolf* MittBayNot 2018, 510 (522).

498 So auch die Deutscher Notarverein, Stellungnahme zum De-MailG, S. 3.

Wissen und dem Echtzeitabgleich übermittelter Daten bei audiovisueller Echtzeitverbindung ist das einzige Mittel, um den analogen Identifizierungsprozess in einer Beurkundung digital ohne Einbußen an Rechtssicherheit abbilden zu können. Verlässt man sich bei der Online-Gründung von Aktiengesellschaften auf eine Zwei-Faktor-Authentifizierung durch Besitz und Wissen, wird man nicht hinnehmbare Einbußen an Rechtssicherheit mit zum Teil weitreichenden kriminellen Folgen erfahren. Hinzutritt, dass im Falle eines Missbrauchs eines Zwei-Faktor-Authentifizierungsmittels im Regelfall niemand haftet und die mit der Identitätstäuschung einhergehenden Folgen somit wirtschaftlich nicht adäquat neutralisiert werden können, schon gar nicht die allgemeingefährlichen kriminellen Machenschaften.

Im Rahmen einer elektronischen Beurkundung kann sich der Notar nicht auf eine Zwei-Faktor-Identifizierung beschränken. Damit wäre ein Beurkundungsverfahren zweiter Klasse geschaffen. Es muss gewährleistet sein, dass der Notar sicherstellen kann, dass die durch den elektronischen Personalausweis identifizierte Person auch tatsächlich die Erklärungen im Rahmen der Gesellschaftsgründung abgibt. Damit der Notar die Identität der Beteiligten sicher feststellen kann, muss nachprüfbar sein, wer sich auf elektronischem Wege identifiziert. Mit der Identifizierungspflicht eines Notars in einer Beurkundung wäre es unvereinbar, wenn sich die Beteiligten eigenständig identifizieren könnten. Nur wenn diese zwei Aspekte in einer elektronischen Beurkundung eingehalten werden, ist der dem Beurkundungsverfahren immanenten Identifizierungspflicht eines Notars genüge getan.[499]

Dies führt zu dem Ergebnis, dass der Notar einen elektronischen Ausweis auslesen und das Erscheinungsbild in Echtzeit überprüfen können muss. Keines der dargestellten elektronischen Identifizierungsmittel kann dies gewährleisten. Neben ein elektronischen Identifizierungsmedium muss notwendigerweise eine audiovisuelle Echtzeitverbindung treten. Der elektronische Personalausweis wie Aufenthaltstitel eignen sich hierzu, da auf beiden elektronischen Speichermedien ein biometrisches Lichtbild hinterlegt und ausgelesen werden kann. Durch eine audiovisuelle Echtzeitverbindung kann der Notar sodann sichergehen, dass die durch den elektronischen Identitätsnachweis identifi-

499 Hierzu bereits unter G.II.1.

zierte Person auch tatsächlich mit ihm kommuniziert und die im späteren Beurkundungsverlauf erklärten Willenserklärungen abgibt. Nur die Kombination einer elektronischen Auslesung eines elektronischen Personalausweises und eine audiovisuelle Echtzeitverbindung kann sicherstellen, dass die Identität im Rahmen einer Online-Beurkundung festgestellt werden kann und ein Beurkundungsverfahren zweiter Klasse verhindern.

Hierbei birgt der elektronische Personalausweis noch weitergehendes Potential in sich. Zu den auf dem Speichermedium des elektronischen Personalausweises gespeicherten Daten zählen neben dem Lichtbild auf Antrag auch ein Fingerabdruck des linken und des rechten Zeigefingers, § 5 Abs. 9 PAuswG. Ein erhöhtes Sicherheitsniveau wäre erreicht, wenn der Notar den Fingerabdruck und das biometrische Passbild auslesen und mit dem Erscheinungsbild über eine audiovisuelle Echtzeitverbindung abgleichen kann. Hierzu müsste die zu identifizierende Person ein Gerät besitzen, welches Fingerabdrücke scannt und an den Notar übermittelt. Die Notariate müssten mit einer Software ausgestattet werden, mit denen sich die eingelesenen und übermittelten Fingerabdrücke abgleichen lassen. Allerdings ist die Hinterlegung der Fingerabdrücke auf dem elektronischen Personalausweis freiwillig und erfolgt nur auf Antrag, § 5 Abs. 9 PAuswG. Die Akzeptanz der eID-Funktion des Personalausweises war ohnehin gering. Gerade einmal ein Drittel ließ sich diese elektronische Identifizierungsfunktion 2017 überhaupt freischalten.[500] So ist davon auszugehen, dass noch weniger Menschen ihren Fingerabdruck auf dem Personalausweis hinterlegt haben. Erhebt man nun das Auslesen des Fingerabdrucks zum Standard bei einer elektronischen Beurkundung, so wäre eine Vielzahl von Bürgern von der Online-Funktion ausgeschlossen.

Ändert sich die Akzeptanz in Zukunft, ist jedenfalls zu empfehlen, das elektronische Auslesen des Fingerabdrucks in den Prozess der elektronischen Beurkundung einzubinden. Denn die Identifizierung durch den Fingerabdruck hat entscheidende Vorteile gegenüber dem Abgleich des Lichtbildes mit dem Erscheinungsbild. Das Erscheinungsbild einer Person kann sich über die Jahre verändern. So ist es durchaus denkbar, dass das auf dem Personalausweis hinterlegte

500 *Holznagel* MMR 2017, 365 (365 f.).

Bild deutlich vom Erscheinungsbild abweicht und die Person nicht wiederzuerkennen ist. Zudem können insbesondere Geschwister oder nahe Verwandte einem Personalausweisbild ähneln. Gewiss sind dies beides Probleme, die ebenso in einer Präsenzbeurkundung auftreten können. Demgegenüber hat der Fingerabdruck entscheidende Vorteile. Jeder Fingerabdruck ist einmalig und ein Fingerabdruck verändert sich im Laufe des Lebens nicht wesentlich.[501] Das Auslesen des Fingerabdrucks in Kombination mit dem Vergleich von Lichtbild und Erscheinungsbild kann die Identifizierung noch einmal auf ein höheres Niveau heben.

Hingegen erreicht die Identifizierung über die eID-Karte nicht das geforderte Identifikationsniveau. Das Problem lässt sich beheben, in dem auf dem elektronischen Speichermedium der eID-Karte ein biometrisches Passbild hinterlegt wird. Bis dahin müssen sich EU-Ausländer mit dem elektronischen Reisepass behelfen.[502]

3. Zwischenergebnis: Bestätigung des § 16c BeurkG-E

Die an der Gründung einer GmbH beteiligten Personen werden im Online-Gründungsverfahren nach § 2 Abs. 3 GmbHG-E unter Einsatz elektronischer Fernkommunikationssysteme in einem elektronischen Identifizierungsverfahren identifiziert. Dabei haben die Notare für die nach § 10 BeurkG gebotene Identifizierung der Beteiligten auf das von der Bundesnotarkammer gem. § 78p BNotO-E bereitgestellte Videokommunikationssystem zurückzugreifen. Das elektronische Identifizierungsverfahren ist weiter in § 16c BeurkG-E ausgestaltet worden und erfolgt durch Besitz, Wissen und einem Echtzeitabgleich übermittelter biometrischer Daten über eine audiovisuelle Echtzeitverbindung. Damit genügt das elektronische Identifizierungsverfahren der dem deutschen Recht immanenten Identifizierungspflicht in einer Beurkundung. Das Verfahren gewährleistet zum einen, dass der Notar sich Gewissheit über die Beteiligten verschaffen kann, in dem er die Personenidentität zwischen der identifizierten und erklärenden Person

501 Spektrum der Wissenschaft, August 2010, S. 97 ff.
502 *Stelmaszczyk/Kienzle* ZIP 2021, 765 (770).

feststellt. Zudem erfolgt die Identifizierung durch den Notar. Im Detail gilt folgendes.

Fortan ist es den Notaren über das von der Bundesnotarkammer betriebene Videokommunikationssystem möglich, die Videokommunikation mit den Beteiligten und technisch abzuwickeln (§ 78p Abs. 2 Nr. 1 BNotO-E), den elektronischen Identitätsnachweis technisch durchzuführen (§ 78p Abs. 2 Nr. 2 BNotO-E), ein elektronisches Speicher- und Verarbeitungsmedium nach § 16c S. 2 BeurkG auszulesen (§ 78p Abs. 2 Nr. 3 BNotO-E) und eine qualifiziert elektronische Signatur zu erstellen (§ 78p Abs. 2 Nr. 4 BNotO-E). In einem elektronischen Beurkundungsverfahren hat der Notar ein elektronisch übermitteltes Lichtbild auszulesen, unter Rückgriff auf einen elektronischen Identitätsnachweis nach § 18 des Personalausweisgesetzes, nach § 12 des eID-Karte-Gesetzes oder nach § 78 Absatz 5 des Aufenthaltsgesetzes oder eines elektronischen Identifizierungsmittels, das von einem anderen Mitgliedstaat der Europäischen Union ausgestellt wurde, § 16c S. 1, Nr. 1, 2 BeurkG-E. Hat der Notar das Lichtbild ausgelesen, so erfolgt in einem nächsten Schritt ein Abgleich von diesem übermittelten Lichtbild mit dem über das Videokommunikationssystems übermittelte Erscheinungsbild.[503]

Die eID-Karte eignet sich hierzu allerdings nur bedingt. Denn auf dieser ist kein Lichtbild hinterlegt. Mit dem elektronischen Aufenthaltstitel können sich nur Drittstaatenangehörige identifizieren. Damit bleibt Deutschen nur der elektronische Personalausweis und Unionsbürgern ein elektronisches Identifizierungsmittel, auf welchem ein elektronisch auslesbares biometrisches Lichtbild hinterlegt ist.

Die Kombination von Lichtbild und Videokommunikationssystem soll nach der Intention des Gesetzgebers verhindern, mit der elektronischen Beurkundung eine Beurkundung zweiter Klasse zu schaffen.[504] Für die Online-Gründung einer GmbH müssen die Notare auf das von der Bundesnotarkammer gem. §§ 78p-q BNotO verwaltete Videokommunikationssystem nutzen. Dieses ist in dem Online-Gründungsportal implementiert, welches in einem Online-Gründungsverfahren fortan als interaktiver Kommunikationsplatz zwischen dem Notar und

503 BegrRegE z. DiRUG, S. 139.

504 BegrRegE z. DiRUG, S. 134.

den Beteiligten dient. Hierüber werden zukünftig die Videokonferenzen abgehalten und die notwendigen Dokumente ausgetauscht und bereitgestellt. Auf privaten Videokonferenztools wie CiscoWebex oder Zoom dürfen die Notare ausdrücklich nicht zurückgreifen.[505] So erhofft sich die Bundesnotarkammer das Entstehen datenschutzrechtlicher Problemkreise zu unterbinden sowie Manipulationen und Sicherheitslücken klein halten zu können.[506] Zudem ließe sich der hoheitliche Charakter der amtlichen Tätigkeiten von Notaren als Organen der präventiven Rechtspflege nicht aufrechterhalten, würden private Tools von Drittanbietern für die Videokommunikation nutzbar sein.[507]

Auf dem Online-Gründungsportal der Bundesnotarkammer[508] kann einer Checkliste entnommen werden, welche technischen Geräte und Voraussetzungen jeder Gründer mitbringen muss, um das Videokommunikationssystem für die elektronische Gründung nutzen zu können. Zum einem wird ein Computer, Laptop oder ein Tablet mit funktionierender und stabiler Internetverbindung gebraucht. Für die Auslesung der elektronischen Identifizierungsmittel (eID und Lichtbild) wird zum einen ein Smartphon benötigt. Daneben müssen die Beteiligten im Besitz eines für den Lichtbildabgleich notwendigen auslesefähigen Reisepasses oder eines sonstigen CAN-fähigen amtlichen Ausweises[509] sein. Zusätzlich muss jeder Beteiligter eine Kamera und ein Mikrophon haben.

Damit ist unter Beweis gestellt, dass der vom Gesetzgeber des elektronischen Identifizierungsverfahrens eingeschlagene Weg rechtlich geboten gewesen ist und auf eine dem deutschen Zivilrecht seit mehr als 100 Jahren immanente Identifizierungspflicht zurückzuführen ist. Im Ergebnis lässt sich die Identität der Beteiligten im elektronischen Identifizierungsverfahren nicht anders feststellen, als es die § 78p BNotO-E i.V.m. § 16c BeurkG-E vorschreiben.

---

505 BegrRegE z. DiRUG, S. 133.

506 BegrRegE z. DiRUG, S. 133.

507 BegrRegE z. DiRUG, S. 133; hierzu auch *Knaier* GmbHR 2021, 169 (174 f.); *Blunk/Monden* ZdiW 2021, 74 (75 f.).

508 Abrufbar unter https://www.online-verfahren.notar.de (zuletzt aufgerufen am: 16.11.21, 12:04 Uhr).

509 Hierzu zählt der deutsche Personalausweis neuster Generation, vgl. https://www.online-verfahren.notar.de (zuletzt aufgerufen am: 16.11.21, 12:04 Uhr).

4. Praktische Konsequenzen für die Online-Gründung einer Aktiengesellschaft

a) Gesellschaften

Nach dem EU-Company Law Package sollen auch Gesellschaften grenzüberschreitend Kapitalgesellschaften gründen können. Dies stößt auf Kritik.[510] Problematisch ist, dass die Existenz und Vertretungsverhältnisse einer in einem EU-Mitgliedsstaat gegründeten Gesellschaft vor einem deutschen Notar rechtssicher dargelegt werden müssen. Probleme entstehen dann, wenn sich der beurkundende Notar die notwendigen Informationen nicht selbstständig verschaffen kann, sei es, weil die Informationen nicht öffentlich einsehbar sind oder dass er die Landessprache nicht spricht.[511] Dieses Problem wird trotz der durch das Company-Law Package vorangetriebenen Vernetzung der Register durch das Business Registers Interconnection System[512] (kurz BRIS) weiterhin auftreten. Zwar werden die Informationen grenzüberschreitend leichter einsehbar sein. Allerdings trägt das BRIS nicht zur Harmonisierung der Registerinformationen bei, so dass künftig alle Register in den europäischen Mitgliedsstaaten dasselbe Informationsniveau aufweisen würden. Das BRIS erleichtert lediglich, dass die Informationen grenzüberschreitend leichter abrufbar sind.[513] Es wäre vorteilhafter, wenn das Informationsniveau der Handelsregister einheitlich wäre, so dass eine Vernetzung den Informationsaustausch auch effektiv fördert. Hierüber hilft auch nicht der *effet-utile*-Grundsatz hinweg.[514] Dieser mag den einzelnen Mitgliedsstaat zur Anerkennung zwingen, behebt aber die in der Praxis auftretenden Probleme nicht, nämlich, dass die unterschiedlichen Informationsniveaus der Handelsregister fortan weiterbestehen.[515]

---

510 *Birkefeld/Schäfer* BB 2019, 2626 (2628); ausführlich *Bormann/Stelmnaszczyk* NZG 2019, 601 (603); *Lieder* NZG 2020, 81 (85); *Teichmann* ZIP 2018, 2451 (2457 f.).

511 *Bormann/Stelmnaszczyk* NZG 2019, 601 (603 f.).

512 Hierzu auch *Knaier* GmbHR 2018, 560 (565 f.); *Bormann* NZG 2019, 601 (603); *Noack* DB 2018, 1324 (1327); *J. Schmidt* DK 2018, 229 (233).

513 *Bock* GmbHR 2018, 281 (282 f.); *Lieder* NZG 2018, 1081 (1083 f.); *ders.* NZG 81 (85).

514 So aber *J. Schmidt* ZIP 2021, 112 (115).

515 Ausführlich hierzu *Weber*, Digitalisierung im Gesellschaftsrecht, S. 189 ff.

Mangels eines einheitlichen Informationsniveaus kann sich ein deutscher Notar in vielen Fällen die notwendigen Informationen nicht eigenständig verschaffen. Gefahr besteht bei der Gründung von Aktiengesellschaften durch ausländische Gesellschaften insbesondere dann, wenn das ausländische Handelsregister keine Strukturen der vorsorgenden Rechtspflege kennt. Durch eine Verkettung von Unterbeteiligungen ließe sich über den Umweg Panama, Virgin Island und Malta durch eine maltesische Limited in Deutschland eine GmbH gründen,[516] um mit der auch im Ausland angesehenen deutschen GmbH kriminelle Geschäfte voranzutreiben. Gesellschaftliche Strukturen der eben beschriebenen Art zur Förderung krimineller Vorhaben werden in der analogen Praxis durch den Gang zum Notar wie folgt erschwert[517]:

aa) Überblick

Ausländische Urkunden haben in anderen Staaten eine geringere Beweiskraft, da man ihre Echtheit schwer überprüfen kann. Das lässt sich damit begründen, dass man mit der ausländischen Rechtsordnung und den anderen Arten der Darstellungen, den anderen Zuständigkeiten und den anderen Siegeln nicht vertraut ist.[518] Um inländische Urkunden auch im Ausland nutzen zu können, legalisierte man eine Zeit lang die Urkunde durch eine Vielzahl von Beglaubigungen und Überbeglaubigungen durch unterschiedliche Behörden verschiedenen Ranges (Legalisation).[519] Der hohe bürokratische Aufwand lahmte den internationalen Rechts- und Urkundenverkehr, in manchen Fällen vergingen gar Monate, ehe das eigentlich gewollte Rechtsgeschäft vollzogen werden konnte.[520] Mit dem Ziel, den internationalen Rechts- und Urkundenverkehr bei gleich hoher Rechtssicherheit zu beschleunigen[521], einigten sich eine Vielzahl von Vertragsstaaten auf das Haager Abkommen zur Befreiung ausländischer öffentlicher Urkunden

516 Beispiel aus Deutscher Notarverein, Stellungnahme zum EU-Company Law Package, S. 5.
517 Deutscher Notarverein, Stellungnahme zum EU-Company Law Package, S. 5.
518 *Forschner/Kienzle* DNotZ 2020, 724 (724).
519 Vgl. hierzu *Fuchs* IPRax 2020, 302 (302).
520 *Fuchs* IPRax 2020, 302 (302).
521 BT-Drs. IV/2787, S. 14 (rechte Spalte).

von der Legalisation[522] vom 5. Oktober 1961[523]. Art. 3 und 4 des Haager Abkommens eröffnen seither die Möglichkeit, eine Urkunde mit einer Apostille zu verifizieren, statt sie durch Beglaubigungen zu legalisieren.

Bei der Apostille handelt es sich um eine Beglaubigungsform, bei welcher die Urkunde von der im ausstellenden Land zuständigen Behörde (Art. 6 Abs. 1 Haager Abkommen) mit einem Stempel oder Siegel versehen wird (Art. 3 Abs. 1, 4 Haager Abkommen). Anders als bei der Legalisation wird nur eine Behörde in den Prozess eingebunden. Dies senkt den bürokratischen Aufwand. Zudem muss die Urkunde im Ausstellungsstaat vorgelegt werden, nicht jedoch im Vorlegungsstaat.[524] Auch dies mindert für den Urkundeninhaber den bürokratischen Prozess. Die Apostille bestätigt nun „die Echtheit der Unterschrift, die Eigenschaft, in welcher der Unterzeichner der Urkunde gehandelt hat, und gegebenenfalls die Echtheit des Siegels oder Stempels, mit dem die Urkunde versehen ist“ (Art. 5 Abs. 2 Haager Abkommen). So besteht für die Urkunde dieselbe Vermutung der Echtheit wie für eine inländische Urkunde (§§ 437, 438 Abs. 2 ZPO), mit der Möglichkeit, den Gegenbeweis zu erbringen und eine etwaige Fälschung darzulegen.[525]

Auch bei grenzüberschreitenden gesellschaftsrechtlichen Vorgängen wird die Apostille genutzt, um z.B. die Existenz von Gesellschaften und die Vertretungsberechtigung von natürlichen Personen im Rahmen einer Beurkundung vor deutschen Notaren darzulegen.[526] Im Übrigen hat die Urkunde nun in jedem Mitgliedsstaat des Haager Abkommens dieselbe Beweiskraft.

---

522 Im Folgenden Haager Abkommen.

523 In Deutschland umgesetzt durch Gesetz zu dem Haager Übereinkommen vom 5. Oktober 1961 zur Befreiung ausländischer öffentlicher Urkunden von der Legalisation BGBl. 1965 II, S. 875.

524 *Fuchs* IPRax 2020, 302 (303).

525 BT-Drs. IV/2787, S. 15 (linke Spalte oben); *Schaub*, in: MünchAnwHdB-AktR § 5 Rn. 197.

526 Näheres zur Apostille *Schaub*, in: MünchAnwHdB-AktR § 5 Rn. 194; Ebenroth/Boujong/Joost/Strohn/*Schaub* HGB Anhang § 12 Rn. 148 ff.; *Bormann/Stelmnaszczyk* NZG 2019, 601 (603 aE); Herrler/*Süß* GesR in der Notar- und Gestaltungspraxis § 19 Rn. 87 ff.

Vor dem Hintergrund des gewählten Untersuchungsgegenstandes ist nun problematisch, dass die Urkunde im Original der zuständigen Landesbehörde vorgelegt werden muss. Möchte eine niederländische Gesellschaft in Deutschland eine Aktiengesellschaft gründen, so müsste sie die ihre Existenz bestätigende Urkunde in der Niederlande einreichen. Denkbar ist, dass der Antrag auf Ausstellung einer Apostille und die originale Urkunde postalisch an die zuständige Behörde übersendet werden. Das Original, welches nun mit einer Apostille versehen ist, wäre dem Notar vorzulegen. Ein Scan des Originals genügt nicht. Muss das Original einem deutschen Notar überreicht werden, ist dies für eine Online-Gründung hinderlich, soll hier doch gerade auf die lokale Anwesenheit verzichtet werden.

bb) Digitale Lösung: Die elektronische Apostille

Um ausländische Urkunden grenzüberschreitend auch im elektronischen Rechts- und Geschäftsverkehr nutzen zu können, sind innerhalb der vergangenen Jahre einige Vertragsstaaten des Haager-Abkommens dazu übergegangen, mit Apostillen versehene Dokumente auch unter Hinzuziehung elektronischer Mittel nutzbar zu machen.

Auf welche Art und Weise dies erfolgen kann, lässt sich dem Apostille-Handbuch über die praktische Durchführung des Apostille-Übereinkommens von „Der Haager Konferenz für Internationales Privatrecht" (kurz HCCH-Handbuch)[527] entnehmen. Hierbei wird allerdings kein einheitlicher Weg eingeschlagen. Vielmehr ist die technische Ausgestaltung in den Gestaltungsspielraum der einzelnen Mitgliedsstaaten gestellt.[528] Der einzig durch das HCCH-Handbuch vorgegebene Rahmen besteht darin, mit Apostillen versehene Dokumente durch zwei Möglichkeiten in den elektronischen Rechtsverkehr zu überführen.[529] Damit die Übersetzung einer physischen Urkunde im elektronischen Rechtsverkehr erfolgt, können die Mitgliedsstaaten ein elektronisches

527 Abrufbar unter https://assets.hcch.net/docs/ce650882-b1d4-46b7-a74c-c0a8fd0af428.pdf, zuletzt aufgerufen am: 21.06.2022, 20:17 Uhr, herausgegeben von „Der Haager Konferenz für Internationales Privatrecht – Ständiges Büro".

528 HCCH-Handbuch, Rn. 338, 344.

529 HCCH-Handbuch, Rn. 346 ff.

Register[530] führen oder eine elektronische Apostille[531] einführen. Auch können beide Alternativen kumulativ angeboten werden.

Wird nur ein Register eingeführt, so wird auf der physischen Urkunde ein QR-Code angebracht.[532] Sobald dieser eingelesen wird, kann die Echtheit des Dokuments durch einen Einblick in das elektronische Register erfolgen. Notwendig bleibt die Vorlage des Originals. Problematisch ist allerdings, dass das HCCH-Handbuch keinen einheitlichen Informationsstandard vorgibt, den ein Register haben muss.[533] Vielmehr können die Mitgliedsstaaten zwischen drei unterschiedlichen Arten von Registern wählen. Abhängig vom Informationsgrad lassen sich die Register wie folgt kategorisieren.

- Es lassen sich Register mit Grundinformationen errichten. Hierzu zählt nur, ob eine in Frage stehende Apostille mit entsprechendem Datum und entsprechender Nummer durch einen Mitgliedstaat tatsächlich ausgestellt worden ist.[534]
- Daneben bestehen Register mit „zusätzlichen Informationen“. Neben den Grundinformationen erteilt das Register auch Informationen über die öffentliche Urkunde und ihre Apostille und stellt die Verknüpfung zwischen beiden her. Mithin kann diesem Register der Nachweis entnommen werden, dass das in Frage stehende Dokument mit der Apostille tatsächlich versehen wurde.[535]
- Einen Schritt weiter geht das Register mit „weitergehenden Informationen“. Ihm lassen sich die Grundinformationen und zusätzlichen Informationen entnehmen. Zusätzlich wird die Integrität der Urkunde und der Apostille überprüft.[536]

Die elektronische Gründung einer Aktiengesellschaft könnte ausschließlich durch ein Register der dritten Kategorie sinnvoll ergänzt werden. Denn der Informationsgrad eines Registers der ersten Kategorie ist sehr niedrig. Dass eine Apostille tatsächlich einmal ausgestellt wurde sagt nichts darüber aus, ob das mit der Apostille versehene

530 HCCH-Handbuch, Rn. 351 ff.
531 HCCH-Handbuch, Rn. 346 ff.
532 *Forschner/Kienzle* DNotZ 2020, 724 (726).
533 So im Ergebnis auch *Forschner/Kienzle* DNotZ 2020, 724 (731 f.).
534 HCCH-Handbuch, Rn. 354.
535 HCCH-Handbuch, Rn. 354.
536 HCCH-Handbuch, Rn. 354.

Dokument noch Rechtswirkung entfalten und Bestand haben soll. Zudem stellt ein Register der ersten Kategorie keinen Zusammenhang zwischen der Urkunde und der Apostille her. Demnach lässt sich einem Register der ersten Kategorie nicht entnehmen, ob das in Frage stehende Dokument tatsächlich mit der abgefragten Apostille versehen wurde. Es fehlt an einer Verknüpfung, die die Echtheit des Dokuments garantieren kann.

Ein Register der dritten Kategorie beweist einerseits, dass die Apostille tatsächlich ausgestellt wurde. Zudem wird eine Verknüpfung zwischen der Apostille und der Urkunde hergestellt. Nicht zuletzt wird die Integrität bewiesen. In Verbindung mit der Integrierung der elektronischen Apostille lassen sich alle Beweisschwierigkeiten im Rahmen einer elektronischen Gründung einer Aktiengesellschaft lösen. Um die Existenz einer Gesellschaft und ihre Vertretungsverhältnisse zu beweisen, wird das PDF-Dokument mit einer elektronischen Apostille versehen an den Antragssteller übersendet.[537] Der Antragssteller, in unserem Fall die ausländische juristische Person, könnte das PDF-Dokument nun einem deutschen Notar im Rahmen einer elektronischen Beurkundung weiterleiten, ohne dass ein Vertreter der juristischen Person vor einer staatlichen Stelle persönlich erscheinen muss. Sodann lässt sich über ein elektronisches Register unter Scannen des auf dem Dokument befindlichen Codes einsehen, ob das elektronisch vorgelegte Dokument noch gültig ist.[538] Das Sicherheitsniveau eines solchen Verfahrens wird insgesamt als sicher bewertet,[539] vorausgesetzt, es herrscht ein einheitlicher Standard und kein Umsetzungsspielraum wie derzeit[540].

Mit einem Register der dritten Kategorie und der elektronischen Apostille besteht damit ein Fundament, welches die elektronische Gründung von Gesellschaften unter Beteiligung von Bevollmächtigten sinnvoll ergänzen kann. Ihr wohnt das Potential inne, die Existenz der Gesellschaft und ihre Vertretungsverhältnisse grenzüberschreitend zu beweisen.

537 *Fuchs* IPRax 2020, 302 (304).
538 *Forschner/Kienzle* DNotZ 2020, 724 (727).
539 *Fuchs* IPRax 2020, 302 (304).
540 *Forschner/Kienzle* DNotZ 2020, 724 (731).

Gewiss wären noch einige Rechtsfragen zu klären. Zum einen haben sich die Vertragsstaaten bisher nicht dazu verpflichtet, die elektronische Apostille im grenzüberschreitenden Rechtsverkehr gegenseitig anzuerkennen.[541] Denn gem. Art. 1 des Haager Abkommens, ist dieses Übereinkommen ausschließlich „auf öffentliche Urkunden anzuwenden". Ein elektronisches Dokument ist gewiss keine Urkunde, da es physisch nicht existiert. Zum anderen ist die deutsche Rechtsordnung auf die elektronische Apostille insgesamt noch nicht vollständig vorbereitet. Einerseits würde ein mit einer elektronischen Apostille versehenes Dokument der Form des § 29 GBO nicht entsprechen und etwaige Anträge zur Eintragung in das Grundbuch müssten durch das Grundbuchamt zurückzuweisen werden.[542] Andererseits besteht mit § 371a ZPO die Möglichkeit, mittels qualifiziert elektronischer Signatur versehene Dokumente einer physischen Urkunde gleichzustellen. Zudem sind die einer Anmeldung zur Eintragung in das Handelsregister beizufügenden Dokumente mittlerweile an den elektronischen Rechtsverkehr angepasst (§ 12 Abs. 1 S. 1 Nr. 2 HGB). Mit elektronischen Apostillen versehene elektronische Dokumente ließen sich beim Handelsregister einreichen. § 12 Abs. 1 S. 1 Nr. 2 HGB müsste hierfür nicht einmal angepasst werden.

All dies steht allerdings unter der Prämisse, dass ihre Ausstellung einheitlichen Standards genügt und an das Sicherheitsniveau einer physisch angebrachten Apostille heranreicht.[543] Da die elektronische Apostille in Deutschland noch nicht angeboten wird, ließe sich die hierzu erforderliche Infrastruktur entsprechend aufbauen. Zudem müssen die rechtlichen Voraussetzungen für die Anerkennung einer elektronischen Apostille im Haager Abkommen oder nach dessen Vorbild ergänzt werden, so dass auch die elektronische Apostille als ausreichender Beweis für die Legitimation einer elektronischen Urkunde und ihres Inhaltes grenzüberschreitend akzeptiert werden muss. Für den europäischen Rechtsraum besteht damit theoretisch ein Medium, welches Vollmachtsgründungen sinnvoll ergänzen könnte. Hiervon müsste lediglich Gebrauch gemacht werden. In der Rechtspraxis trifft

541 *Forschner/Kienzle* DNotZ 2020, 724 (728 f.).
542 *Forschner/Kienzle* DNotZ 2020, 724 (731 f.).
543 Richtigerweise bereits *Forschner/Kienzle* DNotZ 2020, 724 (729 f.).

die elektronische Apostille bisher auf positive Resonanz und wird von den Mitgliedsstaaten des Haager Abkommens akzeptiert.[544] Im Raum der Europäischen Union ist die elektronische Apostille kaum verbreitet. Bisher haben Spanien, Bulgarien, Lettland, Rumänien, Estland, Slowenien, Belgien und Österreich der Apostille den elektronischen Rechtsverkehr geöffnet.[545] Von den Staaten der Europäischen Union ist Rumänien das einzige Land, welches nur ein elektronisches Register führt. In Rumänien wird ein QR-Code auf dem physischen Dokument angebracht, der ausgelesen und mit den Registerinformationen abgeglichen werden kann. Die anderen sieben Mitgliedsstaaten der Europäischen Union bieten zusätzlich die elektronische Apostille an.

cc) Zwischenergebnis

Es ist nicht von der Hand zu weisen, dass die Richtlinie in diesem Punkt den zweiten Schritt vor dem ersten getan hat.[546] Es besteht aktuell keine flächendeckende technische Infrastruktur, um die Vertretungsverhältnisse und die Existenz von ausländischen Gesellschaften rechtssicher feststellen zu können. Allerdings besteht ein rechtlicher Rahmen, innerhalb dessen die digitale Infrastruktur jedes einzelnen Mitgliedstaates in Eigenverantwortung ausgebaut werden kann. Stellen sich die Mitgliedstaaten dieser Eigenverantwortung, so ist es künftig auch denkbar, dass Gesellschaften gleichermaßen wie natürliche Personen eine Aktiengesellschaft errichten können.

Das BRIS stellt lediglich ein probates Mittel dar, die erforderlichen Informationen grenzüberschreitend einsehen zu können. Auch hier wird der zweite vor dem ersten Schritt getan. Das grenzüberschreitende Einsehen der Handelsregister wird erst dann seine Vorteile in der Praxis unter Beweis stellen können, wenn die Informationsniveaus der Handelsregister harmonisiert sind. Hierbei ist die Europäische Kommission gefragt. Um die Gründung von Kapitalgesellschaften für

544 *Fuchs* IPRax 2020, 302 (304).

545 Vgl. hierzu https://assets.hcch.net/docs/b697a1f1-13be-47a0-ab7e-96fcb750ed29.pdf, zuletzt aufgerufen am: 22.06.2022, 9:07 Uhr.

546 So im Ergebnis auch Deutscher Notarverein, Stellungnahme zum EU-Company Law Package, S. 6; *Bormann/Stelmaszczyk* NZG 2019, 601 (604); *Drygala/Grobe* GmbHR 2020, 985 (986).

natürliche Personen und Gesellschaften zu digitalisieren, müssen das Informations- und Sicherheitsniveau der Handelsregister harmonisiert werden.

Bis dahin steht einer Gründung durch Gesellschaften aber nichts im Wege. Gesellschaften sind aus dem persönlichen Anwendungsbereich der Online-Gründung nicht auszugrenzen. Art. 13g Abs. 8 RL eröffnet den Mitgliedstaaten die Möglichkeiten, zur Wahrung einer rechtssicheren Feststellung der Existenz und der Vertretungsverhältnisse einer Gesellschaft das persönliche Erscheinen der Beteiligten anzuordnen. Entsprechend sollten Präsenzvorbehalte formuliert werden.[547] Die im Folgenden entstehenden Unannehmlichkeiten sind keine speziell bei die Online-Gründung auftretende Situationen. Denn auch während einer analogen Gründung treten Schwierigkeiten bei dem Nachweis der Vertretungsverhältnisse einer Gesellschaft auf. Zur Überwindung der Probleme hat sich die Rechtspraxis mit der Apostille geholfen. Können die Existenz und die Vertretungsverhältnisse einer Gesellschaft online nicht rechtssicher geklärt, so muss die Gesellschaft auf herkömmlichen - analogen - Wege gegründet werden. Gesellschaften werden somit ganz automatisch aus dem Anwendungsbereich genommen, ohne dass dies gesetzlich festgelegt werden muss. Die Richtlinie deckt einen solchen Vorgang. Dieser Zustand wird mit Verweis auf die voranschreitende Digitalisierung der Apostille und der zunehmenden Harmonisierung der nationalen Handelsregister ein nur vorübergehender sein. Und dieser Prozess zwingt sich den Mitgliedsstaaten umso mehr auf, je größer das praktische Bedürfnis wird. Die Online-Gründung von Gesellschaften stellt ein solches praktisches Bedürfnis dar und kann den Mitgliedsstaaten und auch der Europäischen Kommission den notwendigen Ruck geben, die passende Infrastruktur bereitzustellen.

b) Vollmachtsgründungen

Die Gründer können sich bei der Feststellung und der Beurkundung der Satzung und des Gründungsprotokolls vertreten lassen. Die Vollmacht ist notariell zu beglaubigen (§ 23 Abs. 1 S. 2 AktG). Durch die-

547 Hierzu im Detail unter C.II.3.e)aa).

se eigenständige Formvorschrift[548] sollen – so der BGH[549] zu dem vergleichbaren § 2 GmbHG – Zweifel und Streitigkeiten über die Legitimation des Bevollmächtigten ausgeschlossen werden[550]. Die damit bewirkte Rechtssicherheit entlastet die Registergerichte und erleichtert ihre Entscheidungsfindung über die Eintragung.[551] Zudem werden die Aktionäre präventiv geschützt.[552] Sollen sich die Gründer auch im Rahmen einer elektronischen Gründung vertreten lassen, muss der mit der Beglaubigung verfolgte Zweck auch in einem elektronischen Verfahren erreicht werden.

Analog kann eine Aktiengesellschaft durch Bevollmächtigte gegründet werden.[553] Es stellt sich die Frage, ob eine Gesellschaft auch online durch einen Bevollmächtigten gegründet werden kann.

Fraglich ist allerdings, ob die mit einer Vollmachtsgründung einhergehenden und im Folgenden darzustellenden Probleme digital gelöst werden können oder derart komplex sind, dass sie aus dem Anwendungsbereich der Online-Gründung einer Aktiengesellschaft ausgenommen werden sollten.

aa) Überblick

Gemein ist den nun zu beleuchtenden Kategorien, dass die Vollmacht notariell beglaubigt werden muss, § 23 Abs. 1 S. 2 AktG. Damit der Notar die Vollmacht beglaubigen kann, ist ihre Erteilung einem Notar in Schriftform vorzulegen. Dieser kann dann die Unterschrift oder das Handzeichen des Vollmachtgebers beglaubigen. Die nun fertige

548 MüKoAktG/*Pentz* § 23 Rn. 15.

549 BGH NJW 1969, 1856.

550 KG OLGR 3, 259 zur GmbH; MüKoAktG/*Pentz* § 23 Rn. 15; Hüffer/Koch/*Koch* AktG § 36 Rdn. 12.

551 MüKoAktG/*Pentz* § 23 Rn. 15; Grigoleit/*Vedder* AktG § 23 Rn. 15; BeckOGKAktG/*Limmer* § 23 Rn. 13.

552 Dies wird durch die weitreichende Wirkung der Satzung erreicht, vgl. MüKoGmbHG/*Mayer* § 2 Rn. 65; BeckOGKAktG/*Limmer* § 23 Rn. 13.

553 Hüffer/Koch/*Koch* AktG § 23 Rn. 12; GroßkommAktG/*Röhricht*/*Schall* Band 2 § 23 Rn. 68; Heidel/*Braunfels* AktG § 23 Rn. 7; K. Schmidt/Lutter/*Seibt* AktG § 23 Rn. 20; Bürgers/Körber/*Körber* AktG § 23 Rn. 10; Wachter/*Wachter* AktG § 23 Rn. 16; Grigoleit/*Vedder* AktG § 23 Rn. 15; BeckOGKAktG/*Limmer* § 23 Rn. 25.

Urkunde kann dem mit der Gründung der Kapitalgesellschaft betrauten Notar in Urschrift oder als Ausfertigung vorgelegt werden.[554]

Im Einzelnen gelten in einem analogen Beurkundungsverfahren folgende Besonderheiten.

(1) Natürliche Personen

Ist eine inländische natürliche Person der Vollmachtgeber, so muss die beglaubigte Vollmacht durch den Bevollmächtigten in Urschrift oder in Ausfertigung vorgelegt werden.

Die Besonderheit der Ausfertigung (§ 47 ff. BeurkG) liegt darin, dass diese nur durch den die Urkunde ausstellenden Notar angefertigt werden kann. Hierzu hat er den Tag der Ausstellung und auch denjenigen in der Ausfertigung zu benennen, der sie im Rechtsverkehr nutzen wird. Im Ergebnis kann die Anzahl der ausgestellten Ausfertigungen im analogen Rechtsverkehr zahlenmäßig kontrolliert und begrenzt werden. Dadurch kann der Vollmachtgeber jederzeit kontrollieren, ob Urschriften und Ausfertigungen versteckt oder durch verbotene Eigenmacht entzogen wurden. Zudem besteht gem. §§ 172 Abs. 2, 176 BGB die Möglichkeit, die Vollmacht öffentlich für kraftlos zu erklären und einen etwaigen Rechtsschein zu zerstören[555].

(2) Inländische Gesellschaft

Gesetzliche oder organschaftliche Vertreter[556] müssen ihre Befugnis, die Gesellschaft zu vertreten, nicht durch Vorlage einer beglaubigten Vollmacht darlegen. Die kraft ihrer Organstellung bestehende Vertretungsmacht ist keine durch Rechtsgeschäft begründete Vollmacht. Sie sind also keine Bevollmächtigte i.S.v. § 23 Abs. 1 S. 2 AktG. Der Beweis lässt sich durch einen Registerauszug oder der Bestellungsurkunde zu erbringen, die ihrerseits öffentlich zu beglaubigen sind oder durch Vorlage einer Notarbescheinigung gem. § 21 BNotO nachzuweisen

554 *Bormann/Stelmaszczyk* NZG 2019, 601 (605).

555 BeckOK BGB/*Schäfer* § 172 Rn. 11.

556 Vgl. im Einzelnen GroßkommAktG/*Röhricht/Schall* § 23 Rn. 90; Hüffer/Koch/*Koch* AktG § 23 Rn. 12; Heidel/*Braunfels* AktG § 23 Rn. 7; Grigoleit/*Vedder* AktG § 23 Rn. 15; BeckOGKAktG/*Limmer* § 23 Rn. 13a.

sind.[557] Dies gilt nach herrschender Meinung auch für Prokuristen, weil sich der Umfang einer Prokura gegenüber Dritten nicht beschränken lässt (§ 50 Abs. 1 HGB) und die Prokura zu allen Arten von gerichtlichen und außergerichtlichen Geschäften und Rechtshandlungen ermächtigt (§ 49 Abs. 1 HGB). Damit werden Zweifel an der Legitimation nach hM bereits durch Vorlage eines Handelsregisterauszuges beseitigt.[558]

Auch die Geschäftsführer einer GbR sind organschaftliche Vertreter[559], selbst wenn sie durch den Gesellschaftsvertrag zur Einzelvertretung befugt sind[560]. Das Gesellschaftsregister erleichtert den Nachweis der Vertretungsbefugnisse einer Gesellschaft (§ 707 Abs. 2 Nr. 3 BGB).

Soll die Gesellschaft durch einen Bevollmächtigten vertreten werden, gilt das zu natürlichen Personen Gesagte mit dem Zusatz, dass die Existenz der Gesellschaft nachgewiesen werden muss.

(3) Gesellschaft aus dem EU-Ausland

Ist eine Gesellschaft aus dem europäischen Ausland der Vertretene, müssen wie schon bei inländischen Gesellschaften zwei Tatsachen bewiesen werden. Es sind die Existenz der Gesellschaft und ihre Vertretungsverhältnisse darzulegen.

In der Rechtspraxis suchen die organschaftlichen Vertreter zunächst einen Notar im europäischen Ausland auf. Dieser prüft die Existenz der Gesellschaft sowie die gesetzliche Vertretungsbefugnis und Identität der Anwesenden. Ist dies geschafft, stellt der Notar eine notariell beglaubigte Bescheinigung über die Existenz der Gesellschaft und ihre Vertretungsverhältnisse aus.[561] Damit diese in Deutschland im Rahmen einer Gründung benutzt werden kann, muss die ausgefertig-

---

557 GroßkommAktG/*Röhricht*/*Schall* § 23 Rn. 91; Heidel/*Braunfels* AktG § 23 Rn. 2; K. Schmidt/Lutter/*Seibt* AktG § 23 Rn. 3; Bürgers/Körber/*Körber* AktG § 23 Rn. 13; Wachter/*Wachter* AktG § 23 Rn. 16; Grigoleit/*Vedder* AktG § 23 Rn. 15; MüKoAktG/*Pentz* § 23 Rn. 22; BeckOGKAktG/*Limmer* § 23 Rn. 13a.

558 Statt aller Hüffer/Koch/*Koch* AktG § 23 Rn. 12.

559 MüKoBGB/*Schäfer* § 714 Rn. 16 f.; BeckOGKAktG/*Limmer* § 23 Rn. 13a; Grüneberg/*Sprau* BGB § 714 Rn. 2, anders die früher hM *K. Schmidt* GesR § 60 II 2b.

560 MüKoBGB/*Schäfer* § 705 Rn. 257, § 709 Rn. 13 ff., § 714 Rn. 16 f.; Grüneberg/*Sprau* BGB § 714 Rn. 2; BeckOGKAktG/*Limmer* § 23 Rn. 13a.

561 *Mödl* RNotZ 2008, 1 (12).

te Urkunde legalisiert oder mit Hilfe einer Apostille authentifiziert werden. Meist wird die Vollmacht mit einer Apostille versehen. Dieses Dokument kann dem in Deutschland ansässigen Notar in Urschrift oder in ausgefertigter Form vorgelegt werden.

Denkbar ist auch, dass ein inländischer Notar die Vertretungsverhältnisse und die Existenz der Gesellschaft durch eine Notarbescheinigung iSd § 21 BNotO eigenständig bestätigt. Hierzu muss der Notar das ausländische Register einsehen können. Die Notarbescheinigung darf allerdings dann ausgestellt werden, wenn das ausländische Register ein ähnliches Informationsniveau wie das deutsche Handelsregister besitzt und diesem eine hohe Publizitätsfunktion zukommt. Diesbezüglich gilt das bereits Gesagte.[562] Dieser Weg ist an die Bedingung geknüpft, dass das ausländische Register – wie z.B. in Österreich und Spanien – ein dem deutschen Handelsregister vergleichbares Informationsniveau aufweist, wovon auszugehen ist, wenn die eingereichten Dokumente zuvor notariell beglaubigt wurden.[563]

bb) Zwischenstand: Kein elektronisches Äquivalent

Insbesondere der Nachweis der Vollmacht unter ausländischer Beteiligung stößt bereits in einer Präsenzbeurkundung auf Probleme. In einem elektronischen Beurkundungsverfahren würde ein zusätzliches Problem entstehen. Zwar besteht mit der qualifiziert elektronischen Signatur ein probates Mittel, die Echtheit von Urkunden zu beweisen. Entscheidend ist jedoch, dass mit der qualifiziert elektronischen Signatur nicht bewiesen werden kann, ob die Vollmacht im Zeitpunkt der Nutzung noch fortbesteht, also bereits widerrufen wurde. Denn auch ein mit einer qualifiziert elektronischen Signatur versehenes Dokument kann beliebig oft kopiert werden. Anders als eine analoge Ausfertigung, ist die Anzahl der Ausfertigung nicht kontrollierbar. Somit kann die Vollmacht faktisch auch nicht widerrufen werden. Da der Vollmachtgeber nicht kontrollieren kann, wie oft die Vollmacht kopiert wird, ist es ihm auch unmöglich, die unbestimmte Anzahl an

562 Hierzu bereits D.II.2.

563 OLG Schleswig DNotZ 2008, 709 mAn *Apfelbaum* DNotZ 2008, 711 (712); *Bönner* RNotZ 2015, 253 (267); *Wachter* ZNotP 2005, 122 (128); *Mödl* RNotZ 2008, 1 (12).

Kopien aus dem Rechtsverkehr zu ziehen. Und für den Rechtsverkehr ist nicht ersichtlich, ob die vorgelegte Kopie nach dem Willen des Vollmachtgebers Bestand haben soll. Die Kopie würde als Vertrauensträger fungieren, mit der daraus resultierenden Gefahr, dass mit dieser Vollmacht beliebig viele Rechtsgeschäfte für und gegen den Vollmachtgeber abgeschlossen werden können. Im Rahmen einer elektronischen Beurkundung lässt sich der Bestand einer nur in einem elektronischen Dokument ausgestellten Vollmacht nicht sicher beweisen. Bereits inländische natürliche Personen und Gesellschaften könnten eine erteilte Vollmacht auf digitalem Wege nicht nachweisen. Für EU-ausländische natürliche Personen und Gesellschaften gilt dies erst recht. Es ist demnach ein Medium zu entwickeln, mit welchem sich der Bestand einer Vollmacht auch noch zu einem späteren Zeitpunkt im elektronischen Beurkundungsverfahren nachweisen lässt.

cc) Digitale Lösung: *Blockchain*-Register

Um die Beweisschwierigkeiten hinsichtlich der Existenz einer Vollmacht zu beheben, könnte ein Vollmachtregister Abhilfe schaffen. Dort veröffentlichte Vollmachten gälten als öffentlich bekanntgemacht (§ 171 BGB). Sodann könnte ein Notar auf den Bestand der Vollmacht vertrauen und die Berechtigung eines Bevollmächtigten rechtssicher belegt wissen.[564]

Vorschläge, wie ein solches Vollmachtregister technisch umgesetzt werden kann, finden sich derzeit in der Literatur nicht. Diese Gelegenheit soll genutzt werden, um zu untersuchen, ob ein Vollmachtregister auf der Grundlage der *Blockchain*-Technologie die Online-Gründung von Aktiengesellschaften durch Bevollmächtigte ergänzen kann, ohne mit den Grundsätzen des Datenschutzrechts zu kollidieren.

Zu Beginn der Untersuchung sind die Grundzüge der *Blockchain*-Technologie zunächst zu erklären (H.II.4.b)cc)(1) und H.II.4.b)cc)(2)). Das technische Verständnis der *Blockchain*-Technologie ist maßgeblich,

564 *Bormann/Stelmaszczyk* NZG 2019, 601 (605); Deutscher Notarverein, Stellungnahme zum EU-Company Law Package, S. 7; *Drygala/Grobe* GmbHR 2020, 985 (987); *Lieder* NZG 2020, 81 (86); *Weber*, Digitalisierung im Gesellschaftsrecht, S. 208.

um die technische Architektur eines Vollmachtregisters erarbeiten zu können. Zudem sind die technischen Hintergründe bedeutsam, um die datenschutzrechtlichen Problemkreise zu lösen (H.II.4.b)cc)(4)). Wie zu zeigen sein wird, bildet das Datenschutzrecht die rechtliche Grenze, anhand derer die Architektur einer Vollmachtregister-*Blockchain* zu entwickeln ist. In einem letzten Schritt ist die Frage zu beantworten, ob die *Blockchain*-Technologie die Gründung von Kapitalgesellschaften durch Bevollmächtigte sinnvoll ergänzen kann.

Unbeantwortet bleibt die Frage, ob das darzustellende Potential dieser Technologie den hohen energetischen Aufwand[565] überwiegt und damit auch ökologischen Bedenken[566] stand hält. Dies muss in der praktischen Anwendung überprüft werden[567] und wird nicht Gegenstand der folgenden Ausführungen sein.

(1) *Blockchain* im deutschen Recht

In der deutschen Rechtspraxis ist die *Blockchain*-Technologie bisher noch wenig verbreitet. Allerdings wird bereits diskutiert, ob ein *Blockchain* basiertes Handels[568]- oder Grundbuchregister[569] den Registerverkehr revolutionieren kann[570], wie es die *Bitcoin-Blockchain* teilweise mit der Finanzwelt getan haben soll[571]. Weiterhin wird erörtert, ob die *Blockchain*-Technologie bei der Erstellung von Gesellschafterlisten[572],

565 *Bormann* ZGR 2017, 621 (638).
566 Arbeitsgruppe Digitaler Neustart, S. 141.
567 *Meinel/Gayvoronskaya/Schnjakin*, Blockchain: Hype oder Innovation, S. 56; Arbeitsgruppe Digitaler Neustart, S. 141.
568 Vgl. insoweit *Knaier/Wolff* BB 2018, 2253 ff.
569 *Wilsch* DNotZ 2017, 761 ff.; *Berger* DVBl 2017, 1271 ff.
570 *Wilsch* DNotZ 2017, 761; *Martini* DÖV 2017, 443 (454); *Martini/Weinzierl* NVwZ 2017, 1251 (1252); *Sattler* BB 2018, 2243 (2244 f.); *Schrey/Thalhofer* NJW 2017, 1431; *Hecht* MittBayNot 2020, 314; *Knaier* GmbHR 2017, R. 305; *McLean/Deane-Johns* Cri 2016, 97 (97 f.); *Knaier/Wolff* BB 2018, 2253 (2255); Bundesnotarkammer K.d.Ö.R und Bayerisches Staatsministerium der Justiz (Hrsgb.): Das Blockchain-basierte Gültigkeitsregister; *Welzel/Eckert/Kirstein/Jacumeit*, Kompetenzzentrum Öffentliche Informationstechnologie, S. 18.
571 *Seibel*, Blockchain ist die Revolution des Geldverkehrs, Welt, 22. 10.2015, abrufbar unter https://www.welt.de/wirtschaft/article147906848/Blockchain-ist-die-Revolution-des-Geldverkehrs.html (zuletzt aufgerufen am: 16.11.21, 12:05 Uhr).
572 *Beurskens* NZG 2021, 353 (353).

der Ausübung von Stimmrechten[573], Übertragung von Geschäftsanteilen[574] und der elektronischen Verkörperung von Wertpapieren[575] zur Anwendung kommen kann. Daneben werden auch Anwendungspotentiale für Immaterialgüter-Register[576] und für die Verwaltung von Immobilien oder Mobilien[577] beleuchtet.

Nicht diskutiert ist bisher die Frage, ob sich ein Vollmachtregister auf Grundlage der *Blockchain*-Technologie aufbauen ließe. Dies verwundet, da die Bundesnotarkammer zusammen mit dem Bayrischen Staatsministerium der Justiz unter wissenschaftlicher Begleitung durch das Frauenhofer Institut ein Pilotprojekt startete, mit dem Ziel, ein *Blockchain*-basiertes Gültigkeitsregister für notarielle Urkunden und damit auch für notariell beglaubigte Vollmachten aufzubauen.[578] Ein Prototyp eines solchen Gültigkeitsregisters existiert bereits.[579]

Perspektivisch soll das *Blockchain*-basierte Gültigkeitsregister für den gesamten Justizapparat aufgebaut werden. So besteht die Vision, dass ein *Blockchain*-basiertes Gültigkeitsregister zur Hinterlegung jeglicher Dokumente dienen kann, um die Rechtsmacht gegenüber öffentlichen Stellen darzulegen, so z.B. auch Bestellungsurkunden für Vormund, Betreuer, Ergänzungspfleger und Insolvenzverwalter. Ein Gültigkeitsregister würde die Ausstellung dieser Dokumente in Papierform obsolet machen und auch ihren Widerruf vereinfachen, da die Dokumente nicht mehr mühsam eingefordert werden müssten.[580] Insbesondere die Möglichkeit des Widerrufs elektronischer Dokumente ist für Vollmachtsgründungen von Aktiengesellschaften aus bereits erwähn-

573 *Mann* NZG 2017, 1014; *Kaulartz/Matzke* NJW 2018, 3278 (3280); *Spindler* ZGR 2018, 17 (50).

574 *Paal* ZGR 2017, 590 (610 f.).

575 https://www.bmjv.de/SharedDocs/Gesetzgebungsverfahren/Dokumente/Eckpunkte_Krypto_Blockchain.pdf;jsessionid=EA2DE194C370E6DA1FC70B0879C6240C.2_cid324?__blob=publicationFile&v=2 (zuletzt aufgerufen am: 16.11.21, 12:06 Uhr); *Kleinert/Mayer* EuZW 2019, 857.

576 *Hohn-Hein/Barth* GRUR 2018, 1089 ff.

577 *Blocher* AnwBl 2016, 612 (617).

578 Hierzu Bundesnotarkammer K.d.Ö.R. und Bayrisches Staatsministerium der Justiz: Das Blockchain-basierte Gültigkeitsregister.

579 Hierzu sogleich unter G.II.4.b)cc)(4).

580 Bundesnotarkammer K.d.Ö.R. und Bayrisches Staatsministerium der Justiz: Das Blockchain-basierte Gültigkeitsregister, S. 5.

ten Gründen interessant. Ganz allgemein könnten mit der *Blockchain*-Technologie papierbasierte Prozesse ersetzt werden.[581] Viele Fragen bleiben aber noch ungeklärt, so zum Beispiel zum Aufbau der dafür erforderlichen Infrastruktur und insbesondere datenschutzrechtliche Problemlagen[582].[583]

(2) Die Grundzüge der *Blockchain*-Technologie

Bei der *Blockchain*-Technologie handelt es sich um eine dezentrale Art der Datenspeicherung.[584] Anders als das Handelsregister, welches auf einem zentralen Server Informationen speichert, werden die Informationen mithilfe der *Blockchain* dezentral, auf vielen verschiedenen Servern parallel gespeichert und fortlaufend fortgeführt.

Dezentrale Datenspeicherungsbanken ermöglichen sogenannte *Peer-to-Peer*-Systeme.[585] Man spricht von dezentraler Datenspeicherung, weil die einzelnen Teilnehmer („*peers*" oder „*Nodes*") des *Peer*-to-*Peer*-Netzwerks über das Internet miteinander verbunden sind, sich ihre Serverleistung gegenseitig zur Verfügung stellen und direkt miteinander interagieren können. Dies gelingt, ohne dass eine zentrale Verwaltungsstelle die Interaktionen reguliert, kontrolliert, steuert oder verwaltet. Diese Technik ermöglicht es, dass die auf der *Blockchain* gespeicherten Daten auf jedem einzelnen Computer des Netzwerks fortlaufend aktualisiert, synchronisiert und hinterlegt werden.[586] Jeder

581 Bundesnotarkammer K.d.Ö.R. und Bayrisches Staatsministerium der Justiz: Das Blockchain-basierte Gültigkeitsregister, S. 4.

582 Zu den datenschutzrechtlichen Problemkreisen sogleich unter G.II.4.b)cc)(4)(a).

583 Bundesnotarkammer K.d.Ö.R. und Bayrisches Staatsministerium der Justiz: Das Blockchain-basierte Gültigkeitsregister, S. 20 f.

584 *Spiegel*, Blockchain-basiertes virtuelles Geld, 2020, S. 7; *Bechtolf/Vogt* ZD 2018, 66 (67); *Martini/Weinzierl* NVwZ 2017, 1251; *Knaier/Wolff* BB 2018, 2253 (2254); *Knaier* GmbHR 2017, R 305 (R 306); *Hecht* MittBayNot 2020, 314 (315); *Schrey/Thalhofer* NJW 2017, 1431 (1431 f.).

585 *Spiegel*, Blockchain-basiertes virtuelles Geld, S. 6; *Bechtolf/Vogt* ZD 2018, 66 (67); *Martini/Weinzierl* NVwZ 2017, 1251; *Kaulartz* CR 2016, 474 (476); *Hecht* MittBayNot 2020, 314 (315).

586 Zu dieser Funktionsweise *Bechtolf/Vogt* ZD 2018, 66 (67); *Spiegel*, Blockchain-basiertes virtuelles Geld, S. 6; *Safferling/Rückert* MMR 2015, 788 (789); *Wright/De Filippi*, Decentralized Blockchain Technology and the Rise of Lex Cryptographia, S. 6.

Node kann in Echtzeit den Datenbestand ablesen, ohne dass auf konkrete Änderungen hingewiesen werden muss. Potential bietet diese Besonderheit bei organisationsübergreifender Arbeit, zum Beispiel zwischen zwei Behörden. Eine einzelne Information muss nicht auf zusätzlichen Wegen kommuniziert werden, sondern ist der *Blockchain* zu entnehmen.[587]

Es entsteht also ein Netzwerk an Computern, das an die Stelle eines zentralen Servers tritt. Ein Intermediär wie das Registergericht, welches die Datenspeicherung zentral kontrolliert, wird durch das Netzwerk ersetzt.

Ein erster Impuls führt zu der Schlussfolgerung, dass auf die Integrität hinterlegter Informationen in einem Netzwerk ohne zentrale Kontrolle nicht vertraut werden kann. Sobald man *Node* ist, ließen sich schließlich jede Art von Informationen hinterlegen. Eine zentrale Kontrollinstanz fehlt. Bis eine Information im Handelsregister gespeichert werden kann, ist sie zunächst durch Notar und Registerrichter zu überprüfen. Um Vertrauen unter den *Nodes* in die gespeicherten Informationen zu schaffen, kombiniert die *Blockchain*-Technologie die Vorzüge von asymmetrisch kryptographischen Algorithmen, dezentraler Servernutzung/Datenspeicherung und einem dezentralisierten Konsensmechanismus. Ihr Zusammenspiel ermöglicht es den *Nodes*, Daten miteinander auszutauschen und auf ihre Integrität zu vertrauen, ohne dass sich die *Nodes* dieses Netzwerks selbst kennen müssen.[588]

(a) Asymmetrische Kryptographie: *Private Key* und *Public Key*

Die Daten werden auf der *Blockchain* mit Hilfe asymmetrischer Kryptographie bzw. Verschlüsselungstechnik gespeichert.[589] Die Codierung zur Ent- und Verschlüsselung von Daten ist nicht dieselbe und deswe-

587 Bundesnotarkammer K.d.Ö.R. und Bayrisches Staatsministerium der Justiz: Das Blockchain-basierte Gültigkeitsregister, S. 15.

588 *Wright/De Filippi*, Decentralized Blockchain Technology and the Rise of Lex Cryptographia, S. 4 f. Wie zu zeigen sein wird, stellt sich das Problem in zugangsbeschränkten *Blockchains* nicht, wenn nur bestimmte Personen zum *Node* ernannt werden können, näheres unter G.II.4.b)cc)(2)(d).

589 *Spiegel*, Blockchain-basiertes virtuelles Geld, S. 6.

gen asymmetrisch. Zum Verständnis der asymmetrischen Verschlüsselungstechnik sind die Begriffe *private key* und *public key* wichtig.

Der *public key* ist öffentlich einsehbar und dient der Zuordnung zu einem Teilnehmer.[590] Bei der *Bitcoin-Blockchain* ist er eine Art Kontonummer[591] bzw. Empfangsadresse[592]. Auf unsere Zwecke angewandt, würde der *public key* in einer *prviate Blockchain*[593] etwa die Anschrift eines Notariats verkörpern, wenn der Kreis der *Nodes* auf die Notare begrenzt wäre.[594] Würde man gar jeden einzelnen Bevollmächtigten/Geschäftsherren als *Node* in einer *public Blockchain*[595] für das Netzwerk qualifizieren, dann wäre der *public key* mit der Geschäfts- bzw. Wohnanschrift jedes einzelnen *Nodes* vergleichbar; genauso wie der *public key* eine Handelsregisternummer verkörpern würde, wenn jeder einzelne Kaufmann *Node* eines auf der *Blockchain*-Technologie basierenden Handelsregisters wäre.[596]

Der *public key* lässt aber grundsätzlich keine Rückschlüsse auf die Identität eines *Nodes* zu und dient insoweit nur der Identifizierung innerhalb des *Peer-to-Peer*-Netzwerks.[597] Insoweit spricht man auch von Pseudoanonymität.[598] Er dient der Zuordnung von Informationen, ohne die Identität eines *Nodes* erkenntlich zu machen.

Um die Eingabe von Informationen in der *Blockchain* zu autorisieren, werden die Transaktionsdaten mit dem *private key* signiert – ähnlich wie wir uns mit einem Passwort beim Online-Banking authentifizieren.[599] Der *private key* ist einmalig und auch nur dem einzelnen *Node* bekannt. Er lässt sich aus dem *public key* auf Grund der asymmetrischen Verschlüsselungstechnik nicht ableiten.[600]

---

590 *Spiegel*, Blockchain-basiertes virtuelles Geld, S. 6.
591 *Bechtolf/Vogt* ZD 2018, 66 (67); *Martini/Weinzierl* NVwZ 2017, 1251 (1251).
592 *Spiegel*, Blockchain-basiertes virtuelles Geld, S. 6.
593 Zum Begriff sogleich unter G.II.4.b)cc)(2)(d).
594 Dies ist nach hier vertretener Auffassung die einzig denkbare Alternative, siehe hierzu G.II.4.b)cc)(2)(d).
595 Zum Begriff sogleich unter G.II.4.b)cc)(2)(d).
596 *Knaier/Wolff* BB 2018, 2253 (2257 aE).
597 Zu der Frage, ob der *public key* ein personenbezogenes Datum ist, vgl. Ausführungen unter G.II.4.b)cc)(4)(b)(iv).
598 *Schrey/Thalhofer* NJW 2017, 1431 (1433); *Hecht* MittBayNot 2020, 314 (318).
599 *Martini/Weinzierl* NVwZ 2017 1251 (1252).
600 *Knaier/Wolff* BB 2018, 2253 (2255); *Kaulartz* CR 2016, 474 (475).

(b) *Proof-of-Work*: Die Mehrheit bestimmt den *Hashwert* eines *Blocks*

Ist eine Information mit einem *private key* signiert und autorisiert worden, werden die Informationen an das Netzwerk, also die übrigen *Nodes* gesendet.[601] Sodann erfolgt die Verifizierung der Daten durch die *Nodes* in mehreren Schritten. Das nun darzustellende Transparenz- und Konsensprinzip ermöglicht es Teilnehmern, die sich gegenseitig nicht kennen, auf in der *Blockchain* geteilte Informationen zu vertrauen und auf einen Intermediär, der alles zentral kontrolliert und verwaltet, verzichten zu können.

Zunächst erstellt das System aus der Anfrage eines *Nodes* und dem *private key* eine digitale Signatur, welche die anderen *Nodes* des Netzwerks nun authentifizieren müssen.[602] Ziel der Authentifizierung ist es zu überprüfen, ob ein zusammengehöriges Schlüsselpaar, bestehend aus *public key* und *private key*, für die Eingabe einer Information genutzt wurde. Nur so kann gewährleistet werden, dass die Informationen von dem Inhaber des *private key*, also einem zum Einpflegen von Informationen Berechtigten, an das Netzwerk versendet wurde.

Im Zuge dieser Authentifizierung wird der *public key* extrahiert und mit der kryptographischen Signatur bzw. dem verschlüsselten *private key* verglichen. Allerdings wird nur eine verschlüsselte Version des *private keys* zum Abgleich genutzt. Der *private key* wird hierzu nicht offengelegt. Werden *private* und *public key* als zusammengehörig erkannt, sind die einzupflegenden Daten von dem System authentifiziert und die Information gilt als vom Berechtigten eingegeben.[603]

Nun muss ein *Hashwert* für die versendete Information berechnet werden. Dieser Prozess wird als Mining bezeichnet und ist für die charakteristische Verkettung von *Blocks* in der *Blockchain* essentiell.[604] Wie eine Registerkarte aus dem Handelsregister oder ein Kontoauszug, werden in einem Block alle eingegebenen Informationen detailliert aufgelistet.[605] Ein Block ist zweigeteilt, bestehend aus dem *Header* und

---

601 *Martini/Weinzierl* NVwZ 2017 1251 (1252).

602 *Bechtolf/Vogt* ZD 2018, 66 (67); *Martini/Weinzierl* NVwZ 2917 1251 (1252).

603 Hierzu vgl. auch *Knaier/Wolff* BB 2018, 2253 (2255).

604 *Bechtolf/Vogt* ZD 2018, 66 (67); *Safferling/Rückert* MMR 2015, 788 (790); *Erbguth/Fasching* ZD 2017, 560.

605 *Knaier/Wolff* BB 2018, 2253 (2257).

dem restlichen Inhalt – den Informationen.[606] Und der *Hashwert* des aktuellen *Blocks* wird mit dem *Hashwert* des vorherigen *Blocks* in dem *Header* des aktuellen *Blocks* abgelegt.[607]

Der *Hashwert* muss durch einen *Node* des Netzwerks berechnet werden. Der *Node*, der den *Hashwert* als erster berechnet hat, wird als *Miner* bezeichnet. Hinter der Berechnung des *Hashwerts* steckt ein hoch komplexer mathematischer Algorithmus, auch *Hashfunktion* genannt – einfach ausgedrückt nichts anderes als eine Rechenaufgabe.[608] Jede Information wird mit einem eigenen *Hashwert* – einer Art digitalen Fingerabdruck – versehen[609] und jeder *Hashwert* ergibt sich aus dem digitalen Inhalt der abzubildenden Informationen. Er lässt sich als eine Art digitale Quersumme der enthaltenen Informationen umschreiben und ist dieser einen Information exklusiv zugeordnet. Die zur Berechnung eines *Hashwertes* erforderlichen *Hashfunktionen* zeichnen sich dadurch aus, dass sie sich nur in eine Richtung berechnen lassen. Ein stark vereinfachtes Beispiel. Soll den Zahlen 1, 2 und 3 ein *Hashwert* erteilt werden, wäre dieser 6. Ein Rückschluss auf die Informationen ist nicht möglich. Die Quersumme von 2, 2 und 2 ist ebenfalls 6. Die Rückverfolgung der Daten ist somit äußerst schwer bzw. unmöglich.[610]

Der durch das Mining errechnete neue *Hashwert* muss sodann in einem letzten Schritt durch das *Proof-of-Work*-Verfahren von der Mehrheit bestätigt werden. Hierzu wird der fertige Block durch den *Miner* zur Kontrolle in das Netzwerk gesendet.[611] Ist der errechnete *Hashwert* bestätigt, wird der Block dem vorherigen Block angehangen und es entsteht Schritt für Schritt eine Kette von *Blocks* in chronologischer Reihenfolge – die *Blockchain*.[612]

Das *Proof-of-Work*-Verfahren verdeutlicht, weshalb die auf der *Blockchain* gespeicherten Informationen hohes Vertrauen genießen. Denn

606 *Bechtolf/Vogt* ZD 2018, 66 (67); *Schrey/Thalhofer* NJW 2017, 1431 (1432).
607 *Martini/Weinzierl* NVwZ 2917 1251 (1252).
608 *Bechtolf/Vogt* ZD 2018, 66 (67): *Safferling/Rückert* MMR 2015, 788 (790).
609 *Knaier/Wolff* BB 2018, 2253 (2254); *Kaulartz* CR 2016, 474 (475).
610 *Erbguth* MMR 2019, 654 (655).
611 *Bechtolf/Vogt* ZD 2018, 66 (67); Schlatt/Schweizer/Ursbach/Fridgen, Blockchain, S. 10; *Knaier/Wolff* BB 2018, 2253 (2254); *Glatz*, in: Rechtshandbuch Legal Tech Kap. 4 Rn. 20 ff., 33 f.
612 *Bechtolf/Vogt* ZD 2018, 66 (67); *Martini/Weinzierl* NVwZ 2917 1251 (1252).

eine Information wird nur aufgenommen, wenn sich die Mehrheit hierüber einigt. Hackerangriffe sind nur dann zielführend, wenn man 51% der Teilnehmer des Netzwerks hinter sich vereinigen kann. Dies wird weit überwiegend als unmöglich betrachtet.[613] Bei einem Netzwerk nicht unrealistischer Größe von 3 Millionen *Nodes* – wie einst die *Bitcoin-Blockchain* umfasste – müsste man 1,5 Millionen Computer kontrollieren, wobei Anschaffungskosten von mehreren Milliarden Euro entstehen würden. Zusätzlich kämen tägliche Stromkosten von mindestens 10 Millionen Euro hinzu.[614] Die logistischen und ökonomischen Hürden für solch einen Hackerangriff sind also immens.

(c) Die Integrität der *Blockchain*-Technologie

Zudem sorgt die Exklusivität eines *Hashwerts* für die Integrität der Informationen, die auf einer *Blockchain* gespeichert werden. Die Besonderheit der *Blockchain* besteht darin, dass ein einmal entstandener Block endgültig ist und sich nicht mehr löschen lässt.

Grund dafür ist, dass für jede Information ein *Hashwert* berechnet wird und dieser *Hashwert* exklusiv ist. Manipulationen werden für alle Teilnehmer des *Peer-to-Peer* Netzwerkes sichtbar, weil jede Änderung einer Information – sei es auch nur das Einfügen eines Leerzeichens – sofort auffällt.[615] Dann nämlich erkennt das System die Transaktionsdaten insgesamt als neu an und würde ihr einen neuen *Hashwert* verleihen. Würde man eine Information ändern, z.B. bei der Information „1, 2, 3" aus der 2 eine 3 machen, dann wäre die Quersumme 7, nicht mehr 6 und damit der *Hashwert* ein anderer. Anhand des neu generierten *Hashwerts* kann jeder Teilnehmer des Netzwerks den Rückschluss ziehen, dass die Information „1, 2, 3" geändert wurde. Somit wird die *Blockchain* sicher und transparent.

Gleichzeitig sorgt die kryptische Verkettung der *Blocks* dafür, dass eine Information niemals gelöscht werden kann. Ändert sich eine Informati-

613 *Schrey/Thalhofer* NJW 2017, 1431 (1433); *Bechtholf/Vogt* ZD 2018, 66 (71); *Hecht* MittBayNot 2020, 314 (317); Arbeitsgruppe Digitaler Neustart, S. 138 f.; **aA** ohne Begründung *Wilsch* DNotZ 2017, 761 (783 f.).

614 Zu den Zahlen vgl. *Hecht* MittBayNot 2020, 314 (317); Arbeitsgruppe Digitaler Neustart, S. 138 f.

615 *Erbguth* MMR 2019, 654 (655).

on, ist nicht mehr A, sondern B Bevollmächtigter für C, wird die neue Information der Kette nach Durchlaufen des soeben beschriebenen Verfahrens einfach hinzugefügt. Aus der Verkettung ergibt sich so dann, dass der A Bevollmächtigter *war*, es jetzt nicht mehr *ist*, sondern der B. Die Vollmacht ließe sich auch nicht dadurch widerrufen, in dem die Vollmacht aus der *Blockchain* gelöscht wird. Der Widerruf müsste als eigenständige Information in die *Blockchain* gesendet, validiert und gespeichert werden. Auf der *Blockchain* befinden sich mithin auch fortlaufend Informationen, die nicht der materiellen Rechtslage entsprechen. Dies schadet jedoch nicht, so lange nur die aktuell gültige Information über den Quellcode auf einer Software oder Internetseite dem Rechtsverkehr kenntlich gemacht wird.[616]

(d) Verwaltungs- und Einsichtsrechte in einer *Blockchain*

Die Verwaltungs- und Einsichtsrechte lassen sich in einer *Blockchain* beschränken. Verwaltungsrechte erlauben es, auf der *Blockchain* Daten zu speichern. Grundsätzlich können nur *Nodes* Daten in das *Peer-to-Peer*-Netzwerk senden. Durch Einsichtsrechte können auch Personen, die kein *Node* sind, in den Datenbestand der *Blockchain* blicken.

Um die Verwaltungsrechte zu beschränken, sind die Begriffe *private* oder *public Blockchain* wichtig. In einer *private Blockchain* wird der Kreis der *Nodes* begrenzt, so dass nur auserwählte Personen diesem Kreis angehören und Informationen auf der *Blockchain* speichern können. Grundsätzlich wird die Erteilung der „Verwaltungslizenz" an bestimmte Kriterien geknüpft und durch eine zentrale Stelle kontrolliert. Diese zentrale Stelle überprüft, ob eine Person die Voraussetzungen erfüllt, die ein *Node* haben muss. Erst nach erfolgter Zertifizierung wird der *public key* vergeben und die Person wird Teil des *Blockchain*-Netzwerks.

Ist der Kreis der *Nodes* nicht beschränkt, spricht man von einer *public Blockchain*. Jeder, der sich einer *public Blockchain* als *Node* anschließen möchte, kann dies mithin tun, ohne sich vorher durch eine zentrale Stelle zertifizieren lassen zu müssen. Das wohl prominenteste Beispiel einer *public Blockchain* ist die *Bitcoin-Blockchain*.

616 *Kanier/Wolff* BB 2018, 2253 (2258).

Nicht nur der Kreis der *Nodes* lässt sich in einer *Blockchain* beschränken. Eine *Blockchain* lässt sich derart gestalten, dass nur für die *Nodes* die in der *Blockchain* hinterlegten Informationen einsehbar sind („*permissioned*"), oder aber auch, dass jeder beliebige Interessierte auf die Informationen zugreifen kann („*open*"). Auch ein Mittelweg ist denkbar. So kann die Einsicht interessierter Personen an eine vorher erteilte einmalige Lizenz geknüpft werden.[617]

Das Vertrauen steigt, wenn eine zentrale Instanz für die Eintragungen verantwortlich ist. Je enger der Kreis der Verantwortlichen gehalten werden kann, desto größer ist das Vertrauen in die Richtigkeit, der von ihnen eingepflegten Informationen.[618] Hat ein im Vorfeld nicht zertifizierter und damit beliebiger Personenkreis Verwaltungsrechte, so leidet darunter die Verlässlichkeit eines Registers, insbesondere dann, wenn ihre Seriosität nicht überprüfbar ist.

Dies zeigt folgender Vergleich zwischen der *Bitcoin-Blockchain* und einer Gültigkeitsregister *Blockchain*. Die *Bitcoin-(public)Blockchain* schafft Vertrauen zwischen den einzelnen *Nodes*, obwohl der Kreis der *Nodes* nicht beschränkt ist und sich die *Nodes* somit auch nicht gegenseitig kennen können.[619] Der Handel mit *Bitcoins* wäre ohne die *Blockchain* unmöglich, denn ohne die *Blockchain*-Technologie wäre nicht überprüfbar, ob ein *Bitcoin* von einer Person bereits benutzt wurde (*double spending*). Mit der *Blockchain*-Technologie gelingt es, Vertrauen zwischen den sich untereinander unbekannten *Nodes* zu schaffen und das *double-spending* Problem zu lösen.[620] Dies gelingt, indem die *Nodes* Transaktionsdaten in das Netzwerk senden. Im Rahmen des *Proof-of-Work* wird sodann geprüft, ob diese Transaktionsdaten und damit auch ein und derselbe *Bitcoin* schon einmal von dem *public key* des *Nodes* an das Netzwerk zur Validierung gesendet wurde.

617 So lautet beispielsweise der Vorschlag für ein Gültigkeitsregister Bundesnotarkammer K.d.Ö.R. und Bayrisches Staatsministerium der Justiz: Das Blockchain-basierte Gültigkeitsregister, S. 16.

618 *Möslein/Omlor/Urbach* ZIP 2020 2149 (2151).

619 *Spiegel*, Blockchain-basiertes virtuelles Geld, S. 12 f.; *Wilsch* DNotZ 2017, 761 (778); *Sattler* BB 2018, 2243 (2245).

620 *Spiegel*, Blockchain-basiertes virtuelles Geld, S. 8; *Safferling/Rückert* MMR 2015, 788 (790); *Wilsch* DNotZ 2017, 761 (778); *John* BKR 2020, 76 (79); *Bechtolf/Vogt* ZD 2018, 66 (67); *Kaulartz* CR 2016, 474 (476); *Hecht* MittBayNot 2020, 314 (317); *Schrey/Thalhofer* NJW 2017, 1431 (1432).

Die *Blockchain*-Technologie bildet bei dem *Bitcoin*-Handel insoweit das Fundament, ohne welches der Handel mit der Kryptowährung nicht umsetzbar wäre.[621] Gäbe es die *Blockchain*-Technologie nicht, so könnten sich die *Nodes* gegenseitig nicht vertrauen und prüfen, ob ein *Bitcoin* doppelt verwendet wurde.[622] Die *Blockchain* ersetzt die Banken als Intermediäre bei dem Handel mit Geld in der digitalen Welt, die unter den *Nodes* das für den Handel notwendige Vertrauen schafft.

Es besteht jedoch ein wesentlicher Unterschied zu einer Vollmachtregister-*Blockchain.* Denn ein Vollmachtregister bildet Informationen aus der analogen Welt ab, um ihren Bestand in der digitalen Welt z.B. bei einer elektronischen Beurkundung beweisen zu können. Würde man die Vollmachtregister-*Blockchain* als *public Blockchain* konstruieren, so wäre ihre Verwaltung Geschäftsherren und Bevollmächtigten überlassen.[623] Eine notarielle Urkunde kann aber nur dann Vertrauen im Rechtsverkehr genießen, wenn die Urheberschaft der auf der *Blockchain* eingespeicherten notariellen Urkunde zumindest mittelbar festgestellt werden kann. Bleiben die *Nodes* anonym, so genießt die Urkunde nur Vertrauen, wenn sich ausschließlich vertrauenswürdige *Nodes* zu dem Teilnehmerkreis zählen – zum Beispiel Notare. Für den Rechtsverkehr genügt die Information, dass nur zertifizierte *Nodes* für die Verwaltung zuständig sind.

Ein Zustand gegenseitigen Vertrauens wie in einer *Bitcoin-Blockchain* ließe sich bei einer *public*-Vollmachtregister-*Blockchain* nicht erreichen. Denn hier werden Daten eingepflegt, deren Wahrheitsgehalt die *Blockchain* nicht überprüfen kann. Die *Blockchain* kann die Integrität einer Information nur anhand des bereits bestehenden Datenbestandes überprüfen, nicht aber mit der materiellen Rechtslage in der realen Welt vergleichen. Mithin überprüft die *Blockchain* lediglich die formelle Berechtigung einer Information, das heißt, ob eine Information entsprechend des zugrundeliegenden Algorithmus korrekt eingepflegt wurde,

621 *Bechtolf/Vogt* ZD 2018, 66 (67).

622 *Spiegel*, Blockchain-basiertes virtuelles Geld, S. 8; *Safferling/Rückert* MMR 2015, 788 (790); *Wilsch* DNotZ 2017, 761 (778); *John* BKR 2020, 76 (79); *Bechtolf/Vogt* ZD 2018, 66 (67); *Kaulartz* CR 2016, 474 (476); *Hecht* MittBayNot 2020, 314 (317); *Schrey/Thalhofer* NJW 2017, 1431 (1432).

623 Bei einer *public*-Handelsregister-Blockchain wären die *Nodes* die einzelnen Kaufleute, vgl. *Knaier/Wolff* BB 2018, 2253 (2257 aE).

nicht aber, ob die Informationen auch materiell-rechtlich Bestand haben.[624] Es ist technisch zwar möglich, durch sogenannte *oracles*[625], Aktionen in der *Blockchain* an den Eintritt realer Ereignisse zu knüpfen. Ob dieses Ereignis der materiellen Rechtslage entspricht, kann nach derzeitigem Stand der Technik ohne menschliches Zutun nicht festgestellt werden.[626] Ein seriöser menschlicher Intermediär ist für Registerformen der vorliegenden Art unverzichtbar.

Folglich können die Informationen aus den notariellen Urkunden in einer *public Blockchain* erst dann Vertrauen im Rechtsverkehr genießen, wenn sie von einem berechtigten *Node* eingepflegt worden sind – nämlich von dem Geschäftsherrn oder dem Bevollmächtigten. In einer *public*-Gültigkeitsregister-*Blockchain* müssten Bevollmächtigter und Geschäftsherr ihre Identität preisgeben. Nur dann kann zumindest der Anschein erweckt werden, dass *Node* und Bevollmächtigter bzw. Geschäftsherr identisch sind. Zusätzlich muss aber überprüft werden, ob die Vollmacht auch tatsächlich materiell wirksam entstanden ist. Hierzu zählt auch ein Nachweis darüber, ob die Vollmacht tatsächlich öffentlich beglaubigt wurde. Damit dies gewährleistet werden kann, wäre eine externe Kontrolle notwendig. Es müsste überprüft werden, ob ein *Node* im Einzelfall tatsächlich dazu berechtigt ist, eine notarielle Urkunde in der *public-Blockchain* zu hinterlegen. Und berechtigt ist ein Bevollmächtigter bzw. Geschäftsherr als *Node* nur dann, wenn die Vollmacht im Rahmen einer öffentlichen Beglaubigung wirksam entstanden ist.

Vorstehende Überlegungen sollen durch folgendes Beispiel zusammengefasst werden. Hat A dem B eine Vollmacht erteilt, verstecken diese sich aber hinter einem *public* key, der nicht unmittelbar auf die Identität von A und B schließen lässt, so entsteht Rechtsunsicherheit.

---

624 Arbeitsgruppe Digitaler Neustart, S. 150.

625 Hierzu insbesondere *Glatz*, in: Breidenbach/Glatz Rechtshandbuch Legal Tech Kap. 4 Rn. 50; *Kaulartz/Heckmann* CR 2016, 618 (620), denen nach ein Smart contract zwar eine Zahlung auslösen kann, wenn der Postbote die Abgabe eines Pakets bestätigt. Die Zahlung ist insoweit an den Bestand eines realen Ereignisses geknüpft. Es wird aber nicht geprüft, ob der Paketbote das Paket auch tatsächlich abgegeben hat.

626 So auch *Knaier/Wolff* BB 2018, 2253 (2257 aE); Arbeitsgruppe Digitaler Neustart, S. 149; *Saive* CR 2018, 186 (190); *Heckelmann* NJW 2018, 504 (508).

Es ist nämlich nicht auszuschließen, dass C die Vollmacht auf der *public-Blockchain* hinterlegt und behauptet hat, dass B den A vertreten kann. Für den Rechtsverkehr ist weder erkenntlich, ob C hierzu befugt gewesen ist, noch, ob die Vollmacht Bestand haben soll bzw. überhaupt jemals materiell wirksam zustande gekommen ist. Etwas anderes gilt nur dann, wenn C ein Notar und der Kreis der *Nodes* auf Notare beschränkt ist. Denn unabhängig davon, welcher Notar die Information hinterlegt hat, steht für den Rechtsverkehr fest, dass ein Notar diese Information eingepflegt hat. Sodann kann auch davon ausgegangen werden, dass die Vollmacht Bestand hat, weil sie von dem Notar überprüft und öffentlich beglaubigt wurde.

Denkbar ist, dass sich Bevollmächtigter und Geschäftsherr gegenüber einer staatlichen Stelle identifizieren und den materiell-rechtlichen Bestand der Vollmacht darlegen müssen. Nach erfolgreicher Identifizierung und Validierung könnte diese Stelle einmalig nutzbare Schlüsselpaare vergeben. Einen wirklichen Vorteil verspricht dieser Weg nicht, eher bringt er einen erhöhten bürokratischen Aufwand mit sich. So ist es effizienter, den Kreis der *Nodes* sogleich auf authentifizierte *Nodes* zu beschränken. Abgesehen davon, müsste die notarielle Urkunde durch den Notar dem Geschäftsherrn bzw. Bevollmächtigten in digitaler Form übersendet werden. Und ab diesem Zeitpunkt kann die Echtheit der Vollmacht nicht mehr gewährleistet werden. Wird sie auf dem Weg abgefangen oder gelangt sie durch einen Hack in die falschen Hände, kann sie beliebig oft kopiert, inhaltlich geändert oder überschrieben werden, bevor sie in das Gültigkeitsregister eingetragen wird. Diese Lösung würde somit keine Vorteile gegenüber dem status quo mit sich bringen. Der Rechtsverkehr könnte auf die Gültigkeit der Vollmacht nicht so stark vertrauen, wie wenn die Gültigkeit einer Vollmacht durch einen Notar auf der *Blockchain* bestätigt wird.

Deswegen ist der Kreis der *Nodes* auf Notare zu beschränken und die Vollmacht ist durch den mit der Beglaubigung beauftragten Notar im Anschluss in die Vollmachtregister-*Blockchain* einzupflegen. Dies verkürzt auch den bürokratischen Prozess der Eintragung einer notariellen Urkunde in das Gültigkeitsregister. Sind die Notare mit der Beurkundung oder Beglaubigung einer Niederschrift ohnehin beauftragt worden, so spart man Zeit und zusätzliche Wege, wenn die Notare auch mit der Verwaltung des *Blockchain*-Gültigkeitsregisters betraut sind.[627]

Der Kreis der *Nodes* lässt sich sinnvoll aber nur in einer *private Blockchain* begrenzen. Die *public Blockchain* ist für öffentliche Register ungeeignet, so auch für das Vollmachtregister. Das Vollmachtregister ist auf einer *private Blockchain* aufzubauen, dessen *Nodes* die Notare sind.

(e) Abrufbarkeit und Nutzung der hinterlegten Informationen

Über einen einheitlichen Quellcode können andere Systeme an das Gültigkeitsregister angeschlossen werden[628], was dem Rechtsverkehr eine Vielzahl von Nutzungsmöglichkeiten eröffnet.

Beispielsweise lassen sich damit Smart Contracts an die *Blockchain* andocken.[629] Anders als die Übersetzung vermuten lässt, handelt es sich bei *Smart Contracts* um keinen eigenständigen Vertragstypus.[630] Vielmehr wird ein Vertrag durch eine Software digital abgebildet. Die Verbindung des smart contracts mit der *Blockchain* ermöglicht es nun, dass bestimme Aktionen in der *Blockchain*, Reaktionen in der realen Welt auslösen können.[631] Hängt die Kaufpreiszahlung zum Beispiel von der Bestätigung des Bestehens einer Vollmacht ab, dann kann der Kaufpreis im Zeitpunkt der Validierung durch die Netzwerkteilnehmer automatisch überwiesen werden.[632]

Der Quellcode ist notwendig, um Einblick in das Gültigkeitsregister zu bekommen. Er kann zum Beispiel als „Andockstelle" einer Internetsei-

---

627 Diesen Vorteil heben auch *Möslein/Omlor/Urbach* ZIP 2020, 2149 (2158) für eine Blockchain-basierte GmbH-Mitgliedschaft hervor.

628 *Kanier/Wolff* BB 2018, 2253 (2258).

629 Zu Smart Contracts vgl. *Paulus* JuS 2020, 107; *Heckelmann* NJW 2018 504; umfassend *Möslein* ZHR 183 (2019), 254 (264).

630 *Djazayeri* jurisPR-BKR 12/2016 Anm. 1; *Kaulartz/Heckmann* CR 2016, 618 (619); *Paulus/Matzke* ZfPW 2018, 431 (433 f.); *Glatz*, in: Breidenbach/Glatz Rechtshandbuch Legal Tech Kap. 5.3 Rn. 24; *Guggenberger*, in: Hoeren/Sieber/Holznagel MMR-HdB Teil 13.7 Rn. 4.

631 *Kaulartz/Heckmann* CR 2016, 618; *Guggenberger*, in: Hoeren/Sieber/Holznagel, Handbuch Multimedia-Recht, Teil 13.7 Rn. 1.

632 Hierzu umfassend *Möslein* ZHR 183 (2019), 254 (264); *Möslein*, in: Rechtshandbuch Smart Contracts, Kap. 8 Rn. 4; *Kaulartz/Heckmann* CR 2016, 618 (621); *Möslein/Omlor/Urbach* ZIP 2020 2149 (2150).

te oder einer Software benutzt werden, auf der Bürger und Notare die Informationen einsehen können und fungiert insoweit als Informationsintermediär zur Einsichtnahme in das Gültigkeitsregister.[633]

Der Machbarkeitsstudie lässt sich entnehmen, dass die Auslesung der Daten auf dem Prototyp der Gültigkeitsregister *Blockchain* auf demselben Quellcode basiert.[634] So ist gewährleistet, dass eine Vielzahl von Bürgern die *Blockchain* einsehen kann, ohne aber zugleich als *Node* Teilnehmer des Netzwerks sein zu müssen.

(3) Stellungnahme

Die *Blockchain*-Technik ermöglicht es, Informationen dezentral zu speichern und den Datenbestand fortlaufend und parallel auf jedem Server zu synchronisieren. Jeder *Node* kann in Echtzeit den Bestand einer Vollmacht überprüfen. So geht aus dem Vollmachtregister nicht nur die Erteilung der Vollmacht, sondern auch ein etwaiger Widerruf hervor. Auch werden durch die *Blockchain*-Technologie lang andauernde papiergebundene Prozesse abgekürzt. Eine Vollmacht muss durch den Geschäftsherrn nicht mehr mühsam eingefordert werden, wenn sie keine Rechtswirkung im Rechtsverkehr mehr entfalten soll. Die Gültigkeit eines Dokuments kann durch einen Notar durch einen Blick in das Vollmachtregister überprüft werden. Ein maßgeblicher Vorteil gegenüber herkömmlichen Registerlösungen liegt darin, dass bürokratische Wege abgekürzt werden können. Statt einer zentralen Instanz, übernehmen die *Nodes* die Verwaltung des Registers. Und ihr Bestand kann in Echtzeit durch jeden *Node* überprüft werden.

Zudem schadet es dem System nicht, wenn ein *Node* ausfallen sollte. Die *Blockchain* wird in diesem Fall auf den übrigen Servern fortgeführt und bricht nicht in sich zusammen. Dies wäre anders, wenn die Registerinformationen auf einem Server zentral gespeichert werden. Fällt dieser Server aus, kann das Register zumindest zeitweise nicht mehr

633 So auch für das Handelsregister vorgeschlagen durch *Knaier/Wolff* BB 2018, 2253 (2257).

634 Bundesnotarkammer K.d.Ö.R. und Bayrisches Staatsministerium der Justiz: Das Blockchain-basierte Gültigkeitsregister, S. 16: „Dank der standardisierten Schnittstelle können auf dieser Ebene auch die bereits in Verwendung befindlichen Bestandssysteme angesiedelt werden".

eingesehen werden. Da für eine „51%-Attacke“ immense finanzielle wie logistische Anstrengungen notwendig werden, ist ein solcher Angriff nach derzeitigem Stand der Technik ausgeschlossen.[635] Die *Blockchain*-Technologie ist somit ausreichend vor Zugriffen Nichtberechtigter geschützt. Zusätzlich fallen Manipulationen durch die asymmetrische Kryptographie und die Unveränderlichkeit der Daten sehr schnell auf, so dass der Datenbestand zu jedem Zeitpunkt genau rekonstruierbar bleibt. Insgesamt ist ein *Blockchain*-basiertes Vollmachtregister als sehr sicher zu bewerten.

Als erster Zwischenstand ist festzuhalten, dass sich die *Blockchain*-Technologie für die Führung eines Vollmachtregisters in der Form einer *private Blockchain* eignet und die Online-Gründung von Aktiengesellschaften unter Beteiligung von Bevollmächtigten ergänzen kann.

(4) Die Vollmachtregister-*Blockchain*

Im Folgenden sollen Vorschläge erarbeitet werden, die bei der technischen Architektur einer Vollmachtregister-*Blockchain* zu beachten sind. Dabei werden die Vorschläge anhand der rechtlichen Grenzen des Datenschutzrechts überprüft und bewertet.

(a) Spannungsverhältnis zwischen der *Blockchain*-Technologie und dem Datenschutzrecht

Eine rechtliche Grenze für ein *Blockchain*-basiertes Vollmachtregister zieht das Datenschutzrecht, weil auf der *Blockchain* unter Umständen persönliche Daten wie z.B. der Name, der Geburtsort und das Geburtsdatum von Bevollmächtigten und Geschäftsherrn gespeichert werden. Wie die vorstehende Darstellung gezeigt hat, lassen sich einmal auf der *Blockchain* hinterlegte Daten nicht mehr löschen.

Dies ist problematisch, weil jedem Betroffenen ein Recht auf Löschung personenbezogener Daten gem. § 17 Abs. 1 DS-GVO und gem. § 17 Abs. 2 DS-GVO das Recht auf Vergessenwerden zusteht, sobald die personenbezogenen Daten für die Zwecke, für die sie erhoben oder

635 *Bechtolf/Vogt* DSRITB 2017, 873 (883); Spindler/Schuster/*Spindler/Dalby* DS-GVO Art. 17 Rn. 11.

auf sonstige Weise verarbeitet wurden, nicht mehr notwendig sind (Art. 17 Abs. 1 lit. a) DS-GVO). Gegenstand der folgenden Darstellung ist ausschließlich das Recht auf Löschung. Denn das Recht auf Vergessenwerden setzt voraus, dass dem Betroffenen überhaupt das Recht aus § 17 Abs. 1 DS-GVO zusteht.

(i) Konflikt mit dem Recht auf Löschung, Art. 17 Abs. 1 DS-GVO

Gem. Art. 17 Abs. 1 DS-GVO hat die betroffene Person gegen den Verantwortlichen einen Anspruch, dass er betreffende personenbezogene Daten unverzüglich löscht, und der Verantwortliche ist verpflichtet, personenbezogene Daten unverzüglich zu löschen.

„Löschen" meint einen unumkehrbaren technischen Vorgang, nach dessen Abschluss auf die personenbezogenen Daten nicht mehr im gewohnten Verfahren zugegriffen werden kann und Kenntnisnahme wie Informationsgewinnung verhindert wird.[636] Die Daten müssen nach übereinstimmender Ansicht derart entfernt werden, so dass die Daten nicht mehr verarbeitet und auch zum Zweck der Verarbeitung nicht mehr wiederhergestellt werden können.[637] Ob bei der Bewertung der Wiederherstellung von Daten auch Spezialprogramme[638] zu berücksichtigen sind, lässt sich der DS-GVO nicht entnehmen,[639] ist aber abzulehnen, da bloß theoretische Möglichkeiten der Rekonstruktion von Daten bei der Bewertung unbeachtet bleiben müssen[640].

Eine vollständige Löschung, ganz ohne Möglichkeit der Wiederherstellung von Daten, lässt sich bei der *Blockchain*-Technologie grundsätz-

---

636 *Wybitul/Fladung* BB 2012, 509 (511); Paal/Pauly/*Paal* DS-GVO BDSG Art. 17 Rn. 30; Sydow/*Peuker* DSGVO Art. 17 Rn. 32.

637 Paal/Pauly/*Paal* DS-GVO BDSG Art. 17 Rn. 30; *Spindler* ZGR 2020, 718 (734); Ehmann/Selmayr/*Kamann/Braun* DS-GVO Art. 17 Rn. 34; Kühling/Buchner/*Herbst* DS-GVO BDSG Art. 17 Rn. 37; nach Gola/*Nolte/Werkmeister* DS-GVO Art. 17 Rn. 8 genügt eine Kennzeichnung, dass der Text nicht mehr gelten soll.

638 Bejahend Simitis/Hornung/Spiecker gen. Döhmann/*Dix* Datenschutzrecht DSGVO Art. 17 Rn. 5

639 Sydow/*Peuker* DS-GVO Art. 17 Rn. 32.

640 Paal/Pauly/*Paal* DS-GVO BDSG Art. 17 Rn. 30; Kühling/Buchner/*Herbst* DS-GVO BDSG Art. 17 Rn. 37; BeckOKDatenschutzR/*Worms* DS-GVO Art. 17 Rn. 55 f.; Ehmann/Selmayr/Kamann/*Braun* DS-GVO Art. 17 Rn. 35; Sydow/*Peuker* DS-GVO Art. 17 Rn. 32; Spindler/Schuster/*Spindler/Dalby* DS-GVO Art. 17 Rn. 10.

lich nicht realisieren.[641] Hierfür sorgt die kryptographische Verkettung der *Blocks*, durch welche die eingepflegten Informationen unumkehrbar und endgültig auf der *Blockchain* gespeichert werden – der Wesenszug, weshalb die auf der *Blockchain* gespeicherten Informationen ein so hohes Vertrauen genießen. Dieses Charakteristikum müsste aufgehoben werden, um das Recht auf Löschung realisieren zu können.[642]

Um Fehltransaktionen in der *Bitcoin-Blockchain* zu neutralisieren, behilft man sich deshalb mit *reverse transactions*.[643] Hierbei werden so lange Blöcke mit Informationen mit gegenteiligem Vorzeichen geschaffen, bis der Fehler neutralisiert ist. Das ist bei *Bitcoins* kein Problem. Sie verkörpern einen Wert. Besteht ex tunc kein Rechtsgrund für eine Transaktion von 5 *Bitcoin*, können 5 *Bitcoin* mit negativen Vorzeichen in die *Blockchain* eingefügt werden. Für eine Vollmacht besteht ein solches Antiteilchen mit negativem Vorzeichen allerdings nicht. *Reverse Transaction* führen zudem nicht dazu, dass eine einmal auf der *Blockchain* gespeicherte Information unumkehrbar gelöscht ist. Sie neutralisieren eine Fehlinformation auf mathematische Art und Weise, ohne aber ihre Existenz auf der *Blockchain* zu beseitigen.

Es gibt allerdings architektonische Möglichkeiten, von der Grundarchitektur einer *Blockchain* derart abzuweichen, dass Informationen datenschutzfreundlich gespeichert werden können (*privacy by design*). Ob sich diese für eine Vollmachtregister-*Blockchain* eignen, ist nun zu untersuchen.

(ia) Pruning

Das so genannte *Pruning* ermöglicht, den Inhalt von *Blocks* im Nachhinein zu löschen, vorausgesetzt, die *Blockchain* wurde bereits fortgeschrieben und der alte *Block* ist bereits Gegenstand eines neuen *Blocks* geworden.[644] Dann nämlich erfüllt der *Block* keinen Zweck mehr: Sein *Hashwert* wird für das Fortschreiben der *Blockchain* nicht mehr benötigt und ist somit für die technische Existenz der *Blockchain* ohne

641 Kritisch auch *Spindler* ZG 2020, 718 (734); Spindler/Schuster/*Spindler*/*Dalby* DS-GVO Art. 17 Rn. 11.

642 Spindler/Schuster/*Spindler*/*Dalby* DS-GVO Art. 17 Rn. 11.

643 *Schrey*/*Thalhofen* NJW 2017, 1431 (1435); *Saive* DuD 2018, 764 (766).

644 *Nakamoto*, Bitcoin, S. 4; *Martini*/*Weinzierl* NVwZ, 2017, 1251 (1255).

Belang.[645] Wird ein alter *Block* nach diesem Vorgehen zurückgestutzt, dann ist für den Teilnehmerkreis zwar weiterhin einsehbar, dass bestimmte Daten erhoben wurden, der genaue Inhalt lässt sich dem *Block* aber nicht mehr entnehmen. Im Ergebnis wären in dem *Block* gespeicherte personenbezogene Daten von Bevollmächtigten und Geschäftsherrn vollständig gelöscht.[646]

Problematisch ist allerdings, dass sich die Entwicklung einer Information auf der *Blockchain* nicht mehr lückenlos entnehmen lässt, worunter die Fälschungssicherheit und Vertraulichkeit gespeicherter Informationen leidet.[647]

Hinzutreten praktische Probleme bei der Umsetzung der Löschung. Denn das *Pruning* sorgt nicht automatisch dafür, dass ein *Block* im gesamten Netzwerk automatisch gelöscht wird. Eine *Blockchain* zeichnet sich dadurch aus, dass sie auf jedem Server des Netzwerks eigenständig fortgeschrieben wird. Die Löschung eines *Blocks* auf einem Server des Netzwerks kann nach bisherigem Stand der Technik nicht an alle *Nodes* automatisch versendet werden. Jeder *Node* müsste die Löschung eigenständig vornehmen.[648] Sobald sich eine technische Struktur in der *Blockchain* integrieren lässt, die die Löschung automatisch vornimmt[649] oder jeden einzelnen *Node* zur Löschung informiert und verpflichtet, ließe sich das *Pruning* auch datenschutzkonform umsetzen.[650]

Dies führt zu der Erkenntnis, dass sich das *Pruning* insbesondere dann umsetzen ließe, wenn sich die datenschutzrechtliche Verantwortung bei dem Fortschreiben der *Blockchain* zentralisieren ließe, der Kreis der *Nodes* mit anderen Worten sehr klein gehalten wird. Die *Blockchain* wird dann als Speicherungsform genutzt und zentral verwaltet.[651] Auf diese Weise ließe sich der Löschungsanspruch durch das *Pruning* durchsetzen. Man stünde nicht mehr vor dem Problem, dass die *Blockchain* jedes einzelnen *Nodes* angepasst werden muss. Es

645 *Martini/Weinzierl* NVwZ 2017, 1251 (1254 f.); *Nakamoto*, Bitcoin, S. 4.
646 *Martini/Weinzierl* NVwZ 2017, 1251 (1255).
647 *Hecht* MittBayNot 2020, 314 (319).
648 *Martini/Weinzierl* NVwZ 2017, 1251 (1255).
649 Ähnlich der Funktionsweise eines Smart Contracts.
650 *Martini/Weinzierl* NVwZ 2017, 1251 (1257).
651 *Martini/Weinzierl* NVwZ 2017, 1251 (1257).

würde nur eine *Blockchain* auf einem Server existieren. Allerdings würde eine zunehmend zentrale Verwaltung der *Blockchain* zugleich die Schwachstelle des Systems darstellen. Mit sinkender Teilnehmerzahl des *Peer-to-Peer*-Netzwerks, steigt die Möglichkeit, die *Blockchain* durch eine 51%-Attacke[652] zu übernehmen und für eigene Zwecke zu manipulieren.

Das *Pruning* bietet sich im Ergebnis theoretisch an, versagt nach derzeitigem Stand der Technik aber an seiner praktischen Umsetzung für eine Vollmachtregister-*Blockchain*.

(ib) Forking

Mit dem sogenannten „Forking" besteht eine theoretische Möglichkeit, fehlerhafte Informationen umzuschreiben.[653] Hierzu wird die *Blockchain* rückwirkend aufgelöst, bis zu jenem Punkt, an dem eine fehlerhafte Information gespeichert wurde. Damit dies gelingt, müsste das *hash puzzle* entzerrt werden, denn jeder *Block* enthält den *Hashwert* des vorherigen *Blocks*. Wird die fehlerhafte Information umgeschrieben, so ändert sich automatisch der *Hashwert* des *Blocks*. Da der darauffolgende *Block* den *Hashwert* des vorherigen *Blocks* übernommen hat, muss auch der Folgeblock geändert werden. Auf diese Weise müsste die gesamte Kette bis zum jüngsten Block neugeschrieben werden. Dies würde allerdings einen Prozess in Gang setzen, der sehr aufwendig, zeit- sowie kostenintensiv ist und sich wirtschaftlich nicht lohnt.[654]

Zudem ist diese Lösung von dem Konsens aller *Nodes* abhängig. Einigt sich nicht die Mehrzahl der *Nodes* auf den neuen *Hashwert*, so gabelt sich die *Blockchain* in zwei Ketten. Im Ergebnis besteht mithin zusätzlich die Gefahr, dass der gesamte Datenbestand auf der *Blockchain* entwertet und eine „alternative Wahrheit" geschaffen wird.[655]

---

652 Zum Begriff siehe unter G.II.4.b)cc)(2)(b).

653 Zum Begriff vgl. auch *Erbgut/Fasching* ZD 2017, 560 (561); *Teichmann* ZfPW 2019, 247 (267 f.); *Saive* RdTW 2018, 85 (87 f.); Arbeitsgruppe Digitaler Neustart der Justizministerkonferenz S. 139.

654 *Saive* DuD 2018, 764 (764).

655 *Bechtolf/Vogt* ZD 2018, 66 (70).

Darüber hinaus können mit diesem Prinzip keine Daten endgültig gelöscht werden. Denn die ungewünschte Information ist weiterhin in einer der beiden, durch die Gabelung entstandenen Ketten auf der *Blockchain* und somit grundsätzlich auch weiterhin abrufbar.[656]

Außerdem hebt das Forking einen Wesenszug der *Blockchain*-Technologie auf, nämlich das auf ihr Informationen endgültig und unumkehrbar gespeichert werden; jener Charakterzug, der das Vertrauen in den Datenbestand begründet.[657] So besteht aus Sicht der Einsichtsberechtigten jederzeit die Gefahr, dass Informationen im Nachhinein umgeschrieben werden.[658]

(ic) Entschlüsselungskey

Es wird vorgeschlagen, die Informationen auf der *Blockchain* verschlüsselt durch einen Entschlüsselungskey zu hinterlegen. Um auf die Informationen auf der *Blockchain* zugreifen zu können, muss man einen Off-Chain gespeicherten Entschlüsselungskey verwenden.[659] Erst dann kann die Information eingesehen werden. Dem Anspruch auf Löschung könnte man nun dadurch erfüllen, dass der Entschlüsselungskey gelöscht wird. Ob dies genügt, ist fraglich.

Bei dieser Bewertung muss auch der künftige Fortschritt der technischen Entwicklung berücksichtigt werden. Die Weiterentwicklung von Quantencomputern könnte dieser Lösung im Wege stehen. Quantencomputer sind Computer auf Basis der Quantentechnik, was sie im Vergleich zu herkömmlichen Computern deutlich leistungsstärker macht. Es ist nicht unrealistisch, dass dieser Vorsprung an Rechenleistung dazu beitragen kann, derart gespeicherte Informationen zu entschlüsseln.[660] Hierbei handelt es sich allerdings um eine bloß theoretische Möglichkeit, verschlüsselte Informationen zu personalisieren. Theoretische Möglichkeiten sind bei der Beurteilung einer rechtmäßi-

656 *Bechtolf/Vogt* ZD 2018, 66 (70).
657 *Mann*, in: Rechtshandbuch Smart Contracts, S. 221; *Teichmann* ZfPW 2019, 247 (268).
658 *Erbguth/Fasching* ZD 2017, 560 (561); *Teichmann* ZfPW 2019, 247 (268); *Spindler* WM 2018, 2109 (2110).
659 *Spindler* ZGR 2020, 718 (735); *Kipker/Bruns* CR 2020, 210 (216 Rn. 32).
660 *Kipker/Bruns* CR 2020, 210 (216).

gen Löschung gem. § 17 Abs. 1 DS-GVO nach hier vertretener Auffassung nicht zu berücksichtigen.

Wäre der Entschlüsselungskey bei der zentralen Stelle hinterlegt und würde er nur auf Anfrage eines *Nodes* herausgegeben werden, würde sich der bürokratische Prozess verlängern. Bis die Anfrage verarbeitet ist, vergeht Zeit. Der Sinn der *Blockchain*-Technologie liegt aber gerade darin, den Informationsbestand in Echtzeit abrufen zu können. Einsichtsrechte an eine Anfrage zu knüpfen, würde den Grundgedanken dieser Technologie konterkarieren. Zudem müsste der Entschlüsselungskey nach jeder Einsicht geändert werden, um das Missbrauchsrisiko kleinzuhalten. Sobald der Entschlüsselungskey einmal angefragt wurde, ist er dem jeweiligen *Node* bekannt und der Sicherungsmechanismus ist damit ausgehebelt.

Zudem ist die Gefahr groß, dass auch andere Personen als die Notare Kenntnis erlangen. Ein Vergleich zu den eBay-Fällen[661] zeigt, dass Passwörter trotz hoher Sorgfalt schnell in die falschen Hände gelangen können. Je größer das Netz derjenigen ist, die den Entschlüsselungskey kennen, desto größer ist auch die Gefahr, dass der Entschlüsselungskey an die falsche Person gelangt. Es ist der Kontrolle der Notare entzogen, ob auch tatsächlich nur sie den Entschlüsselungskey kennen. Somit verbleibt ein nicht zu unterschätzendes Restrisiko, dass auf die auf der *Blockchain* verschlüsselt gespeicherten Informationen zugegriffen werden kann. Es kann nicht gewährleistet werden, dass der Entschlüsselungskey vollständig gelöscht wird.

Auch zeigen Big-Data-Analysen, dass die Entschlüsselung von Informationen mit steigender Rechnerleistung zunimmt. Und mit Verweis auf den technischen Fortschritt ist hervorzuheben, dass sich die Daten durchaus auch ohne Kenntnis des Entschlüsselungskeys entschlüsseln lassen.

Die Entschlüsselungstechnik bietet sich aus technischen und praktischen Gründen für eine Vollmachtregister-*Blockchain* nicht an.

---

661 Hierzu vgl. BGHZ 208, 331 Rn. 61 = NJW 2016, 2024; BGHZ 189, 346 = NJW 2011, 2421; BGHZ 185, 330 = NJW 2010, 2061; BGHZ 180, 134 = NJW 2009, 1960; BGH NJW 2007, 987; BGHZ 166, 369 = NJW 2006, 1971; LG Aachen NJW-RR 2007, 565.

(id) *Chamaleon Hashes*

Um die Vollmachtregister-*Blockchain* datenschutzkonform zu gestalten, könnten auch besondere *Hashfunktionen* verwendet werden, so genannte *Chamaleon Hashs*, die zusätzlich in den verwendeten Algorithmus verbaut werden.[662] Mit solch besonderen *Hashfunktionen* besteht die Möglichkeit, *Blocks* mit veränderbarem Inhalt zu produzieren.[663]

Chamaleon-Hashs ermöglichen es, einen bestehenden *Block* bei gleichbleibendem *Hashwert* mit neuen Informationen umzuschreiben, statt einen neuen *Block* mit neuem *Hashwert* der Kette hinzufügen zu müssen.[664] Die Besonderheit besteht darin, dass kein neuer *Hashwert* generiert, die Verkettung der *Blocks* somit auch nicht entzerrt wird und die *Blockchain* im Übrigen komplett unverändert bleibt.[665] Somit eignen sich *Chamaleon Hashes* grundsätzlich dazu, eine *Blockchain* datenschutzkonform auszugestalten. Denn selbst wenn auf ihr personenbezogene Daten gespeichert werden, lassen sie sich im Nachhinein löschen, in dem das personenbezogene Datum im Nachhinein einfach aus dem *Block* gelöscht und überschrieben wird.

Jedoch können Bearbeitungen eines *Blocks* nur durch die Eingabe eines *private keys* vorgenommen werden. Dies setzt voraus, dass die nachträglichen Änderungen von Blöcken durch eine zentrale Stelle nach einheitlichen Regeln vorgenommen werden muss.[666] In einer *private Blockchain* ließen sich *Chamaleon Hashs* somit gut verbauen. Denn hier vergibt eine zentrale Stelle die Schlüsselpaare erst an die *Nodes*, nachdem die *Nodes* durch sie erfolgreich authentifiziert wurden. So könnte die zentrale Stelle zugleich mit Änderungsanfragen beauftragt werden.

Die Zentralisierung der Änderungsberechtigung ist zugleich die Schwachstelle dieser Lösung. Ist die zentrale Stelle überlistet, so hat

---

662 *Saive* DuD 2018, 764 (766).

663 *Martini/Weinzierl* NVwZ 2017, 1251 (1256 f.); *Marnau*, in: INFORMATIK 2017, 1025 (1030); *Bechtolf/Vogt* ZD 2018, 66 (70); *Finck* EDPL 2018, 17 (31); *Spindler* ZGR 2020, 718 (735).

664 BMVI, Chancen und Herausforderungen von DLT (Blockchain), S. 137; *Spindler* ZGR 2020, 718 (735).

665 *Spindler* ZGR 2020, 718 (735).

666 *Martini/Weinzierl* NVwZ 2017, 1251 (1256 f. mwN); *Saive* DuD 2018, 764 (766).

man die gesamte *Blockchain* unter eigener Kontrolle und kann sie manipulieren.[667] Ganz allgemein würde die *Blockchain* ihren Reiz verlieren. Denn es zeichnet sie gerade aus, dass die auf ihr gespeicherten Daten unveränderlich sind. Die Unveränderbarkeit sorgt für Transparenz und Vertrauen. Muss man der *Blockchain* aber diesen Wesenszug nehmen, bietet sich die Technologie für ein Vollmachtregister nicht an. Wesentliche Vorteile gegenüber einer herkömmlichen Registerlösung sind dann nicht mehr ersichtlich.[668]

Für eine Vollmachtregister-Blockchain bietet sich nicht an, die nachträgliche Änderung von Informationen durch die *Nodes* zuzulassen. Dies ließe sich dadurch realisieren, dass jeder *Node* den *Änderungskey* kennt. Die Notare als *Nodes* und Inhaber des *Änderungskeys* sind seriös, so dass der *private key* grundsätzlich weitergegeben werden kann.[669] Allerdings würde das Risiko von Manipulationen dennoch stark ansteigen. Denn es kann nicht mit an Sicherheit grenzender Wahrscheinlichkeit ausgeschlossen werden, dass der Änderungskey auf irgendeinem Weg in die falschen Hände gelangt.

Aus praktischen Gründen bietet es sich nicht an, den *private key* nach jeder einzelnen Änderung zu wechseln. Umsetzen ließe sich dies nur, indem ein *Node* die zentrale Stelle kontaktiert, den Sachverhalt schildert und sodann den Änderungskey mitgeteilt bekommt, um die gewünschte Änderung vorzunehmen. Generell wird das ständige Wechseln der *private* und *public keys* als unpraktikabel bewertet.[670] Nichts anderes gälte in unserem Fall.

Im Ergebnis ist der *private key* geheim zu halten und die nachträgliche Änderung der in den *Blocks* gespeicherten Informationen der zentralen Instanz, nicht aber den *Nodes*, zu überlassen. Allerdings muss auch dieser Ansatz ein hohes Maß an Dezentralität aufgeben, jenen Charakterzug, der die *Blockchain*-Technologie so sicher macht. *Chamaleon Hashes* bieten sich damit nicht an, die *Blockchain* datenschutzkonform auszugestalten.

---

667 So auch *Spindler* ZGR 2020, 718 (735); *Martini/Weinzierl* NVwZ 2017, 1251 (1256 f.)

668 So auch *Manau*, in: INFORMATIK 2017, 1025 (1034).

669 So grundsätzlich auch So auch *Manau*, in: INFORMATIK 2017, 1025 (1031).

670 *Martini/Weinzierl* NVwZ 2017, 1251 (1256).

(ie) *Zero-Knowledge-Proofs*

Zero-Knowledge-Proofs[671] bezeichnen einen Vorgang, bei dem das Speichern personenbezogener Daten auf der *Blockchain* verhindert werden kann.[672] Das Verfahren ermöglicht es Person A, einer anderen Person B darzulegen, dass A eine Information kennt, ohne die Information selbst offen legen zu müssen. Behauptet der A, dass er ein Passwort kennt, dann ermöglichen es ihm *Zero-Knowledge-Proofs*, den B davon zu überzeugen, ohne selbst das Passwort nennen zu müssen. Vorstellen lassen sich *Zero-Knowledge-Proofs* als eine Vielzahl von Ja/Nein-Fragen, die nur jemand richtig beantworten kann, der die Information kennt.[673] Auf der *Blockchain* wird nicht die Information abgespeichert, sondern nur ihr Beweis. Auch der Urheber/*Node* einer Information wird durch *Zero-Knowledge-Proofs* verdeckt.[674]

Damit A den B davon überzeugen kann, ist zwischen beiden eine Interaktion notwendig. Aus diesem Grund sind *Zero-Knowledge-Proofs* für *Blockchain*-Systeme ungeeignet.[675] Denn die *Blockchain*-Technologie ist gerade dafür geschaffen, Informationen ohne Kommunikation auszutauschen. Auch eine Vollmachtregister-*Blockchain* sollte ihren Datenbestand lediglich abbilden können, ohne dass sich der Urheber einer Information und ein Dritter, der sich von der Wahrheit einer Information vergewissern möchte, vorher austauschen müssten. Ein solches Verfahren würde sich für notariell beglaubigte Vollmachten nicht eignen und den Sinn einer Beglaubigung konterkarieren. Denn die notarielle Beglaubigung soll gerade die Echtheit einer Unterschrift von sich heraus beweisen. Sie wäre zwecklos, müsste der für die Beglaubigung zuständige Notar kontaktiert werden, um die Echtheit der Urkunde zu bestätigen. Zudem würde sich ein Notar einer Vielzahl von Anfragen gegenüberstehen, müsste er die Echtheit jeder notariell beglaubigten Urkunde bestätigen, die er ausgestellt hat. Das würde die

---

671 BMVI, Chancen und Herausforderungen von DLT (Blockchain), S. 139.

672 BMVI, Chancen und Herausforderungen von DLT (Blockchain), S. 139; *Martini/Weinzierl* NVwZ 2017, 1251 (1256).

673 BMVI, Chancen und Herausforderungen von DLT (Blockchain), S. 56.

674 *Martini/Weinzierl* NVwZ 2017, 1251 (1256); BMVI, Chancen und Herausforderungen von DLT (Blockchain), S. 139.

675 BMVI, Chancen und Herausforderungen von DLT (Blockchain), S. 56 aE.

Notariate belasten und einen nicht zu rechtfertigenden Mehraufwand darstellen.

Ein Nachweis ohne Interaktion lässt sich durch sogenannte *zero knwoledge succinct non-interactive argument of knowledge*-Verfahren durchführen.[676]

Einige Problemkreise rund um die genannten Verfahren konnten aber schon ausfindig gemacht werden. Einerseits ist die Technik schon bei komplexeren Aufgaben sehr rechenintensiv. Zudem eignet sich das Verfahren für die staatliche Nutzung bei *Blockchain*-Registern nur bedingt. Denn das Potential einer *Blockchain* kann sich nur entfalten, wenn der Datenspeicherungsvorgang für alle Teilnehmer nachvollziehbar ist.[677] *Zero-Knowledge-Proofs* verdecken jedoch den gesamten Datenspeicherungsvorgang. In einer Grundbuch-*Blockchain* muss der Staat zum Beispiel wissen, wessen Grundstück veräußert wird oder wenn im Rahmen eines *Blockchain*-Systems Rechtsverhältnisse entstehen sollen, für die ein Rückschluss auf die dahinterstehende Person möglich bleiben muss.[678] So muss auch ein Sozialamt wissen, an wen bestimmte Sozialleistungen fließen müssen. In solchen Fällen ist es unerlässlich, dass die Leistungsempfänger identifizierbar sein müssen.[679] Gewiss lassen sich diese Erkenntnisse auf eine Vollmachtregister-*Blockchain* nicht uneingeschränkt übertragen. Denn hier muss nicht erkennbar werden, wer welche Information hinterlegt hat. Ist der Kreis der *Nodes* auf die Notare beschränkt, weiß ein Dritter zumindest, dass er mit einer seriösen Person kommuniziert. *Zero-Knowledge-Proofs* würden sich eignen, wenn der A den Notar C von dem Bestehen seiner Vollmacht überzeugen möchte. Ob die Vollmacht besteht ließe sich durch verschiedene Ja/Nein-Fragen abbilden. Allerdings bleibt die Kritik, dass ein *Zero-Knowledge*-Verfahren den Sinn und Zweck der Beglaubigung konterkariert und den Prozess unnötig kompliziert werden lässt.

Festzuhalten ist, dass mit *Zero-Knowledge-Proofs* eine Technik existiert, die sich grundsätzlich für *Blockchain*-Systeme eignet, um personenbe-

676 BMVI, Chancen und Herausforderungen von DLT (Blockchain), S. 56 f.
677 *Martini/Weinzierl* NVwZ 2017, 1251 (1256).
678 *Martini/Weinzierl* NVwZ 2017, 1251 (1252, 1256).
679 *Martini/Weinzierl* NVwZ 2017, 1251 (1252, 1256).

zogene Daten auf der *Blockchain* nicht speichern zu müssen. Allerdings scheitert das *Zero-Knowledge-Proof* Verfahren an seinem mangelnden praktischen Nutzen.

(if) Datenhoheit bei Nutzern

Ein vereinzelt als vielversprechend betitelter Ansatz liegt darin, die Datenhoheit den einzelnen *Nodes* zu übertragen.[680] Um dies umzusetzen, sollen die Bürger für die Datenverarbeitung zuständig sein und als *Nodes* agieren. So sind sie dafür verantwortlich, ihre eigenen personenbezogenen Daten zu speichern. Verlangt ein Dritter einen Nachweis, so kann der einzelne Bürger als *Node* dem Dritten Einsicht gewähren.

Dieser Ansatz lässt sich allerdings nicht mit den Anforderungen an ein Vollmachtregister in Einklang bringen, da er sich für Vollmachten nur auf der Grundlage einer *public Blockchain* realisieren ließe, in welcher Bevollmächtigter und Geschäftsherren die Rolle der *Nodes* einnehmen würden. Wie bereits gezeigt, sollte die Vollmachtregister-*Blockchain* jedoch als *private Blockchain* konstruiert werden.

(ii) Verantwortlicher iSd Art. 4 Nr. 7 DS-GVO

Für die praktische Durchsetzung datenschutzrechtlicher Schutzansprüche ist entscheidend, wer als „Verantwortlicher" iSd Art. 4 Nr. 7 DS-GVO der personenbezogenen Daten zu qualifizieren ist. Denn nur der Verantwortliche ist zugleich Anspruchsgegner der datenschutzrechtlichen Schutzansprüche.[681] Zudem muss dem Verantwortlichen gegenüber auch die Einwilligung in den Datenverarbeitungsprozess erklärt werden. Je geringer der Kreis der Verantwortlichen ist, desto einfacher lassen sich die datenschutzrechtlichen Schutzansprüche und Anforderungen realisieren. Ziel sollte es demnach sein, den Kreis der Verantwortlichen möglichst gering zu halten.

Art. 4 Nr. 7 DS-GVO definiert den Verantwortlichen als jede natürliche oder juristische Person, Behörde, Einrichtung oder andere Stelle,

680 *Bechtolf/Vogt* ZD 2018, 66 (71).
681 *Martini/Weinzierl* NVwZ 2017, 1251 (1254).

die allein oder gemeinsam mit anderen über den Umfang, die Umstände sowie den Zweck und das Mittel der Verarbeitung von personenbezogenen Daten entscheidet.[682] An der Datenverarbeitung muss ein Verantwortlicher nicht partizipieren, sondern kann diesen Prozess durch einen Auftragsverarbeiter gem. § 28 DSG-VO vornehmen lassen.[683] Entscheidend ist lediglich, wer die wesentlichen Aspekte sowie die Zwecke und Mittel der Datenverarbeitung durch tatsächliche Entscheidungsbefugnisse und Entscheidungseinflüsse festlegt.[684] Übertragen auf die Vollmachtregister-*Blockchain* zeichnet sich folgendes Bild ab.

(ia) *Public Blockchain*

In einer *public Blockchain* sind die *Nodes* als Verantwortliche zu qualifizieren. Denn nur sie erheben, erfassen, ordnen und speichern die Daten auf der *Blockchain* und nehmen Einfluss darauf, weshalb, ob und falls ja, welche Information in der *Blockchain* gespeichert werden soll.[685]

Wie für die *Miner* zu entscheiden ist, ist differenziert zu betrachten. Zu unterschieden ist nämlich zwischen jenem *Miner*, der den *Hashwert* zuerst errechnet, und zur Validierung in das Netzwerk sendet und jenen *Minern*, die einen bereits errechneten *Hashwert* im Rahmen des *Proof-of- Work* bloß noch validieren.

Ob *Miner*, die die *Hashfunktion* als erste lösen und den *Hashwert* eines *Blocks* errechnen, für den Datenverarbeitungsprozess verantwortlich sind, ist fraglich. Dem EuGH genügte es, dass ein Teilnehmer eines sozialen Netzwerks personenbezogene Daten an den Betreiber des sozialen Netzwerks weitergab. Dieser Teilnehmer gewann die Daten

682 Spindler/Schuster/*Spindler/Dalby* DS-GVO Art. 4 Rn. 18.

683 Ehmann/Selmayr/*Klabunde* DS-GVO Art. 4 Rn. 25; Kühling/Buchner/*Hartung* DS-GVO BDSG Art. 4 Rn. 1; Spindler/Schuster/*Spindler/Dalby* DS-GVO Art. 4 Rn. 18.

684 Simitis/Hornung/Spiecker/*Petri* Datenschutzrecht Art. 4 Nr. 7 Rn. 20; Paal/Pauly/*Ernst* DS-GVO BDSG Art. 4 Rn. 55.

685 EuGH NVwZ 2014, 857 Rn. 28 ff. – Google Spain und Google; *Martini/Weinzierl* NVwZ 2017, 1251 (1253); *Kipker/Bruns* CR 2020, 210 (214 Rn. 22); *Schrey/Thalhofer* NJW 2017, 1431 (1433); *Janicki/Saive* ZD 2019, 251 (253); *Erbguth/Fasching* ZD 2017, 560 (563 f.).

aus dem Betrieb einer Fanseite. Nutzer des sozialen Netzwerkes, die sich auf dieser Fanseite eingefunden hatten, hinterließen Daten, die der Teilnehmer an den Betreiber des sozialen Netzwerks weitergab. Der EuGH schlussfolgerte, dass auch der Betreiber der Fanseite als Verantwortlicher zu qualifizieren ist.[686]

Dieser Grundsatz lässt sich allerdings nicht auf unseren Fall übertragen. In dem vom EuGH entschiedenen Sachverhalt konnte der eine Teilnehmer aktiven Einfluss darauf nehmen, welche Daten der übrigen Teilnehmer an den Betreiber des Netzwerks weitergegeben werden und welche nicht.[687] In unserem Fall kommt dem einzelnen *Miner* hingegen eine untergeordnete Rolle zu. Er errechnet lediglich den *Hashwert* eines neuen *Blocks*, gibt diesen zur Validierung frei und nimmt keinen weiteren Einfluss auf die Verwaltung und den Inhalt der Daten. Sein Aufgabenkreis beschränkt sich darauf, als „Diener des Systems" technische Operationen auszuführen, ohne aber Einfluss darauf zu nehmen welche Daten, wofür und weshalb in der *Blockchain* verarbeitet werden sollen.[688] Sein Handeln erschöpft sich darin, Informationen zu validieren, auf deren Inhalt er keinen Einfluss hat. Folglich sind ihnen auch keine Entscheidungsbefugnisse übertragen, kraft derer sie auf die technische Ausgestaltung Einfluss nehmen können.[689] Das geforderte Mindestmaß an Einflussrechten[690] ist dem *Miner* konsequenterweise abzusprechen. In einer *public Blockchain* sind die *Miner* keine Verantwortlichen im Sinne des Art. 4 Nr. 7 DS-GVO.[691]

Eindeutiger ist die Rechtslage wiederrum für jene *Nodes* bzw. *Miner*, die den vom schnellsten *Miner* errechneten *Hashwert* validieren. Ihre Aufgabe beschränkt sich darauf, die kryptische Verschlüsselung eines *Blocks* zu überprüfen und für die Verkettung in der *Blockchain* freizugeben. Wenn schon die Errechnung eines *Hashwerts* durch einen *Miner* die Voraussetzungen eines Verantwortlichen nicht erfüllt, dann genügt die bloße Validierung des errechneten *Hashwertes* erst recht nicht den

686 EuGH ZD 2018, 357 (359 Rn. 39).
687 Hierzu EuGH ZD 2018, 357 (359 Rn. 36, 37).
688 So auch *Janicki/Saive* ZD 2019, 251 (253); *Martini/Weinzierl* NVwZ 2017, 1251 (1253).
689 *Martini/Weinzierl* NVwZ 2017, 1251 (1253); *Janicki/Saive* ZD 2019, 251 (253).
690 *Schulz* ZD 2018, 363 (364); *Janicki/Saive* ZD 2019, 251 (253).
691 *Martini/Weinzierl* NVwZ 2017, 1251 (1253); *Janicki/Saive* ZD 2019, 251 (253).

Anforderungen, um als Verantwortlicher im Sinne des Art. Nr. 7 DSG-VO qualifiziert zu werden. Denn die validierenden *Nodes* haben keine Entscheidungsbefugnisse, den Inhalt und den Zweck der Verarbeitung personenbezogener Daten festzulegen. Sie nehmen keinerlei Einfluss auf den Inhalt der abzuspeichernden Informationen und sind damit keine Verantwortlichen im Sinne des Art. 4 Nr. 7 DS-GVO.[692]

Festzuhalten ist, dass in einer Vollmachtregister-*public-Blockchain* jeder einzelne *Node* mit Schreibrechten als Verantwortlicher im Sinne des Art. 4 Nr. 7 DSG.VO zu qualifizieren ist. Somit müssen die datenschutzrechtlichen Schutzansprüche gegenüber jedem einzelnen *Node* durchgesetzt werden. Dies stößt an praktische Grenzen, was eine Verfolgung der datenschutzrechtlichen Schutzansprüche erschwert.[693]

Eine rechtliche Lösung könnte Art. 26 Abs. 3 DSG-VO bieten. Sind die einzelnen *Nodes* für die Datenerhebung gemeinsam verantwortlich, so kann ein datenschutzrechtlicher Schutzanspruch auch nur gegenüber einem *Node* geltend gemacht werden.[694] Die gemeinsame Verantwortlichkeit in Art. 26 Abs. 3 DSG-VO ist der Gesamtschuldnerschaft in den §§ 421 ff. BGB nachgebildet. Für die Realisierung eines datenschutzrechtlichen Schutzanspruchs müsste der in Anspruch genommene *Node* wiederrum jeden einzelnen *Node* kontaktieren.[695] Das Problem der fehlenden Identifizierbarkeit wäre mithin lediglich verlagert. Die Verfolgung eines Anspruchs wäre bei gemeinsamer Verantwortlichkeit gem. § 26 Abs. 3 DSG-VO durch Inanspruchnahme eines *Nodes* vereinfacht, die tatsächliche Realisierung ist jedoch aufgrund derselben praktischen Hürden erschwert.

Unabhängig davon besteht unter den *Nodes* ohnehin keine gemeinsame Verantwortlichkeit im Sinne des Art. 26 DSG-VO.[696] Hierzu wäre erforderlich, dass sich die *Nodes* bei der Verarbeitung einer Information im Datenerhebungsprozess ergänzen und den Zweck der Datenver-

692 So im Ergebnis auch *Janicki/Saive* ZD 2019, 251 (253).

693 *Martini/Weinzierl* NVwZ 2017, 1251 (1254 f.); *Bechtolf/Vogt* ZD 2018, 66 (69).

694 Mit Beispiel vgl. Spindler/Schuster/*Nink* DS-GVO Art. 26 Rn. 18 f.

695 Gola/*Piltz* DS-GVO Art. 26 Rn. 23 ff.; Laue/Kremer/*Laue* DatenschutzR § 1 Rn. 60; *Bierekoven* ITRB 2017, 282 (285); Spindler/Schuster/*Nink* DS-GVO Art. 26 Rn. 18.

696 *Erbguth/Fasching* ZD 2017, 560 (563 f.); *Bechtolf/Vogt* ZD 2018, 66 (69); Spindler/Schuster/*Nink* DS-GVO Art. 26 Rn. 9; *Janicki/Saive* ZD 2019, 251 (254).

arbeitung gemeinsam festlegen. Ein Zusammenwirken, ohne dass der Zweck der Datenverarbeitung festgelegt wird, genügt nicht.[697]

In einer Vollmachtregister-*Blockchain* wären die Arbeitsbereiche aber derart voneinander abgegrenzt, dass eine gemeinsame Verantwortlichkeit ausscheidet. Zunächst sendet ein *Node* eine Information in das Netzwerk, die so dann validiert werden soll. Mit dem Absenden der Information endet die Einwirkungsmöglichkeit auf den restlichen Ablauf der Datenerhebung. Ab diesem Zeitpunkt kann der absendende *Node* weder entscheiden, ob die Information in die *Blockchain* eingepflegt wird, noch den Inhalt beeinflussen.[698] So dann sind die übrigen *Nodes* als *Miner* für die kryptische Verkettung und Aufnahme einer Information in der *Blockchain* verantwortlich. Wie soeben gezeigt, sind die *Miner* aber nicht als Verantwortliche zu qualifizieren. Eine nach der DS-GVO relevante Datenerhebung nehmen sie nicht vor. Um eine gemeinsame Verantwortung annehmen zu können, müssten *Nodes* und *Miner* aber bei dem einzig für die Datenerhebung entscheidenden Arbeitsschritt kumulativ zusammenwirken. Hieran fehlt es in einer Vollmachtregister *Blockchain*.

Ein Zusammenwirken unterstellt, müsste die gemeinsame Verantwortlichkeit zumindest mit einem Hinweis darauf verneint werden, dass die *Nodes* in der Vollmachtregister-*Blockchain* den Zweck der Datenverarbeitung nicht gemeinsam festlegen.[699] Das Prinzip der gemeinsamen Verantwortlichkeit wäre in einer *public* Vollmachtregister *Blockchian* abzulehnen. Damit bleibt es dabei, dass die datenschutzrechtlichen Schutzansprüche gegenüber jeden einzelnen *Node* durchgesetzt werden müssten. Auf Grund der Unübersichtlichkeit der *Nodes* ist dies ein Ausschlusskriterium für eine Vollmachtregister-*Blockchain*.

---

697 Laue/Kremer/*Laue* DatenschutzR, § 1 Rn. 55; BeckOKDatenschutzR/*Spoerr* DS-GVO Art. 26 Rn. 14 ff.; *Wagner* ZD 2018, 307 (309); Spindler/Schuster/*Nink* DS-GVO Art. 26 Rn. 9.

698 *Janicki/Saive* ZD 2019, 251 (254).

699 Grundsätzlich gegen eine gemeinsame Verantwortlichkeit von *Nodes* in einer Blockchain vgl. *Erbguth/Fasching* ZD 2017, 560 (563 f.); *Bechtolf/Vogt* ZD 2018, 66 (69); Spindler/Schuster/*Nink* DS-GVO Art. 26 Rn. 9.

(ib) *Private Blockchain*

Anders erfolgt die Bewertung in einer *private Blockchain.*

Im Gegensatz zu einer *public Blockchain*, entscheidet in der *private Blockchain* eine zentrale Stelle über die Teilnahme- und Schreibrechte sowie den Zweck der Datenverarbeitung. Neben den sendenden *Nodes*, dem *Miner* und den validierenden *Nodes*, kann in einer *private Blockchain* auch die zentrale Stelle als Verantwortlicher qualifiziert werden. Zudem sind in einer *private Blockchain* unterschiedliche Datenverarbeitungsprozesse zu betrachten. Zum einen vergibt die zentrale Stelle nach erfolgter Authentifizierung Schreibrechte. Daneben treten jene *Nodes*, die eine Information für die Validierung in das Netzwerk senden.

Wie noch zu zeigen ist, ist der *public key* eines *Nodes* in einer *public Blockchain* ein personenbezogenes Datum gem. Art. 4 Nr. 1 DSG-VO.[700] Bei der Vergabe der Zugangsschlüssel an die *Nodes* ist die Zentralstelle als Verantwortliche zu qualifizieren.[701] Mithin ist die zentrale Zugangsstelle der Anspruchsgegner bei der Durchsetzung datenschutzrechtlicher Schutzansprüche der einzelnen *Nodes*, bei einer Vollmachtregister-*Blockchain* also der Notare, die anhand der IP-Adresse theoretisch jederzeit identifiziert werden können.

Ob die zentrale Stelle auch als Verantwortlicher der auf der *Blockchain* gespeicherten Daten ist, hängt davon ab, ob den *Nodes* bei der Datenverarbeitung Entscheidungsspielraum zugesprochen wird oder nicht. Denn eigentlich sind es die *Nodes*, die den Datenverarbeitungsprozess steuern. Normativ könnte ihr Handeln aber der zentralen Stelle zugerechnet werden, so dass nur die zentrale Instanz als Verantwortliche zu qualifizieren ist. Es ist nämlich unerheblich, ob die zentrale Instanz die Datenverarbeitung selbst vornimmt oder unter ihrem maßgeblichen Einfluss vornehmen lässt.[702] Entscheidend ist, wie stark sie die Zwecke und die Art und Weise der Datenverarbeitung bestimmt. Legt die

---

700 Hierzu unter G.II.4.b)cc)(4)(b)(iv).

701 *Martini/Weinzierl* NVwZ 2017, 1251 (1254); *Quiel* DuD 2018, 566 (570); *Janicki/Saive* ZD 2019, 251 (255).

702 Simitis/Hornung/Spiecker/*Petri* Datenschutzrecht Art. 4 Nr. 7 Rn. 20; Paal/Pauly/*Ernst* DS-GVO BDSG Art. 4 Rn. 55.

zentrale Instanz den Zweck der Datenverarbeitung maßgeblich fest, ist die Verantwortlichkeit wie folgt zu bestimmen.

Weder die *Nodes* noch die *Miner* sind als Verantwortliche nach Art. 26 DS-GVO anzusehen. Die Einflussmöglichkeit auf das Netzwerk ist bei einer *private Blockchain* bei einer zentralen Stelle gebündelt, so dass *Nodes* und *Miner* grundsätzlich keinen Entscheidungsspieleraum haben.[703] Den *Nodes* kommt unter dem bestimmenden Einfluss der zentralen Stelle eine nur untergeordnete Bedeutung als Auftragsverarbeiter (Art. 4 Nr. 8, 28 DS-GVO) für die zentralen Stelle zu.[704] Sie sind für den Datenverarbeitungsprozess nicht verantwortlich.

Die Rolle der *Miner* ist wie in einer *public Blockchain* zu definieren. Mithin ist ausschließlich die zentrale Stelle für den Datenverarbeitungsprozess verantwortlich. Dies vereinfacht die Durchsetzung der Schutzansprüche.

(iii) Realisierung der Einwilligung iSd Art. 6 Abs. 1 S. 1 lit. a) i.V.m. Art. 7 DS-GVO

Damit personenbezogene Daten auf einer *Blockchain* überhaupt gespeichert werden können, muss in den Datenverarbeitungsprozess durch den Betroffenen eingewilligt werden, Art. 6 Abs. 1 S. 1 lit. a) i.V.m. Art. 7 DS-GVO. Noch einmal ist in Erinnerung zu rufen, dass jeder *Node* in einer *public Blockchain* Verantwortlicher ist. Wird der zentralen Stelle in einer *private Blockchain* Entscheidungsspielraum bei der Art und dem Zweck der Datenverarbeitung eingeräumt, so ist nur sie Verantwortlicher.

Sowohl in einer *public* als auch in einer *private Blockchain* lässt sich der Zugang der Einwilligung bei einer Vielzahl von *Nodes* schwer konstruieren. Es bereitet schon Schwierigkeiten, jeden einzelnen *Node* anhand des *public key* zu identifizieren, damit man überhaupt erst einmal weiß, an wen die Einwilligung zu richten ist. Zwar ermöglichen frei zugängliche Big-Data-Analysen eine Identifizierung von *Nodes* anhand ihres *public keys*. Allerdings wäre es sehr aufwendig, jeden einzelnen *Node* auf diese Art und Weise zu identifizieren. So ist es schon schwer, die Empfänger der Einwilligung in der Gegenwart ausfindig zu machen.

---

703 *Martini/Weinzierl* NVwZ 2017, 1251 (1254); *Janicki/Saive* ZD 2019, 251 (255).

704 *Janicki/Saive* ZD 2019, 251 (255); *Martini/Weinzierl* NVwZ 2017, 1251 (1254).

Hinzu tritt das Problem, dass die Einwilligung auch an zukünftig teilnehmende *Nodes* erklärt werden muss. Die Daten werden auf der *Blockchain* ewig gespeichert. Somit können, wenn man heute aus dem Netzwerk austritt, auch die *Nodes* in 10 Jahren auf die heute eingepflegten Informationen zugreifen. Die Einwilligung an einen künftigen und unbestimmten Personenkreis zu erklären, lässt sich in der *Blockchain* nach bisherigem Stand nicht abbilden.[705]

De lege lata ist es nicht möglich, die Einwilligung datenschutzkonform in einer *Blockchain* zu erklären.[706]

(iv) Zwischenergebnis

Festzuhalten ist, dass sich eine *public Blockchain* mit den Anforderungen des Datenschutzrechts nicht in Einklang bringen lässt. Datenschutzrechtliche Problemlagen lassen sich in einer *private Blockchain* abgesehen von der Einwilligung einfacherer lösen. Neben der höheren Integrität von auf einer *private* Vollmachtregister-*Blockchain* gespeicherten Informationen[707] sprechen auch datenschutzrechtliche Erwägungen dafür, eine Vollmachtregister-*Blockchain* als *private Blockchain* zu konzipieren. Zumindest die Durchsetzung datenschutzrechtlicher Schutzansprüche lässt sich einfacher realisieren, wenn die zentralen Stelle den Sinn und Zweck der Datenverarbeitung bestimmend vorschreibt.

Die Datenverarbeitung auf einer Vollmachtregister-*Blockchain* führt jedoch insgesamt zu erheblichen Problemen. Allerdings zeigte die Darstellung, dass die *Blockchain*-Technologie erst dann in Konflikt mit dem Datenschutzrecht gelangt, wenn auf der Vollmachtregister-*Blockchain* personenbezogene Daten hinterlegt werden. In einem nächsten Schritt tritt nun der Begriff der personenbezogenen Daten in den Mittelpunkt der Ausführungen. Eine Vollmachtregister-*Blockchain* ließe sich zumindest datenschutzkonform konstruieren, wenn auf ihr keinerlei personenbezogene Daten gespeichert werden. Ob und wie dies gelingen kann, wird im folgenden Abschnitt untersucht.

705 *Schrey/Thalhofen* NJW 2017, 1431 (1434).
706 *Schrey/Thalhofen* NJW 2017, 1431 (1434); *Bechtolf/Vogt* ZD 2018, 66 (69).
707 Näheres hierzu unter G.II.4.b)cc)(2)(d).

(b) Personenbezogene Daten iSd Art. 4 Nr. 1 DS-GVO

Rechtliche Grenzen bei der Ausgestaltung einer Vollmachtregister-*Blockchain* zieht das Datenschutzrecht jedoch nur, wenn auf ihr **personenbezogene Daten** im Sinne von Art. 4 Nr. 1 DS-GVO gespeichert werden.

Gem. Art. 4 Nr. 1 DS-GVO sind Daten personenbezogen, die sich auf eine identifizierte oder identifizierbare natürliche Person beziehen. Personenbezogen sind dabei nicht ausschließlich der Name einer natürlichen Person, ihr Geburtsdatum oder ihre Wohnanschrift.[708] Es genügt, wenn die in Frage stehende Information Rückschlüsse auf eine natürliche Person zulässt. Wann und ob aus Daten eine Person bestimmbar bzw. identifizierbar ist, wird in der nationalen und europäischen Rechtsprechung und Literatur uneinheitlich bewertet.

(i) Relativer Ansatz

Einerseits wird danach gefragt, ob es einer konkreten Stelle ohne weitere Anstrengung möglich ist, Daten einer Person zuordnen zu können. Als konkrete Stelle wird hierbei jene angesehen, die das Datum verarbeitet hat. Es werden nur jene Mittel berücksichtigt, die die konkrete Stelle vernünftigerweise einsetzen kann.[709] Zu diesen Mitteln zählt auch das Zusatzwissen Dritter, soweit die konkrete Stelle in rechtlich zulässiger Weise das Zusatzwissen des Dritten einholen kann und auch mit verhältnismäßigen Mitteln durchführbar ist.[710] In Konsequenz dieser Ansicht kann ein Datum für die konkrete Stelle personenbezogen sein, für Dritte jedoch nicht. Dieser Ansatz wird deshalb als relativer Ansatz bezeichnet: Je nach Perspektive kann ein Datum Personenbe-

708 Kühling/Buchner/*Klar*/*Kühling* DS-GVO BDSG Art. 4 Nr. 1 Rn. 18; *Janicki*/*Saive* ZD 2019, 251 (252).

709 *Simitis*/*Scholz* MMR 2000, 721 (723); *Kühling*/*Klar* NJW 2013, 3611 (3614 f.); *Meyerdierks* MMR 2009, 8; *Schantz* NJW 2016, 1841 (1842 f.); Paal/Pauly/*Ernst* DS-GVO BDSG Art. 4 Rn. 11.

710 EuGH ZD 2017, 24 Rn. 45 ff.; *Janicki*/*Saive* ZD 2019, 251 (252).

zug aufweisen. Auf Vorlage des BGH[711] hat sich auch der EuGH[712] dem relativen Begriffsverständnis angeschlossen.[713]

(ii) Objektiver Ansatz

Andererseits wird danach gefragt, ob es irgendeiner Stelle theoretisch möglich ist, mit den ihr zur Verfügung stehenden Mitteln und unter verhältnismäßigem Aufwand auf die Daten zuzugreifen und anhand dieser Daten eine Person zu identifizieren.[714] Ein Datum ist nach diesem objektiven Ansatz sowohl aus Sicht einer konkreten Stelle als auch aus Sicht eines beliebigen Dritten personenbezogen.

(iii) Stellungnahme

Der Personenbezug von Daten wird nach dem objektiven Ansatz mit Verweis auf das Potential umfassender Big-Data-Analysen[715] häufig herzustellen sein. Dabei hilft es nur teilweise, dass nach dem objektiven Ansatz nur vernünftigerweise zur Verfügung stehende Mittel berücksichtigt werden sollen. Hierbei handelt es sich um sehr unbestimmte Rechtsbegriffe, so dass eine einheitliche Linie bei der Bewertung kaum möglich sein wird.

Der relative Ansatz gibt der Bewertung insoweit Kontur, als dass nur auf die Stelle abzustellen ist, die die Daten im Einzelfall bearbeitet hat. Das grenzt die zu berücksichtigenden Mittel stark ein. Mit Verweis auf die damit gewonnene Rechtssicherheit ist diesem Ansatz zu folgen.

Ob die auf einer Vollmachtregister-*Blockchain* gespeicherten Informationen personenbezogene Daten sind, ist anhand des relativen Ansatzes zu bemessen.

Bei der *Blockchain*-Technologie können Daten gleich mehrerer natürlicher Personen einen Personenbezug aufweisen und den sachlichen Anwendungsbereich der DS-GVO eröffnen.

---

711 BGH MMR 2015, 131 (132 ff.).

712 EuGH ZD 2017, 24 Rn. 49.

713 *Schrey/Thalhofer* NJW 2017, 1431 (1433).

714 AG Berlin Mitte, MMR 2008, 696; *Pahlen-Brandt* DuD 2008, 34 (36); BeckOKDatenschutzR/*Schild* BDSG § 46 Rn. 3; *Breyer* ZD 2014, 400 (401).

715 *Martini/Weinzierl* NVwZ 2017, 1251 (1253).

Einerseits können die *Nodes* Daten auf der *Blockchain* hinterlassen, die einen Personenbezug zur eigenen Person aufweisen. Zudem könnte die in der *Blockchain* hinterlegte Information ein personenbezogenes Datum sein, in unserem Fall der Inhalt einer öffentlich beglaubigten Vollmacht, nämlich Name, Adresse und Wohnanschrift von Bevollmächtigten und Geschäftsherrn.

In Frage stehen somit zwei Problemkreise. Zum einen muss die Vollmachtregister-*Blockchain* so konstruiert werden, dass weder die *Nodes* identifizierbar sind noch die hinterlegten Informationen Personenbezug aufweisen. Unter welchen Umständen ein Personenbezug zu Notaren, Bevollmächtigten und Geschäftsherrn hergestellt werden kann, ist im Folgenden zu untersuchen. Ziel ist es, die Gültigkeitsregister-*Blockchain* datenschutzkonform aufzubauen.

(iv) Personenbezogenes Datum eines *Nodes*

Der *public key* eines *Nodes* könnte ein personenbezogenes Datum darstellen. Fraglich ist, inwieweit ein *public key* zur Identifizierung eines *Nodes* im Sinne des Art. 4 Nr. 1 DSG-VO beitragen kann. Die Bewertung hängt davon ab, ob die Datenerhebung in einer *private* oder in einer *public Blockchain* betrachtet wird.

(ia) *Private Blockchain*

Der Personenbezug des *public keys* wird in einer *private Blockchain* einheitlich bejaht.[716] Grund dafür ist der Umstand, dass in einer *private Blockchain* die *public keys* durch eine Zulassungsstelle[717] vergeben werden. Die Zulassungsstelle kann bei der Vergabe der öffentlichen Schlüssel an den beschränkten Teilnehmerkreis Rückschlüsse auf die Personen hinter dem *public key* ziehen. Bevor der *public key* vergeben wird, muss die zentrale Stelle über die Berechtigung des Anwärters nach vorher aufgestellten Kriterien entscheiden.[718] Es ist somit der

716 *Martini/Weinzierl* NVwZ 2017, 1251 (1253); *Schrey/Thalhofer* NJW 2017, 1431 (1434); *Hecht* MitBayNot 2020, 314 (319); *Janicki/Saive* ZD 2019, 251 (252).

717 BMVI, Chancen und Herausforderungen von DLT (Blockchain), S. 134.

718 *Martini/Weinzierl* NVwZ 2017, 1251 (1253); *Schrey/Thalhofer* NJW 2017, 1431 (1433); *Janicki/Saive* ZD 2019, 251 (252).

konkreten Zulassungsstelle möglich, die Identität eines *Nodes* auf Grundlage des *public keys* zu bestimmen. Der Personenbezug eines *public keys* in einer *private Blockchain* lässt sich aufheben, in dem der *public key* in einem zweistufigen Verfahren vergeben wird.[719] Vor einer staatlichen Stelle identifiziert sich der Notar und belegt seine Funktion durch bestimmte Unterlagen auf elektronischem Wege. War die Identifizierung durch die zentrale Stelle erfolgreich, wird dem Notar eine pseudoanonyme Berechtigung erteilt. Sodann vergibt eine von der zentralen Behörde getrennte Einrichtung den öffentlichen Schlüssel an den Notar. Die Vergabestelle weiß jedoch nicht, wer der *Node* ist. Zudem kennt die zentrale Stelle, die den Notar in einem ersten Schritt authentifiziert hat, den letztendlich durch die Vergabestelle erteilten *public key* nicht. Und das Netzwerk weiß ebenfalls nicht, wer sich hinter dem *public key* verbirgt. Wird der *public key* in einem zweistufigen Verfahren vergeben, lässt sich mithin eine Vollmachtregister-*Blockchain* aufbauen, bei der der *public key* eines *Nodes* für sich genommen kein personenbezogenes Datum darstellt.

Der Anonymisierung der *Nodes* könnte entgegenstehen, dass das Netzwerk auf ihre Identifizierung angewiesen ist.[720] Der Personenbezug muss insbesondere dann gegeben sein, wenn das Register Grundlage von Transaktionen sein soll, wie eine Grundbuch-*Blockchain*.[721] Möchte Bürger A an Bürger B ein Grundstück veräußern, dann muss in der Tat feststehen, wer nun an die Stelle von A im Grundbuch rücken soll. Ein Personenbezug muss auch dann bestehen, wenn die *Nodes* zugleich Empfänger einer Leistung sein sollen, z.B. von Sozialleistungen[722].

Hält man aber an der *Gatekeeper*-Lösung auch für eine Vollmachtregister-*Blockchain* fest und begrenzt den Kreis der *Nodes* auf Notare, ist anders zu entscheiden. Die Identität des Notars ist für den Rechtsverkehr ohne Belang. Seine Identität muss nicht offengelegt werden, um die Transaktion durchführen zu können. Denn die *Nodes* in einer

---

719 Nach Vorbild eines Gesundheitsdatenregisters, vgl. *Martini/Weinzierl* NVwZ 2017, 1251 (1256).

720 *Schrey/Thalhofer* NJW 2017, 1431 (1434); *Hecht* MittBayNot 2020, 314 (319).

721 *Hecht* MittBayNot 2020, 314 (319).

722 *Martini/Weinzierl* NVwZ 2017, 1251 (1254, 1256).

Vollmachtregister-*Blockchain* sollen keine Leistung empfangen, sondern das Vollmachtregister lediglich verwalten. Es ist für die anderen *Nodes* nicht notwendig zu wissen, welcher *Node* sich hinter einem bestimmten *public key* verbirgt. Zudem ist ein Vollmachtregister im Vergleich zu einem Register für Sozialleistungen oder einem Grundbuch wesensverschieden und verlangt nach ganz anderen Anforderungen. In das Grundbuch werden dingliche Rechte geschrieben, die ihrerseits übertragbar sind und Gegenstand einer Verfügung werden.[723] Anders als ein Grundbuch muss eine Vollmachtregister-*Blockchain* keine Informationen abbilden, die ihrerseits wieder zum Gegenstand eines Rechtsgeschäfts gemacht werden. Das Gültigkeitsregister ähnelt daher eher dem Handelsregister. Dort abrufbare Informationen sind nur Grundlage für ein Rechtsgeschäft, welches selbst nicht in das Vollmachts- bzw. Handelsregister aufgenommen wird.[724] Beide Register würden eine Transaktion nur insoweit vorbereiten, als dass zum Beispiel die Vertretungsverhältnisses aus ihnen hervorgehen müssen, die die Grundlage für das im Anschluss vorzunehmende Rechtsgeschäft bilden.

Für den Rechtsverkehr sind nur die in dem Gültigkeitsregister hinterlegten Informationen von Bedeutung, nicht aber die Identität der *Nodes*, vorausgesetzt, diese sind auf einen seriösen Personenkreis beschränkt.

Allerdings kann der *public key* in Verbindung mit der IP-Adresse eines Notariats gebracht werden.[725] Über frei zugängliche Big-Data Analysen bestünde für die zentrale Stelle die Möglichkeit, mit verhältnismäßigen Mitteln Rückschlüsse auf die Identität des Notars zu ziehen und diesen zu identifizieren. Hingegen werden die Schlüsselpaare nach hier vertretener Auffassung in einem Zweischritt vergeben. Eine zentrale Stelle existiert nicht. Dies erschwert auch die Identifizierung über die IP-Adresse. Denn die zentrale Stelle wäre auf das Zusatzwissen jener Stelle angewiesen, die die Schlüsselpaare pseudoanonym vergibt. Ihr Zusatzwissen ist dann nicht zurechenbar, wenn die Identifizierung des

723 *Knaier/Wolff* BB 2018, 2253 (2256).

724 *Knaier/Wolff* BB 2018, 2253 (2256).

725 Hierzu auch *Martini/Weinzierl* NVwZ 2017, 1251 (1253); *Roßnagel* ZD 2018, 243 (244); *Schrey/Thalhofer* NJW 2017, 1431 (1433).

Notars durch Gesetz im Einzelfall verboten wäre.[726] Das Problem ließe sich damit umgehen, dass ein gesetzlicher Verbotstatbestand geschaffen und die Identifizierung der Notare in der *private* Vollmachtregister-*Blockchain* verboten wird.

Damit ist die Personenbezogenheit im Sinne des Art 4 Nr. 1 DSG-VO eines *public keys* in einer *private Blockchain* zu verneinen.

(ib) *Public Blockchain*

In der *public Blockchain* wird der Personenbezug des *public keys* teilweise mit Verweis auf wissenschaftliche Studien bejaht[727], teilweise verneint[728]. Am leichtesten lässt sich der Personenbezug bejahen, wenn die Identität der *Nodes* untereinander bekannt gegeben werden muss, um beispielsweise Leistungen über die *Blockchain* abwickeln zu können. Ein Personenbezug muss auch dann bestehen, wenn die *Nodes* zugleich Empfänger einer Leistung sein sollen, z.B. von Sozialleistungen[729]. Aus bereits genannten Gründen besteht in einer Vollmachtregister-*Blockchain* aber keine Notwendigkeit, dass die *Nodes* ihre Identität offenlegen müssen. Mit dieser Wertung lässt sich der Personenbezug des *public keys* mithin nicht begründen.

Ob der Personenbezug aus anderen Gründen hergestellt werden kann, ist fraglich.

So wird einerseits hervorgehoben, dass ein *Node* oder ein beliebiger Dritter in der *Bitcoin-public-Blockchain* die Identität der übrigen *Nodes* nicht mit verhältnismäßigen Mitteln feststellen kann. Um Transaktionen durchführen zu können, genügt die Kenntnis des *public keys*, ohne aber wissen zu müssen, welche Identität sich hinter dem *public key* verbirgt. Dieser lässt aber gerade keinen Rückschluss auf den *private key* oder gar die Identität des *Nodes* zu.[730] Man spricht insoweit von

726 So einschränkend EuGH ZD 2017, 24 (26 Rn. 46) mit zustimmender Anmerkung *Kühling/Klar* ZD 2017, 27 (28).

727 So *Bechtolf/Vogt* ZD 2018, 66 (69); *Brisch/Pieper* CR 2015, 724 (724 ff.); *Hofert* ZD 2017, 161 (163); *Martini/Weizerl* NVwZ 2017, 1251 (1253).

728 *Hecht* MittBayNot 2020, 314 (318); *Kaulartz* CR 2016, 474 (480); *Schrey/Thalhofer* NJW 2017, 1431 (1433).

729 *Martini/Weinzierl* NVwZ 2017, 1251 (1254, 1256).

730 Hierzu bereits unter G.II.4.b)cc)(2)(a).

Pseudoanonymität, die die Anwendbarkeit datenschutzrechtlicher Tatbestände ausschließen soll.[731] Der *public key* dient nur der Zuordnung von Transaktionen zwischen zwei Nutzern innerhalb eines Systems und ist somit in gewisser Weise mit einer Art Phantasienamen zu vergleichen, der in sozialen Netzwerken verwendet wird, um die wahre Identität nicht bekanntgeben zu müssen.

Diese Ansicht verkennt jedoch, dass man den *Nodes* IP-Adressen zuordnen kann, woraus sich Rückschlüsse auf die unter einem *public key* auftretenden Person ziehen lassen. Personenbezogen ist der *public key* grundsätzlich nicht von sich aus, aber aus der Möglichkeit heraus, ihn einer IP-Adresse zuzuordnen.[732] Ein gesetzlicher Verbotstatbestand könnte Abhilfe schaffen. Allerdings lassen sich die *Nodes* nach dem derzeitigen Stand der Technik durch für jedermann frei zugängliche Big-Data Analysen mit verhältnismäßigen Mitteln über den *public key* in einer *public Blockchain* identifizieren.[733] Ein gesetzlicher Verbotstatbestand eignet sich zur Behebung dieses Problems in der *public Blockchain* hingegen nicht. Denn zumindest letzteres ließe sich nicht verhindern.

Im Ergebnis handelt es sich bei dem *public key* eines *Nodes* in einer *public Blockchain* um ein personenbezogenes Datum im Sinne von Art. 4 Nr. 1 DS-GVO.

(v) Personenbezogene Daten von Bevollmächtigten und Geschäftsherren

Bezüglich des Inhalts einer notariellen Urkunde ist zu differenzieren, allerdings nicht zwischen der *public* und *private Blockchain*, sondern hinsichtlich der Art, wie der Inhalt einer Urkunde auf der *Blockchain* gespeichert wird. Die folgenden Ausführungen gelten für die *public* und *private Blockchain* gleichermaßen.

Unproblematisch kann festgehalten werden, dass die persönlichen Daten von Bevollmächtigten und Geschäftsherren wie der Vor- und Nach-

731 *Schrey/Thalhofer* NJW 2017, 1431 (1433); *Hecht* MittBayNot 2020, 314 (318); *Kaulartz* CR 2016, 474 (480)

732 *Martini/Weinzierl* NVwZ 2017, 1251 (1253).

733 *Brisch/Pieper* CR 2015, 724 (724 ff.); *Martini/Weinzierl* NVwZ 2017, 1251 (1253); *Janicki/Saive* ZD 2019, 251 (252).

name, das Geburtsdatum und die Wohnanschrift personenbezogene Daten iSd Art. 4 Nr. 1 DS-GVO sind. Durch diese drei Informationen kann eine natürliche Person mit wenig Aufwand eindeutig identifiziert werden, ohne dass weitere Hilfsmittel notwendig sind. Fraglich ist, wie sich die für die Vollmacht wesentlichen Informationen datenschutzkonform auf der *Blockchain* speichern lassen.

(ia) Urkunde als PDF

Denkbar ist, die notariell beglaubigte Vollmacht als PDF auf der *Blockchain* zu hinterlegen. Abgesehen von datenschutzrechtlichen Bedenken, ist bereits aus technischen Aspekten hiervon abzuraten, weil PDF-Dateien eine zu große Dateigröße haben. Da sich die Informationen auf einer *Blockchain* nicht mehr löschen lassen, wird die Speicherkapazität der *Blockchain* stetig wachsen. Je größer die *Blockchain*, desto kosten- und zeitintensiver wird ihre Verwaltung. Werden PDF-Dateien auf der *Blockchain* gespeichert, dann kommt die *Blockchain* schnell an ihre Belastbarkeitsgrenze. Um den kostenintensiven Speicherplatz auf einer *Blockchain* möglichst gering zu halten, sollten auf ihr keine PDF-Dateien gespeichert werden.

(ib) *Hashwerte* auf der *Blockchain*

Es besteht die Möglichkeit, auf der Vollmachtregister-*Blockchain* lediglich den *Hashwert* einer Vollmacht zu speichern. Statt die Übersetzung der Pseudoanonyme in einem Off-Chain-Register zu speichern[734], ließe sich die Urkunde in Papierform oder elektronischer Form aushändigen. Und auf diesem Schriftstück befindet sich ihr *Hashwert*, mit dem sich der Status des Dokuments überprüfen lässt. Um den Status einer Vollmacht zu überprüfen, werden die *Hashwerte* miteinander verglichen. Hat sich der Gültigkeitsstatus eines Dokuments verändert, fällt

734 *Kipker/Bruns* CR 2020, 210 (216 Rn. 32); *Spindler* ZGR 2020, 718 (737); *Martini/Weinzierl* NVwZ 2017, 1251 (1256).

dies bei einem Abgleich der *Hashwerte* sofort auf.[735] Findet der Notar den *Hashwert*, ist von der Gültigkeit der Vollmacht auszugehen.[736]

Allerdings sind die *Hashwerte* sodann ewig auf der *Blockchain* gespeichert. Diese wäre datenschutzrechtlich bedenklich, wenn der *Hashwert* selbst ein personenbezogenes Datum ist. Die Grenzlinie zur Eröffnung des sachlichen Anwendungsbereichs der DS-GVO ist überschritten, wenn die Identifizierung einer Person durch die *Hashwerte* mit verhältnismäßigen Mitteln möglich ist.[737] Dabei genügt eine bloße Pseudoanonymisierung nicht. Denn auch pseudoanonymisierte Daten fallen in den Anwendungsbereich der DS-GVO.[738] Erforderlich ist, dass die natürlichen Personen durch den *Hashwert* vollständig anonymisiert sind. Ob ein *Hashwert* ein personenbezogenes Datum ist, ist fraglich.

Ausgangspunkt der Überlegung ist folgender Umstand. Dem auf dem elektronischen Dokument befindlichen und auf der *Blockchain* abgelegten *Hashwert* lässt sich nicht mehr ableiten, als man ohnehin schon weiß.[739] Ein *Hashwert* ist eine digitale Quersumme eines digitalen Inhalts und exklusiv einer Information zugeteilt. Um ihn errechnen zu können, muss man alle Informationen dieser digitalen Quersumme kennen. Nur dann kann ein *Hashwert* ermittelt und der *Hashwert* auf der *Blockchain* mit dem Notar, dem Geschäftsherrn und dem Bevollmächtigten in Verbindung gebracht werden. Aus dem *Hashwert* selbst kann man die verhashte Information jedoch nicht ableiten. Denn eine *Hashfunktion* lässt sich nur in eine Richtung berechnen – nämlich von der Information zum *Hashwert*, aber nicht umgekehrt. Ein Beispiel. Hat der A den B bei Notar C mittels notariell beglaubigter Vollmacht zur Vertretung bei der Gründung einer Kapitalgesellschaft bevollmächtigt, dann trägt diese notarielle Urkunde den *Hashwert* 5. Dieser *Hashwert* 5 befindet sich auf der *Blockchain*. Schaut man zunächst auf

---

735 Vgl. hierzu *Knaier/Wolff* BB 2018, 2253 (2258).

736 Bundesnotarkammer K.d.Ö.R. und Bayrisches Staatsministerium der Justiz: Das Blockchain-basierte Gültigkeitsregister, S. 11.

737 Hierzu bereits unter G.II.4.b)cc)(4)(b)(iii).

738 *Schefzig* K&R 2014, 772 (774); *Bechtolf/Vogt* ZD 2018, 66 (69); *Martini/Weinzierl* NVwZ 2017, 1251 (1256); Ehmann/Selmayr/*Klabunde* DS-GVO Art. 4 Rn. 32; *Janicki/Saive* ZD 2019, 251 (252).

739 *Erbgut* MMR 2019, 654 (658).

das elektronische Dokument und errechnet den *Hashwert*, wird man früher oder später auch den *Hashwert* 5 errechnet haben. So dann kann der Bezug zur *Blockchain* hergestellt werden. Um den *Hashwert* 5 aus dem elektronischen Dokument heraus zu berechnen, werden eben jene Informationen benötigt, die durch eine kryptische *Hashfunktion* den zu ermittelnden *Hashwert* ergeben.[740] Neben der Lokalisierung des *Hashwerts* auf der *Blockchain* lässt sich dem *Hashwert* auf der *Blockchain* nur entnehmen, dass das elektronische Dokument echt ist und nicht manipuliert wurde. Dies ist aber eine Information, die keinen Personenbezug aufweist.[741] Die personenbezogenen Informationen benötigt man demnach, um dem *Hashwert* überhaupt erst personenbezogene Daten zuordnen zu können. Selbst wenn also das elektronische Dokument noch existiert, ist der *Hashwert* dieses Dokuments auf der *Blockchain* nicht personenbezogen. Denn *Hashwerte* lassen sich nicht rückwärts berechnen, um von ihnen ausgehend auf eine Information schließen zu können. Gleicht man den *Hashwert* mit den *Hashwerten* auf der *Blockchain* ab, so findet man nur heraus, ob das zum *Hashwert* dazugehörige Dokument noch Gültigkeit hat. Aber auch dies ist in diesem Kontext kein personenbezogenes Datum, da aus der Gültigkeit eines Dokuments kein Rückschluss auf eine natürliche Person gezogen werden kann, solange man den Inhalt des Dokuments nicht kennt. Und selbst wenn man den Inhalt kennt, lässt sich dem Abgleich der *Hashwerte* nicht mehr entnehmen, als man ohnehin schon weiß.

Der *Hashwert* lässt sich nach aktuellem Stand der Technik bei fachgerechtem Hashing nicht rekonstruieren und der sachliche Anwendungsbereich der DS-GVO ist damit nicht eröffnet.[742]

Allerdings kennt man in diesem Fall die personenbezogenen Daten – z.B. die Namen von Geschäftsherrn und Bevollmächtigten – ohnehin. Sie lassen sich gerade nicht aus der *Blockchain* entnehmen, denn dort liegt nur der *Hashwert*, um die Gültigkeit eines elektronischen Dokuments überprüfen zu können. Gleicht man den auf ihr stehenden

740 *Erbgut* MMR 2019, 654 (659).
741 *Erbgut* MMR 2019, 654 (659).
742 *Erbguth* MMR 2019, 654 (658 f.).

Hashwert ab, erfährt man nur, ob die Vollmacht noch gültig ist. Diese Information ist aber nicht personenbezogen.[743]

Im Ergebnis ist die Ablage von *Hashwerten* auf der *Blockchain* datenschutzkonform. Auch muss die Vollmachtregister-*Blockchain* nicht mit einem Off-Chain-Register verknüpft werden. Es genügt, wenn dem Bevollmächtigten und Geschäftsherrn das Dokument elektronisch ausgestellt wird und dem Dokument der *Hashwert* entnommen werden kann.

(5) Ergebnis

Eine Vollmachtregister-*Blockchain* lässt sich datenschutzkonform aufbauen, in dem sie als *private Blockchain* konzipiert wird, nur Notare als *Nodes* agieren und auf der *Blockchain* nur die *Hashwerte* der personenbezogenen Daten von Geschäftsherrn und Bevollmächtigten gespeichert werden.

Ein Notar wird erst als *Node* aufgenommen, wenn er sich gegenüber einer zentralen Stelle als Notar verifizieren lässt. Die zentrale Stelle gibt seine Daten sodann pseudoanonym an eine weitere Stelle, die den Notar mit den erforderlichen Schlüsselpaaren versorgt. So kann gewährleistet werden, dass die von einem Notar hinterlassenen Daten nicht personenbezogen sind. Denn weder die eine noch die andere Stelle kann die Daten des Notars im Nachhinein personifizieren.

Werden zusätzlich nur *Hashwerte* auf der *Blockchain* hinterlegt, kann eine Vollmachtregister-*Blockchain* die Online-Gründung von Kapitalgesellschaften sinnvoll ergänzen. Denn der Notar kann die Gültigkeit einer Vollmacht in Echtzeit überprüfen, selbst wenn die Vollmacht nur in elektronischer Form vorliegt. Auf Grund der kryptographischen Verschlüsselungstechnik und der Verkettung der *Blocks* kann der Notar auf den Informationsbestand in der *Blockchain* vertrauen. So müsste die *Blockchain*-Technologie auch nicht ihren Wesenszügen beraubt werden. Einerseits wird bei diesem Lösungsweg das hohe Maß an Dezentralität nicht aufgegeben, weil sich mit den Notaren ein großes dezentrales Netz schaffen ließe. Andererseits muss der Speichervorgang auch nicht abgewandelt werden. Denn der dargestellte Lösungs-

743 Näheres unter G.II.4.b)cc)(4)(b)(v)(ib).

weg muss die kryptographische Verkettung der *Blocks* nicht aufheben. Vielmehr bleibt die *Blockchain*-Technologie in ihren Grundfesten unberührt und ihr volles Potential kann ausgeschöpft werden. So werden ihre wesentlichen Charakterzüge genutzt, um dem Rechtsverkehr bei der Identifizierung von Bevollmächtigten und Geschäftsherrn ein Hilfsmittel zu sein.

Auch können papiergebundene Prozesse mithilfe der *Blockchain*-Technologie abgekürzt werden. Insbesondere kann eine Vollmacht im elektronischen Rechtsverkehr ohne großen Aufwand widerrufen werden. Es schadet hierbei auch nicht, dass die Vollmacht in elektronischer Form an Geschäftsherrn und Bevollmächtigten ausgegeben wird. Das elektronische Dokument kann nach dieser Lösung beliebig oft vervielfältigt werden, ohne dass dies die Integrität des Dokuments schmälert. Denn das elektronische Dokument belegt den Bestand einer Vollmacht erst dann, wenn sich der Notar durch den Abgleich des *Hashwerts* auf der *Blockchain* hierüber vergewissert.

Allerdings kann eine Vollmachtregister-*Blockchain* nur Vollmachtsgründungen unterstützen und dort auftretende Probleme beheben. Sobald eine ausländische Gesellschaft zum Gründerkreis gehört, kann die Vollmachtregister-*Blockchain* ihre Existenz nicht sicher nachweisen. Das Problem wird vielmehr verlagert. Statt in der notariellen Beurkundung der Satzung müsste sie ihre Existenz als Vollmachtgeberin im Rahmen der notariellen Beglaubigung der Vollmacht nachweisen, bevor entsprechende *Hashwerte* auf der *Blockchain* abgelegt werden. Denn auch im Rahmen einer (elektronischen) Beglaubigung hätte sich der Notar Gewissheit über die Person des Vollmachtgebers zu verschaffen (§§ 40 Abs. 4, 10 Abs. 1 BeurkG).

(6) Ausblick: Die Vollmachtregister-Blockchain als Publizitätsträger

Wie das Handelsregister (§ 15 HGB), dient auch das Grundbuch (§§ 891, 892 BGB) als Rechtsscheinträger, so dass gutgläubige Dritte auf den Registerinhalt vertrauen können. Weicht die tatsächliche Sach- und Rechtslage von dem Registerinhalt ab, gilt grundsätzlich der Registerinhalt – positiv (§ 15 Abs. 3 HGB[744]; § 891 Abs. 1 BGB[745]) wie negativ (§ 15 Abs. 1 HGB[746]; §§ 891 Abs. 2, 892 Abs. 1 S. 2 BGB[747]).

(a) Vorüberlegungen

Ob auch eine Vollmachtregister-*Blockchain* Publizität genießen sollte, ist fraglich. Teilweise wird vertreten, dass die auf einer *Blockchain* gespeicherten *Hashwerte* keinen Rechtsschein erwecken können, sondern lediglich den Rechtsschein eines elektronischen Dokuments zerstören könnten.[748]

Dem ist entgegenzuhalten, dass auf den Bestand der Vollmacht erst vertraut werden kann, wenn der auf der Vollmachtsurkunde befindliche *Hashwert* durch einen Abgleich auf der Vollmachtregister-*Blockchain* überprüft ist. Erst dann kann die Vollmacht im Rechtsverkehr ihre Rechtswirkungen entfalten. Die korrekte Eintragung in der Vollmachtregister-*Blockchain* wird faktisch zur konstitutiven Voraussetzung, die notariell beglaubigte Vollmacht im Rechtsverkehr nutzen zu können. Fällt die Überprüfung durch den Notar negativ aus, so hat der Notar die Beurkundung des Rechtsgeschäfts gem. § 4 BNotO i.V.m. § 14 Abs. 2 BNotO abzulehnen, sofern eine nachträgliche Genehmigung nach seiner Einschätzung ausgeschlossen ist.[749] Dies gilt auch dann, wenn die Vollmacht materiell-rechtlich besteht. Umgekehrt lehnt der Notar die Beurkundung nicht ab, wenn die Validierung durch die Vollmachtregister-*Blockchain* positiv ausfällt, obwohl die Vollmacht materiell-rechtlich nicht besteht. Denn dann wird er wie die anderen Beteiligten auf ihren Bestand vertrauen müssen.

744 Vgl. zur positiven Publizität im HGB § 15 Abs. 3 HGB, näheres MüKoHGB/*Krebs* § 15 Rn. 8; Ebenroth/Boujong/Joost/Strohn/*Gehrlein* HGB § 15 Rn. 24.

745 Vgl. zur positiven Publizität im Grundbuch MüKoBGB/*Kohler* § 892 Rn. 1 u. 9.

746 Vgl. zur negativen Publizität im HGB § 15 Abs. 3 HGB, näheres Ebenroth/Boujong/Joost/Strohn/*Gehrlein* HGB § 15 Rn. 4.

747 Vgl. zur negativen Publizität im Grundbuch MüKoBGB/*Kohler* § 892 Rn. 1; *Sefrin* MittBayNot 2010, 268 (270).

748 So für eine Off-Chain Register Lösung mit Blockchain *Knaier*/*Wolff* BB 2018, 2253 (2258).

749 BGH DNotZ 1994, 485 (486); Armbrüster/Preuß/Renner/*Piegsa* BeurkG § 12 Rn. 15.

Generell ist das Risiko einer unbemerkten Falscheintragung als gering einzuschätzen, wenn ein entsprechender rechtlicher Rahmen geschaffen wird. Denn jeder Notar kann mit 10-minütiger Verzögerung eigenständig überprüfen, ob der *Hashwert* korrekt validiert und auf der Vollmachtregister-*Blockhain* gespeichert wurde.

Im Ergebnis tritt – zwar nicht als Wirksamkeitsvoraussetzung der Vollmacht – neben das Rechtsgeschäft ganz entscheidend der Validierungsprozess, welcher sich aus dem *Mining* und dem *Proof-of-Work*-Verfahren zusammensetzt.[750] Die Notare können auf den Bestand einer Vollmacht erst vertrauen, wenn der *Hashwert* in der *Blockchain* überprüfbar ist. Somit kann die Vollmacht erst mit Abschluss des Validierungsprozesses ihre Rechtswirkung im Rechtsverkehr tatsächlich entfalten.[751]

(b) § 172 BGB

Fraglich ist, ob für notariell beglaubigte Vollmachten, auf Grund der Auswirkungen der Vollmachtregister-*Blockchain* auf die Rechtswirkung einer Vollmacht im Rechtsverkehr, ein eigener Rechtsscheintatbestand entwickelt werden muss. Denn mit § 172 BGB existiert eine Norm, die den Rechtsschein von Vollmachtsurkunden regelt. Gem. § 172 BGB besteht die Vertretungsmacht gegenüber gutgläubigen Dritten fort, bis die Vollmachtsurkunde dem Vollmachtgeber zurückgeben oder für kraftlos erklärt wurde.

Hierbei ist grundsätzlich zu differenzieren. Wie bereits darauf hingewiesen wurde, lässt sich der *Hashwert* direkt auf einem physischen Dokument anbringen oder auf einem elektronischen Dokument. Elektronische Dokument unterfallen ohnehin nicht § 172 BGB. Nur die in physischer Form vorliegende Vollmacht ist vom Anwendungsbereich des § 172 BGB erfasst.[752] Dies gilt für Fälle, in denen die Vollmacht materiell-rechtlich keinen Bestand hat, sich jedoch Gegenteiliges aus der Vollmachtregister-*Blockchain* entnehmen lässt. Im umgekehrten Fall hat der Notar die Beurkundung ohnehin abzulehnen, so dass

750 Hierzu bereits unter G.II.4.b)cc)(2)(b).

751 So für ein Blockchain-basiertes Grundbuch auch *Wilsch* DNotZ 2017, 761 (771).

752 MüKoBGB/*Schubert* § 172 Rn. 13.

sich die Frage nach den Rechtswirkungen einer Vollmacht nicht stellt. Aber auch die physische Vollmacht genießt in dem uns vorliegenden Fall nicht wie von § 172 BGB vorausgesetzt[753] den Rechtsschein, wenn allein die Vollmachtregister-*Blockchain* darüber bestimmt, ob ihr Rechtswirkung zuzusprechen ist. Es ist nicht das Schriftstück selbst, sondern der auf ihr angebrachte *Hashwert* in Verbindung mit der Aussage der Vollmachtregister-*Blockchain*. Im Ergebnis ist § 172 BGB nicht anzuwenden.

Somit muss für beide Fälle eine Publizitätsvorschrift geschaffen werden.

(c) Zwei-wöchige Schonfrist nach Vorbild des § 15 Abs. 2 HGB?

Fraglich ist, ob eine dem Handelsregister ähnelnde Frist vorzusehen ist, nach dessen Ablauf eine Information unabhängig vom Blick ins Register Gültigkeit erlangt. Gem. § 15 Abs. 2 HGB ist eine zweiwöchige Frist hierfür vorgesehen. Erst mit Ablauf dieser Frist gilt der Registerinhalt auch gegenüber redlichen Dritten.

Die zweiwöchige Frist überträgt die Informationslast von dem Kaufmann auf den Dritten bzw. den Rechtsverkehr. Der Dritte hat regelmäßig in das Handelsregister zu schauen, wenn er mit dem Kaufmann in schuldrechtliche Verbindung treten möchte oder bereits steht. Dies soll den Eintragungspflichtigen entlasten und insgesamt die Transaktionskosten senken.[754]

Eine zweiwöchige Schonfrist nach dem Vorbild des § 15 Abs. 2 S. 2 HGB ist für eine Vollmachtregister-*Blockchain* nicht vorzusehen. Mit solch einer Schonfrist wäre der Zweck eines Vollmachtregisters konterkariert, den Inhalt notarieller Urkunden in Echtzeit abrufen zu können.

(d) Formulierungsvorschläge für Gesetze

Zusammenfassend lässt sich festhalten, dass dem Vollmachtregister Richtigkeits- wie Vollständigkeitsgewähr – bzw. positive wie negative

753 MüKoBGB/*Schubert* § 172 Rn. 1; BeckOKBGB/*Schäfer* § 172 Rn. 4.
754 MüKoHGB/*Krebs* § 15 Rn. 11.

Publizität – zuzusprechen ist: Ist eine in Frage stehende notarielle Vollmacht nicht eingetragen, besteht sie nicht (Vollständigkeitsgewähr); ist ein Widerruf eingetragen, obwohl die Vollmacht nicht widerrufen wurde, dann gilt die Vollmacht als widerrufen (Richtigkeitsgewähr).

Es ist eine Regelung zu schaffen, aus welcher die positive wie negative Publizitätswirkung des Vollmachtregisters hervorgeht. Vorgeschlagen wird folgende Formulierung:

(1) Solange eine in das Vollmachtregister einzutragende Tatsache nicht eingetragen ist, kann sie von demjenigen, in dessen Angelegenheiten sie einzutragen war, einem Dritten nicht entgegengesetzt werden. Dies gilt nicht, wenn dem Dritte die Tatsache bekannt war.
(2) Ist die Tatsache eingetragen worden, so muss ein Dritter auf ihren Bestand vertrauen. Dies gilt nicht, wenn der Dritte die Unrichtigkeit kannte.

Die Publizität des Vollmachtregisters ist der des Handelsregister nachgebildet. Absatz 1 setzt die Vollständigkeitsgewähr des Vollmachtregisters um, Absatz 2 die Richtigkeitsgewähr. Ist eine Vollmacht bereits widerrufen worden, lässt sich dies aus dem Vollmachtregister allerdings nicht entnehmen, so hat die Vollmacht gegenüber gutgläubigen Dritten gem. Absatz 1 weiterhin Bestand. Gutgläubig ist, wer keine positive Kenntnis des Widerrufs hat. Dies eröffnet gewisse Haftungsrisiken für die Notare, die den Widerruf in das Vollmachtregister einzutragen haben. Unterläuft ihnen dabei ein Fehler, lässt sich das Haftungsrisiko gering halten. Denn der Bestand einer *Blockchain* lässt sich in Echtzeit jederzeit überprüfen. Nach Eintragung einer Tatsache kann jeder Notar eigenständig überprüfen, ob eine Tatsache wie vom Geschäftsherrn gewollt in das Vollmachtregister eingetragen ist und sich somit vor einer Haftung schützen.

Ist ein Widerruf bereits eingetragen, obwohl eine Vollmacht noch Bestand haben soll, so gilt die Vollmacht gem. Absatz 2 einem gutgläubigen Dritten gegenüber als widerrufen. Dies gilt nicht, wenn der Dritte positive Kenntnis des Bestands der Vollmacht hat. Auch dies eröffnet gewisse Haftungsrisiken für die Notare. Soll der Widerruf einer Vollmacht zum Beispiel erst an einem bestimmten Tag wirken, trägt der Notar den Widerruf jedoch schon vorher ein, kann der Bevollmächtigte keine Verträge im Namen des Geschäftsherrn schließen.

Ein Dritter wird auf den Widerruf vertrauen müssen und Abstand von dem Abschluss des Rechtsgeschäfts nehmen. Dies stellt allerdings keine besondere Haftungssituation dar, die speziell durch elektronische Vollmachten hervorgerufen wird. Denn auch in einer Präsenzbeurkundung einer Vollmacht können Notaren Fehler unterlaufen. Es ist denkbar, dass der Vollmacht den Namen des Bevollmächtigten falsch in die Vollmacht mit aufnimmt und die Vollmacht im Rechtsverkehr nicht nutzbar ist, weil sie den Bevollmächtigten nicht korrekt wiedergibt.

Als einzutragende Tatsachen gelten die Erteilung einer Vollmacht und ihr Widerruf. Notare sind auch Dritte im Sinne der beiden Absätze. Durch das Wort „Dritte" ist gewährleistet, dass auch Rechtssubjekte auf den Bestand einer notariellen Vollmacht vertrauen können, die keine Notare sind. Durch diese Formulierung ist der sachliche Anwendungsbereich der Vollmachtregister-*Blockchain* nicht nur auf formbedürftige Rechtsgeschäfte beschränkt. Ist eine Vollmacht notariell beglaubigt, kann sie auch für formfreie Rechtsgeschäfte verwendet werden.

Die Publizität nicht beglaubigter Vollmachten bleibt durch die getroffenen Regelungen unberührt und ist weiterhin in den §§ 170 ff. BGB geregelt.

dd) Praktisches Problem: § 23 Abs. 1 S. 2 AktG

Vollmachtsgründungen lassen sich grundsätzlich durchführen. Allerdings werden Folgeänderungen notwendig, um die Vollmachtsgründung im Sinne der Europäischen Richtlinie umsetzen zu können. So muss die Beglaubigung einer Vollmacht unter Nutzung des Videokommunikationssystems möglich sein können. Diese Probleme übersehen der Entwurf des Bundeslandes NRW und das Gesetz zur Umsetzung der Digitalisierungsrichtlinie (DiRuG) gleichermaßen.

Gem. § 2 Abs. 2 GmbHG ist die Unterzeichnung der Satzung durch Bevollmächtigte nur möglich, wenn die Vollmacht notariell beglaubigt wurde. Sowohl der Gesetzesvorschlag des Bundeslandes NRW § 35a Abs. 4 BeurkG-E-NRW[755] als auch das Gesetz zur Umsetzung

755 Gesetzesantrag NRW, BR-Drucks. 611/19, S. 3.

der Digitalisierungsrichtlinie (DiRuG) § 16d BeurkG-E halten weiterhin daran fest, dass die beglaubigten Vollmachten in Urschrift oder Ausfertigung dem Notar vorzulegen sind. So ist es aber richtig, dass die Vollmacht nicht unter gleichzeitiger Anwesenheit von Notar und den Beteiligten vorgelegt werden muss.[756] In diesen Fällen ist die Vollmacht vorab per Post an den Notar zu versenden. Um die Vertretungsberechtigung vorzulegen, müssen sich die Beteiligten nicht in einem Raum zusammenfinden.

Eine nach ausländischen Recht und im EU-Ausland beurkundete oder beglaubigte Vollmacht ist für die Nutzung vor einem Deutschen Notar mit einer Apostille oder Legalisation zu versehen.[757] Für im Inland ausgestellte Vollmachten entfällt bei der Gründung von Kapitalgesellschaften zumindest das Formerfordernis, die Urkunde mit einer Apostille zu versehen.

Eine reine Online-Gründung ist damit dennoch in beiden Fällen nicht möglich. Denn eine Vollmacht ist zumindest notariell zu beglaubigen, wenn sie bei der Gründung einer GmbH verwendet werden soll (§ 2 Abs. 2 GmbHG). Während der Gesetzesvorschlag und das Gesetz zur Umsetzung der Digitalisierungsrichtlinie (DiRuG) ein rechtliches Fundament für eine Beurkundung der Satzung mittels Fernkommunikationsmittel vorsehen, fehlt es an der Möglichkeit, eine Vollmacht mittels Fernkommunikationsmittel elektronisch zu beglaubigen.

Der Gesetzesentwurf des Bundeslandes NRW beschränkt in § 40a BeurkG-E-NRW[758] die elektronische Beglaubigung auf notarielle Beglaubigungen in Handelsregistersachen. Mit Letzterem wird ausschließlich auf Handelsregisteranmeldungen im Sinne des § 12 HGB Bezug genommen.[759] Vollmachten sind hiervon ausdrücklich nicht erfasst. Es bliebe dabei, dass sich eine Vollmacht nicht unter Nutzung von Fernkommunikationsmitteln beglaubigen lässt. Allerdings soll die gewählte Art der Formulierung künftigen technischen Entwicklungen, die eine Vorlage der physischen Urkunden entbehrlich machen

756 Gesetzesantrag NRW, BR-Drucks. 611/19, S. 16.
757 Gesetzesantrag NRW, BR-Drucks. 611/19, S. 23.
758 Gesetzesantrag NRW, BR-Drucks. 611/19, S. 4.
759 Gesetzesantrag NRW, BR-Drucks. 611/19, S. 24 f.

können, offen gegenüberstehen.[760] So heißt es in § 35a Abs. 2 Nr. 4 S. 1 GmbHG-E-NRW[761], dass der Notar Vollmachten in elektronisch beglaubigter Abschrift gem. § 39a BeurkG der elektronischen Niederschrift über die Beurkundung der Satzung hinzuzufügen hat. Wiederrum ist nicht zwingend vorgegeben, in welcher Form die Vollmacht an den Notar zu übersenden ist. Diese bewusst gelassene Regelungslücke soll es künftig ermöglichen, den Bestand einer Vollmacht auf elektronischem Wege rechtssicher darlegen zu können.[762]

Hingegen übersieht der Gesetzesvorschlag, dass die elektronische Beglaubigung gem. § 40a Abs. 1 BeurkG-E-NRW[763] auf die Handelsregisteranmeldungen gem. § 12 HGB beschränkt ist. Selbst wenn die Vollmacht dem Notar elektronisch übersendet werden kann, so ändert dies nichts an der Tatsache, dass sich die weiterhin erforderliche Beglaubigung nicht online vollziehen lässt. Im Ergebnis steht der Gesetzesvorschlag technischen Entwicklungen nicht in dem erforderlichen Maße so offen gegenüber, wie es die Richtlinie verlangt.

Das Gesetz zur Umsetzung der Digitalisierungsrichtlinie (DiRuG) beschränkt den Anwendungsbereich einer elektronischen Beglaubigung nicht, da die elektronische Beglaubigung nur in den Fällen des § 12 HGB zugelassen ist (§ 40a Abs. 1 S. 2 BeurkG-E). Damit ist die Beglaubigung einer Vollmacht auf elektronischem Wege ausdrücklich vom Anwendungsbereich nicht erfasst.[764] Das elektronische Beglaubigungsverfahren wurde nach der Intention des Gesetzesentwurfes zur Umsetzung der Digitalisierungsrichtlinie der Bundesregierung für die Beglaubigung einer Vollmacht versperrt, weil dies nicht lösbare Beweisschwierigkeiten zur Folge hätte.[765] So wird vorgebracht, dass sich elektronische Dokumente beliebig oft reproduzieren lassen und auch die für eine elektronische Beglaubigung notwendig werdende qualifiziert elektronische Signatur an diesem Problem nichts ändern könnte. Für den Rechtsverkehr wäre nicht erkennbar, ob die Vollmacht materiell-rechtlich noch Bestand hat. Anders als physische Vollmachtsur-

760 Gesetzesantrag NRW, BR-Drucks. 611/19, S. 4.
761 Gesetzesantrag NRW, BR-Drucks. 611/19, S. 3.
762 Gesetzesantrag NRW, BR-Drucks. 611/19, S. 16 f.
763 Gesetzesantrag NRW, BR-Drucks. 611/19, S. 4
764 Begr. DiRuG-RegE, BR-Drucks. 144/21, S. 143.
765 Begr. DiRuG-RegE, BR-Drucks. 144/21, S. 143.

kunden lassen sich elektronische Dokumente nicht einfach aus dem Rechtsverkehr ziehen, um den Rechtsschein zu zerstören.[766]

Mit der Beschränkung der Online-Gründung auf die Verfahren nach § 12 HGB versperrt sich Gesetz zur Umsetzung der Digitalisierungsrichtlinie (DiRuG) jedoch technischen innovativen Entwicklungen, wie einem *Blockchain* gestützten Vollmachtregister[767] für inländische Vollmachten[768] oder der Ausbreitung der auf Art. 3, 4 des Haager Abkommens[769] gestützten elektronischen Apostille für ausländische Vollmachten[770]. Denn § 12 S. 2 BeurkG lässt einen Nachweis aus einem dem Handelsregister ähnlichen Register genügen. Sollte das *Blockchain*-Vollmachtregister tatsächlich umgesetzt werden, so könnte eine elektronische Vollmacht nach § 12 S. 2 BeurkG auch fortan nicht für die Online-Gründung genutzt werden. Denn die elektronische Beglaubigung ist auf Grund der bestehenden Regelungssystematik für Vollmachten nicht nutzbar, so lange die physische Vorlage des Originals verlangt wird.

Dass der Anwendungsbereich der elektronischen Beglaubigung nur auf die Anmeldung einer Eintragung zum Handelsregister beschränkt ist, ist einerseits inkonsequent und lässt sich darüber hinaus mit dem Begriffsverständnis einer Online-Gründung im Sinne der Richtlinie nicht vereinbaren.

(1) Erst-Recht-Schluss

Inkonsequent ist die Regelung im Gesetzesentwurf des Bundeslandes NRW und Gesetz zur Umsetzung der Digitalisierungsrichtlinie (DiRuG) deswegen, weil eine notarielle Beurkundung mittels Fernkommunikation nach dem Gesetzesvorschlag gem. § 35a GmbHG-E-NRW[771] und nach dem Gesetz zur Umsetzung der

766 Begr. DiRuG-RegE, BR-Drucks. 144/21, S. 142 ff.

767 Hierzu Bundesnotarkammer K.d.Ö.R. und Bayrisches Staatsministerium der Justiz: Das Blockchain-basierte Gültigkeitsregister.

768 Ausführlich zur Vollmachtregisterblockchain unter G.II.4.b)cc).

769 In Deutschland umgesetzt durch Gesetz zu dem Haager Übereinkommen vom 5. Oktober 1961 zur Befreiung ausländischer öffentlicher Urkunden von der Legalisation BGBl. 1965 II, S. 875.

770 Hierzu unter G.II.4.a)bb).

771 Gesetzesantrag NRW, BR-Drucks. 611/19, S. 2.

Digitalisierungsrichtlinie (DiRuG) gem. §§ 16a-e BeurkG-E realisiert ist. Wenn sich eine Beurkundung elektronisch durchführen lässt, dann muss dies auf Grund der gegenüber einer Beurkundung geringeren Komplexität erst recht für die im Rahmen einer Online-Gründung erforderlich werdenden elektronischen Beglaubigungen – und damit auch der Beglaubigung einer Vollmacht – ermöglicht werden. So ist der Pflichtenkreis des Notars im Rahmen einer notariellen Beglaubigung gem. § 40 BeurkG deutlich reduziert und darauf beschränkt, die Richtigkeit der Unterschrift zu bezeugen, nicht aber, die Beteiligten zu beraten oder Willenserklärungen inhaltlich zu prüfen.[772] Der Pflichtenkreis des Notars erschöpft sich darin, die Identität der Beteiligten gem. §§ 40 Abs. 4, 10 Abs. 1, 2, 3 S. 1 BeurkG festzustellen, nicht aber ihre Geschäftsfähigkeit oder gar die unterzeichnete private Erklärung auf ihre materielle Wirksamkeit zu prüfen,[773] jene Pflichten, die der Notar im Rahmen der elektronischen Beurkundung der Satzung auch fortan zu erfüllen hat[774].

(2) Richtlinienwidriges Begriffsverständnis

Zudem lassen sich weder der Gesetzesvorschlag des Bundeslandes NRW noch das Gesetz zur Umsetzung der Digitalisierungsrichtlinie (DiRuG) mit den Anforderungen der Richtlinie in Einklang bringen. Denn eine grenzüberschreitende Online-Gründung im Sinne der Richtlinie ist in beiden Fällen nicht umsetzbar. Kann die Vollmacht nicht elektronisch beglaubigt werden, dann müssen die Gründer die Vollmacht fortan noch immer im analogen Wege beglaubigen. Für die Beglaubigung der Vollmacht haben sich die Beteiligten entweder vor einem inländischen Notar einzufinden oder die Vollmacht im europäischen Ausland zu beglaubigen und für den Gebrauch vor einem deutschen Notar mit einer Apostille oder Legalisation versehen zu

772 BGHZ 37, 79 (86) = NJW 1962, 1149; OLG München DNotZ 2009, 292 (293); MüKoBGB/*Einsele* § 129 Rn. 1; Armbrüster/Preuß/Renner/*Preuß* BeurkG § 40 Rn. 6; BeckOKBGB/*Wendtland* § 129 Rn. 1.

773 MüKoGmbHG/*Heinze* § 2 Rn. 67; Armbrüster/Preuß/Renner/*Preuß* BeurkG § 40 Rn. 26.

774 Gesetzesantrag NRW, BR-Drucks. 611/19, S. 13.

lassen.[775] Nach dem Leitbild der Richtlinie verbietet sich ein solches Erfordernis. Denn danach soll der gesamte Gründungsvorgang online durchgeführt werden können. Hierzu zählt nach extensiver Auslegung auch die Beglaubigung von Vollmachten. Denn die wird typischerweise erst fällig, wenn die Gründer bereits einen Anwalt bzw. den Notar kontaktiert haben. Damit befinden sich die Gründer bereits im Stadium der Gründung. So definiert Art. 13a Nr. 4 RL die Gründung „als das gesamte Verfahren zur Errichtung der Gesellschaft (...), einschließlich der Erstellung des Errichtungsaktes der Gesellschaft und aller Schritte, die für die Eintragung der Gesellschaft in das Register erforderlich sind“. Teil des Errichtungsaktes ist bei Vollmachtsgründungen nach deutschem Recht auch die Beglaubigung der Vollmachten. Denn ohne Einhaltung dieses Formerfordernisses lässt sich eine Kapitalgesellschaft nach deutschem Recht nicht errichten.

(3) Elektronische Beglaubigung von Vollmachten

Für im Ausland ausgestellte Vollmachten bietet sich eine nationale Vollmachtregister-*Blockchain* als Lösung nach teilweise vertretener Auffassung nicht an.[776] Dies würde eine Vernetzung aller Mitgliedstaaten verlangen, wovon die europäischen Mitgliedsstaaten noch weit entfernt seien.[777]

Allerdings muss die Lösung für EU-Ausländer gar nicht in der Vernetzung noch nicht vorhandener Register liegen, weil Vollmachten im Rahmen einer Online-Gründung nicht notwendigerweise im Ausland erteilt und ausgestellt werden müssen. Es wäre im Vorfeld einer Online-Gründung denkbar, als EU-Ausländer eine Vollmacht durch einen deutschen Notar elektronisch beglaubigen zu lassen. Für inländische wie für ausländische natürliche Personen ließe sich die Vollmacht im Vorfeld einer Online-Gründung elektronisch beglaubigen. Im Anschluss an die Beglaubigung, könnte der Notar das Online-Beurkundungsverfahren der Satzung terminieren. Zu diesem Zeitpunkt kann der Notar vom Bestand der erst kurz zuvor beglaubigten Vollmacht

775 *Lieder* NZG 2020, 81 (86); MüKoGmbHG/*Heinze* § 2 Rn. 67; BR. Durcks. 611/19, S. 23.

776 *Stelmaszczyk/Kienzle* ZIP 2021, 765 (773).

777 *Stelmaszczyk/Kienzle* ZIP 2021, 765 (773).

mit Sicherheit ausgehen. Zudem wäre es möglich, diese Vollmacht für die Nutzung im Inland in der Vollmachtregister-*Blockchain* zu hinterlegen. Allerdings wird auch deutlich, dass sich ausschließlich der Bestand einer Vollmacht über die *Blockchain* darlegen lässt. Die Existenz einer ausländischen Gesellschaft lässt sich nicht beweisen. Hierzu sind die Notare weiterhin auf die ausländischen Register angewiesen. Damit bietet sich die *Blockchain* nur für den Nachweis von Vollmachten unter Beteiligungen von natürlichen Personen an.

Mit der getroffenen Regelungssystematik ist ein solches Vorgehen nicht möglich. Wie § 2 Abs. 3 GmbHG-E auf das im BeurkG vorgesehene elektronische Beurkundungsverfahren exklusiv verweist, so hätte der Anwendungsbereich des elektronisches Beglaubigungsverfahrens auf den gesamten Zeitraum einer Online-Gründung beschränkt werden können. Ein Missbrauchspotential einer solchen Öffnung der elektronischen Beglaubigung bestünde bei einer solchen Regelung nicht. Denn zum einen ließe sich das elektronische Beglaubigungsverfahren auf alle im Rahmen einer Online-Gründung von Kapitalgesellschaften notwendig werdenden Beglaubigungen beschränken. Zum anderen müsste der Notar in Fällen darauf bestehen, in denen er nicht kurz vor Beginn der elektronischen Beurkundung der Satzung etwaige Vollmachten beglaubigt hätte, sich Vollmachten auf postalischem Wege in Urschrift zukommen zu lassen. Denn in diesen Fällen genügt das elektronische Dokument nicht als Beweis der Vertretungsberechtigung im Sinne des § 16d BeurkG-E des Gesetzes zur Umsetzung der Digitalisierungsrichtlinie (DiRuG) und der Notar würde ein elektronisches Dokument auf Grund seiner allgemeinen Amtspflicht ohnehin ablehnen und auf das Präsenzverfahren verweisen. Damit hätte § 40a Abs. 1 S. 2 BeurkG-E des Gesetzes zur Umsetzung der Digitalisierungsrichtlinie (DiRuG) geändert und das elektronische Beglaubigungsverfahren auch für Vollmachten geöffnet werden können. So ist für die Aktiengesellschaft zu verfahren. Um eine elektronische Gründung unter Beteiligung von Bevollmächtigten durchzuführen, ist der sachliche Anwendungsbereich der elektronischen Beglaubigung für im Gründungsverfahren von Aktiengesellschaften verwendete Vollmachten zu öffnen.

5. Zwischenergebnis

Als Zwischenergebnis ist festzuhalten, dass sich die Identifizierungspflicht eines Notars in einer elektronischen Beurkundung umsetzen lässt. Alle bisher existierenden Identifizierungsmittel können das von der Identifizierungspflicht geforderte Niveau nicht erreichen. Erforderlich ist, dass der Notar ein auf einem amtlichen Ausweisdokument gespeichertes biometrisches Passbild auslesen und dieses biometrische Passbild mit dem Erscheinungsbild über einer audiovisuelle Echtzeitverbindung vergleichen kann. Nur diese Drei-Faktor-Authentifizierung verhindert ein Beurkundungsverfahren zweiter Klasse und stellt ein rechtssicheres Äquivalent zur Identifizierung in einer Präsenzbeurkundung dar.

Bereits jetzt ist absehbar, dass Online-Gründungen unter Beteiligung von Gesellschaften und Bevollmächtigten die Praxis vor die größten Probleme stellen wird. Um die Existenz und Vertretungsverhältnisse von Gesellschaften nachweisen zu können, bestehen bereits digitale Hilfsmittel in Form der elektronischen Apostille oder der ausgebauten Registervernetzung. Um die elektronische Apostille in einer Online-Gründung zu nutzen, müssen die europäischen Mitgliedsstaaten ihre digitale Infrastruktur entsprechend ausbauen. Erforderlich bleibt eine Vollharmonisierung des Informationsniveaus der einzelnen Register.

Ähnliches gilt für die Online-Gründung durch Bevollmächtigte. Eine Vollmachtregister-*Blockchain* könnte den Bestand einer notariell beglaubigten Vollmacht beweisen. Hierfür muss die digitale Infrastruktur erst noch bereitgestellt werden. Auch lässt sich die Vollmachtregister-*Blockchain* datenschutzkonform konzipieren.

Um eine Aktiengesellschaft unter Beteiligung von Bevollmächtigten online gründen zu können, muss auch die Beglaubigung einer Vollmacht elektronisch möglich sein. Der Gesetzgeber hätte den Anwendungsbereich der elektronischen Beglaubigung entsprechend offener formulieren müssen. Bedenken bestünden hierbei nicht.

III. Aufklärungsfunktion

1. Verfahren de lege lata

Im Rahmen einer notariellen Beurkundung nimmt der Notar eine Beraterfunktion ein. So hat der Notar den wahren Willen der Parteien zu erforschen und diesen unzweideutig in der Niederschrift wiederzugeben, gleichzeitig auch den Sachverhalt und über die mit den Willenserklärungen verbundenen Rechtsfolgen aufzuklären, § 17 Abs. 1 BeurkG. Im Rahmen seiner Aufklärungspflichten ist der Notar dazu angehalten, bestehende Informationsgefälle unter den Parteien ausfindig zu machen und zu beseitigen, § 17 Abs. 1 S. 2 BeurkG. So ist gewährleistet, dass sich der wirkliche rechtliche Wille in der Urkunde tatsächlich wiederspiegelt und das von den Parteien verfolgte rechtliche Ziel herbeigeführt wird. Durch die Einbindung eines Notars werden aber auch Meinungsverschiedenheiten unter neutraler Führung ausdiskutiert, an deren Ende ein Ergebnis steht.

Maßgeblich ist demnach, dass der Notar die Interessen der Beteiligten versucht juristisch umzusetzen und für jedermann verständlich in die Niederschrift aufzunehmen. Der Notar ist demnach in der Rolle, die Interessen durch gezielte Fragen herauszufinden, um die damit verbundenen rechtlichen Folgen erläutern zu können.[778]

Seine Aufklärungspflicht erfüllt der Notar während der Verlesung der Niederschrift.

2. Digitale Aufklärung

Ob ein analoges Gespräch digital ohne Einbußen umgesetzt werden kann, ist bereits Gegenstand des wissenschaftlichen Diskurses.[779] Untersucht wurden auch die Auswirkungen des Einsatzes audiovisueller

778 *Walz* DNOtZ 2003, 164 (169).

779 Zur Verwendung in gerichtlichen Verfahren umfassend *Glunz*, Psychologische Effekte beim gerichtlichen Einsatz von Videotechnik; *Bachmann* ZZP 2005, 133 ff.; zur Verwendung bei Hauptversammlungen *Bachmann*, in: FS G. H. Roth, S. 37 (45).

Echtzeitverbindungen bei Gerichtsverhandlungen.[780] Es gilt als empirisch erwiesen, dass Gerichtsverhandlungen mit zwischenmenschlichem Austausch einen anderen Verlauf nehmen, als über Medien wie einer audiovisuellen Echtzeitverbindung.[781] Festgestellt wurde, dass bei fehlender Moderation der Parteivortrag einer Partei überhandnimmt und die andere Seite kaum zu Wort kommt.[782] Hinzukommt der psychologische Druck, dass am Ende der Gerichtsverhandlung in jedem Fall ein Urteil gefällt werden wird. Umso wichtiger erscheint es, die andere Partei und den Richter von der eigenen Rechtsauffassung zu überzeugen. Dieser Umstand wird die Monologisierung eher bestärken.

Auch wenn eine neutrale Person den Dialog moderiert, besteht noch immer die Gefahr, dass die Gesprächsbereitschaft abnimmt.[783] Nicht zuletzt kann zumindest die Glaubwürdigkeit von Zeugen nicht ebenso gut festgestellt werden, wie bei einem direkten kommunikativen Austausch ohne Medium.[784]

Die bei dem Einsatz von audiovisueller Technik in Gerichtsverhandlungen gesicherten Erkenntnisse lassen sich jedoch nicht auf die Online-Gründung übertragen. Ganz entscheidend ist, dass eine gerichtliche Verhandlung einem ganz anderen Zweck dient. Zu einem gerichtlichen Verfahren kommt es nur dann, wenn zwei Parteien unterschiedliche Ansichten über einen Sachverhalt haben oder beide Seiten von ihrer Rechtsauffassung überzeugt sind. Der Richter hat in jeder Phase des gerichtlichen Verfahrens auf einen Vergleich hinzuwirken (§ 278 ZPO). Er hat also zu versuchen, zwischen zwei Meinungslagern eine Kompromisslösung herbeizuführen. Ist ein Vergleich ausgeschlossen, weil sich eine Partei nicht kompromissbereit zeigt, dann muss der Richter eine Entscheidung fällen. Es geht mit anderen Worten darum, divergierende Interessen in Ausgleich zu bringen.

---

780 *Glunz*, Psychologische Effekte beim gerichtlichen Einsatz von Videotechnik; *Bachmann* ZZP 2005, 133 ff.

781 *Glunz*, Psychologische Effekte beim gerichtlichen Einsatz von Videotechnik; *Bachmann* ZZP 2005, 133 ff.

782 *Glunz*, Psychologische Effekte beim gerichtlichen Einsatz von Videotechnik, S. 93 ff., 99 f.

783 *Glunz*, Psychologische Effekte beim gerichtlichen Einsatz von Videotechnik, S. 120 ff., 131, 136 ff.

784 *Glunz*, Psychologische Effekte beim gerichtlichen Einsatz von Videotechnik, S. 58 f., 144 ff., 202 f.

Bei einer Online-Gründung zeigen die Interessen der Beteiligten jedoch in dieselbe Richtung. Zwar können in Einzelheiten Meinungsverschiedenheiten bestehen. Die Schnittmenge gleichlaufender Interessen ist aber sehr viel höher als unter den Parteien einer Gerichtsverhandlung. Bei der Online-Gründung geht es darum, eine juristische Person zu gründen, an der alle Beteiligten wirtschaftlich partizipieren können. Alle Beteiligten haben somit ein berechtigtes Interesse daran, konstruktive Beiträge zu der digitalen Verhandlung zu leisten.

Insbesondere besteht bei einer Online-Gründung keine große Gefahr, dass einzelne Gründer in Monologe abschweifen. Gegenstand der mündlichen Verhandlung ist die Verlesung der Satzung durch den Notar. Typischerweise ist es demnach der Notar, der den größten Redebeitrag einnimmt. Zudem besteht, anders als bei einer Gerichtsverhandlung, kein mit bei dieser bestehender vergleichbarer psychologischer Druck. Hierzulande gilt die Vertragsfreiheit. Zeigt sich im Laufe der notariellen Verhandlung, dass die Beteiligten in einigen Punkten keinen Konsens finden, so müssen sie den Gesellschaftsvertrag auch nicht abschließen und beurkunden lassen. Es gibt demnach immer die Möglichkeit, die notarielle Verhandlung abzubrechen. Anders jedoch im Gericht. Dort steht unabhängig der Interessen der Parteien am Ende ein Urteil.

Der mündliche Aspekt lässt sich in einem digitalisierten Online-Verfahren problemlos abbilden. Die Stellung des Notars muss somit nicht überdacht werden.[785] Denn der Notar wird seiner Beraterfunktion nur durch gezielte Fragen gerecht. Hierfür ist aber nicht erforderlich, dass er sich mit den Parteien vor Ort einfindet. Zumal die später zu beurkundende Niederschrift durch den regen Austausch im Vorfeld der Verlesung weitestgehend ausgearbeitet wurde. Im Zuge der Verlesung werden meist kleinere Änderungen vorgenommen. Eine Verhandlung über tragende Punkte einer Niederschrift kann aber gut erfolgen. Um einen Eindruck vom Gegenüber und seinen Emotionen zu bekommen, ist es wichtig, auch nonverbale Reaktionen wahrzunehmen. Maßgeblich ist, dass sich die Parteien sehen und hören können. Eine Telefonverbindung kann die räumliche Distanz nicht überbrücken. So ist

785 Diese Gefahr sieht jedoch Deutscher Notarverein, Stellungnahme zum EU-Company Law Package, S. 11.

einerseits schwer zu unterscheiden, wer gerade spricht. Zudem ist es den Beteiligten auch nicht möglich, nonverbale Reaktionen wahrzunehmen, die für eine erfolgreiche Verhandlung essentiell sind. So ist denkbar, dass sich die Parteien und der Notar in einem virtuellen Raum treffen und über eine audiovisuelle Echtzeitverbindung miteinander kommunizieren.

Problematisch könnte sein, dass die Internetverbindung die Audioqualität negativ beeinflusst und sich die Parteien nicht gut verstehen. Einen negativen Einfluss könnte die Internetverbindung ebenso auf die Videoqualität nehmen. Dies sind Problemkreise, die im Einzelfall durch die Parteien abgewogen werden müssen. Es wäre allerdings der falsche Weg, eine audiovisuelle Echtzeitverbindung und eine elektronische Beurkundung abzulehnen. Denn die Internetverbindung wird überwiegend stabil genug sein, um einen Austausch zwischen den Gründern und dem Notar bei guter Audio- und Videoqualität zu ermöglichen. Auszuschließen ist, dass eine Partei nichts von der Verhandlung mitbekommt und diese dennoch voranschreitet. Denn sollte es dazu kommen, dass die Internetverbindung einer Person zu schwach ist, dann kann sich diese Person auf anderen Wegen zum Beispiel durch eine kurze E-Mail oder einen Anruf bemerkbar machen.

Zudem handelt es sich bei den Satzungsgegenständen anders als beispielsweise im Familien- und Erbrecht um neutralere Eckpunkte, die darauf abzielen, die Aktiengesellschaft zu errichten. Das Ziel ist für die Gründer klarer definiert als in erbrechtlichen oder familienrechtlichen Streitigkeiten. Sie wollen eine handlungsfähige Aktiengesellschaft gemeinsam errichten. So verwundert es nicht, dass im Familien- und Erbrecht die Verhandelnden häufig aneinander vorbeireden[786], wollen die Beteiligten doch gerade die beste rechtliche Situation für sich selbst schaffen und keine, von der beide gleichermaßen profitieren. Sie arbeiten anders als bei Gründung einer Aktiengesellschaft nicht miteinander, sondern gegeneinander. Diese Punkte lassen sich bereits im Zuge der ersten und vollständig digitalisierten Phase zusammen mit dem Notar besprechen, also weit im Voraus der Verlesung. In der Praxis werden die Satzungen oft durch die Anwälte aus internen Mus-

786 *Walz* DNotZ 2003, 164 (168).

tern heraus erarbeitet. Sodann sind die für den Einzelfall gewünschten Vorgaben lediglich anzupassen.

Im Ergebnis ist festzuhalten, dass der Notar die Beteiligten bei fortlaufender audiovisueller Echtzeitverbindung aufklären kann und seiner Aufklärungsfunktion gerecht wird.[787]

IV. Warnfunktion

Schlussendlich werden die Parteien durch den Verfahrensschritt der Verlesung auch vor den rechtlichen Folgen und der Tragweite ihrer Willenserklärungen gewarnt. Das Formerfordernis der notariellen Beurkundung soll den Parteien dabei noch einmal bewusst machen, an den rechtlichen Inhalt der Urkunde nach Abschluss des gesamten Verfahrens gebunden zu sein.[788]

Ein Vergleich zum Immobilienrecht verdeutlicht, was unter der Warnfunktion einer notariellen Beurkundung zu verstehen ist. Denn auch der Grundstückskaufvertrag ist notariell zu beurkunden (§ 311b Abs. 1 BGB). In den Motiven zum Bürgerlichen Gesetzbuch heißt es, dass der Gang zum Notar den Parteien eine Bedenkzeit geben soll und ihnen der Ernst der Lage vor Augen zu führen ist. Anders als das Schriftformerfordernis verzögert die Notwendigkeit der notariellen Beurkundung den Vertragsschluss. Denn „Stift und Tinte“[789] sind schnell zur Hand.

Entscheidend ist demnach die Verzögerung des Ablaufs. Genau zu dieser Verzögerung kommt es auch in einem elektronischen Beurkundungsverfahren. Im Gegensatz zu einer Aktiengesellschaft lässt sich eine GbR grundsätzlich formfrei gründen, ohne dass sich die Beteiligten darüber bewusst sein müssen. Dies steht gewiss unter der Voraussetzung, dass sich mindestens zwei Personen zur Erreichung eines gemeinsamen Zwecks zusammenfinden und diesen Zweck durch Beitragsleistungen fördern.[790] Hierzu bedarf es nicht einmal eines Stiftes

787 Im Ergebnis *Weber*, Digitalisierung im Gesellschaftsrecht, S. 123.
788 *Walz* DNotZ 2003, 164 (178).
789 Mugdan, Protokolle des Bürgerlichen Gesetzbuches, Band 2, S. 621.
790 MüKoBGB/*Schäfer* § 705 Rn. 1; Henssler/Strohn/*Servatius* BGB § 705 Rn. 18.

und Tinte. Eine Aktiengesellschaft hingegen verlangt zwingend die Einschaltung eines Notars. Daran würde sich in einem elektronischen Gründungsverfahren nichts ändern. Die Tragweite des Rechtsgeschäfts wird den Parteien allein durch den Prozess des elektronischen Beurkundungsverfahrens verdeutlicht. Hingegen entfällt in einer Präsenzbeurkundung der Gang zum Notar der aus dem zu beurkundenden Rechtsgeschäft unmittelbar Berechtigten und Verpflichteten, da diese sich in der Rechtspraxis ohnehin oftmals vertreten lassen. Es ist damit sogar eher zu erwarten, dass die Berechtigten und Verpflichteten gehäuft an den elektronischen Beurkundungen teilnehmen werden und dies insgesamt zu einer Intensivierung der Warnfunktion führt. Hierzu ist der grobe Ablauf einer elektronischen Beurkundung kurz zu skizzieren.

1. Anmeldung auf dem Gründungsportal

Um das Verfahren einer Online-Gründung einzuleiten, müssen sich die Beteiligten zunächst auf dem im webbasierten Gründungsportal anmelden. Dabei kommt dem Anmeldeprozess für den weiteren Gründungsverlauf eine doppelte Funktion zu. Zum einen soll die elektronische Identität der Beteiligten bestätigt werden. Zum anderen wird für jeden Beteiligten anhand der durch das elektronische Identifizierungsmittel übermittelten eID-Daten ein dazu passendes Signaturzertifikat erstellt.[791] Dieses ist notwendig, damit die Gründungsdokumente von den Beteiligten mittels der qualifiziert elektronischen Signatur unterschrieben werden können (§ 16b Abs. 4 S. 1 BeurkG-E).

2. Erstkontakt mit Notar

Haben sich die Gründer für einen Notar entschieden[792], so treten die Beteiligten erstmals mit dem Notar in Kontakt und tauschen die ersten

791 *Stelmaszczyk/Kienzle* ZIP 2021, 765 (767).

792 Im Detail und auch zum Problem des amtlichen Zuständigkeitsbereichs von Notaren *Stelmaszczyk/Kienzle* ZIP 2021, 765 (768).

Informationen über das zu beurkundende Rechtsgeschäft aus. Dabei kann dieser Schritt unter Einsatz verschiedenster Medien erfolgen. Die von der Bundesnotarkammer bereitgestellte Eingabemaske auf dem Online-Gründungsportal muss für den Informationsaustausch nicht verwendet werden. So können die Beteiligten mit dem Notar auch per E-Mail oder Telefon kommunizieren. Allein entscheidend ist in diesem Schritt, dass der Notar nun die für den weiteren Verlauf notwendigen Dokumente und Daten erhält.[793]

Sobald der Notar die notwendigen Dokumente und Daten hat, werden sie auch in dem Gründungsportal für die Beteiligten zum jederzeitigen Download hinterlegt. Dieser Umstand hebt die zentrale Funktion des Gründungsportals als interaktiven und kommunikativen Raum hervor. Hat sich der Notar einen Überblick über die Rahmenbedingungen verschafft, wird er mit den Beteiligten nach einem freien Termin suchen, um die für die Gründung erforderliche elektronische Beurkundung der Satzung durchzuführen.

3. Elektronische Beurkundung und Identifizierung

Ist ein Termin gefunden, so treffen sich die Beteiligten mit dem Notar über das von der Bundesnotarkammer betriebene Videokommunikationssystem. Erforderlich ist, dass sich jeder Beteiligte mit einem internetfähigen Endgerät und eingeschalteter Kamera und Mikrophon in den virtuellen Beurkundungsraum begibt. So wie sich der Notar in einer Präsenzbeurkundung Gewissheit über die Personen der Beteiligten zu verschaffen hat (§ 10 BeurkG), so muss die Identität der Beteiligten auch in einem elektronischen Gründungsverfahren zu Beginn der Verhandlung durch den Notar festgestellt werden (§ 16c BeurkG-E).

Die Identifizierung nach § 16c BeurkG-E erfolgt in einem elektronischen Identifizierungsverfahren in zwei Schritten.[794]

Der erste Schritt der Identifizierung erfolgt bereits im Rahmen der Anmeldung auf dem Online-Gründungsportal. Für die Anmeldung

793 Hierzu und zum Vorstehenden *Stelmaszczyk/Kienzle* ZIP 2021, 765 (768 f.).

794 *Stelmaszczyk/Kienzle* ZIP 2021, 765 (770).

auf dem Gründer-Portal haben die Beteiligten die in § 16c BeurkG-E aufgelisteten elektronischen Identifizierungsmittel zu nutzen. Dabei dient die Anmeldung auf dem Gründer-Portal zweierlei. Zum einen soll die elektronische Identität der Beteiligten überprüft werden. Dies geschieht allein durch Besitz (an der Karte) und Wissen (der persönlichen Geheimnummer)[795], ein Verfahren, welchem entgegen hier vertretener Ansicht[796] grundsätzlich ein hohes Sicherheitsniveau zugesprochen wird.[797] Um die elektronische Identität bestätigen zu können, wird das elektronische Identifizierungsmittel ausgelesen und die Identität durch Eingabe der persönlichen Geheimnummer bestätigt. Zum anderen werden die für Signatur der Gründungsdokumente mittels der qualifiziert elektronischen Signaturen erforderlichen Signaturzertifikate erstellt. Dies ist notwendig, damit die elektronische Beurkundung am Ende der Verlesung der Niederschrift formgerecht abgeschlossen werden kann (§ 16b Abs. 4 S. 1 BeurkG-E).

Damit die Beteiligten eindeutig identifiziert werden können, muss das über das Videokommunikationssystem übertragene Erscheinungsbild in einem zweiten Schritt mit einem elektronisch übermittelten amtlichen Lichtbild verglichen werden. Für den zweiten Schritt des Identifizierungsvorgangs ist der Kreis der nutzbaren Identifizierungsmittel erheblich eingeschränkt. Beispielsweise kann die eID-Karte für den zweiten Schritt nicht genutzt werden, da auf ihr kein durch den Notar auslesbares amtliches Lichtbild gespeichert ist (vgl. § 4 Abs. 4 eIDKG). Damit der Notar ein auf einem elektronischen Speichermedium hinterlegtes Lichtbild auslesen kann, ist die Eingabe der *Card Access Number* erforderlich. Diese Funktionen haben von oben genannten Identifizierungsmitteln allerdings nur Reisepässe und elektronische Personalausweise.[798]

795 Für den elektronischen Personalausweis vgl. § 18 Abs. 4 S. 1 PAsuwG; für die eID-Karte vgl. § 12 Abs. 3 S. 2 e-ID Kartengesetz i-V.m. § 18 Abs. 4 S. 1 PAuswG; für den elektronischen Aufenthaltstitel vgl. § 78 Abs. 5 S. 2 AufenthG i.V.m. § 18 Abs. 4 S. 1 PAuswG.

796 Ausführlich G.2.

797 Kritisch auch BT-Drs. 16/10489, S. 41 f.

798 *Stelmaszczyk/Kienzle* ZIP 2021, 765 (770).

4. Zwischenergebnis

Festzuhalten ist, dass ein elektronisches Gründungsverfahren die Beteiligten vor der Tragweite und den Rechtsfolgen des Rechtsgeschäfts warnt wie es eine Präsenzbeurkundung tut.[799] Es besteht sogar das Potential, dass sich die Warnfunktion in einer elektronischen Beurkundung noch stärker entfalten wird.

Anzumerken ist weiterhin, dass die Warnfunktion in einem elektronischen Beurkundungsverfahren zur Geltung gelangt, wie es die Motive des Bürgerlichen Gesetzbuchs ursprünglich vorgesehen haben. Der Gang, das heißt der Weg, zum Notar ist im modernen Rechts- und Geschäftsverkehr ohnehin nicht mehr der entscheidende Zeitraum, den Parteien Bedenkzeit zu verschaffen. Das musste er aber gegen Ende des 19. Jahrhunderts gewesen sein. Denn damals konnte ein Notar nicht über Mail, Telefon oder Fax kontaktiert werden. Vielmehr war der Notar persönlich aufzusuchen. Hierdurch entstand eine Zeitspanne, die den Beteiligten die Tragweite des Rechtsgeschäfts verdeutlichte. Heute entsteht die Zeitspanne allein dadurch, dass der Notar an einem Tag kontaktiert wird, an einem anderen Tag erforderliche Dokumente und Informationen ausgetauscht werden und nicht zuletzt an einem weiteren Tag die Beurkundung stattfindet. Der dadurch geschaffene Zeitraum erweitert die Zeitspanne erheblich, in denen die Parteien zum Nachdenken angehalten werden.

Im Ergebnis bestehen an der Erfüllung der Warnfunktion in einem elektronischen Beurkundungsverfahren keinerlei Bedenken.

V. Richtigkeitsgewähr, Rechtssicherheit und Verkehrsschutz

Zudem muss die elektronische Beurkundung Richtigkeitsgewähr und damit auch Rechtssicherheit und Verkehrsschutz gewährleisten.

Dabei sind Rechtsicherheit und Verkehrsschutz bloße Reflexe der Richtigkeitsgewähr, der in dieser Hinsicht eine tragende Rolle zukommt.[800]

---

799 Im Ergebnis *Weber*, Digitalisierung im Gesellschaftsrecht, S. 123.

800 Herrler/*Stelmaszczyk/Potyka*GesR in der Notar- und Gestaltungspraxis § 15 Rn. 98 ff.

Denn ist die notarielle Urkunde materiell-rechtlich richtig formuliert, erwächst aus ihr heraus Rechtsicherheit, weil auf die Vollständigkeit und Richtigkeit der Informationen vertraut werden kann. Zudem stärkt eine materiell-rechtlich korrekte Urkunde das Vertrauen des Rechtsverkehrs. Da die Urkunde über das Handelsregister eingesehen werden kann, können Dritte und auch z.B. das Grundbuchamt auf den Bestand der im Handelsregister veröffentlichten Informationen vertrauen. Aber auch das Handelsregister selbst vertraut auf die Richtigkeit der Informationen und kann diese bedenkenlos eintragen, ohne die Informationen einer erneuten detaillierten inhaltlichen Prüfung unterziehen zu müssen. Dadurch werden die Registergerichte entlastet.

Damit ist ganz entscheidend, dass die elektronische Beurkundung eines Rechtsgeschäfts seine Richtigkeit garantiert wie eine Präsenzbeurkundung.[801]

1. Willensforschung

Ziel einer jeden notariellen Beurkundung ist die Erforschung des Willens der Parteien, § 17 Abs. 1 BeurkG. Um den Willen der Parteien zu erforschen, hat der Notar gezielte Nachfragen zu stellen. Durch gezielte Nachfragen wird verhindert, dass die Parteien Informationen nicht benennen, die sie fälschlicherweise für belanglos halten. Entscheidend ist damit, dass der Notar mit den Beteiligten kommunizieren kann. Auch nonverbale Kommunikation muss möglich sein. Dafür, dass eine audiovisuelle Echtzeitverbindung die wichtigen Bestandteile der Kommunikation durch Mimik, Gestik, Rhetorik und Reaktion erschweren, bestehen nach derzeitigem Stand der Technik keine Anhaltspunkte mehr.[802] Über das von der Bundesnotarkammer betriebe-

801 Im Ergebnis *Weber*, Digitalisierung im Gesellschaftsrecht, S. 124.

802 Schon damals zur virtuellen Hauptversammlung *Noack* BB 1998, 2533 (2535): „Wenn man fast wie Anwesende miteinander kommunizieren kann, dann ist der Versammlungszweck gewahrt" und speziell für Gesellschaften mit kleinem Gesellschafterkreis *Riegger/Mutter* ZIP 1998, 637 (639): „Die zur Verfügung stehenden Videokonferenzsysteme sind technisch ohne weiteres in der Lage, die Durchführung einer solchen Versammlung zu ermöglichen."; zu Gerichtsverhandlungen *Geiger* ZRP 1998, 365; **aA** *Spindler* ZGR 2000, 420 (441); heute auch

ne Videokommunikationssystem kann der Notar den Willen der Parteien erforschen. Denn dieses ermöglicht eine audiovisuelle Echtzeitverbindung, so dass verbale Kommunikation unter den Beteiligten wie in einer Präsenzbeurkundung möglich ist. Probleme könnte die Wahrnehmung nonverbaler Ausdrucksweisen darstellen, wie zum Beispiel das stressbedingte Schwitzen der Hände oder Bewegen eines Beines. Ihre Wahrnehmung kann die Verhandlungsposition durchaus stärken, weil man selbstbewusster auftritt, wenn man Unsicherheiten bei anderen Personen wahrnimmt. Allerdings wird dies eine hinnehmbare Einbuße in einer elektronischen Beurkundung darstellen. Denn die Wahrnehmung genannter nonverbaler Reaktionen ist ebenso in einer Präsenzbeurkundung von den Umständen des Einzelfalls abhängig. Um das stressbedingte Wippen eines Fußes wahrzunehmen, muss der Blick darauf gerichtet sein können. Kommen die Parteien an einem runden Tisch zusammen, so lässt sich abseits der Taille von anderen Personen nichts mehr einsehen. Zudem leidet nicht jede Person unter verschwitzten Händen, wenn sie sich in einer unangenehmen Situation befindet. Die Wahrnehmung nonverbaler Kommunikationsformen mag die Handlungsposition in einer Präsenzverhandlung durchaus verbessern können, das Gespräch jedoch nicht insoweit prägen, als dass der Ausgang hiervon tragend abhängt.

2. Überführung des Willens in die Urkunde

Ist der Wille erforscht, ist er sodann materiell-rechtlich richtig in die Urkunde zu überführen. Bei der Formulierung einer materiell-rechtlich korrekten Urkunde ist der Notar auch in einer Präsenzbeurkundung auf seinen eigenen Sachverstand angewiesen. Es bestehen keinerlei Bedenken, dass eine elektronische Urkunde weniger materiell-rechtlich korrekt ist als eine physische Urkunde. Denn die Wirksamkeitskontrolle erfolgt durch die Recherche des Notars. Auf eine Zusammenarbeit mit den Beteiligten ist er hierzu ohnehin nicht angewiesen. Ob die Informationen in einer physischen oder elektronischen

---

noch *Bachmann*, in: FS G. H. Roth, 2011, S. 37 (45); zu Gerichtsverhandlungen vgl. *Bachmann* ZZP 2005, 133 ff.

Urkunde niedergeschrieben werden, ist dabei ohne Auswirkung auf die materiell-rechtliche Richtigkeit der Informationen.

3. Fälschungssicherheit

Einzig problematisch könnte sein, dass sich eine elektronische Urkunde einfacher fälschen lässt als eine physische Urkunde. Denn nachträgliche handschriftliche Änderungen fallen insbesondere dann auf, wenn sich die Handschrift der fälschenden Person vom Urheber stark unterscheidet. Dieses Problem stellt sich bei elektronischen Urkunden nicht, da sich viele Schriftarten auf jedem Computer unabhängig vom Hersteller schreiben lassen. Wird eine Urkunde im Nachhinein verändert, könnten womöglich Informationen an das Handelsregister weitergeleitet werden, die so nicht gewollt waren. Damit wäre die Urkunde unrichtig mit der Folge, dass die Gründer diese Informationen gegen sich geltend lassen müssen (§ 15 Abs. 1 HGB).

Im Einzelfall mag sich eine handschriftliche Urkunde unauffällig fälschen lassen, zum Beispiel wenn das Stammkapital von 50.000€ auf 500.000€ erhöht wird. Bei elektronischen Urkunden wäre dies nicht möglich. Denn für elektronische Urkunde ein ausreichend sicherer Schutzmechanismus. Zum einen verliert die durch den Notar am Ende einer Beurkundung unter die Urkunde gesetzte qualifiziert elektronische Signatur ihre Gültigkeit, wenn das Dokument nachträglich verändert wird.[803] Hierdurch wird erkenntlich, dass die Urkunde im Nachhinein unbefugt verändert wurde. Zum anderen hat der Notar jede elektronische Urkunde in seinem digitalen Urkundenarchiv zu hinterlegen (§ 44a Abs. 2 BeurkG-E). Damit existiert ein Dokument, welches jederzeit zum Abgleich herangezogen werden kann. Fälschungen fallen damit in jedem Fall auf.

803 MüKoBGB/*Einsele* § 126a Rn. 9.

4. Zwischenergebnis

Als Zwischenergebnis ist damit festzuhalten, dass eine elektronische Urkunde materiell-rechtlich richtig formuliert werden kann wie eine physische Urkunde. Es bestehen keinerlei Bedenken, dass der Notar in einem elektronischen Beurkundungsverfahren den Willen der Parteien nicht erforschen könnte. Zudem existieren ausreichend sichere Schutzmechanismen, unbefugte Änderungen zu erkennen. Somit verdient eine elektronische Urkunde Vertrauen wie eine physische Urkunde und gewährleistet damit Verkehrsschutz und Rechtssicherheit.

VI. Vertragsgerechtigkeit und Belehrungsfunktion

Nicht zuletzt muss die elektronische Beurkundung die innere Vertragsparität der Satzung wahren und ein Gleichgewicht zwischen den einzelnen Akteuren widerspiegeln. Denn die Satzung einer Aktiengesellschaft ist auf Grund ihrer Komplexität und der Tragweite ihrer Rechtsfolgen nicht von sich aus paritätisch und muss deswegen der notariellen Beurkundung unterworfen werden. Herstellen lässt sich eine interessengerechte Satzung nur durch einen Notar, der die Akteure als neutraler Vermittler aneinander annähert. Die Herstellung der Vertragsgerechtigkeit steht in einem engen Zusammenhang zur Belehrungsfunktion des Notars. Sie ist das Mittel, etwaige Differenzen in Geschäftserfahrung und Kenntnis zu beheben und ein Kräftegleichgewicht zwischen den Akteuren herzustellen, welches sich auch in dem zu beurkundenden Rechtsgeschäft – der Satzung – widerspiegelt.[804]

Insoweit ist die Vertragsgerechtigkeit auch eng verwoben mit der in § 17 Abs. 1 BeurkG verankerten Willensforschungsfunktion des Notars. Nur wenn der Notar den Willen der einzelnen Akteure kennt, lassen sich Zweifel, fehlende Kenntnis und Irrtümer von Geschäftsunerfahrenen beheben.[805] Erst die Erforschung des Willens ermöglicht es dem Notar die Interessen durch umfassende Aufklärung rechtlicher Folgen und Belehrung in Ausgleich zu bringen und paritätisch in das

804 *Keim* MittBayNot 1994, 2 (5); *Kindler*, in: BeckNotHdB § 31 Rn. 26.
805 BeckOGKAktG/*Limmer* § 23 Rn. 15; *Keim* MittBayNot 1994, 2 (5).

Vertragswerk zu überführen.[806] Hierbei hat der Notar eine neutrale Rolle einzunehmen und die divergierenden Interessen in ein Gleichgewicht zu bringen. Er ist dazu angehalten die mitunter auseinanderdriftenden Standpunkte und unterschiedlichen Informationsniveaus in eine Richtung zu lenken und einen Ausgleich zwischen den einzelnen Interessen herbeizuführen bzw. die Informationsniveaus aneinander anzugleichen. Gelingt dies, ist die Vertragsgerechtigkeit der Satzung gewahrt.

Entscheidend ist also, dass der Notar in einem elektronischen Beurkundungsverfahren in der Lage ist, die unter Umständen gegenteiligen Interessenlagen zu erkennen und sie austariert in das Vertragswerk zu überführen. Mit dieser Erkenntnis ist auf die vorstehenden Ausführungen zu verweisen.[807] Über eine audiovisuelle Echtzeitverbindung geführte Gespräche stehen persönlichen Gesprächen in keiner Hinsicht nach. Durch das von der Bundesnotarkammer betriebene Videokommunikationssystem kann der Notar Irrtümer und Zweifel beheben, in dem er die Akteure gezielt aufklärt und über die rechtlichen Folgen bestimmter Formulierungen in einer Satzung belehrt. Als neutraler Vermittler zwischen den an die Satzung gebundenen Personen kann er mögliche Differenzen beheben und die Satzung paritätisch formulieren. Da die Belehrung über elektronische Videokommunikationssysteme gelingt wie in einem Präsenzverfahren, ist am Ende der elektronischen Beurkundung der Satzung gewährleistet, dass sie keinen Akteur benachteiligt.

VII. Präsenzvorbehalte

Präsenzvorbehalte können die Mitgliedsstaaten nach den Vorgaben der Richtlinie in Fällen schaffen, in denen die Identität einer Person (Art. 13b Abs. 4 RL) oder die Rechts- und Geschäftsfähigkeit sowie die Befugnis der Antragssteller zur Vertretung der Gesellschaft (Art. 13g

806 *Keim*, Das notarielle Beurkundungsverfahren, 1989, S. 37.

807 Zur Willenserforschung in einem elektronischen Beurkundungsverfahren siehe unter G.V.1.

Abs. 8 RL) nur durch persönliches Erscheinen festgestellt werden kann und nicht unter Nutzung von Fernkommunikationsmitteln.

Zur Wahrung von Rechtstraditionen und im Interesse der öffentlichen Ordnung sind Präsenzvorbehalte auch in einem elektronischen Gründungsverfahren einer Aktiengesellschaft vorzuschreiben. Wie sich Präsenzvorbehalte für das elektronische Gründungsverfahren implementieren ließen, soll durch Hinzuziehen der Vorschläge des Bundeslandes NRW und des Gesetzes zur Umsetzung der Digitalisierungsrichtlinie (DiRuG) erfolgen. Im Ergebnis kann keiner der Vorschläge überzeugen. Für die Aktiengesellschaft ist ein eigener Tatbestand zu erarbeiten, nach dem der Notar Präsenzpflicht anordnen kann.

1. Kritik am Gesetzesvorschlag des Bundeslandes NRW

Nach § 35a Abs. 2 Nr. 5 BeurkG-E-NRW[808] kann der Notar im Einzelfall das persönliche Erscheinen aller Beteiligten anordnen, wenn hinsichtlich mindestens eines Beteiligten ein Verdacht auf Identitätsmissbrauch, Identitätsänderung, fehlende Rechtsfähigkeit, fehlende Geschäftsfähigkeit oder fehlende Vertretungsbefugnis besteht oder die ordnungsgemäße Durchführung des Verfahrens dies gebietet.

a) Problem: Offener Wortlaut

Problematisch an dem Gesetzesvorschlag des Bundeslandes NRW ist, dass der Wortlaut der zweiten Variante („oder die ordnungsgemäße Durchführung des Verfahrens dies gebietet“) sehr weit gefasst ist. Einerseits sollen die Mitgliedstaaten die Fälle genau begründen, in denen ein Präsenzvorbehalt besteht. Vom Wortlaut wäre auch ein vollständiger Umstieg auf ein Präsenzverfahren gedeckt und nicht wie von der Europäischen Kommission gefordert, auf Einzelfälle beschränkt. Der Gesetzesvorschlag hätte nur dann zu überzeugen gewusst, wenn durch Aufzählung von Einzelfällen klar umgrenzt wäre, in welchen konkreten Fällen das Verfahren nicht ordnungsgemäß durchgeführt werden kann.

808 Gesetzesantrag NRW, BR-Drucks. 611/19, S. 3.

Zudem ist der Präsenzvorbehalt in der zweiten Variante zeitlich nicht begrenzt. In der ersten Variante („Verdacht auf Identitätsmissbrauch, Identitätsänderung, fehlende Rechtsfähigkeit, fehlende Geschäftsfähigkeit oder fehlende Vertretungsbefugnis") ist klar umschrieben, dass der Präsenzvorbehalt nur der Überprüfung von Identität und Rechts- sowie Geschäftsfähigkeit dient. Die erste Variante schafft einen Präsenzvorbehalt für ein ordnungsgemäßes Verfahren, so dass sich schlussfolgern lässt, dass das gesamte übrige Verfahren in Präsenz abgehalten werden kann, wenn nur dies für die Durchführung des Verfahrens geboten ist. Anders als die erste Variante eröffnet die zweite Variante damit die Möglichkeit, die Präsenzpflicht für das gesamte Verfahren anzuordnen. Nach der Intention des Richtliniengebers soll hingegen nur der eine Schritt in Präsenz durchgeführt, das Verfahren im Übrigen aber weiterhin online fortgesetzt werden können.[809] Spricht die zweite Variante davon, dass das ordnungsgemäße Verfahren unmöglich gemacht wird, dann ist die Präsenzanordnung im Vorfeld auf das gesamte Verfahren und nicht nur auf einen Teilschritt beschränkt. An dieser Stelle ist Restriktion geboten. Mit Verweis auf die richtliniengetreue Auslegung hat der Notar im weiteren Verfahrensablauf zu ermöglichen, die Gründung im Übrigen mittels Fernkommunikationsmitteln abzuhalten, sofern es nur irgendwie möglich erscheint. Andernfalls schafft die zweite Variante eine Hintertür dafür, Online-Gründungen grundsätzlich nicht durchzuführen.

Aber nicht nur die fehlende zeitliche Begrenzung der Präsenzanordnung lässt an der Richtlinienkonformität zweifeln. Die in der Richtlinie aufgeführten Präsenzvorbehalte sind ausschließlich an Eigenschaften bzw. Befugnisse geknüpft, die den Antragssteller selbst anhaften bzw. zustehen. Ob das Verfahren ordnungsgemäß durchgeführt werden kann, ist von den Beteiligten hingegen nicht zu beeinflussen. Mit der zweiten Variante hat der Gesetzesvorschlag eine Möglichkeit geschaffen, auch von den Beteiligten nicht beeinflussbare Umstände zur Anordnung des persönlichen Erscheinens anzugeben.[810]

809 Richtlinie (EU) 2019/1151 ErwG 21, S. L 186/83 und Art. 13b Abs. 4 Richtlinie (EU) 2019/1151, L 186/88.

810 *Halder* NJOZ 2020, 1505 (1511).

Festzuhalten ist, dass durch die zweite Variante die Gefahr entsteht, Online-Gründungen generell abzulehnen. Dies konterkariert das Ziel der Richtlinie. Denn das Verfahren der Beurkundung mittels Fernkommunikation kann aus unterschiedlichsten Gründen nicht ordnungsgemäß durchgeführt werden, sei es, weil eine schlechte Verbindungsqualität es dem Notar unmöglich macht, seine allgemeine Betreuungspflicht gem. § 17 BeurkG zu erfüllen[811] oder die Niederschrift in Gegenwart der Beteiligten gem. § 13 Abs. 1 BeurkG zu verlesen. Theoretisch ist vom Wortlaut aber auch gedeckt, dass ein Notar behauptet, seinen berufsrechtlichen und beurkundungsrechtlichen Pflichten auf Grund fehlender technischer Affinität nur in Präsenzverfahren gerecht werden zu können.

Die fehlende zeitliche Begrenzung führt nicht zuletzt auch zu der Erkenntnis, dass der Wortlaut der dritten Variante insgesamt ungenau ist. Denn wird Präsenz zur Sicherung *des* ordnungsgemäßen *Verfahrens* angeordnet, dann ist das *Verfahren* kein Beurkundungsverfahren mittels Fernbeurkundung, sondern ein Präsenzverfahren, welches ermöglicht wird. Präsenzvorbehalte sollen allerdings das elektronische Beurkundungsverfahren sichern. Durch den Präsenzvorbehalt wird somit nicht das Beurkundungsverfahren mittels Fernbeurkundung ermöglicht, sondern generell die Gründung einer Kapitalgesellschaft im Präsenzverfahren.

b) Lösung: Richtliniengetreue Auslegung

Andererseits gewährleistet der weitgefasste Wortlaut, dass eine notarielle Urkunde, die im Beurkundungsverfahren mittels Fernkommunikationsmitteln erstellt wurde, in jedem Fall dasselbe Niveau an Rechtssicherheit und Vertrauen genießt, wie eine im Präsenzverfahren erstellte Urkunde. Denn der Präsenzvorbehalt in Fällen, in denen ein ordnungsgemäßes Verfahren nicht gewährleistet werden kann, ermöglicht es dem Notar, das digitale Gründungsverfahren abzubrechen, auf das Präsenzverfahren umzusteigen und etablierte Rechtstraditionen zu wahren. Ein solches Vorgehen ist vom Richtliniengeber ausdrücklich

811 So auch Gesetzesantrag NRW, BR-Drucks. 611/19, S. 13.

vorgesehen.[812] Bei der Umsetzung hat die Europäische Kommission den Mitgliedstaaten einen weiten Gestaltungsspielraum zugesprochen, soweit damit das oberste Ziel der Richtlinie, den grenzüberschreitenden Marktzugang zu fördern, nicht konterkariert wird.[813]

Der offene Wortlaut trägt nun einerseits maßgeblich dazu bei, Rechtstraditionen zu wahren, andererseits aber auch dazu, elektronische Gründungsverfahren gänzlich auszuhebeln. Einer solche überregulatorischen Regelung hätte es gar nicht bedurft. Bei restriktiver und richtliniengetreuer Auslegung regelt § 35a Abs. 2 Nr. 5 2. Var. BeurkG-E-NRW[814] ohnehin nicht mehr, was sich aus den allgemeinen Berufs- und Beurkundungspflichten eines Notars bereits ergibt. Dies soll anhand der Verlesungspflicht der Niederschrift gem. § 13 BeurkG skizziert werden.

Aus dem Erfordernis, dass die Niederschrift in Gegenwart des Notars den Beteiligten vorzulesen ist, folgt, dass sich alle Anwesenden jederzeit sehen und hören können müssen.[815] Würde dieses Erfordernis ohne Berücksichtigung der besonderen Anforderungen einer Online-Gründung auf diese übertragen werden, so könnte der Notar die Verlesungspflicht nicht erfüllen. Denn bei grenzüberschreitenden Gründungen sitzen sich die Anwesenden denklogisch nicht in demselben Raum gegenüber. Die Verlesungspflicht ist bei Online-Gründungen dahingehend fortzuentwickeln, dass die Beteiligten mit dem Notar zu jedem Zeitpunkt über das Videokommunikationssystem in dem virtuellen Notarraum verbunden sein müssen. So ist gewährleistet, dass sich alle Anwesenden jederzeit hören und sehen können. Kommt es nun zu technischen Störungen und hören manche Beteiligte bestimmte Wörter des Notars nicht, dann entspricht dies in einem analogen Verfahren dem Verlassen des Raumes. Es ist zu prognostizieren, dass der Notar bei kleinsten Störungen die elektronische Beurkundung noch nicht unterbrechen wird. Stellt er allerdings wiederholt fest, dass die Beteiligten Wörter oder gar ganze Sätze akustisch nicht vernehmen

---

812 Richtlinie (EU) 2019/1151 ErwG 19, S. L 186/83.

813 Richtlinie (EU) 2019/1151 ErwG 19, S. L 186/83.

814 Gesetzesantrag NRW, BR-Drucks. 611/19, S. 3.

815 RGZ 61, 95 (99); BGH DNotZ 1975, 365 (367); OLG Celle NdsRPfl. 1956, 131; BeckOKBGB/*Litzenburger* BeurkG § 13 Rn. 4.

können, so wird er die elektronische Beurkundung abbrechen und die Präsenzbeurkundung anordnen müssen. Dies folgt allerdings bereits aus der allgemeinen Verlesungspflicht gem. § 13 BeurkG und wird durch § 35a Abs. 2 Nr. 5 Var. 2 BeurkG-E-NRW[816] für die Beurkundung mittels Fernkommunikationsmittel festgehalten, ohne dass § 35a Abs. 2 Nr. 5 Var. 2 BeurkG-E-NRW[817] einen eigenständigen Anwendungsbereich in diesem Fall gegenüber § 13 BeurkG hätte. Denn verstößt der Notar gegen die Verlesungspflicht, ist die Beurkundung unwirksam und der Notar verletzt seine Amtspflichten.[818] Im Ergebnis ist § 35a Abs. 2 Nr. 5 Var. 2 BeurkG-E-NRW[819] auf Fälle zu beschränken, in denen der Notar seinen allgemeinen Berufs- und Beurkundungspflichten nicht mehr ordnungsgemäß nachkommen kann. Nur eine solch restriktive Lesart, beschränkt auf die Wahrung allgemeiner notarieller Pflichten, ist richtlinienkonform. Dann aber ist § 35a Abs. 2 Nr. 5 Var. 2 BeurkG-E-NRW[820] gegenstandslos und könnte aus dem Gesetzesentwurf gestrichen werden.

2. Kritik am Gesetz zur Umsetzung der Digitalisierungsrichtlinie (DiRUG)

a) Richtlinienwidrig

Das Gesetz zur Umsetzung der Digitalisierungsrichtlinie (DiRuG) setzt die Vorgaben der Richtlinie ungenügend um. Denn anders als der Gesetzesvorschlag des Bundeslandes NRW kann der Notar nach dem Gesetz zur Umsetzung der Digitalisierungsrichtlinie (DiRuG) auf Grund des eindeutigen Wortlauts in § 16a Abs. 2 BeurkG-E keine Präsenzpflicht anordnen, um die Identität, die Rechts- oder Geschäftsfähigkeit der Beteiligten festzustellen. Vielmehr hat er das Beurkundungsverfahren insgesamt abzulehnen. Natürlich lässt sich argumentie-

816 Gesetzesantrag NRW, BR-Drucks. 611/19, S. 3.

817 Gesetzesantrag NRW, BR-Drucks. 611/19, S. 3.

818 OLG Frankfurt a. M. DNotZ 2000, 513 (513); BeckOKBGB/*Litzenburger* BeurkG § 13 Rn. 5.

819 Gesetzesantrag NRW, BR-Drucks. 611/19, S. 3.

820 Gesetzesantrag NRW, BR-Drucks. 611/19, S. 3.

ren, dass eine vom Notar im Einzelfall angeordnete und eng umgrenzte Präsenzpflicht ein Minus zur kompletten Ablehnung i.S.d. § 16a Abs. 2 BeurkG-E des elektronischen Beurkundungsverfahrens darstellt. Allerdings eröffnet die gewählte Regelungstechnik in einer nicht bestimmten Anzahl von Fällen dem Notar die Möglichkeit, das elektronische Beurkundungsverfahren insgesamt abzulehnen. Dies ist von der Richtlinie nicht gedeckt. Denn die Richtlinie schreibt die Fälle fest, in denen im öffentlichen Interesse eine punktuelle Präsenzpflicht angeordnet werden kann. Darüber hinaus soll eine Präsenzpflicht nicht angeordnet werden können. Vielmehr hat das elektronische Gründungsverfahren im Übrigen weiterhin stattzufinden. Die im Gesetz zur Umsetzung der Digitalisierungsrichtlinie (DiRuG) getroffene Regelung reguliert das elektronische Gründungsverfahren in einer nicht von der Richtlinie gedeckten Art und Weise.

Es ist zwar richtig, dass die Verfahren und Anordnungen des nationalen Rechts, einschließlich jener, die die rechtlichen Verfahren zur Erstellung des Errichtungsaktes betreffen, von der Richtlinie unberührt bleiben sollen, soweit die Online-Gründung einer Gesellschaft möglich ist (Art. 13c Abs. 1 RL).[821] Hieraus lässt sich aber keinesfalls eine Regelungsbefugnis ableiten, die die Notare zu einer generellen Ablehnung des elektronischen Beurkundungsverfahrens ermächtigt.[822] Denn der Richtlinie lässt sich nur entnehmen, dass Präsenzvorbehalte in einem elektronischen Gründungsverfahren nur punktuell angeordnet werden können. Dies folgt aus Art. 13b Abs. 4 RL, Art. 13c Abs. 2 RL und Art. 13g Abs. 8 RL:

Gem. Art 13b Abs. 4 RL kann ein Notar zum Zwecke der Überprüfung der Identität das persönliche Erscheinen anordnen. Eine Ermächtigungsgrundlage zur Anordnung der Präsenzpflicht ist für Notare ebenso zu schaffen, um die Rechts- und Geschäftsfähigkeit sowie die Vertretungsbefugnis überprüfen zu können (Art. 13g Abs. 8 RL). Mit dieser Regelungssystematik sind die Präsenzvorbehalte auf eng umschrieben Einzelfälle beschränkt. Vielmehr ermächtigt § 16a Abs. 2 BeurkG-E den Notar dazu, das elektronische Beurkundungsverfahren gänzlich abzulehnen und nicht nur dazu, die Präsenz

821 Hierauf hinweisend *Stelmaszczyk/Kienzle* ZIP 2021, 765 (771).
822 So allerdings *Stelmaszczyk/Kienzle* ZIP 2021, 765 (771).

zur Identitätsfeststellung oder zur Feststellung der Rechts- und Geschäftsfähigkeit sowie der Vertretungsbefugnis anzuordnen.

Zur Verteidigung der getroffenen Regelung in § 16a Abs. 2 BeurkG-E wird teilweise argumentiert, dass die Kardinalpflichten eines Notars geschützt werden müssen und das im Einzelfall nur in einem Präsenzverfahren möglich sei.[823] Allerdings ist zu bedenken, dass auch die Richtlinie Präsenzvorbehalte gerade zur Wahrung der Kardinalpflichten ermöglicht, nämlich zur Feststellung der Identität, der Rechts- und Geschäftsfähigkeit und der Vertretungsbefugnis. Lassen sich Identität und Bevollmächtigung nur durch ein persönliches Zusammenkommen kontrollieren, dann kann der Notar zur Wahrung seiner Kardinalpflichten die Präsenzpflicht anordnen. Ein solcher Präsenzvorbehalt ist von der Richtlinie gedeckt. Allerdings bringt die Richtlinie nach hier vertretener Auffassung zum Ausdruck, dass die Präsenz nur zur Wahrung der Kardinalpflichten angeordnet werden kann, das Gründungsverfahren aber im Übrigen weiterhin elektronisch durchzuführen ist.

An dieser Erkenntnis ändert weder die Erwähnung von Art. 13 g Abs. 3 RL, nach dem die Mitgliedsstaaten Verfahren zu schaffen haben, die nicht missbrauchsanfällig sind, noch von Art. 13 c Abs. 1 RL etwas, nach dem die Rechtstraditionen im Bereich der vorsorgenden Rechtspflege zu wahren sind.[824] Missbrauchspotential besteht in einem elektronischen Gründungsverfahren, wenn sich die Identität oder die Rechts- und Geschäftsfähigkeit unter Verwendung von Fernkommunikationsmitteln nicht feststellen lässt. Die Missbrauchsgefahr hätte sich reduzieren lassen, indem die Notare in diesen eng umgrenzten Fällen eine Präsenzpflicht hätten anordnen können. Und durch die Etablierung eines elektronischen Beurkundungsverfahrens ist auch die deutsche Rechtstradition präventiver Rechtspflege gewahrt. Denn abgesehen der § 16a-e BeurkG-E gelten dieselben Bestimmungen, die auch in einer Präsenzbeurkundung gelten. Und jene Vorschriften, die die physische Präsenz voraussetzen, sind durch die §§ 16a-e BeurkG-E äquivalent ersetzt worden. Um die Rechtstradition der präventiven Rechtspflege zu bewahren, hätte es keinen so weiten Einschnitt in

823 *Stelmaszczyk/Kienzle* ZIP 2021, 765 (771).

824 So jedoch *Stelmaszczyk/Kienzle* ZIP 2021, 765 (771).

das elektronische Beurkundungsverfahren benötigt, wie ihn § 16a Abs. 2 BeurkG-E zulässt.

b) Überregulierung

Es überzeugt ebenfalls nicht, § 16a Abs. 2 BeurkG-E einen klarstellenden Charakter dahingehend zuzusprechen, dass die allgemeinen Anforderungen an die Beurkundung in einem elektronischen Beurkundungsverfahren einzuhalten sind.[825] Denn § 16c BeurkG-E stellt darüber hinaus den Grundsatz auf, dass das gesamte elektronische Beurkundungsverfahren abgelehnt werden kann. Es geht damit gar nicht um die Sicherung allgemeiner Pflichten im elektronischen Beurkundungsverfahren, sondern insgesamt darum, dass elektronische Beurkundungsverfahren abzulehnen.

Möchte man § 16a Abs. 2 BeurkG-E klarstellenden Charakter zusprechen, dass auch allgemeine Kardinalpflichten wie § 17 BeurkG in einem elektronischen Beurkundungsverfahren gelten[826], dann hätte es dieser Klarstellung gar nicht bedurft.

Denn dass die allgemeinen Anforderungen an ein Beurkundungsverfahren auch in einem elektronischen Beurkundungsverfahren gelten, stellt nicht erst § 16a Abs. 2 BeurkG-E klar, sondern bereits § 17 Abs. 2a BeurkG, der auch in einem elektronischen Beurkundungsverfahren gilt. Danach hat der Notar das Beurkundungsverfahren so zu gestalten, dass die Einhaltung der Pflichten nach § 17 Abs. 1, 2 BeurkG gewährleistet ist. § 17 Abs. 2a BeurkG verpflichtet den Notar in einem elektronischen Beurkundungsverfahren darauf hinzuwirken und zu achten, dass er seiner umfassenden Belehrungs- und Willenserforschungspflichten nachkommt. Im Ergebnis ist der Notar bereits gem. § 17 Abs. 2a BeurkG dazu ermächtigt, entsprechende Vorkehrungen und Anordnungen zu treffen, seine Kardinalpflichten zu erfüllen. Angesichts der weitreichenden Folgen für den Notar, der seine Pflicht aus § 17 Abs. 2a BeurkG nicht nachkommt, wird man diese Befugnis den Notaren vor dem Hintergrund der mit der Online-Gründung einhergehenden Herausforderungen zusprechen müssen. Denn kann der

825 So allerdings *Stelmaszczyk/Kienzle* ZIP 2021, 765 (771).
826 *Stelmaszczyk/Kienzle* ZIP 2021, 765 (771).

Notar seine Amtspflichten aus § 17 Abs. 1 und 2 BeurkG im Einzelfall in einem Online-Verfahren nicht erfüllen, dann ist der Notar gem. § 17 Abs. 2a BeurkG dazu angehalten, das Verfahren so zu gestalten, dass die Erfüllung seiner Amtspflichten möglich ist. Bleibt hierfür nur die Präsenzbeurkundung, dann deckt § 17 Abs. 2a BeurkG diese Vorgehensweise.

Zudem verhindert nicht erst § 16a Abs. 2 BeurkG-E, dass mit dem elektronischen Beurkundungsverfahren ein Beurkundungsverfahren zweiter Klasse[827] geschaffen wird. Dies wird einerseits durch das elektronische Identifizierungsverfahren gem. § 16c BeurkG-E erreicht. Zudem hätte das Gesetz zur Umsetzung der Digitalisierungsrichtlinie (DiRuG) eine Anordnungsbefugnis für Notare schaffen können, in denen die Identität sowie die Rechts- und Geschäftsfähigkeit in Präsenz festzustellen ist. Dies wäre ausreichend gewesen, um im Einzelfall auftretende Unsicherheiten zu unterbinden. Einer solche überregulatorischen Vorschrift wie § 16a Abs. 2 BeurkG-E hätte es nicht bedurft.

c) Rechtsunsicherheiten

Nicht zuletzt ist § 16a Abs. 2 BeurkG-E sehr unbestimmt und schafft Rechtsunsicherheiten für den Notar, wie für die sonstigen Beteiligten. Denn es nicht absehbar, in welchen Fällen ein elektronisches Beurkundungsverfahren durchgeführt werden kann. In der Begründung zum Regierungsentwurf eines Gesetzes zur Umsetzung der Digitalisierungsrichtlinie heißt es, dass technische Komplikationen eine Ablehnung in Fällen rechtfertigen, in denen der Notar seine Amtspflichten nicht erfüllen kann.[828] Allerdings ist bereits fraglich, wie einschneidend diese Komplikationen sein müssen. Zudem wird bei technischen Fehlern während des Verlesens der Urkunde gegen das Gebot nach § 13 BeurkG verstoßen, nach welchem alle Beteiligten jederzeit anwesend sein müssen. § 13 BeurkG gilt im Rahmen von elektronischen Beurkundungen und wird dahingehend zu interpretieren sein, dass ein zusammenhängendes Verlesen bei technischen Störungen nicht statt-

827 Begr. DiRuG-RegE, BR-Drucks. 144/21, S. 134.
828 Begr. DiRuG-RegE, BR-Drucks. 144/21, S. 134.

gefunden hat. Einer so einschneidenden Überregulierung wie § 16a Abs. 2 BeurkG-E hätte es nicht gebraucht.

3. Zwischenergebnis

Für das elektronische Beurkundungsverfahren der Aktiengesellschaft ist der Wortlaut der Richtlinie zu übernehmen und im Sinne der Richtlinie auf die genannten Einzelfälle zu beschränken. Da die Präsenzvorbehalte die GmbH und AG gleichermaßen treffen, sind sie zentral im BeurkG zu verorten. § 16a Abs. 2 BeurkG-E ist wie folgt zu ändern:

> [1]Persönliches Erscheinen der Beteiligten ist durch den Notar anzuordnen, wenn die Identität einer Person oder die Rechts- und Geschäftsfähigkeit sowie die Befugnis der Antragssteller zur Vertretung der Gesellschaft unter Nutzung des von der Bundesnotarkammer bereitgestellten Videokommunikationssystem nicht festgestellt werden kann. [2]Im Übrigen hat die Beurkundung unter Nutzung des von der Bundesnotarkammer bereitgestellten Videokommunikationssystem zu erfolgen.

Der Satz 2 verhindert, dass Notare das elektronische Beurkundungsverfahren beliebig ablehnen können. Denn außerhalb der in Satz 1 definierten Einzelfälle besteht für den Notar keine Möglichkeit, eine Präsenzbeurkundung anzuordnen. Zudem wurde darauf verzichtet, den Gründern ein Wahlrecht zuzusprechen. Dies wird vorausgesetzt, da weder Zwang zu einer Präsenzbeurkundung noch Zwang zu einer elektronischen Beurkundung besteht.[829] Den Parteien ist es jederzeit möglich, dass Beurkundungsverfahren gegen Zahlung einer Gebühr abzubrechen.[830] Dann können sie erst recht in eine Präsenzbeurkundung wechseln.

829 Begr. DiRuG-RegE, BR-Drucks. 144/21, S. 132.
830 OLG Naumburg NZG 2017, 597.

VIII. Öffnung des sachlichen Anwendungsbereichs der §§ 16a-e BeurkG-E

Die Untersuchung hat gezeigt, dass sich die Formzwecke der notariellen Beurkundung auch in einem elektronischen Beurkundungsverfahren realisieren lassen. Damit ist der sachliche Anwendungsbereich der §§ 16a-e BeurkG-E entsprechend für die elektronische Gründung einer Aktiengesellschaft zu öffnen.

1. § 23 Abs. 1 S. 2 AktG-E

Weil mit der Beurkundung des Gründungsprotokolls die Beurkundung der Satzung als abgegolten gilt, ist zur Klarstellung ein Hinweis aufzunehmen, wonach die Satzung einer Aktiengesellschaft in einem elektronischen Beurkundungsverfahren erfolgen kann. Vorgeschlagen wird, dass der aktuelle § 23 Abs. 1 S. 2 AktG zu § 23 Abs. 1 S. 3 AktG wird und § 23 Abs. 1 S. 2 AktG wie folgt lautet:

> [2]Die Beurkundung der Feststellung der Satzung kann durch einen in Deutschland amtsansässigen Notar im Wege des elektronischen Beurkundungsverfahrens nach den §§ 16a-16e BeurkG-E erfolgen.

Durch die vorgeschlagene Regel ist gewährleistet, dass der Notar für die Beurkundung des Gründungsprotokolls auf die von der Bundesnotarkammer gem. §§ 78 Abs. 1 S. 2 Nr. 10, 78p-78q BNotO-E bereitgestellte digitale Infrastruktur zurückgreifen und eine Beurkundung mittels Videokommunikationssystemen und elektronischer Niederschrift auf elektronischem Wege durchführen kann. Der Wortlaut ist bewusst offen formuliert und schließt Sachgründungen mit ein. Ob der Wortlaut nach dem Vorbild des § 2 Abs. 3 GmbHG-E ebenso restriktiv zu fassen und auf die Geldgründung zu beschränken ist, soll zu einem späteren Zeitpunkt separat geprüft werden.

Eine Feststellung, dass auch die Übernahmeerklärung der Aktien elektronisch beurkundet werden kann, ist nicht notwendig. Bereits *de lege lata* erfolgt durch das Aktiengesetz kein Hinweis, dass auch die Übernahmeerklärung notariell zu beurkunden ist. Das Erfordernis ergibt sich vielmehr daraus, dass die Feststellung der Satzung und die Übernahmeerklärung in einer Urkunde erfolgen müssen. § 23 Abs. 1 S. 2 AktG-E ist derart formuliert, dass die elektronische Beurkundung an die Stelle der notariellen Beurkundung tritt. Hieraus ergibt sich, dass auch die Übernahmeerklärungen in der einheitlichen Gründungsurkunde elektronisch beurkundet werden können.

Da § 16a BeurkG-E den sachlichen Anwendungsbereich in Abs. 1 auf die Rechtsform der GmbH beschränkt, muss dieser entsprechend erweitert werden:

> Die Beurkundung von Willenserklärungen kann mittels des von der Bundesnotarkammer nach § 78p der Bundesnotarordnung betriebenen Videokommunikationssystems nach den folgenden Vorschriften erfolgen, soweit dies nach § 2 Absatz 3 des Gesetzes betreffend die Gesellschaften mit beschränkter Haftung oder § 23 Abs. 1 S. 2 des Gesetzes betreffend die Aktiengesellschaft zugelassen ist.

2. § 30 Abs. 1 S. 3 AktG-E

a) Einheitliches Verfahren

Auch der Beschluss zur Bestellung des ersten Aufsichtsrates durch die Gründer ist notariell zu beurkunden, § 30 Abs. 1 S. 2 AktG. In der Praxis geschieht dies durch die Beurkundung des Gründungsprotokolls, wenngleich dies nicht zwingend der Fall sein muss. So kann die Bestellung des Aufsichtsrates auch getrennt vom Gründungsprotokoll beurkundet werden.[831] In der Praxis wird die Bestellung des Aufsichtsrates aus zweckmäßigen Erwägungen oftmals zusammen mit der notariellen Beurkundung der Gründungsurkunde durchgeführt. Deswegen bietet es sich an, die Bestellung des ersten Aufsichtsrates auch bei einer Online-Gründung im Rahmen der notariellen Beurkundung von Satzung und Übernahmeerklärung durchzuführen.

Mit der Zulassung des elektronischen Beurkundungsverfahrens für das Gründungsprotokoll wäre die Beurkundung der Bestellung des ersten Aufsichtsrates grundsätzlich abgedeckt. Denn wenn die Bestellung des ersten Aufsichtsrates Teil des Gründungsprotokoll wird, dann

831 *Hoffmann-Becking*, in: MünchHdB-GesR Band 4 § 3 Rn. 16; BeckOGKAktG/*Gerber* § 30 Rn. 7.

erstreckt sich die Beurkundung auch auf die Bestellung. Erfolgt die Beurkundung beider Vorgänge getrennt, so bedarf es zur Klarstellung allerdings einer Gesetzesanpassung, woraus hervorgeht, dass die Beurkundung der Bestellung des ersten Aufsichtsrates auf elektronischem Wege erfolgen kann. Vorgeschlagen wird eine Ergänzung in § 30 Abs. 1 S. 3 AktG-E:

> [1]Die Gründer haben den ersten Aufsichtsrat der Gesellschaft und den Abschlussprüfer für das erste Voll- oder Rumpfgeschäftsjahr zu bestellen. [2]Die Bestellung bedarf der notariellen Beurkundung. [3]Die Beurkundung kann im Wege des elektronischen Beurkundungsverfahrens gem. §§ 16a-16e BeurkG-E erfolgen.

b) Separate Verfahren

Erfolgen notarielle Beurkundung des Gründungsprotokolls und notarielle Beurkundung des Beschlusses zur Bestellung des Aufsichtsrates durch die Gründer separat, so gelten einige Besonderheiten.

Die Besonderheiten betreffen vielmehr den Inhalt der Urkunde als ihre Formalitäten. Auch eine separate Bestellung ist notariell zu beurkunden.[832] Eine weitere Anpassung des Aktiengesetzes wird hierdurch nicht notwendig. Denn durch § 30 Abs. 1 S. 3 AktG-E ist bereits klargestellt, dass die Bestellung des ersten Aufsichtsrates im Wege des elektronischen Beurkundungsverfahrens erfolgen kann.

Zu beachten ist, dass sich aus dieser dann elektronischen Urkunde ergeben muss, welche Gründer anwesend waren bzw. sich vertreten lassen haben. Dies ergibt sich bei einem einheitlichen Verfahren bereits aus dem Gründungsprotokoll und stellt damit eine nur bei einem separaten Verfahren geltende Besonderheit dar. Zudem müssen die jeweils auf die Anwesenden entfallenden Aktienbeträge und die Stimmverteilung auf die Gewählten aus der Urkunde hervorgehen.[833]

Auch müssen die Gründer wie die Gewählten bei der Bestellung des ersten Aufsichtsrates nicht gleichzeitig an einem bestimmten Ort an-

832 BeckOGKAktG/*Gerber* § 30 Rn. 7.

833 MüKoAktG/*Pentz* § 30 Rn. 13; Hüffer/Koch/*Koch* AktG § 30 Rn. 3; K. Schmidt/Lutter/*Bayer* AktG § 30 Rn. 4; BeckOGKAktG/*Gerber* § 30 Rn. 7.

wesend sein und sich versammeln.[834] Insoweit gilt das vorstehend Gesagte.[835]

3. § 40a Abs. 1 S. 2 BeurkG-E

Damit Bevollmächtigte im Sinne der Richtlinie an der elektronischen Gründung beteiligt werden können, ist § 40a Abs. 1 S. 2 BeurkG-E wie folgt anzupassen:

> [2]Die Beglaubigung kann mittels Videokommunikation nur erfolgen, soweit dies nach § 12 des Handelsgesetzbuchs, § 157 des Genossenschaftsgesetzes oder § 23 Abs. 1 S. 2 des AktG zugelassen ist.

Hierbei handelt es sich um eine minimale Anpassung des § 40a Abs. 1 S. 2 BeurkG. Der bisherige Wortlaut wurde übernommen und durch „oder § 23 Abs. 1 S. 2 AktG" ergänzt.

834 Hüffer/Koch/*Koch* AktG § 30 Rn. 2; GroßkommAktG/*Röhricht*/*Schall* Band 2 § 30 Rn. 4; K. Schmidt/Lutter/*Bayer* AktG § 30 Rn. 4; BeckOGKAktG/*Gerber* § 30 Rn. 7; MüKoAktG/*Pentz* § 30 Rn. 11.

835 Siehe unter E.VI.3.d).

H. Die Online-Sachgründung der Aktiengesellschaft

Eine Sachgründung liegt vor, wenn Aktionäre Einlagen leisten, die nicht durch Einzahlung des Ausgabebetrags der Aktien zu leisten sind (Sacheinlagen), oder wenn die Gesellschaft vorhandene oder herzustellende Anlagen oder andere Vermögensgegenstände übernehmen (Sachübernahmen) soll (§ 27 Abs. 1 S. 1 AktG). Das Sachgründungsverfahren einer GmbH wurde bewusst aus dem sachlichen Anwendungsbereich der elektronischen Gründung herausgenommen und muss weiterhin in einer Präsenzbeurkundung zum Abschluss gebracht werden (§ 2 Abs. 3 S. 1 GmbHG-E). Ein Grund für die vorgenommene Restriktion ist der Regierungsbegründung zum Entwurf eines Gesetzes zur Umsetzung der Digitalisierungsrichtlinie nicht zu entnehmen. Diese Chance soll genutzt werden, die Möglichkeiten und Grenzen des elektronischen Sachgründungsverfahrens einer Aktiengesellschaft zu untersuchen und die Frage zu beantworten, ob der Anwendungsbereich der §§ 16a-e BeurkG-E für die elektronische Sachgründung zu öffnen ist.

I. Meinungsstand

In einem Überblick sind zunächst die bisher vorgebrachten Argumente zu sammeln, die gegen eine Online-Sachgründung sprechen.

Ganz einheitlich wird von den Stimmen in der Literatur darauf hingewiesen, dass die Sachgründung zu komplex sei, als dass man sie einer Online-Gründung zuführen kann.[836]

836 *Lieder* NZG 2018, 1081 (1085); *Bormann/Stelmaszcyk* NZG 2019, 601 (606); *Birkefeld/Schäfer* BB 2019, 2626 (2627); *Teichmann* ZIP 2018, 2451 (2453).

Zusätzlich wird an mancher Stelle angeführt, dass die Online-Sachgründung tiefgreifende Änderungen der Formvorschriften im BGB nach sich zu ziehen würde. Dies wird damit begründet, dass ein erheblicher Teil an Sachgründungen durch die Einlage von Grundstücken erfolgt. Zusätzlich würden Geschäftsanteile als Sacheinlage geleistet werden, ein Rechtsgeschäft, welches der notariellen Beurkundung bedarf. Im Ergebnis würden eine Vielzahl an Folgeänderungen notwendig werden.[837]

II. Argumente für die Online-Sachgründung

Unabhängig von ihrer praktischen und rechtlichen Realisierbarkeit, spricht für eine Online-Sachgründung, dass bei einer Beschränkung der Online-Gründung auf die Geldeinlage Lücken entstehen, auf die das Aktiengesetz in seiner bisherigen Fassung keine befriedigende Antwort im Interesse des Gläubigerschutzes zu geben vermag. Denn wenn eine Aktiengesellschaft nur im Wege der Geldeinlage online gegründet werden kann, entsteht folgende Situation.

1. Überblick

Entscheiden sich die Gründer dazu, ihre Einlageverpflichtung nicht in Geld zu erbringen, so handelt es sich um eine Sacheinlage (§ 27 Abs. 1 S. 1 Alt. 1 AktG) oder um eine Sachübernahme (§ 27 Abs. 1 S. 1 Alt. 2 AktG), vorausgesetzt, dass sich der Wert des geleisteten Vermögensgegenstandes bestimmen lässt (§ 27 Abs. 2 AktG). Ob eine Sacheinlage oder eine Sachübernahme vorliegt, entscheidet der mit der Leistung verfolgte Zweck. Wird auf die in der Satzung verankerte Einlageverpflichtung geleistet, bezeichnet man das Geleistete als Sacheinlage. Liegt der Rechtsgrund der Leistung außerhalb des Gesellschaftsvertrages, so wird von einer Sachübernahme gesprochen. Entstehende Abgrenzungsschwierigkeiten sollen an dieser Stelle nicht behandelt werden. Denn die Rechtsfolge ist nach § 27 Abs. 1 S. 1 AktG in beiden

837 *Bormann/Stelmaszcyk* NZG 2019, 601 (606).

Fällen dieselbe und die geleistete Sache ist in der Satzung festzusetzen. Zusätzlich ist die Person zu nennen, die die Sache leistet und der Nennbetrag der übernommenen Aktien bzw. bei Stückaktien die Anzahl der übernommenen Aktien. Im Falle einer Sachübernahme muss die hierfür gewährte Vergütung in die Satzung mit aufgenommen werden (§ 27 Abs. 1 S. 1 AktG).

Grundsätzlich bestehen hinsichtlich der Einlagefähigkeit von Sachen mit einem Vermögenswert keinerlei Bedenken.

2. Verdeckte Sacheinlage im Online-Gründungsverfahren

Probleme können aber entstehen, wenn das Online-Gründungsverfahren einer Rechtsform explizit auf die Geldgründung beschränkt wird.[838] Denn es ist absehbar, dass die Aktionäre bei solch einer Regelung Sachen auf Grund einer im Zusammenhang mit der Übernahme der Geldeinlage getroffenen Abrede vollständig oder teilweise als Sacheinlage verdeckt leisten werden (§ 27 Abs. 3 S. 1 AktG).

Um die Rechtslage in Gründungsverfahren darzustellen, in denen die Einlageverpflichtung (ausdrücklich) nur in Geld zu leisten ist, ist das Gründungsverfahren einer UG gem. § 5a GmbHG heranzuziehen. Wird eine UG nach § 5a GmbHG gegründet, ist bereits umstritten, ob die bei verdeckten Sacheinlagen gängige Anrechnungslösung gem. § 19 Abs. 4 GmbHG anwendbar ist.[839] Denn nach § 5a Abs. 2 S. 2 GmbHG

838 So nach § 2 Abs. 3 S. 2 GmbHG-E nach dem Gesetzesantrag des Bundeslandes NRW, vgl. hierzu auch BR-Drucks. 611/19, S. 2, und nach § 2 Abs. 3 S. 2 GmbHG-E, vgl. hierzu auch die Begr. DiRuG-RegE, BR-Drucks. 144/21, S. 51 f.

839 Meinungsstand für das **vereinfachte Gründungsverfahren gem. § 2 Abs. 1a GmbHG, dafür**: Baumbach/Hueck/*Fastrich* GmbHG § 2 Rn. 17; Roth/Altmeppen/*Altmeppen* GmbHG § 2 Rn. 54; UHL/*Ulmer*/*Löbbe* GmbHG § 2 Rn. 113; MüKoGmbHG/*Heinze* § 2 Rn. 243; Scholz/*Wicke* GmbHG § 2 Rn. 135; *Wälzholz* MittBayNot 2008, 425 (427); Meinungsstand für das Gründungsverfahren einer UG, **dagegen**: *Mayer*/*Weiler*, in: BeckNotHdB § 22 Rn. 231; Meinungsstand für das **Gründungsverfahren einer UG gem. § 5a GmbHG, dafür** Lutter/Hommelhoff/*Bayer* GmbHG § 19 Rn. 69; MüKoGmbHG/*Lieder* § 56 Rn. 92 f.; MüKoGmbHG/*Rieder* § 5a Rn. 23; UHL/*Casper* GmbHG § 19 Rn. 112; UHL/*Paura* GmbHG § 5a Rn. 40; *Hennrichs* NZG 2009, 1161 (1164); *Wansleben*/*Niggemann* NZG 2012, 1412 (1414 ff.); *Kloss*, Die verdeckte Sacheinlage im GmbH-Recht unter besonderer Berücksichtigung der neuen Einstiegsvariante, S. 306 ff.; *Bayer*,

ist das Leisten von Sacheinlagen auf die Einlageverpflichtung ausdrücklich ausgeschlossen und unzulässig.

Sollte das Online-Gründungsverfahren künftig für die Rechtsform der Aktiengesellschaft angeboten werden, dann entstünde ein ähnliches Problem im Aktienrecht, wenn sich die in einem Online-Gründungsverfahren zu erbringenden Einlageverpflichtungen nur in Geld erfüllen ließen. Denn dann sind Sacheinlagen wie im Gründungsverfahren einer UG ausdrücklich ausgeschlossen. Somit ist fraglich, wie mit verdeckten Sacheinlagen in einem Online-Gründungsverfahren umzugehen ist. Hierzu wird im Folgenden davon ausgegangen, dass die Erbringung von Sacheinlagen in einem elektronischen Gründungsverfahren einer Aktiengesellschaft ausdrücklich ausgeschlossen ist, wie in § 2 Abs. 3 GmbHG-E.

Um die aufgeworfene Frage zu beantworten, sind die Argumente darzustellen, die für eine Anwendung der Anrechnungslösung im Gründungsverfahren einer UG vorgebracht werden. In diesem Zusammenhang ist zu untersuchen, ob die Argumente für eine Anwendung der Anrechnungslösung im Online-Gründungsverfahren einer Aktengesellschaft zu überzeugen wissen.

in: FS Kanzleiter, 2010, S. 75 (83 f.); *Kleindiek*, in: FS Hopt, 2010, S. 941 (943 ff.); *Pentz*, in: FS Goette, 2011, S. 355 (359 f.); *Gehrlein* DK 2007, 771 (779); *Wälzholz* GmbHR 2008, 841 (842 f.); *ders.* MittBayNot 2008, 425 (427); *Heinze* GmbHR 2008, 1065 (1066 f.); *Herrler* DB 2008, 2347 (2349 f.); *Tebben* RNotZ 2008, 441 (445); *Witt* ZIP 2009, 1102 (1104 f.); kritischer *Veil* ZGR 2009, 623 (631 f.) und *Woinar* NotBZ 2009, 197 (204); Roth/Altmeppen/*Altmeppen* GmbHG § 5a Rn. 15; Lutter/Hommelhoff/*Kleindiek* GmbHG § 5a Rn. 29; *Karl* GmbHR 2020, 9 (12); *Waldenberger/Sieber* GmbHR 2009, 114 (117); **dagegen**: Henssler/Strohn/*Schäfer* GmbHG § 5a Rn. 19; Rowedder/Schmidt-Leithoff/*Baukelmann* GmbHG § 5a Rn. 20; Baumbach/Hueck/*Fastrich* GmbHG § 5a Rn. 12; *Gasteyer* NZG 2009, 1364 (1365); *Markwardt* BB 2008, 2414 (2421); *Weber* BB 2009, 842 (845); Baumbach/Hueck/*Servatius* GmbHG § 5a Rn. 12 m.w.N. in Fn. 56; *Heckschen* DStR 2009, 166 (171); MHLS/*Miras* GmbHG § 5a Rn. 43; *Bormann* GmbHR 2007, 897 (901); *Hirte* ZInsO 2008, 933 (935); *Freitag/Riemenschneider* ZIP 2007, 1485 (1486); *Joost* ZIP 2007, 2242 (2244); *Schall* ZGR 2009, 126 (152); *Wolf*, Die verdeckte Sacheinlage in GmbH und AG, 2013, S. 261 ff.; *Pellens/Kemper/Schmidt* ZGR 2008, 381 (390 f.); *Rezori* RNotZ 2011, 125 (147); *Schäfer* ZIP 2011, 53 (57); *Ulmer* GmbHR 2010, 1298 (1303).

a) Anrechnungslösung im Gründungsverfahren einer UG

In einem ersten Schritt werden die Argumente gesammelt, die sich für oder eine Anwendung der Anrechnungslösung auf die Rechtsform der UG gem. § 19 Abs. 4 GmbHG aussprechen. Diese Argumente sind sodann zu kontextualisieren und auf das Online-Gründungsrecht einer Aktiengesellschaft anzuwenden. Im Ergebnis ist sodann zu beantworten, ob und unter welchem Umständen die Anrechnungslösung § 27 Abs. 3 S. 3 AktG im Rahmen von Online-Gründungen auf verdeckte Sacheinlagen anzuwenden ist oder nicht.

aa) Anwendbarkeit von § 19 Abs. 4 GmbHG

(1) Rechtslage in der UG

Fraglich ist, ob § 19 Abs. 4 GmbHG analog oder unmittelbar auf die Rechtsform der UG anzuwenden ist. Teilweise wird angeführt, dass § 19 Abs. 4 GmbHG auf Grund einer für die UG bestehenden Regelungslücke analog anzuwenden sei. Eine direkte Anwendung scheide deswegen aus[840], weil sich eine Sacheinlage in der UG gar nicht verdeckt einbringen lassen soll. Dies verbiete sich, da jeder objektive Leistungsaustausch mit Sacheinlagen in der UG unzulässig sei.[841]

Dem ist entgegenzuhalten, dass in der UG eine Sache sehr wohl verdecket eingebracht werden kann. In den Vordergrund kann nicht die Frage der Einlagefähigkeit rücken. Auszugehen ist von der abstrakten Definition der verdeckten Sacheinlage, die losgelöst vom Einzelfall festlegt, ob ein Vorgang als verdeckte Einbringung von Sacheinlagen zu bezeichnen ist. Eine verdeckte Sacheinlage liegt vor, wenn eine Geldeinlage eines Gesellschafters bei wirtschaftlicher Betrachtung und aufgrund einer im Zusammenhang mit der Übernahme der Geldeinlage getroffenen Abrede vollständig oder teilweise als Sacheinlage zu bewerten ist (§ 19 Abs. 4 S. 1 GmbHG). Es ist auch in der UG durchaus denkbar, dass sich ein Gesellschafter dazu verpflichtet, 1.000€ einzuzahlen und sich diesen Betrag 4 Monate nach der Eintragung der UG im Handelsregister auszahlen lässt und stattdessen einen Computer im

840 *Karl* GmbHR 2020, 9 (12).
841 *Karl* GmbHR 2020, 9 (12).

Wert von 1.000€ an die UG leistet. Daran ändert auch das Sacheinlageverbot gem. § 5a Abs. 2 S. 2 GmbHG nichts. Denn dies verbietet es den Gesellschaftern lediglich, eine Sacheinlage im Gesellschaftsvertrag zu vereinbaren. Sind nach der Satzung Geldeinlagen zu leisten, können nach eben genannter Definition dennoch verdeckte Sacheinlagen geleistet werden. § 19 Abs. 4 GmbHG setzt nämlich nicht voraus, dass die Sacheinlage grundsätzlich zulässig sein muss. Verdeckte Sacheinlagen sind richtigerweise nicht regulierbar, weil sich die Verabredung zur Erbringung einer Sacheinlage in einem zeitlichen Zusammenhang zu der Gründung durch ein Gesetz dem Einwirkungsbereich des Gesetzgebers entzieht[842].

Als Zwischenergebnis ist festzuhalten, dass eine analoge Anwendung der Anrechnungslösung ausscheidet. Nur eine direkte Anwendung in der UG kommt in Betracht.[843]

Selbst für den Fall, dass man eine analoge Anwendung vorzieht, so fehlt es an der für die Analogie erforderlichen planwidrigen Regelungslücke. Der Gesetzgeber des MoMiGs hat eindeutig zum Ausdruck gebracht, dass die Vorschriften über die GmbH zur Anwendung gelangen, soweit § 5a GmbHG keine spezielle Regelung trifft.[844] Damit sind die anwendbaren Vorschriften klar umgrenzt. Unabhängig davon, ob § 5a Abs. 2 S. 2 GmbHG die (verdeckte) Sacheinlage in der UG abschließend regelt und den § 19 Abs. 4 GmbHG in der Konsequenz verdrängt[845] oder nicht, ist kein Raum für eine analoge Anwendung. Stellt man sich auf die Seite, dass § 5a Abs. 2 S. 2 GmbHG den § 19 Abs. 4 GmbHG nicht verdrängt, dann bleibt Raum für eine unmittelbare Anwendung des § 19 Abs. 4 GmbHG. Schließt man sich dem anderen Meinungslager an, so besteht auf Grund der abschließenden Regelung in § 5a Abs. 2 S. 2 GmbHG kein Platz für eine Analogie. Damit scheidet auch eine teleologische Reduktion des § 19 Abs. 4 GmbHG rechtsdogmatisch aus.[846]

842 *Witt* ZIP 2009, 1102 (1104 aE).
843 So bereits auch *Hennrichs* NZG 2009, 1161 (1164).
844 BT-Drs. 16/6140, S. 31.
845 So etwa *Weber* BB 2009, 842 (845).
846 Für eine Analogie aber *Bormann* GmbHR 2007, 897 (901).

(2) Konsequenz für das elektronische Gründungsverfahren einer Aktiengesellschaft

Die Regelung würde im Aktienrecht jener aus § 5a Abs. 2 S. 2 GmbHG gleichen. Das Sacheinlageverbot ließe sich nur ausdrücklich ausschließen. Damit stellen sich dieselben Problemkreise wie schon bei der Rechtsform der UG.

Eine analoge Anwendung der Anrechnungslösung gem. § 27 Abs. 3 S. 3 AktG käme nicht in Betracht, weil das ausdrückliche Verbot etwaige Regelungslücken schließt. Die Anrechnungslösung ließe sich in einem Online-Gründungsverfahren einer Aktiengesellschaft, wenn überhaupt, nur direkt anwenden.

bb) § 5a Abs. 2 S. 2 GmbHG als materiell-rechtliches Verbot

(1) Rechtslage in der UG

Stimmen in der Literatur, die sich gegen eine Anwendung der Anrechnungslösung in der UG aussprechen, führen teilweise an, dass § 5a Abs. 2 S. 2 GmbHG ein materiell-rechtliches Verbot im Sinne des § 134 BGB sei, während es sich bei einer verdeckten Sacheinlage im Gründungsverfahren einer GmbH um einen bloßen Formverstoß handeln soll.[847]

Dem wird wiederum entgegnet, dass beide Regelungen als ein materiell rechtliches Verbot zu qualifizieren seien. Hierfür spräche, dass das GmbHG lediglich die Rechtsfolgen einer verdeckten Sacheinlage im regulären Gründungsverfahren regelt, während der Tatbestand nicht reguliert ist. Im Ergebnis sei eine (verdeckte) Sacheinlage im Rahmen der Kapitalaufbringung in der GmbH und der UG stets unzulässig und die Anrechnungslösung in beiden Rechtsformen anzuwenden.[848]

Letzt genannter Ansicht kann nicht gefolgt werden. Denn § 5a Abs. 2 S. 2 GmbHG verbietet die Erfüllung der Einlageverpflichtung durch Sacheinlagen ausdrücklich, während (verdeckte) Sacheinlagen im regulären Gründungsverfahren einer GmbH nur an erhöhte formale

---

847 *Bormann* GmbHR 2007, 897 (901); *König/Bormann* DNotZ 2008, 652 (656 f.); *Hangebrauck* JR 2010, 323 (324); *Gasteyer* NZG 2009, 1364 (1365).

848 *Wansleben/Niggemann* NZG 2012, 1412 (1414 mwN in Fn. 28, 29).

Voraussetzungen geknüpft sind. Selbst für den Fall, dass eine Sacheinlage verdeckt eingebracht wird, sind die ihr zugrunde liegenden Rechtsgeschäfte nicht unwirksam, § 19 Abs. 4 S. 2 GmbHG. Würde es sich bei den Vorschriften über die verdeckte Sacheinlage um materiell-rechtliche Wirksamkeitsvoraussetzungen handeln, dann müssten die ihr zugrunde liegenden Rechtsgeschäfte unwirksam sein. Denn materiell-rechtliche Verbote wirken als Wirksamkeitshindernis und führen *ex tunc* zur Gesamtnichtigkeit des gegen sie verstoßenden Rechtsgeschäfts.[849] Eine solche Rechtsfolge ist vom Gesetzgeber in regulären Gründungsverfahren jedoch ersichtlich nicht gewollt, wenn § 19 Abs. 4 S. 2 GmbHG die Wirksamkeit der einer verdeckten Sacheinlage zugrunde liegenden Rechtsgeschäfte feststellt. Schon die unterschiedlichen Formulierungen in § 19 Abs. 4 S. 2 GmbHG und § 5a Abs. 2 S. 2 GmbHG sprechen dagegen, verdeckte Sacheinlagen in einem regulären Gründungsverfahren und im Gründungsverfahren einer UG gleich zu behandeln.

Zusätzlich ist hervorzuheben, dass verdeckte Sacheinlagen nur dort vorkommen, wo Sacheinlagen zulässig sind. Wenn eine Sacheinlage wie bei der Gründung einer UG auf Grund des als gesetzliches Verbot i.S.d. § 134 BGB ausgestalteten § 5a Abs. 2 S. 2 GmbHG generell unzulässig ist[850], dann kann sie erst recht nicht verdeckt eingebracht werden.[851] Entsprechend hat der BGH[852] zu Dienstleistungen entschieden, die weder als Sacheinlage, noch als verdeckte Sacheinlage einlagefähig sind. In Fortführung dieser Konsequenz ist in der UG gleichermaßen zu entscheiden.[853] Denn in dieser Rechtsform ist keine Sache sacheinlagefähig, weder Dienstleistungen, noch jede andere Art von Sacheinlage. Hiergegen ändert auch der Umstand nichts, dass es für den Gesetzgeber nicht regulierbar sei, ob ein Vorgang als verdeckte

849 BGHZ 50, 90 (92) = NJW 1968, 1329; OLG Stuttgart NJOZ 2007, 1211 (1230 ff.).

850 *Gasteyer* NZG 2009, 1364 (1365); *Weber* BB 2009, 842 (845); *Freitag/Riemenschneider* ZIP 2007, 1485 (1486).

851 *Joost* ZIP 2007, 2242 (2244); *Heckschen* DStR 2009, 166 (171); *Bormann* GmbHR 2007, 897 (901); *Weber* BB 2009, 842 (845); *Schäfer* ZIP 2011, 53 (57); *Gasteyer* NZG 2009, 1364 (1365); *Schall* ZGR 2009, 126 (152); *Rezori* RNotZ 2011, 125 (147).

852 BGH ZIP 2009, 713 (714).

853 *Schäfer* ZIP 2011, 53 (57 aE).

Sacheinlage zu bewerten ist.[854] Denn aus dieser Erkenntnis lässt nicht ableiten, dass die Anrechnungslösung bei Vorliegen einer verdeckten Sacheinlage immer zur Anwendung gelangt. So sind die Fragen, ob ein Vorgang als verdeckte Sacheinlage zu bewerten ist und ob auf diesen Vorgang die Anrechnungslösung anzuwenden ist, voneinander getrennt zu beantworten. Bei der UG, wie bei der GmbH lässt sich ein und derselbe Vorgang als verdeckte Sacheinlage qualifizieren (=Tatbestand). Allerdings hat der Gesetzgeber in § 5a Abs. 2 S. 2 GmbHG auf Rechtsfolgenseite zum Ausdruck gebracht, dass das Stammkapital einer UG in keinem Fall durch (verdeckte) Sacheinlagen gedeckt werden darf und hat für die UG damit eine von § 19 Abs. 4 S. 3 GmbHG abweichende Rechtsfolge getroffen. Da (verdeckte) Sacheinlagen nicht einlagefähig sind, bemessen sich die Rechtsfolgen nach den allgemeinen zivilrechtlichen Grundsätzen rechtsgrundloser Leistungen.

Im Ergebnis entkräftet das entgegengebrachte Argument nicht das Argument der herrschenden Lehre, dass es sich bei allen Vorschriften, die die verdeckte Sacheinlage betreffen, um ein materiell-rechtliches Verbot handelt. § 5a Abs. 2 S. 2 GmbHG ist hingegen auf Grund der ausdrücklichen Formulierung ein materiell-rechtliches Verbot und die Anrechnungslösung nach § 19 Abs. 4 GmbHG ist im Gründungsverfahren einer UG nicht anzuwenden.

(2) Konsequenz für das elektronische Gründungsverfahren einer Aktiengesellschaft

Auch in einem Online-Gründungsverfahren der Aktiengesellschaft müsste die Sacheinlage ausdrücklich ausgeschlossen werden. Damit gleicht die Regelung jener aus dem Gründungsverfahren der UG (§ 5a Abs. 2 S. 2 GmbHG) und wäre richtigerweise als materiell-rechtliches Verbot zu qualifizieren. Sacheinlagen wären in einem elektronischen Gründungsverfahren unzulässig. Dann ist die verdeckte Einbringung von Sacheinlagen erst recht unzulässig. Im Ergebnis spricht die im Vergleich zum normalen Gründungsverfahren unterschiedliche Formulierung dafür, die Anrechnungslösung in einem elektronischen Gründungsverfahren einer Aktiengesellschaft nicht anzuwenden.

---

854 So jedoch *Witt* ZIP 2009, 1102 (1104).

cc) Keine Überdehnung des § 5a Abs. 2 S. 2 GmbHG

(1) Rechtslage in der UG

Zusätzlich wird argumentiert, dass § 5a Abs. 2 S. 2 GmbHG keinen Sanktionscharakter hat und die Nichtanwendbarkeit der Anrechnungslösung wie eine Sanktion wirke. Im Ergebnis wäre der Regelungsinhalt des § 5a Abs. 2 S. 2 GmbHG überdehnt. Um dies zu verhindern, sei die Anrechnungslösung gem. § 19 Abs. 4 S. 3 GmbHG in der UG anwendbar.

Begründet wird dieser Ansatz damit, dass das Gründungsverfahren der UG nach der Intention des Gesetzgebers einfach und schnell sein soll. Dieses gesetzgeberische Ziel verlange nach einem Sacheinlageverbot. Denn bei Sacheinlagen müssen präventive Werthaltigkeitskontrollen eingehalten werden.[855]

Allerdings lässt sich aus dieser Erkenntnis nicht ableiten, dass sich verdeckte Sacheinlagen unter Anwendung der Anrechnungslösung nahtlos in die gesetzgeberische Intention einfügen würden. Es besteht kein Zusammenhang zwischen der Erkenntnis, dass das Gründungsverfahren der UG einfach und schnell vollzogen werden soll und der Anwendbarkeit der Anrechnungslösung bei verdeckten Sacheinlagen in der UG. Denn die Anrechnungslösung beschleunigt das Gründungsverfahren nicht. Die Frage, ob eine verdeckte Sacheinlage vorliegt und ihr Wert auf die fortbestehende Einlageverpflichtung anzurechnen ist, stellt sich ohnehin oftmals erst im Insolvenzfall, frühestens jedoch zum Zeitpunkt der Eintragung der Gesellschaft im Handelsregister[856], in jedem Fall nach Abschluss des Gründungsverfahrens. So lässt sich das Gründungsverfahren einer UG einfach und schnell vollziehen, wenn die Anrechnungslösung auf verdeckte Sacheinlagen in der UG nicht angewendet wird und es bei der Anwendung alter Rechtsgrundsätze bleibt.

855 Hierzu und zum Vorstehenden *Wansleben/Niggemann* NZG 2012, 1412 (1414).
856 MüKoGmbHG/*Schwandtner* § 19 Rn. 279.

(2) Konsequenz für das elektronische Gründungsverfahren einer Aktiengesellschaft

Zuzugeben ist, dass das Sacheinlageverbot in einem Online-Gründungsverfahren von der Erkenntnis geprägt gewesen ist, dass Sacheinlagen das Gründungsverfahren in die Länge ziehen. Auf Grund des gem. Art. 13g Abs. 7 RL vorgegebenen Eintragungszeitraums von maximal 10 Tagen, die zwischen Antragsstellung und Eintragung im Handelsregister vergehen sollten, sah man sich hierzulande gezwungen, Sacheinlagen in dem Online-Gründungsverfahren einer GmbH auszuschließen.[857]

Aber auch für ein elektronisches Gründungsverfahren von Aktiengesellschaften gilt wie für die UG, dass die Anwendung der Anrechnungslösung gem. § 27 Abs. 3 S. 3 AktG das Gründungsverfahren nicht beschleunigt. Denn auch im Aktienrecht wird der objektive Wert der Sache im Zeitpunkt der Anmeldung zum Handelsregister[858] erst dann auf die zunächst fortbestehende Einlageschuld[859] angerechnet, wenn die Aktiengesellschaft in das Handelsregister eingetragen wurde[860]. Damit folgt die Anrechnungslösung zeitlich auf den Abschluss des Gründungsverfahrens und sie kann dieses auch nicht nachträglich sowie rückwirkend beeinflussen.

Im Ergebnis ist festzuhalten, dass die Nichtanwendbarkeit der Anrechnungslösung das Gründungsverfahren im Aktienrecht weder beschleunigen noch hemmen kann. Das im Rahmen des Gründungsverfahrens der UG vorgebrachte Argument weiß somit weder im Recht der UG noch im Recht der Aktiengesellschaft zu überzeugen.

857 *Lieder* NZG 2018, 1081 (1085).

858 Zur Wertberechnung vgl. Lutter/Hommelhoff/*Bayer* GmbHG § 9 Rn. 5; BeckOGKAktG/*Katzenstein* § 27 Rn. 187.

859 MüKoAktG/*Pentz* § 27 Rn. 113.

860 Grigoleit/*Vedder* AktG § 27 Rn. 59.

dd) Privatautonomie bezüglich der Zusammensetzung des Stammkapitals

(1) Rechtslage in der UG

In diesem Zusammenhang wird erwähnt, dass die bei Sacheinlagen notwendig werdende Werthaltigkeitskontrolle ihren Zweck bei der Rechtsform der UG ohnehin nicht erreichen würde und Gründer frei bestimmen können, wie sie das Stammkapital der UG decken. Diese Erkenntnisse des Gesetzgebers sollen die Anwendbarkeit der Anrechnungslösung stützen.[861]

Diesem Ansatz kann nicht gefolgt werden. Um die Reichweite der Privatautonomie bezüglich der Zusammensetzung des Stammkapitals bestimmen zu können, sind zwei Ebenen getrennt voneinander zu betrachten. Auf der einen Ebene muss die *Höhe* des Stammkapitals betrachtet werden. Hiervon ist allerdings die Frage zu trennen, *wie* sich das Stammkapital zusammensetzt.

Auf der ersten Ebene sind die Gründer tatsächlich frei, weil sich aus dem GmbHG kein Mindestkapital für die Rechtsform der UG entnehmen lässt. Allerdings folgt aus diesem Umstand nicht unmittelbar, dass die Werthaltigkeitskontrolle ihren Zweck nicht erreichen würde. Mit der Werthaltigkeitskontrolle soll gewährleistet werden, dass der in der Satzung festgesetzte dem tatsächlichen Wert einer Sache gleicht und keine Überbewertung stattfindet.[862] Zudem können die Gläubiger die Satzung und damit ihr Stammkapital über das Handelsregister einsehen.[863] Eine hypothetisch hinzugedachte Werthaltigkeitskontrolle würde im Interesse der Gläubiger zumindest sicherstellen können, dass die eingebrachte Sacheinlage dem in der Satzung festgesetzten Wert entsprach und das Stammkapital ordnungsgemäß aufgebracht wurde.

Auf der nachgelagerten Ebene, *wie* sich das Stammkapital zusammensetzen kann, ist der Gestaltungsspielraum der Gründer hingegen erheblich eingeschränkt. So zeigt § 5a Abs. 2 S. 2 GmbHG, dass Sacheinlagen ausgeschlossen sind und das Stammkapital nur durch Geldeinlagen zu leisten ist. Damit ist die Gestaltungsfreiheit der Gründer bezüglich der Frage eingeschränkt, *wie* sich das Stammkapital in

861 *Wansleben/Niggemann* NZG 2012, 1412 (1414).

862 *Mayer/Weiler*, in: BeckNotHdB § 22 Rn. 222.

863 Roth/Altmeppen/*Altmeppen* GmbHG § 5a Rn. 15.

der UG zusammensetzen muss. § 5a Abs. 2 S. 2 GmbHG lässt sich allerdings nicht gegen seinen ausdrücklichen Wortlaut hinaus interpretieren, dass die Gründer die Zusammensetzung des Stammkapitals der UG frei bestimmen können. Damit ist die dem eingangs genannten Gedankengang zugrundeliegende Korrelation zwischen der Gestaltungsfreiheit und der Anwendbarkeit der Anrechnungslösung in der UG wiederlegt. Denn zum einen würde eine hypothetische Werthaltigkeitskontrolle ihren Zweck auch in der UG erfüllen, zum anderen können die Gründer auf Grund des eindeutigen Stammkapitals in der UG nicht frei entscheiden. Mit Anwendung der Anrechnungslösung wäre letzteres umgangen.

(2) Konsequenz für das elektronische Gründungsverfahren einer Aktiengesellschaft

Die Rechtslage würde sich in einem elektronischen Gründungsverfahren einer Aktiengesellschaft nicht unterscheiden.

Denn der ausdrückliche Ausschluss von Sacheinlagen würde verdeutlichen, dass die Gründer bei der Zusammensetzung des Stammkapitals in der elektronisch gegründeten Aktiengesellschaft keine Gestaltungsfreiheit haben. Auf Grund des eindeutigen Gesetzeswortlauts ist das Stammkapital in Geld zu erbringen. Hiergegen wäre allerdings verstoßen, würde durch die Anwendbarkeit der Anrechnungslösung ein Anreiz bestehen, das Sacheinlageverbot durch Leisten verdeckter Sacheinlagen zu umgehen.

Zudem müssen die Gläubiger auf Grund des Sacheinlageverbots nicht damit rechnen, dass das Stammkapital womöglich vollständig durch verdeckte Sacheinlagen gedeckt wurde.

Im Ergebnis ist festzuhalten, dass dieser Ansatz dagegenspricht, die Anrechnungslösung nach § 27 Abs. 3 S. 3 AktG in einem elektronischen Gründungsverfahren einer Aktiengesellschaft anzuwenden.

ee) Keine Schlechterstellung der UG-Gesellschafter und Gründer

(1) Rechtslage in der UG

Nach hM zum früher geltendem Recht waren die einer verdeckten Sacheinlage zugrunde liegenden schuldrechtlichen[864] und dinglichen[865] Rechtsgeschäfte *ex tunc* nichtig. Im Ergebnis konnte der die verdeckte Sacheinlage Einbringende als fortlaufend dinglich Berechtigter dieser Sache einen Herausgabeanspruch gem. § 812 Abs. 1 S. 1 Alt. 1 BGB geltend machen.[866] Auch in der Insolvenz konnte der Inferent die Sache herausverlangen, wenn er sich auf das Aussonderungsrechts gem. § 47 InsO berufen hat.[867]

So wird angebracht, dass die Gründer und Gesellschafter einer UG schlechter dastünden, als jene einer GmbH, sollte § 19 Abs. 4 GmbHG in der UG nicht angewendet werden. Denn dann müssten die zur alten Rechtslage entwickelten Grundsätze für die Behandlung von verdeckten Sacheinlagen herangezogen werden.[868]

Dieser Gedankengang weiß nicht zu überzeugen. Die Gesellschafter und Gründer einer UG sind nicht schlechter gestellt, als jene in der GmbH. Denn das aufzubringende Stammkapital beträgt in der Regel zwischen 100–1000€.[869] Eine nicht hinnehmbare Belastung entsteht für die Gründer und Gesellschafter einer UG durch die fortbestehende geringe Einlageverpflichtung nicht.

864 BGHZ 45, 338 (343) = NJW 1966, 1311; BGH NJW 1998, 1951 (1952); *Krieger* ZGR 1996, 674 (681); *Bayer* ZIP 1998, 1985 (1990); Scholz/*Veil* GmbHG § 19 Rn. 116.

865 BGHZ 155, 329 (338) = NJW 2003, 3127; BGHZ 166, 8 Rn. 10 = NZG 2006, 344 – Cash-Pool; *Pentz* ZIP 2003, 2093 (2099); *Langenbucher* DStR 2003, 1838 (1840, 1844); *Wertenbruch* NZG 2003, 1107 (1107 f.); *Hägele* GmbHR 2005, 91 (93).

866 *Weber* BB 2009, 842 (845); zur dogmatischen Verankerung des Rückzahlungsanspruchs vgl. auch *Schäfer* ZIP 2011, 53 (57).

867 *Langenbucher* DStR 2003, 1838 (1842); *Bormann* GmbHR 2003, 1055 (1056).

868 *Wälzholz* GmbHR 2008, 841 (843 aE); *Witt* ZIP 2009, 1102 (1105); *Hennrichs* NZG 2009, 1161 (1164); *Waldenberger/Sieber* GmbHR 2009, 114 (117).

869 *Veil* ZGR 2009, 623 (631); *Bayer/Hoffmann* GmbHR 2008, 1302.

(2) Konsequenz für das elektronische Gründungsverfahren einer Aktiengesellschaft

Für die Rechtsform der Aktiengesellschaft folgt aus dieser Erkenntnis, dass die Gründer und Aktionäre einer Aktiengesellschaft noch härter getroffen sind, sollte die Anrechnungslösung gem. § 27 Abs. 3 AktG in einem Online-Gründungsverfahren nicht angewendet werden. Denn das Stammkapital ist im Vergleich zur UG und GmbH deutlich höher. Die Anwendung alter zur GmbH entwickelter Rechtsgrundsätze würde in der AG zu einer nicht hinnehmbaren Belastung der Aktionäre und Gründer führen. Diese Erkenntnis spricht folglich eher dafür, die Anrechnungslösung in einem Online-Gründungsverfahren unmittelbar anzuwenden.

ff) Sinn und Zweck der Anrechnungslösung gem. § 19 Abs. 4 S. 3 GmbHG bzw. § 27 Abs. 3 S. 3 AktG

(1) Rechtslage in der UG

Ebenso wird argumentiert, dass § 19 Abs. 4 S. 3 GmbHG Unternehmer kleinerer und mittlerer Größe vor strengen Rechtsfolgen zu schützen vermag.[870]

Ausgangspunkt der Überlegung ist hierbei die Tatsache, dass von Unternehmern im kleineren und mittleren Bereich weniger Rechtskenntnisse verlangt werden können. So sei es unverhältnismäßig diesen Unternehmern, die der Gesellschaft eine Sache in guter Absicht zuführen, den strengen Rechtsfolgen der zur alten Rechtslage entwickelten Grundsätzen auszusetzen.[871]

Hierbei handelt es sich allerdings um eine Unterstellung. Die Größe des von einem Menschen betriebenen Unternehmens lässt nicht unmittelbar auf seinen Intellekt schließen. Zudem verkennt dieser Ansatz, dass kleine sowie große Betriebe in der Rechtsform der UG bzw. GmbH betrieben werden und in beiden Fällen die Satzung notariell

870 *Witt* ZIP 2009, 1102 (1105); *Wälzholz* GmbHR 2008, 841 (844); *Heinze* GmbHR 2008, 1065 (1066); *Herrler* DB 2008, 2347 (2349 f.); *ders.* DNotZ 2008, 903 (914).

871 *Witt* ZIP 2009, 1102 (1105); *Heinze* GmbHR 2008, 1065 (1066); *Herrler* DB 2008, 2347 (2349 f.); *ders.* DNotZ 2008, 903 (914).

zu beurkunden ist. In diesem Rahmen ist der Notar mit Verweis auf die Erfüllung seiner Kardinalpflichten dazu angehalten, die Beteiligten umfassend aufzuklären und rechtlich zu beraten. Im Rahmen der Belehrungs- und Aufklärungspflichten ist der Notar auch dazu aufgefordert, auf den Umgang mit (verdeckten) Sacheinlagen hinzuweisen.[872]

(2) Konsequenz für das elektronische Gründungsverfahren einer Aktiengesellschaft

Für das elektronische Gründungsverfahren einer Aktiengesellschaft folgt aus diesem Argument, die Anrechnungslösung zur verdeckten Sacheinlage nicht anzuwenden. Denn Aktiengesellschaften sind größtenteils für größere Unternehmungen reserviert. Von diesen Unternehmern können tiefergehende Rechtskenntnisse verlangt werden. Zumindest wäre es mit dem Sinn und Zweck des zu § 19 Abs. 4 GmbHG parallel ausgestalteten § 27 Abs. 3 AktG zu vereinbaren, die Anrechnungslösung bei in einem Online-Gründungsverfahren eingebrachten verdeckten Sacheinlagen nicht und stattdessen die noch zum alten GmbH-Recht entwickelten Rechtssätze anzuwenden.

b) Zwischenergebnis

Die vorstehende Untersuchung hat gezeigt, dass die Rechtslage zu verdeckten Sacheinlagen in einem elektronischen Gründungsverfahren sehr unübersichtlich wäre, würde der Gesetzgeber die Online-Gründung auf Geldgründungen beschränken. Nach hier vertretener Auffassung sprechen die überwiegenden Gründe dafür, die Anrechnungslösung nicht anzuwenden. Es ist allerdings absehbar, dass sich ein ebenso breites Meinungsspektrum wie im Gründungsrecht einer UG entwickeln würde.

Um damit einhergehenden Rechtsunsicherheiten unter den Gründern entgegenzuwirken, bestehen zwei Möglichkeiten. Zum einen ließe sich im AktG eine explizite Regelung aufnehmen, die die Anwendbarkeit der Anrechnungslösung vorgibt oder ausschließt. Daneben besteht die Möglichkeit, die Einlageverpflichtung in einem Online-Gründungsver-

872 *Mayer/Weiler*, in: BeckNotHdB § 22 Rn. 228.

fahren auch durch Sacheinlagen erbringen zu können. Damit wäre die Anrechnungslösung wie schon in einem analogen Gründungsverfahren, so auch in einem elektronischen Gründungsverfahren anzuwenden. Diese Erkenntnis steht allerdings unter dem Vorbehalt, dass sich das Online-Gründungsverfahren entsprechend und problemlos anpassen lässt. Dieser Frage gilt es im Folgenden zu klären. Nur für den Fall, dass dies nicht möglich sein sollte, muss in der Gesetzesbegründung ein Hinweis aufgenommen werden, ob die Anrechnungslösung gem. § 27 Abs. 3 S. 3 AktG anzuwenden ist oder nicht.

3. Rechtspraktische Überlegungen

Daneben treten rechtspraktische Erwägungen, die für eine Etablierung des Online-Sachgründungsverfahren sprechen.

a) Ungleichbehandlung von sachlich Gleichem vermeiden

Zum einen ist hervorzuheben, dass bisher ausschließlich die Gründungsphase einer GmbH digitalisiert worden ist. Für formbedürftige Rechtsgeschäfte im Lebenszyklus einer GmbH bleibt es mithin dabei, dass die Beteiligten ein Notariat aufsuchen müssen. Spätestens zu diesem Zeitpunkt müssen diese die bei grenzüberschreitenden Unternehmungen notwendig werdenden organisatorischen und logistischen Probleme bewältigen, die bei einem physischen Notartermin anfallen. Hiermit entsteht ein Ungleichgewicht zwischen dem Gründungsverlauf einer GmbH und ihrem Lebenszyklus.[873]

Ein solches Ungleichgewicht träte auf, wenn das Online-Gründungsverfahren ausschließlich auf Geldgründungen beschränkt wäre. Zum einen ließe sich der Ausschluss von Online-Sachgründungen durch verdeckte Sacheinlagen umgehen und das Verbot von Sacheinlagen in einem Online-Gründungsverfahren würde leerlaufen. Zum anderen haben der Gesetzgeber und die Bundesnotarkammer die rechtlichen Grundlagen und digitalen Infrastrukturen für elektronische Beurkundungsverfahren bereits geschaffen, das elektronische Beur-

873 So auch *Drygala/Grobe* GmbHR 2020, 985 (990 f., Rn. 32 aE).

kundungsverfahren aber nur auf die Geldgründung einer GmbH beschränkt.[874] Das Beurkundungsverfahren ist aber bei Geld- und Sachgründungen dasselbe und richtet sich nach den Vorschriften des allgemeingültigen BeurkG. Der Beratungsaufwand einiger Rechtsgeschäfte, wie z.B. eines Grundstückskaufvertrages, mag sich im Vorfeld des eigentlichen Notartermins erheblich unterscheiden[875], gleicht allerdings im Übrigen den Beurkundungen von sonstigen Rechtsgeschäften, z.B. einer GmbH-Gründung[876]: Die Beteiligten werden identifiziert (§ 10 BeurkG), ihre Geschäftsfähigkeit (§ 11 BeurkG) und Befähigung zur deutschen Sprache (§ 16 BeurkG) wird festgestellt, der Notar erforscht den Willen der Beteiligten und klärt diese über die rechtliche Tragweite des Rechtsgeschäfts auf (§ 17 Abs. 1 BeurkG), sodass die Niederschrift verlesen und im Anschluss von allen Beteiligten unterzeichnet werden kann (§ 13 BeurkG).[877] Und von diesen zentralen Merkmalen rückt auch das elektronische Gründungsverfahren nicht ab. Zudem können die Beteiligten über das von der Bundesnotarkammer bereitgestellte Videokommunikationssystem rechtssicher identifiziert werden wie in einer Präsenzbeurkundung.[878] Dies gelingt in einer elektronischen Beurkundung unabhängig von dem zu beurkundenden Rechtsgeschäft, weil die Identifizierung losgelöst vom Rechtsgeschäft zu betrachten ist und für jedes Rechtsgeschäft einheitlich und zentral im BeurkG festgeschrieben ist, ohne dass bestimmte Regelungsbereiche hiervon Abweichungen für bestimmte Rechtsgeschäfte vorschreiben.

Wird teilweise entgegnet, dass sich die Idee einer Online-Sachgründung schon deswegen verfängt, weil die in der Praxis am häufigsten vorkommenden Sacheinlagen Grundstücke und GmbH-Anteile seien und dass das Gesetz für die Verpflichtung und Übertragung dieser

874 Richtigerweise hierauf bereits hinweisend *Drygala/Grobe* GmbHR 2020, 985 (989, Rn. 25; 990 f, Rn. 32 ff.).

875 Vgl. hierzu nur die umfassende Checkliste eines Grundstückkaufvertrags in *Herrler*, in: BeckNotHdB § 1 Rn. 9.

876 *Drygala/Grobe* GmbHR 2020, 985 (991, Rn. 34).

877 So im Ergebnis auch *Drygala/Grobe* GmbHR 2020 985 (991 Rn. 34); *Keller/Schümmer* NZG 2021, 573 (577).

878 Siehe hierzu auch G.II.3.

Sachen bzw. Rechte die Präsenzbeurkundung verlangt[879], so mag diese Erkenntnis richtig sein. Allerdings versperrt das Beharren auf die Präsenzbeurkundung dieser Rechtsgeschäfte, das Beurkundungsrecht ein Stück weit in das moderne digitale Zeitalter zu überführen. Mit diesem Ansatz wäre auch das Vorhaben gescheitert, das Gründungsverfahren einer GmbH zu digitalisieren.

Daraus folgt gewiss nicht, dass das Beurkundungsverfahren übereilig zu digitalisieren ist. Natürlich lassen sich nur jene Bereiche digitalisieren, bei denen dies ohne Einbußen an Rechtssicherheit und Praktikabilität gegenüber einer Präsenzbeurkundung möglich ist. Allerdings finden sich nirgends überzeugende Argumente, weshalb die Abtretung von GmbH-Anteilen oder die Verpflichtung zur Übertragung eines Grundstücks nicht auch in einem digitalen Beurkundungsverfahren vollzogen werden kann. Einzig wird in der Regierungsbegründung zum Entwurf eines Gesetzes zur Umsetzung der Digitalisierungsrichtlinie darauf hingewiesen, dass sich die Abtretung von GmbH-Anteilen sinnvollerweise nur in einem Präsenzverfahren umsetzen lässt[880] und dass sich Beurkundungsgegenstände im Immobilienrecht weniger eignen sollen, weil „die Formzwecke der Entschleunigung sowie des Schutzes und der Warnung der unerfahrenen Vertragspartei regelmäßig von geringerer Bedeutung“[881] seien.

Hingegen lässt sich der Regierungsbegründung kein Hinweis entnehmen, weshalb die Entschleunigung, der Schutz und die Warnung unerfahrener Gründer bei der Beurkundung der Satzung der Aktiengesellschaft unerheblich sein soll, beim Leisten der Sacheinlage in Form eines Grundstücks bei derselben Personenkonstellation allerdings schon. Besonders prekär wird diese Erkenntnis, wenn ein Aktionär einen GmbH-Anteil als Sacheinlage einlegen möchte. Denn dann ist er in der GmbH als Gesellschafter tätig und unternehmerische Erfahrung sehr wahrscheinlich. Weshalb er im Rahmen der Gründung einer Aktiengesellschaft unerfahren sein soll, wenn er diesen Anteil als Sacheinlage leisten möchte, wird nicht erkennbar und bleibt unbegründet.

879 *Lieder* NZG 2018, 1081 (1085); *Knaier* GmbHR 2018, 560 (565); *Bormann/Stelmaszczyk* NZG 2019, 601 (606); *Teichmann* ZIP 2018, 2541 (2543).

880 BR-Drucks. 611/19, S. 15.

881 Begr. DiRuG-RegE, BR-Drucks. 144/21, S. 130.

Wenn das elektronische Beurkundungsverfahren nicht für jedermann geöffnet werden soll, dann ist dies zumindest im Rahmen von Gründungen von Kapitalgesellschaften umzusetzen. Denn hier hat es der Notar mit Sicherheit nicht mit unerfahrenen bzw. unberatenen Gründern zu tun.

b) Sachgründung wird online nicht komplexer

Anknüpfend an den vorstehenden Ausführungen ist zu ergänzen, dass ein Sachgründungsverfahren online nicht komplexer[882] wird. Denn die zusätzlichen Anforderungen betreffen den Inhalt unterschiedlicher Gründungsdokumente und führen nur dazu, dass sich die Anzahl einzureichender Anlagen erhöht. Zudem stellt insbesondere die Bewertung der Sacheinlage die Praxis vor erhöhte Schwierigkeiten. Hierbei handelt es sich allerdings um Problemkreise, die in einem analogen Gründungsverfahren ebenso entstehen, und sie sind nicht den Anforderungen einer Online-Gründung geschuldet.[883] Die Online-Sachgründung mit diesen Argumenten zu verweigern, überzeugt somit nicht.

c) Erfüllung notarieller Pflichten

Zudem hat die vorstehende Untersuchung gezeigt, dass der Notar seine notariellen Pflichten in einem elektronischen Beurkundungsverfahren nachkommen kann, wie in einer Präsenzbeurkundung. Hinzutritt der Umstand, dass sich die Unternehmer in der Praxis oftmals ohnehin von Anwaltskanzleien beraten lassen, ehe sie in die für die Gültigkeit der Rechtsgeschäfte notwendig werdende notarielle Beurkundung treten.[884]

Es ist hingegen kein Grund ersichtlich, weshalb die notariellen Kardinalpflichten bei einer Beurkundung nicht erfüllt werden können, wenn

882 So aber *Birkefeld/Schäfer* BB 2019, 2626 (2627); *Bormann/Stelmaszczyk* NZG 2019, 601 (606); *Lieder* NZG 2018, 1081 (1085); *Wachter* GmbH-StB 2018, 214 (220).

883 Im Ergebnis für die GmbH auch *Weber*, Digitalisierung im Gesellschaftsrecht, S. 59.

884 *Drygala/Grobe* GmbHR 2020, 985 (990, Rn. 30 f.).

die Einlageverpflichtung durch Sacheinlagen erfüllt wird.[885] Beispielsweise muss die Identität der Beteiligten (§ 10 BeurkG) nach denselben Maßstäben festgestellt werden, wie bei einer Geldgründung. Sachgründungen weisen nur erhöhte Anforderungen an die Kapitalaufbringung auf. Die notariellen Pflichten bleiben hingegen dieselben. Dann wird jedoch kein Grund ersichtlich, weshalb eine elektronische Beurkundung nur bei einer Geldgründung möglich ist, bei einer Sachgründung hingegen nicht.

d) Online-Gründung gewährleistet Sicherheit

Zudem wird offenbar verkannt, dass eine Online-Sachgründung die im Aktiengesetz etablierten präventiven Schutzmechanismen nicht ersetzen würde. So müssten die Sacheinlagen auch in einer Online-Gründung in der Satzung festgesetzt werden (§ 27 Abs. 1 AktG) und die erhöhten Anforderungen an die Gründungsprüfung (§§ 31, 33 Abs. 2 Nr. 4, 33a, 37a AktG) eingehalten sowie die Sacheinlage auch weiterhin vollständig erbracht werden (§ 36a AktG).[886]

e) Digitale Infrastruktur existiert bereits

Anders als vor Einführung des elektronischen Beurkundungsverfahrens für die Satzung einer GmbH besteht bereits eine digitale Infrastruktur, die für die elektronische Beurkundung eines Zeichnungsscheins genutzt werden kann, wenn als Sacheinlage ein Grundstück geleistet werden soll. Durch eine Öffnung der digitalen Infrastruktur für die elektronische Beurkundung formbedürftiger Rechtsgeschäfte im Rahmen der elektronischen Gründung einer Aktiengesellschaft stünde dem Erfüllungsaufwand für das elektronische Beurkundungsverfahren im Recht der GmbH ein noch höherer praktischer Nutzen gegenüber.

Zudem müssten nur einige Stellschrauben im Aktienrecht geändert werden, um die Beurkundung eines Zeichnungsscheins einer digitalen Lösung zuzuführen. Durch punktuelle Anpassungen des Aktienrechts könnte das ohnehin schon bestehende Normenkonstrukt der

885 So auch *Keller/Schümmer* NZG 2021, 573 (577).
886 So auch für die GmbH, vgl. *Weber*, Digitalisierung im Gesellschaftsrecht, S. 58 f.

elektronischen Beurkundung (insbesondere die §§ 16a-16e BeurkG-E; §§ 12 Abs. 2, 39a, 40a, 42 Abs. 4, 44a Abs. 2, 44b Abs. 1 S. 2, § 45 Abs. 3, 46 Abs. 3, 47, 49, 55 Abs. 3, 56, 66 Abs. 3 Nr. 3, 75 BeurkG-E; §§ 10a Abs. 3, 11 Abs. 3, 78 Abs. 1 S. 2 Nr. 10, 78p, 78 q BNotO-E) für die elektronische Beurkundung eines Zeichnungsscheins im Rahmen einer Sachgründung gelten. Der Erfüllungsaufwand würde entsprechend geringer ausfallen.

4. Ausländische Grundstücke als Sacheinlage

Soweit ersichtlich, wurde das Problem rund um die Sacheinlageleistung in Form von Grundstücken mit Bezug zum Ausland bisher übersehen. Dies mag dem Umstand geschuldet sein, dass die Literatur die Online-Sachgründung kategorisch ablehnt, ohne sich mit etwaigen Problematiken argumentativ auseinanderzusetzen. Diese Lücke gilt es im Folgenden zu schließen, mit dem Ziel, potentielle Problemkreise zu identifizieren und Lösungen zu erarbeiten. Dies betrifft insbesondere Fragen, welches Recht welchen Staates bei der Verpflichtung und Veräußerung gilt. Neben den rechtlichen Problemen sollen auch praktische Probleme gelöst werden, die durch die Anforderungen einer Online-Gründung entstehen können.

a) Überblick

Werden Grundstücke mit Auslandsbezug veräußert und übereignet, ist grob zwischen drei Situationen zu differenzieren.

Zum einen kann auf Seite des Veräußerers ein EU-Ausländer bei der Übertragung eines sich im Inland befindlichen Grundstücks beteiligt sein. Denkbar ist darüber hinaus auch, dass lediglich ein sich im EU-Ausland befindliches Grundstück als Sacheinlage geleistet werden soll, Veräußerer und Erwerber aber deutsch sind. Gewiss lassen sich auch beide Fälle derart kombinieren, dass ein sich im EU-Ausland befindliches Grundstück als Sacheinlage durch den europäischen Veräußerer auf die Aktiengesellschaft übertragen werden soll.

Der Erwerber ist nach dem in der Arbeit gewählten Untersuchungsgegenstand in jedem Fall eine inländische Aktiengesellschaft oder zumindest die mit ihr rechtlich identische Vor-AG. Probleme mit Auslandsbezug auf Erwerberseite stellen sich damit nicht und sind vorliegend auch nicht weiter zu beleuchten.

aa) Grundstückserwerb durch ausländischen Veräußerer

(1) Grundlegendes

Grundstückstransaktionen mit ausländischer Beteiligung auf Seiten des Veräußerers erfordern bereits im Vorfeld Vorbereitungen, die durch den beteiligten Notar einzuhalten sind. So hat der Notar zu prüfen, ob der Veräußerer der deutschen Sprache mächtig ist, nach seinem Heimatrecht als geschäftsfähig zu qualifizieren ist, verheiratet oder verwitwet ist und es ist festzustellen, ob der Veräußerer als verheiratete Person verfügungsbefugt ist.[887]

Hierbei handelt es sich allerdings um gewöhnlichen Mehraufwand, der nicht aus den speziellen Anforderungen einer Online-Gründung heraus erwächst. Vielmehr lassen sich diese Punkte unter Nutzung von Fernkommunikationsmitteln abhandeln:

- Ob der Veräußerer der deutschen Sprache mächtig ist, lässt sich im Rahmen der audiovisuellen Fernverbindung problemlos über ein kurzes Gespräch über das Wetter oder den Sport herausfinden.
- Die Recherchen, ob der Veräußerer geschäftsfähig ist, lassen sich über das Videoportal prüfen. Zu den Kernaufgaben jedes Notars zählt die Überprüfung der Geschäftsfähigkeit. Durch das Auslesen eines elektronischen amtlichen Ausweisdokuments, lässt sich die Geschäftsfähigkeit feststellen. Festzuhalten ist, dass auch im Rahmen einer elektronischen Auflassung auf das von der Bundesnotarkammer bereitgestellte Videokommunikationssystem zurückgegriffen werden muss.
- Nachweise über eine etwaige Heirat müssen dem Notar notfalls postalisch überbracht werden. Die sich anschließende Recherche, ob der Veräußerer nach ausländischem Recht als verfügungsbefugt gilt, hat ohnehin online zu erfolgen.[888] Ein persönliches Erscheinen

887 *Krauß*, in: BeckNotHdB § 1 Rn. 660.
888 So z.B. *Süß*, in: BeckNotHdB § 28 Rn. 167 f.

ist damit keinesfalls notwendig. Bestehen Zweifel an der alleinigen Verfügungsgewalt des Veräußerers, kann der Ehegatte vorsorglich ebenfalls über die audiovisuelle Echtzeitverbindung hinzugeschaltet werden und erforderliche Erklärungen abgeben.[889]

(2) Anwendbares Recht

Zuvörderst ist bei Grundstückstransaktionen mit ausländischen Bezügen zu klären, nach welchem Recht ein Zeichnungsvertrag über ein inländisches Grundstück abgeschlossen wird.

Gem. Art. 4 Abs. 1c Rom I-VO ist das Recht des Staates anwendbar, auf dessen Territorium das Grundstück zu verorten ist. Im Detail ist zwischen dem Verpflichtungsgeschäft und Verfügungsgeschäft zu unterscheiden. Während die Vertragsparteien kraft ausdrücklicher Regelung (Art. 3 Abs. 1 S. 2 Rom I-VO) oder sich aus den Umständen ergebenen Auslandsbezug (Art. 4 Abs. 1 lit. c) Rom I-VO) den Verpflichtungsvertrag über ein inländisches Grundstück auch nach ausländischem Recht abschließen können, ist diese Gestaltungsfreiheit bei dem Verfügungsgeschäft stark eingeschränkt. Inländische Grundstücke können nur unter Geltung der inländischen Formvorschriften veräußert werden (Art. 43 Abs. 1 EGBGB). Veräußerer und Erwerber müssen die Auflassung damit vor einem inländischen Notar erklären (§ 925 BGB).[890]

(3) Nachweis zum Abschluss des Verpflichtungsgeschäfts

Wollen ausländische Vertragsparteien ein inländisches Grundstück als Sacheinlage einbringen, so kann der schuldrechtliche Zeichnungsvertrag formfrei geschlossen werden, wenn das ausländische Recht vereinbart ist und keinerlei Formerfordernisse aufstellt. Der dingliche Vollzug des schuldrechtlichen Zeichnungsvertrages ist aber in jedem Fall nur unter Einschaltung eines in Deutschland ansässigen Notars vollziehbar. Im Rahmen der Übertragung des Grundstücks an die

889 Vgl. zur analogen Lösung *Krauß*, in: BeckNotHdB § 1 Rn. 662.

890 BGH NJW 2020, 1670; BGH WM 1968, 1170; KG DNotZ 1987, 44; Grüneberg/*Thorn* EGBGB Art. 11 Rn. 10 mwN; *Ulrich/Böhle* GmbHR 2007, 566 (571); BeckOKBGB/*Mäsch* VO (EG) 593/2008 Art. 11 Rn. 70.

Aktiengesellschaft haben die Beteiligten dem Notar die Existenz eines (formfrei) geschlossenen Zeichnungsvertrages darzulegen, während das Grundbuchamt die Vorlage dieses Zeichnungsvertrages nicht verlangen kann.[891]

Um den Nachweis gegenüber dem Notar zu erbringen, genügt eine Kommunikation über eine audiovisuelle Echtzeitverbindung. Ist der Zeichnungsvertrag gar formfrei zustande gekommen, existiert nicht einmal notwendig ein Dokument, welches dem Notar überreicht werden kann. So kann sich der Notar die nach § 311b Abs. 1 S. 1 BGB erforderliche Urkunde nicht vorlegen lassen (§ 925a BGB). § 925a BGB findet bei Rechtsgeschäften mit Auslandsbezug konsequenterweise keine Anwendung.[892] Wurde der Zeichnungsvertrag mündlich geschlossen, so müssen die Parteien darlegen, woraus sich der Anspruch auf Übergabe und Übereignung ergibt. Diese Begründung hat der Notar in die Niederschrift aufzunehmen.[893]

Existiert ein schriftlicher Zeichnungsvertrag, ist dieser dem Notar per Post zu übersenden. Persönliches Erscheinen wäre damit ohnehin zwecklos und nicht erforderlich. Bestehen Rechtszweifel an der Formwirksamkeit des Zeichnungsvertrages, so kann der die Auflassungserklärungen entgegennehmende Notar den Zeichnungsvertrag mit beurkunden.[894] Dies steht in einem elektronischen Gründungsverfahren unter der Voraussetzung, dass das Beurkundungserfordernis gem. § 311b Abs. 1 BGB dem elektronischen Beurkundungsverfahren zugänglich gemacht werden kann.

(4) Beteiligung von Bevollmächtigten

Vorteile können sich aus einem elektronischen Übertragungsverfahren dann ergeben, wenn sich der Veräußerer bei der Erklärung der Auflassung vertreten lassen möchte. In einem Präsenzverfahren, müsste er eine Vollmacht in beglaubigter Form ausstellen oder gar ein

891 *Zimmermann*, in: BeckNotarHdB § 28 Rn. 110.

892 MüKoBGB/*Kanzleiter* BGB § 925a Rn. 2; *Zimmermann*, in: BeckNotar-HdB, § 28 Rn. 109.

893 *Zimmermann*, in: BeckNotarHdB § 28 Rn. 109.

894 MüKoBGB/*Kanzleiter* § 925a Rn. 3 f.; *Zimmermann*, in: BeckNotHdB § 28 Rn. 110.

im Ausland befindliches deutsches Konsulat aufsuchen und dort die Auflassung erklären (§ 12 Nr. 1 KonsularG).[895] Unterstellt, die Auflassung ließe sich in einem Online-Sachgründungsverfahren über elektronische Fernkommunikationsmittel erklären, entfällt zumindest der eine Vollmacht notwendig machende organisatorische und logistische Aufwand. Ob eine Vertretung fortan überhaupt notwendig wäre, ist grundsätzlich zu bezweifeln. Denn die mit den Formerfordernissen entstehenden logistischen und zeitlichen Hürden werden durch ein Online-Verfahren ohnehin neutralisiert. Auf der anderen Seite ist das elektronische Beglaubigungsverfahren nach hier vertretener Auffassung für die Beglaubigung von Vollmachten zu öffnen. Mithin könnte auf die bestehende digitale Infrastruktur auch im Rahmen einer elektronischen Auflassung zurückgegriffen werden. Digitale Lösungen bestehen damit schon.

bb) Erwerb eines im Ausland befindlichen Grundstücks

Etwas übersichtlicher ist die Rechtslage, wenn auf die Sacheinlageverpflichtung im Ausland befindliche Grundstücke geleistet werden sollen. Die Verpflichtung zur Veräußerung und ihr Vollzug richten sich gem. Art. 4 Abs. 1c Rom I-VO nach dem Belegenheitsort des Grundstücks und damit aus deutscher Sicht nach ausländischem Recht. Verantwortungsbewusste Notare lehnen solche Beurkundungen auf Grund fehlender Kenntnis von ausländischem Recht ohnehin ab.[896] Das Problem von Sacheinlagen in Form von ausländischen Grundstücken stellt sich bei einer grenzüberschreitenden Online-Gründung einer Aktiengesellschaft somit nicht.

cc) Erwerb eines im Ausland befindlichen Grundstücks unter Beteiligung eines ausländischen Veräußerers

Wird ein ausländisches Grundstück durch einen ausländischen Veräußerer als Sacheinlage geleistet, so gilt das jeweils unter aa) und bb) Gesagte. Zusätzliche Problemkreise entstehen nicht.

---

895 *Zimmermann*, in: BeckNotHdB § 28 Rn. 108.

896 *Zimmermann*, in: BeckNotHdB § 28 Rn. 122.

b) Zwischenergebnis

Erfolgt die Sacheinlageleistung eines Grundstücks mit Bezug zum Ausland, hat der Notar einige Verfahrensschritte zu beachten. Aus den Anforderungen einer Online-Gründung resultieren hingegen keine zusätzlichen Problemkreise. Aus deutscher Sicht sind allein die Formerfordernisse des Verpflichtungs- und Verfügungsgeschäft entscheidend. Ob sich diese in einem elektronischen Verfahren erfüllen lassen, wird Gegenstand der nachfolgenden Untersuchung.

III. Umsetzung der Online-Sachgründung

In einem nächsten Schritt ist das Sachgründungsverfahren auf seine Vereinbarkeit mit den Anforderungen einer elektronischen Gründung zu untersuchen. Hierzu wird das analoge Gründungsverfahren Schritt für Schritt dargestellt, mit dem Ziel, jeden Schritt in ein elektronisches Äquivalent zu übersetzen.

1. Verfahrensschritte der Geldgründung gelten entsprechend

Zuvörderst ist festzustellen, dass die Verfahrensschritte einer Geldgründung gleichermaßen bei einer Sachgründung einzuhalten sind. Insoweit wird auf das vorherige Kapitel verweisen. Die Ausführungen im Folgenden ergänzen somit das bereits zu einer elektronischen Geldgründung Gesagte, sofern im Folgenden nichts Abweichendes ausgeführt wird.

Insbesondere bestehen keinerlei Bedenken, dass bestimmte Dokumente elektronisch beurkundet werden müssen, nur weil die Einlageverpflichtung durch eine Sacheinlage erbracht werden soll. Denn das Beurkundungsverfahren bemisst sich überwiegend nach den Vorschriften des BeurkG und der BNotO. Weder das GmbHG noch das AktG stellen Anforderungen an das Beurkundungsverfahren. Die vorstehende Untersuchung hat gezeigt, dass die nach dem Aktienrecht beurkundungsbedürftigen Rechtsgeschäfte elektronisch beurkundet werden können, ohne dass hierbei ein Verfahren zweiter Klasse entsteht. Dass in der Satzung statt einer Geldleistung eine Sacheinlage festgesetzt ist, ändert daran nichts. Denn der Notar kann auch unter Nutzung von Fernkommunikationsmitteln seinen Kardinalpflichten umfassend nachkommen. Aus notarieller Sicht spricht nichts dagegen, dass die Sachgründung einer Aktiengesellschaft unter Nutzung des von der Bundesnotarkammer bereitgestellten Videokommunikationssystems begleitet werden kann.

2. Festsetzung in der Satzung, § 27 Abs. 1 S. 1 AktG

a) Überblick

Keinerlei Probleme bereitet die Anforderung nach § 27 Abs. 1 S. 1 AktG, nach der die Sacheinlage oder die Sachübernahme, die Person, von der die Gesellschaft den Gegenstand erwirbt, und der Nennbetrag, bei Stückaktien die Zahl der bei der Sacheinlage zu gewährenden Aktien oder die bei der Sachübernahme zu gewährende Vergütung in der Satzung festzusetzen ist.[897] In Kombination mit der Übernahme- und Zeichnungserklärung eines (künftigen) Gesellschafters ist dieser materielle Bestandteil der Satzung als körperschaftsrechtliche Sacheinlagevereinbarung zu bezeichnen.[898] Das Gesetz stellt in § 27 Abs. 1 S. 1 AktG lediglich inhaltliche Anforderungen an die Satzung, wenn das Stammkapital teilweise durch Sacheinlagen geleistet werden soll.

Weitere Anforderungen muss der Satzungsgeber bei einer elektronischen Sachgründung mithin nicht beachten. Da die Online-Gründung einer Aktiengesellschaft nach hier vertretener Ansicht nicht auf Grundlage einer Mustersatzung anzubieten ist, genießen die Satzungsgeber im Rahmen des Prinzips der Satzungsstrenge (§ 23 Abs. 5 AktG) umfassende Gestaltungsfreiheit. Dies gilt auch bei einer elektronischen

897 Zum genauen Inhalt der Satzung im Rahmen einer Sachgründung vgl. *Hoffmann-Becking*, in: MünchHdB-GesR Band 4 § 4 Rn. 1 ff.; BeckOGKAktG/*Katzenstein* § 27 Rn. 68 ff.; MüKoAktG/*Pentz* § 27 Rn. 72 ff.; Herrler/*Herrler* GesR in der Notar- und Gestaltungspraxis § 7 Rn. 254 ff.

898 BGHZ 45, 338; GroßkommAktG/*Schall* Band 2 § 27 Rn. 101 f.; MüKoAktG/*Pentz* § 27 Rn. 16; Hüffer/Koch/*Koch* AktG § 27 Rn. 4; *Hoffmann-Becking*, in: MünchHdB-GesR Band 4 § 4 Rn. 7.

Sachgründung. Wie schon bei einer Geldgründung, ist die Satzung in einem elektronischen Dokument fortzuschreiben, welches im Anschluss an die Verlesung der Urkunde elektronisch zu beurkunden ist. So hat der Notar bei der Gestaltung der Satzung lediglich darauf zu achten, die bei einer Sachgründung erforderlichen Angaben in die Satzung mit aufzunehmen. Darüberhinausgehende Besonderheiten ergeben sich aus dem Erfordernis der Festsetzung in der Satzung nicht.[899] Denn ob der Notar zwingende Vorgaben bei einer physischen oder einer elektronischen Urkunde zu beachten hat, ist unerheblich.

b) Sinn und Zweck der Festsetzung in der Satzung

Der Festsetzung in der Satzung kommt eine doppelte Bedeutung zu. Neben dem Publizitätsgebot im Interesse des Rechtsverkehrs, verpflichtet sie in Verbindung mit der im Gründungsprotokoll erklärten Übernahmeerklärung den einzelnen Aktionär zum Leisten dieser Sacheinlage und ist damit zu einem Verpflichtungsgeschäft zu erheben[900].

Ersteres lässt sich auch bei einer elektronischen Beurkundung erreichen. Für den Rechtsverkehr ist allein entscheidend, die Sachgründung der öffentlich einsehbaren Satzung entnehmen zu können. Ob ein elektronisches Dokument an das Handelsregister übersendet wird oder lediglich eine beglaubigte Abschrift der originalen Urkunde, ist unerheblich. In beiden Fällen ist für den Rechtsverkehr einsehbar, ob und was für Sacheinlagen auf die Einlageverpflichtung geleistet wurden.

Letztere Erkenntnis ist entscheidend, wenn zur Verpflichtung zur Übertragung bestimmter Sachen oder Rechte gesonderte Formerfordernisse zu beachten sind. Dadurch, dass die Sacheinlagevereinbarung als Verpflichtungsgeschäft qualifiziert wird, unterliegt sie in Abhängigkeit der zu leistenden Sacheinlage den allgemeinen Formvorschriften. Sollen als Sacheinlage beispielsweise GmbH-Geschäftsanteile oder Grundstücke geleistet werden, ist diese Sacheinlagevereinbarung gem. § 15 Abs. 4 GmbHG bzw. § 311b Abs. 1 BGB notariell zu beurkunden.

899 So im Ergebnis zu einer Online-Sachgründung einer GmbH auch *Keller/Schümmer* NZG 2021, 573 (577).

900 Herrler/*Herrler* GesR in der Notar- und Gestaltungspraxis § 7 Rn. 266.

Dieses Formerfordernis ist mit der elektronischen Beurkundung der Satzung grundsätzlich eingehalten.[901] Ob sich ein elektronisches Beurkundungsverfahren des Verpflichtungsgeschäfts zur Veräußerung von GmbH-Anteilen oder Grundstücken eignet, ist sogleich an anderer Stelle gesondert zu untersuchen.[902]

Zunächst genügt die nüchterne Feststellung, dass keine zusätzlichen Verfahrensschritte bei der Verpflichtung zur Leistung von Sacheinlagen oder Sachübernahmen anfallen, unabhängig davon, ob die einer Übertragung von Sachen zugrundeliegende causa nach weiteren Formerfordernissen verlangt oder nicht.

3. Das Vollzugsgeschäft

a) Begriffsbestimmung

Für die Erfüllung der in der Satzung begründeten Verpflichtung zur Leistung der Sacheinlage ist ihr dinglicher Vollzug notwendig (§ 36a Abs. 2 AktG). Das dingliche Vollzugsgeschäft wird teilweise als Einbringungsvertrag bezeichnet. Eine Definition lässt sich dem Gesetz nicht entnehmen. Auch in der Rechtsprechung und der Literatur wird der Begriff uneinheitlich verwendet.[903]

Zwar kann der Einbringungsvertrag die Sacheinlagevereinbarung inhaltlich ergänzen. Sein Inhalt beschränkt sich in der Praxis als dingliches Vollzugsgeschäft meist darauf, die in der Satzung festgesetzte Einlageverpflichtung zu erfüllen.[904]

---

901 MüKoAktG/*Pentz* § 27 Rn. 16; Hüffer/Koch/*Koch* AktG § 27 Rn. 4.

902 Hierzu sogleich unter H.IV. und H.V. Zur Beantwortung dieser Frage ist maßgeblich, ob sich § 15 Abs. 4 GmbHG und § 311b Abs. 1 BGB sinnvoller Weise für ein elektronisches Beurkundungsverfahren öffnen lassen.

903 Vgl. *Kley* RNotZ 2003, 17 ff.; Herrler/*Herrler* GesR in der Notar- und Gestaltungspraxis § 7 Rn. 267; BeckNotHdB/*Heckschen* § 23 Rn. 65; *Hoffmann-Becking*, in: MünchHdB-GesR Band 4 § 4 Rn. 7 ff.

904 Näheres *Hoffmann-Becking*, in: MünchHdB-GesR Band 4 § 4 Rn. 8; Herrler/*Herrler* GesR in der Notar- und Gestaltungspraxis § 7 Rn. 266.

b) Inhalt

Inhaltliche Details des Einbringungsvertrags[905] sind aus der Perspektive der Anforderungen einer elektronischen Gründung allerdings von untergeordneter Bedeutung. Denn der Inhalt lässt sich beliebig wählen, unabhängig davon, in welcher Form er festgehalten wird oder in welcher Art und Weise die Beteiligten miteinander kommunizieren. Bei der inhaltlichen Gestaltung des Einbringungsvertrages ist lediglich darauf zu achten, den Mindestinhalt aufzunehmen. Darüber hinaus ergeben sich jedoch keine weiteren Besonderheiten daraus, dass die Gründer die Satzung bei einer Sachgründung elektronisch beurkunden lassen.

c) Form

Entscheidend hervorzuheben ist, dass der Einbringungsvertrag in der Praxis zusammen mit dem Satzungsbeschluss, zumindest aber gleich im Anschluss abgeschlossen wird.[906] So können die Beteiligten den Einbringungsvertrag über das audiovisuelle Videokommunikationssystem inhaltlich besprechen und durch qualifiziert elektronische Signatur zum Abschluss bringen. Notwendig ist dies nicht. Bei formfreien Rechtsgeschäften genügt die elektronische Fixierung des Einbringungsvertrages als Anlage zur Gründungsurkunde, damit dieser an das Registergericht als Grundlage für die Werthaltigkeitskontrolle[907] übersendet werden kann.

d) Zeitpunkt des Vollzugs

Für das Online-Gründungsverfahren ist weiterhin entscheidend, zu welchem Zeitpunkt die Sacheinlage an die Aktiengesellschaft bzw. an die mit der Aktiengesellschaft rechtlich identische Vor-AG zu leisten ist, wenn die Sacheinlage in der Verpflichtung besteht einen Vermögensgegenstand an die Gesellschaft zu übertragen (§ 36a Abs. 2

905 Vgl. zur Gestaltungsfreiheit des Einbringungsvertrages MüKoAktG/*Schürnbrand* § 183 Rn. 23, 26; *Hoffmann-Becking*, in: FS Lutter, 2000, S. 453 (459 ff.).

906 *Hofmann-Becking*, in: MünchHdB-GesR Band 4 § 4 Rn. 8 aE.

907 *Hofmann-Becking*, in: MünchHdB-GesR Band 4 § 4 Rn. 10; *Heckschen*, in: BeckNotHdB § 23 Rn. 65.

S. 2 AktG). Denn muss der Vermögensgegenstand bereits im Zeitpunkt der Anmeldung der Aktiengesellschaft zur Eintragung in das Handelsregister vollständig in das Eigentum bzw. die Berechtigung der (Vor-)AG übergegangen sein, so werden bis zu diesem Zeitpunkt zusätzliche Verfahrensschritte notwendig. Bei der Übertragung eines Grundstücks müsste beispielsweise die dingliche Einigung in Form der Auflassung (§§ 873, 925 BGB) vor einem Notar erklärt und die dingliche Rechtsänderung beim Grundbuchamt zur Eintragung angemeldet werden. Muss der Vermögensgegenstand im Zeitpunkt der Anmeldung der Aktiengesellschaft zur Eintragung in das Handelsregister hingegen nicht übertragen werden, so genügt die Begründung der Verpflichtung, den Vermögensgegenstand zu übertragen, wohingegen die Leistung innerhalb der ersten fünf Jahre nach Eintragung der Gesellschaft in das Handelsregister zu bewirken ist. Weitere Vollzugsgeschäfte würden während der Online-Gründung damit nicht anfallen.

Im Gegensatz zur Sachgründung einer GmbH, ergibt sich der Leistungszeitpunkt nicht eindeutig aus dem Gesetz. Gem. § 7 Abs. 3 GmbHG ist ausdrücklich vorgeschrieben, dass Sacheinlagen vor der Anmeldung der Gesellschaft zur Eintragung in das Handelsregister so an die Gesellschaft zu bewirken sind, dass sie endgültig zur freien Verfügung der Geschäftsführer stehen. Hingegen heißt es in § 36a Abs. 2 S. 1 AktG lediglich, dass Sacheinlagen vollständig zu leisten sind. Im systematischen Zusammenhang zu § 37 Abs. 1 AktG, der von der Anmeldung der Gesellschaft spricht, ließe sich schlussfolgern, dass die Sacheinlage im Zeitpunkt der Anmeldung der Aktiengesellschaft vollständig geleistet sein muss. Für den Fall, dass die Sacheinlage in der Verpflichtung besteht, einen Vermögensgegenstand auf die Gesellschaft zu übertragen, fügt § 36a Abs. 2 S. 2 AktG allerdings einschränkend hinzu, dass die Leistung innerhalb von fünf Jahren nach der Eintragung der Gesellschaft in das Handelsregister zu bewirken ist. Dem Gesetz ist somit nicht unmittelbar zu entnehmen, zu welchem Zeitpunkt ein Aktionär das dingliche Vollzugsgeschäft abzuschließen hat.

aa) Mindermeinung

Nach der Mindermeinung[908] sollen systematische Überlegungen dafürsprechen, dass der Vermögensgegenstand bereits im Zeitpunkt der Anmeldung der Aktiengesellschaft zur Eintragung vollständig an diese zu übertragen ist. § 36a Abs. 2 S. 2 AktG sei demnach als Ausnahmeregelungen für Sacheinlagen zu verstehen, deren Inhalt sich ausschließlich auf einen schuldrechtlichen Herausgabeanspruch eines Vermögengegenstandes gegen einen Dritten beschränkt, während § 36a Abs. 2 S. 1 AktG jeden Sacheinlagegenstand eines Gesellschafters erfassen soll.[909] Im Ergebnis haben die Aktionäre die Sacheinlage bereits im Zeitpunkt der Anmeldung der Aktiengesellschaft vollständig zu leisten, während Dritte die Forderung erst fünf Jahre nach der Anmeldung der Aktiengesellschaft zu erfüllen haben.[910]

Hierfür spräche einerseits, dass § 36a Abs. 2 S. 1 AktG als Regel und § 36a Abs. 2 S. 2 AktG als Ausnahme von dieser Regel zu verstehen sei. Würde man lediglich danach verlangen, dass jede Sacheinlage erst innerhalb von fünf Jahren nach der Eintragung der Aktiengesellschaft im Handelsregister zu leisten sei, entstünden zusätzlich Unsicherheiten, wer das Risiko von etwaigen Wertminderungen der Sacheinlagen zu tragen habe. Schon im Lichte der Rechtssicherheit sei die Sacheinlage nach § 36a Abs. 2 S. 1 AktG bereits im Zeitpunkt der Anmeldung vollständig zu leisten.[911]

bb) Herrschende Meinung

Verpflichtet sich ein Aktionär zur dinglichen Übertragung eines Vermögensgegenstandes, so genügt der dingliche Vollzug dieser Verpflichtung in einem Zeitfenster von fünf Jahren ab der Eintragung der Aktiengesellschaft in das Handelsregister, wohingegen die Verpflichtung schon im Zeitpunkt der Eintragung begründet sein muss. Die Verpflichtung zur Übertragung erfasst damit nur solche Übertragungs-

908 BeckOGKAktG/*Stelmaszczyk* § 36a Rn. 11; Wachter/*Wachter* AktG § 36a Rn. 13; *Lutter* AG 1994, 429 (432 f.).

909 *Lutter* AG 1994, 429 (432 f.).

910 Wachter/*Wachter* § 36a Rn. 1; BeckOGKAktG/*Stelmaszczyk* § 36a Rn. 11.

911 BeckOGKAktG/*Stelmaszczyk* § 36a Rn. 11.

tatbestände, die ein Rechtsgeschäft voraussetzen. Verpflichtet sich ein Aktionär zur Übertragung von Besitz, zum Beispiel im Rahmen einer Gebrauchs- oder Nutzungsüberlassung, so muss diese Einlageverpflichtung bereits im Zeitpunkt der Eintragung der Aktiengesellschaft in das Handelsregister bewirkt sein.

cc) Stellungnahme

Der Streit soll durch Auslegung entschieden werden.

Zunächst ist § 36a Abs. 2 S. 2 AktG dem Wortlaut nach auszulegen. Gem. § 36a Abs. 2 S. 2 AktG muss die Leistung innerhalb von fünf Jahren nach der Eintragung der Gesellschaft in das Handelsregister bewirkt sein, wenn die Sacheinlage in der Verpflichtung besteht, einen Vermögensgegenstand auf die Gesellschaft zu übertragen. Fraglich ist, was unter „übertragen" i.S.d. § 36a Abs. 2 S. 2 AktG zu verstehen ist. Das Verb „übertragen" erfasst in der deutschen Sprache vielerlei Vorgänge. So lässt sich eine Zeichnung von einem Blatt auf ein anderes Blatt übertragen, aber auch ein Gen oder Blut. Entscheidend ist, dass etwas von einem Ort an einen anderen gelangt.[912] Für die uns vorliegende Frage hilft diese Erkenntnis nicht weiter. Denn sowohl der Besitz, als auch das Eigentum lässt sich von einer Person auf eine andere Person übertragen. Entscheidend ist, was „übertragen" im juristischen Sinne meint. Hierzu liefern die §§ 929 S. 1, 854 BGB Hinweise. Gem. § 929 S. 1 BGB wird Eigentum an einer Sache übertragen, in dem der Eigentümer die Sache dem Erwerber übergibt und beide darüber einig sind, dass das Eigentum übergehen soll. Übertragen meint damit den Übergang des Eigentums von dem Erwerber auf den Veräußerer, wozu es erst kommen kann, wenn dem Erwerber die Sache übergeben, das heißt der Besitz verschafft wird. Das schließt es im Rahmen des § 36a Abs. 2 S. 2 BGB aus, unter „übertragen" auch den Übergang von Besitz zu subsumieren. Denn die Übertragung ist nach § 929 S. 1 BGB der durch ein Rechtsgeschäft getragene Übergang von Eigentum.

Auch § 854 Abs. 1 BGB stützt dieses Ergebnis. Denn Besitz erwirbt gem. § 854 Abs. 1 BGB, wer die tatsächliche Gewalt über die Sache

912 https://www.duden.de/rechtschreibung/uebertragen_dolmetschen_umwandeln_senden (zuletzt aufgerufen am: 16.11.21, 12:06 Uhr)

erwirbt. Das Erlangen der tatsächlichen Gewalt über eine Sache ist möglich, ohne dass es hierzu eines Rechtsgeschäfts bedarf. Es genügt ein Realakt.

Die Wortlautauslegung des Wortes „übertragen" streitet für die herrschende Meinung.

Fraglich ist, ob die historische Entwicklung der Norm Aufschluss geben kann. Die Sätze 1 und 2 des § 36a Abs. 2 AktG sind in der heutigen Fassung seit dem 1. Juli 1979 unverändert geblieben. Seither sind Sacheinlagen nach S. 1 vollständig zu leisten, aber nach S. 2 innerhalb von 5 Jahren nach Anmeldung der Aktiengesellschaft zu bewirken, soweit die Sacheinlage in der Verpflichtung besteht, einen Vermögensgegenstand auf die Gesellschaft zu übertragen.[913] In diesem Zusammenhang ist zu erwähnen, dass mit § 36a Abs. 2 S. 1, 2 AktG der Art. 9 Abs. 2 der zweiten Richtlinie des Europäischen Rates zur Koordinierung des Gesellschaftsrechts[914] (kurz: Richtlinie EWG 77/91) umgesetzt wurde. Gem. Art. 9 Abs. 2 Richtlinie EWG 77/91 müssen Einlagen, die nicht Geldeinlagen sind, für Aktien, die im Zeitpunkt der Gründung der Gesellschaft oder im Zeitpunkt der Erteilung der Genehmigung zur Aufnahme ihrer Geschäftstätigkeit ausgegeben werden, innerhalb von fünf Jahren nach diesem Zeitpunkt vollständig geleistet werden.[915] Zusätzlich ist hervorzuheben, dass die finale Fassung des Art. 9 Abs. 2 Richtlinie EWG 77/91 seit seiner Vorentwurfsfassung Änderungen erfahren hat. Noch in der Vorentwurfsfassung hieß es, dass die Sacheinlage bereits im Zeitpunkt der Anmeldung durch ein dingliches Vollzugsgeschäft vollständig in das Vermögen der Aktiengesellschaft geleistet werden musste.[916] Auf Grund von zeitintensiven Förmlichkeiten, wie zum Beispiel der im Einzelfall notwendigen Eintragung einer dinglichen Rechtsänderung in ein Register, hat

913 Vgl. hierzu BT-Drs. 8/1678, S. 3 aE.

914 Zweite Richtlinie 77/91/EWG des Rates vom 13. Dezember 1976 zur Koordinierung der Schutzbestimmungen, die in den Mitgliedstaaten den Gesellschaften im Sinne des Artikels 58 Absatz 2 des Vertrages im Interesse der Gesellschafter sowie Dritter für die Gründung der Aktiengesellschaft sowie für die Erhaltung und Änderung ihres Kapitals vorgeschrieben sind, um diese Bestimmungen gleichwertig zu gestalten.

915 Vgl. Art. 9 Abs. 2 Richtlinie 77/91/EWG, Nr. L 26/4.

916 BT-Drs. 8/1678, S. 13.

sich der Europäische Rat nach den Verhandlung hingegen bewusst dafür entschieden, auf das Erfordernis des dinglichen Vollzugs einer Sacheinlage im Zeitpunkt der Eintragung der Aktiengesellschaft zu verzichten und das Einbringen eines schuldrechtlichen Anspruchs auf Übertragung einer Sache als Sacheinlage im Zeitpunkt der Anmeldung genügen zu lassen.[917]

Zur Umsetzung der Vorgaben der Richtlinie EWG 77/91 stellt § 36a Abs. 2 S. 1 AktG seither den Grundsatz auf, dass die Sacheinlage, worunter nach eindeutiger Auffassung des Gesetzgebers auch schuldrechtliche Forderungen fallen, bereits im Zeitpunkt der Anmeldung der Aktiengesellschaft zur Eintragung in das Handelsregister eingebracht sein müssen. Hierfür genügt nach obigen Ausführungen bereits die Festsetzung der Sacheinlage in der Satzung, da hiermit die Einlageverpflichtung entsteht. Damit ist zumindest die Forderung eingebracht, den Vermögensgegenstand im Zuge des dinglichen Vollzugsgeschäfts an die Gesellschaft zu übertragen.

Der Vollzug dieser Einlageverpflichtung hat so dann nach der in § 36 Abs. 2 S. 2 AktG festgesetzten Einschränkung innerhalb von fünf Jahren ab dem Zeitpunkt der Eintragung der Aktiengesellschaft zu erfolgen.[918] Im Ergebnis spricht die historische Auslegung dagegen, dass das dingliche Vollzugsgeschäft bereits im Zeitpunkt der Anmeldung vollständig bewirkt sein muss. Vielmehr genügt zu diesem Zeitpunkt die bloße Verpflichtung zur Sacheinlageleistung in der Satzung.[919]

Hingegen führen systematische Überlegungen zu keinem Ergebnis. Teilweise wird darauf hingewiesen, dass der systematische Zusammenhang zu § 37 Abs. 1 AktG dafür streiten soll, dass die Einlageverpflichtung bereits im Zeitpunkt der Anmeldung zur Eintragung vollzogen sein muss.[920] Dort heißt es, dass in der Anmeldung zu erklären ist,

---

917 BT-Drs. 8/1678, S. 13.

918 So die hM, vgl. hierzu Hüffer/Koch/*Koch* AktG § 36a Rn. 4; K. Schmidt/Lutter/*Kleindiek* AktG § 36a Rn. 5; *Krebs/Wagner* AG 1998, 467 (468 ff.); *Hoffmann-Becking*, in: MünchHdB-GesR Band 4 § 4 Rn. 44; MüKoAktG/*Pentz* § 36a Rn. 12 ff.; GroßkommAktG/*Röhricht/Schall* Band 2 § 36a Rn. 4 ff.; Hölters/*Solveen* AktG § 36a Rn. 5; Grigoleit/*Vedder* AktG § 36a Rn. 4.

919 So im Ergebnis auch MüKoAktG/*Pentz* § 36a Rn. 14 f.; Hüffer/Koch/*Koch* AktG § 36a Rn. 4; Grigoleit/*Vedder* AktG § 36a Rn. 4.

920 *D. Mayer* ZHR 154 (1990), 535 (538 ff.).

dass die Voraussetzungen des § 36 Abs. 2 und des § 36a Abs. 2 AktG erfüllt sind. Der systematische Vergleich lässt sich nach hier vertretener Auffassung sowohl für die herrschende Ansicht als auch für die Minderansicht auslegen. Denn der systematische Vergleich zu § 37 Abs. 1 AktG ist davon abhängig, was die Voraussetzungen des § 36a Abs. 2 AktG sind.

Der herrschenden Meinung ist hinzuzufügen, dass ein systematischer Vergleich zu § 7 Abs. 3 GmbHG wiederum ihr Ergebnis stützt. Nach § 7 Abs. 3 GmbHG sind Sacheinlagen vor der Anmeldung der Gesellschaft zur Eintragung in das Handelsregister so an die Gesellschaft zu bewirken, dass sie endgültig zur freien Verfügung der Geschäftsführer stehen. Gem. § 36a Abs. 2 S. 2 AktG sind Sacheinlagen, die in der Verpflichtung zur Übertragung eines Vermögensbestehen bestehen, innerhalb der ersten fünf Jahre nach der Eintragung der Aktiengesellschaft in das Handelsregister zu bewirken.

Damit unterscheiden sich § 7 Abs. 3 GmbHG und § 36a Abs. 2 AktG erheblich. Denn § 7 Abs. 3 GmbHG sieht ersichtlich keine Einschränkung zu dem Gebot der vollständigen Leistungserbringung im Zeitpunkt der Anmeldung der GmbH vor. Dabei hätte sich der Gesetzgeber des § 7 Abs. 3 GmbHG durchaus an der Regelung des § 36a Abs. 2 AktG orientieren können. Hervorzuheben ist nämlich, dass § 7 Abs. 3 GmbHG durch die Novelle des GmbH-Gesetzes 1980[921] neu geschaffen wurde und die zu diesem Zeitpunkt höchstrichterliche Rechtsprechung[922] zum Gebot der vollständigen Sacheinlageleistung kodifizierte.[923]

Offensichtlich hat sich der Gesetzgeber des § 7 Abs. 3 GmbHG bewusst dagegen entschieden, eine zu diesem Zeitpunkt schon im Aktienrecht geltende Parallelregelung in das GmbHG aufzunehmen, sondern vielmehr bewusst dafür entscheiden, das Leisten von Sacheinlagen im GmbHG abweichend vom AktG zu regeln. Hätte der Gesetzgeber des Aktienrechts eine vollständige Leistung der Einlageverpflichtung

921 Gesetz zur Änderung des Gesetzes betreffend die Gesellschaften mit beschränkter Haftung und anderer handelsrechtlicher Vorschriften v. 4.7.1980, BGBl. 1980 I, S. 836.

922 BGHZ 45, 338 = NJW 1966, 1311 (1313) mwN.

923 MüKoGmbHG/*Herrler* § 7 Rn. 7.

bereits im Zeitpunkt der Anmeldung der Aktiengesellschaft zur Eintragung in das Handelsregister verlangt, dann hätte der Gesetzgeber zum § 7 Abs. 3 GmbHG den Wortlaut des § 36a Abs. 2 S. 2 GmbHG übernehmen können. Allerdings fehlt es in § 7 Abs. 3 GmbHG an der Einschränkung nach dem Vorbild des § 36a Abs. 2 S. 2 AktG, nach welchem die Sacheinlage innerhalb von fünf Jahren nach der Eintragung der Gesellschaft im Handelsregister zu leisten ist. Gem. § 7 Abs. 3 GmbHG bleibt es uneingeschränkt dabei, dass die Einlageverpflichtung bereits im Zeitpunkt der Anmeldung der Gesellschaft zur Eintragung im Handelsregister bewirkt sein muss. Im Umkehrschluss kann § 36a Abs. 2 AktG nicht dahin interpretiert werden, dass die Einlageverpflichtungen im AktG wie im GmbHG zum Zeitpunkt der Anmeldung der Gesellschaft vollständig bewirkt sein müssen. Dies folgt schon aus dem unterschiedlichen Wortlaut von § 7 Abs. 3 GmbHG und § 36a Abs. 2 AktG.

Zuletzt ist der Sinn und Zweck des § 36a Abs. 2 S. 2 AktG zu erwähnen. Dieser wird darin erkannt, dass § 36a Abs. 2 S. 2 AktG das Prinzip der Kapitalaufbringung schützt. Dieser Zweck wird nicht konterkariert, wenn der dingliche Vollzug der Einlageverpflichtung innerhalb der ersten fünf Jahre ab Eintragung der Aktiengesellschaft in das Handelsregister erfolgt. Denn durch das Erfordernis der Bewertung der Einlageverpflichtung und dem Verbot der Unterpari-Emission bestehen ausreichende Schutzmechanismen.[924]

Als Ergebnis ist festzuhalten, dass die historische und systematische Auslegung und das auch der Wortlaut das Ergebnis der herrschenden Meinung stützen. Der Sinn und Zweck von § 36a Abs. 2 S. 2 AktG steht dieser Auslegung nicht im Weg. Der herrschenden Meinung ist zu folgen.

e) Zwischenergebnis: Folgen für die Online-Sachgründung einer Aktiengesellschaft

Als Zwischenergebnis ist festzuhalten, dass das dingliche Vollzugsgeschäft einer Sacheinlage gem. § 36a Abs. 2 AktG nicht bereits im

924 Hierzu und zum Vorstehenden Henssler/Strohn/*Vetter*/*Schulenburg* GesR AktG § 36a Rn. 5.

Zeitpunkt der Anmeldung der Gesellschaft zur Eintragung in das Handelsregister durchgeführt sein muss. Hierzu haben die Gründer ab dem Zeitpunkt der Eintragung der Aktiengesellschaft fünf Jahre Zeit (§ 36a Abs. 2 S. 2 AktG). Die Online-Sachgründung einer Aktiengesellschaft wird damit zumindest bis zum Zeitpunkt der Anmeldung zur Eintragung im Gegensatz zum Sachgründungsrecht der GmbH etwas entschlackt. Damit entfällt gegenüber der Sachgründung einer GmbH ein Verfahrensschritt, der die Online-Sachgründung einer Aktiengesellschaft kürzer gestaltet.

Entscheiden sich einzelne Aktionäre dazu, Grundstücke oder GmbH-Anteile als Sacheinlage in die Aktiengesellschaft einzubringen, so genügt im Zeitpunkt der Anmeldung der Aktiengesellschaft ihre Festsetzung in der Satzung. Sollen Grundstücke geleistet werden, ist dies von besonderem Vorteil. Denn dann entfällt der zeitintensive Prozess, der für die Auflassung und Eintragung der dinglichen Rechtsänderung im Grundbuch erforderlich wird. Gegen die Grundidee einer Online-Gründung spricht diese Handhabung nicht. Denn mit der Online-Gründung soll nur das Gründungsverfahren bis zur Eintragung der Gesellschaft vollständig digitalisiert werden, um den logistischen wie organisatorischen Aufwand für die Gründer zu mildern. So kann es von den Aktionären erwartet werden, dass sie sich innerhalb der fünf Jahre nach Eintragung der Aktiengesellschaft vor einem inländischen Notar einfinden, um die dingliche Rechtsänderung an dem Grundstück in der hierfür vorgesehen Form (§§ 873, 925 BGB) zu vollziehen.

Allerdings wird solchen Gründern die Online-Sachgründung versperrt, die die Sacheinlagen schon im Zeitpunkt der Anmeldung der Aktiengesellschaft zur Eintragung in das Handelsregister vollständig an die Aktiengesellschaft bewirkt wissen wollen. Um auch diese Lücke zu schließen, ist im Folgenden zu untersuchen, ob die dingliche Rechtsänderung an Grundstücken und GmbH-Anteilen über elektronische Fernkommunikationsmittel vollzogen werden kann.[925]

925 Hierzu unter H.IV. und H.V.

4. Bestellung des ersten Aufsichtsrates, § 31 AktG

Für die Bestellung des ersten Aufsichtsrates gilt grundsätzlich das bereits Gesagte.[926] Besonderheiten gegenüber einer Geldgründung ergeben sich gem. § 31 Abs. 1 AktG erst dann, wenn als Sacheinlage Unternehmen oder Unternehmensteile eingebracht werden sollen. Unabhängig von den Begrifflichkeiten[927], entstehen allerdings keinerlei Konflikte mit den Anforderungen einer Online-Gründung.

Denn § 31 AktG zielt lediglich darauf ab, die Arbeitnehmer frühzeitig im Aufsichtsrat der Aktiengesellschaft zu beteiligen. Deswegen verlangt § 31 Abs. 1 AktG, dass die Anzahl der zu bestellenden Aufsichtsratsmitglieder nicht beliebig frei gewählt werden können und der Aufsichtsrat in festgelegter Anzahl mit Arbeitnehmervertretern zu besetzen ist. Wie sich der Aufsichtsrat bei der Einbringung von Unternehmen(steilen) im Detail zusammenzusetzen hat, ergibt sich aus dem MitbestG, dem MonatnMitbestG, dem MitbestErgG und dem DrittelbG.[928]

Gem. § 31 Abs. 2 AktG ist der Aufsichtsrat beschlussfähig, wenn die Hälfte, mindestens jedoch drei seiner Mitglieder an der Beschlussfassung teilnehmen. Auch dies ist im Rahmen elektronischen Sachgründung einer Aktiengesellschaft hinzunehmen. Denn formale Vorgaben und die Art und Weise der Beschlussfassung lassen sich dem Aktiengesetz bei einer Arbeitnehmerbeteiligung nicht entnehmen. Mithin kann der Aufsichtsrat nach hier vertretener Auffassung den im Rahmen des Gründungsverlaufs notwendig werdenden Beschluss zur Bestellung des ersten Vorstandes (§ 30 Abs. 4 AktG) über ein audiovisuelles Videokommunikationssystem fassen. Besonderheiten ergeben sich aus den Anforderungen einer Online-Gründung für die Arbeitnehmerbeteiligung im ersten Aufsichtsrat bei einer Sachgründung unter Einbringen eines Unternehmens(teils) damit nicht. Bei den Verfahrensschritten handelt es sich allesamt um solche, die unter Nutzung von Fern-

926 Vgl. hierzu bereits unter E.IV.

927 Zur Begriffsbestimmung von „Unternehmen" und „Unternehmensteil" vgl. MüKoAktG/*Pentz* § 31 Rn. 6 ff.; BeckOGKAktG/*Gerber* § 31 Rn. 4 ff.; Grigoleit/*Vedder* AktG § 31 Rn. 3; Hüffer/Koch/*Koch* AktG § 31 Rn. 2.

928 Näheres zur Systematik und Prüfungsreihenfolge genannter Gesetze MüKoAktG/*Pentz* § 31 Rn. 13 f.

kommunikationsmitteln durchgeführt werden können und für welche die physische Präsenz der Beteiligten an einem bestimmten Ort nicht erforderlich ist.

5. Gründungsbericht

Wie schon bei einer Geldgründung, haben die Gründer bei einer Sachgründung einen schriftlichen Bericht über den Hergang der Gründung zu erstatten (§ 32 Abs. 1 AktG). Speziell bei Sachgründungen haben die Gründer hierbei die wesentlichen Umstände darzulegen, aus denen sich die Angemessenheit der Sacheinlageleistung ergibt (§ 32 Abs. 2 AktG).

a) Form

Nach dem Gesetzeswortlaut muss der Gründungsbericht in schriftlicher Form erstellt werden, unabhängig davon, ob die Aktiengesellschaft im Wege der Geld- oder Sachgründung errichtet wird. § 32 Abs. 2 AktG stellt lediglich weitere Anforderungen an den Inhalt des Gründungsberichts, wenn auf die Einlageverpflichtung Sachen geleistet werden. Die Ausführungen zu dem Schriftformerfordernis[929] gelten bei einer Sachgründung gleichermaßen. Mithin kann die Schriftform auch in einem elektronischen Sachgründungsverfahren durch die elektronische Form substituiert werden, ohne dass das AktG angepasst werden müsste.

b) Inhalt

Wird eine Aktiengesellschaft im Wege der Sachgründung errichtet, lassen sich dem Gesetz detaillierte Anforderungen an den Inhalt des Gründungsberichts entnehmen. Anzugeben sind nach § 32 Abs. 2 AktG die vorausgegangenen Rechtsgeschäfte, die auf den Er-

929 Hierzu unter E.VII.

werb durch die Gesellschaft hingezielt haben (Nr. 1)[930], die Anschaffungs- und Herstellungskosten aus den letzten beiden Jahren (Nr. 2)[931] und die Betriebserträge aus den letzten beiden Jahren, falls ein Unternehmen auf die Aktiengesellschaft übertragen wird (Nr. 3)[932].

Besonderheiten ergeben sich aus dem Blickwinkel der Anforderungen einer Online-Sachgründung hingegen nicht. Die zwingend in den Gründungsbericht aufzunehmenden Angaben betreffen lediglich den in elektronischer Form zu erstellenden Gründungsbericht. Damit entstehen keine Anforderungen, die nach der persönlichen Präsenz der Gründer verlangen. Ob die Gründer hierbei falsche Informationen angeben, ist ein Problem, welches in einem herkömmlichen Gründungsverfahren auftreten kann. Es wird in einem elektronischen Sachgründungsverfahren jedoch nicht signifikanter.[933] Festzuhalten ist, dass das Aktiengesetz hierzu keinerlei Änderung bedarf, um den Anforderungen einer Online-Sachgründung in diesem Punkt zu genügen.

c) Verfahren

In der Praxis ziehen die Gründer oftmals einen privaten Wirtschaftsprüfer heran, der den objektiven Wert einer Sache feststellen soll und auf den die Gründer bei der Erstellung des Gründungsberichts Bezug nehmen.[934] Im Einzelfall mag die Bewertung der Sacheinlage ein komplexes Verfahren sein. Allerdings hindert diese Erkenntnis nicht daran, dass Sachgründungsverfahren und speziell die Beurkundung der Satzung bei einer Sachgründung zu digitalisieren. Denn dies verlangt nur danach, dass die Gründer vor keiner staatlichen Stelle persönlich

930 Näheres hierzu vgl. MüKoAktG/*Pentz* § 32 Rn. 18 f.; BeckOGKAktG/*Gerber* § 32 Rn. 11; Grigoleit/*Vedder* AktG § 32 Rn. 9; Hüffer/Koch/*Koch* AktG § 32 Rn. 5; Heidel/*Notkar Polley* AktG § 32 Rn. 5.

931 Näheres hierzu vgl. Grigoleit/*Vedder* AktG § 32 Rn. 9; Hüffer/Koch/*Koch* AktG § 32 Rn. 5; Heidel/*Notkar Polley* AktG § 32 Rn. 6; MüKoAktG/*Pentz* § 32 Rn. 20 ff.; BeckOGKAktG/*Gerber* § 32 Rn. 12.

932 Näheres hierzu vgl. Grigoleit/*Vedder* AktG § 32 Rn. 9; Hüffer/Koch/*Koch* AktG § 32 Rn. 5; Heidel/*Notkar Polley* AktG § 32 Rn. 7; MüKoAktG/*Pentz* § 32 Rn. 24 ff.; BeckOGKAktG/*Gerber* § 32 Rn. 13.

933 So im Ergebnis zur Online-Sachgründung einer GmbH, vgl. auch *Keller/Schümmer* NZG 2021, 573 (577).

934 BeckOGKAktG/Gerber § 32 Rn. 10; *Hoffmann-Becking*, in: MünchHdB-GesR Band 4 § 4 Rn. 33.

erscheinen müssen. Wird im Einzelfall für die Bewertung einer Sache ein persönliches Erscheinen bei dem privaten Wirtschaftsprüfer erforderlich, um ihm z.B. Zugang zu der Sache verschaffen, so kollidiert dies nicht mit dem Leitgedanken einer Online-Sachgründung. Relativiert wird das unter Umständen notwendig werdende persönliche Erscheinen dadurch, dass auch ein im europäischen Ausland befindlicher Wirtschaftsprüfer mit der Begutachtung der Sache beauftragt werden kann. Grenzüberschreitende Mobilität ist damit nicht erforderlich und es müssen nicht alle Gründer dort sein.

6. Gründungsprüfungsbericht durch Vorstand und Aufsichtsrat, §§ 33, 34 AktG

Ist der Gründungsbericht durch die Gründer erstellt, haben Vorstand und Aufsichtsrat im Anschluss den Hergang der Gründung zu überprüfen (§ 33 Abs. 1 AktG).

Erfolgt die Einlageleistung durch Sacheinlagen, so muss die Prüfung durch einen oder mehrere Prüfer vollzogen werden (§ 33 Abs. Nr. 4 AktG). An den Gründungsprüfer stellt § 33 Abs. 4 zusätzliche Anforderungen. Als Gründungsprüfer sollen nur Personen bestellt werden, die in der Buchführung ausreichend vorgebildet und erfahren sind (§ 33 Abs. 4 Nr. 1 AktG) oder Prüfungsgesellschaften, von deren gesetzlichen Vertretern mindestens eine Person in der Buchführung ausreichend vorgebildet und erfahren ist (§ 33 Abs. 4 Nr. 2 AktG).

a) Inhalt

Der Inhalt des durch einen externen Gründungsprüfer anzufertigenden Gründungsprüfungsberichts bemisst sich nach § 34 Abs. 1 AktG. Das zu § 34 Abs. 1 Nr. 1 AktG bereits Gesagte gilt bei einer Online-Sachgründung entsprechend. Zusätzlich muss gem. § 34 Abs. 1 Nr. 2 AktG angegeben werden, ob der Wert der Sacheinlagen oder Sachübernahmen den geringsten Ausgabebetrag der dafür zu gewährenden Aktien oder den Wert der dafür zu gewährenden Leistungen erreicht. Daneben ist anzugeben, nach welcher Bewertungsmethode der Wert der Sache bemessen wurde (§ 34 Abs. 2 S. 2 AktG).

Doch wie bereits festgestellt, ergeben sich aus dem zwingend festgesetzten Inhalt des Gründungsprüfungsberichts keinerlei gesonderte Probleme, die sich im Rahmen einer Online-Sachgründung stellen würden. Im Einzelfall mag ein persönliches Erscheinen bei dem privat beauftragen Wertgutachter erforderlich werden. Eine Kollision mit dem Grundgedanken einer Online-Gründung bestünde jedoch nur dann, wenn ein persönliches Erscheinen vor einer staatlichen Stelle notwendig werden würde.

b) Form

Der Gründungsprüfungsbericht ist gem. § 34 Abs. 1 S. 2 AktG ist schriftlicher Form zu erstellen. Allerdings kann die Schriftform durch die elektronische Form problemlos ersetzt und durch eine eigenhändige qualifiziert elektronische Signatur unterzeichnet werden.[935] Dies lässt sich unproblematisch mit dem Sinn und Zweck der Erstellung des Gründungsprüfungsberichts vereinbaren.

aa) Richtigkeitsgewähr

Dieser liegt zum einen darin, die Seriosität der Gründung zu steigern.[936] Die Publizitätsfunktion steht in engem Zusammenhang mit dem Inhalt des Gründungsprüfungsberichts, nicht aber mit der Form. Denn der Gründungsprüfungsbericht steigert die Seriosität einer Gründung gerade dadurch, dass er die wesentlichen Eckpunkte für die Wertermittlung wiedergibt und dadurch mittelbar eine ordnungsgemäße Prüfung fördert. So kann der zwingende Inhalt nur dann ordnungsgemäß wiedergegeben werden, wenn die einzelnen Angaben zuvor ordnungsgemäß geprüft wurden. Insbesondere bringt das offenzulegende Wertermittlungsverfahren für die Öffentlichkeit zum Ausdruck, ob der Wert der Sacheinlage nach allgemeiner Sorgfalt ermittelt wurde. Dies lässt sich dem Gründungsprüfungsbericht allerdings unabhängig davon entnehmen, ob er in Schriftform oder in elektronsicher Form erstellt wurde. Seine Wiedergabe der Seriosität der Grün-

935 Hierzu bereits unter E.VII.2.

936 MüKoAktG/*Pentz* § 33 Rn. 4.

dung leidet nicht unter der gewählten Form, nur unter einem nicht ausreichendem Inhalt.

bb) Publizitätsfunktion

Zum anderen kommt dem Gründungsprüfungsbericht auch eine Publizitätsfunktion zu, weil er der Öffentlichkeit zugänglich gemacht werden muss (§ 34 Abs. 3 S. 2 AktG).[937] Dem Gründungsprüfungsbericht kommt die ihm nachgesagte Publizitätsfunktion zu, wenn er in elektronischer Form erstellt wird. Ein in Schriftform geschriebener Gründungsprüfungsbericht muss vor der Publikation in dem Handelsregister ohnehin in die elektronische Form übersetzt werden. Entscheidend für die Publizitätsfunktion ist damit nicht die Form des Gründungsprüfungsberichts, als vielmehr seine Offenlegung im Handelsregister.

cc) Filterfunktion

Daneben kommt dem Gründungsprüfungsbericht eine Art Filterfunktion zu, weil dieser die registerrichterliche Prüfung nach § 38 AktG erleichtern soll.[938] Damit das Registergericht entlastet werden kann, muss der Gründungsprüfungsbericht den durch das Aktiengesetz festgesetzten Inhalt aufweisen. Der Inhalt ist allerdings nicht an eine bestimmte Form geknüpft und kann sowohl in Schriftform wie in elektronischer Form vollständig sein. Unabhängig davon, in welcher Form der Gründungsprüfungsbericht erstellt wurde, entlastet er die Registergerichte. Denn für die Registergerichte ist allein entscheidend, ob die Wertermittlung nach allgemeinen betriebswirtschaftlichen Standards ermittelt wurde.[939] Ausschlaggebend für den Nachweis ist damit vielmehr der Inhalt des Gründungsprüfungsberichts als seine Form.

---

937 Hüffer/Koch/*Koch* AktG § 33 Rn. 1; MüKoAktG/*Pentz* § 33 Rn. 4; BeckOGKAktG/*Gerber* § 33 Rn. 1.

938 BeckOGKAktG/*Gerber* § 33 Rn. 1.

939 MüKoAktG/*Pentz* § 34 Rn. 21.

c) Bestellung des Gründungsprüfers

Anders als noch im Rahmen der Gründungsprüfung durch die Gründer, wird der externe Gründungsprüfer zur Erstellung des Gründungsprüfungsberichts durch das gem. § 23a Abs. 1 Nr. 2, Abs. 2 Nr. 4 GVG iVm § 375 Nr. 3 FamFG, § 376 FamFG zuständige Amtsgericht auf Antrag bestellt. Antragsberechtigt ist jeder einzelne Gründer.[940] Damit ist nicht erforderlich, dass alle Gründer an einem Ort persönlich zusammenkommen und den Antrag jeweils eigenhändig unterschreiben und an das Registergericht schicken. Vielmehr kann ein einzelner Gründer den schriftlichen Antrag[941] gem. § 23 FamFG erstellen und an das Registergericht übersenden. Dies kann auf postalischem Wege erfolgen, sodass ein persönliches Erscheinen vor einer staatlichen Stelle nicht erforderlich ist. Hervorzuheben ist, dass der Antrag gem. § 14 Abs. 2 Satz 2 FamFG i.V.m. § 130a ZPO auch in elektronischer Form an das Registergericht übersendet werden kann, so lange der Antrag durch eine qualifiziert elektronische Signatur unterzeichnet ist. Damit würde auch der Weg des einzelnen Gründers zum Briefkasten entfallen. Da die Gründer für die Beurkundungen im Rahmen einer Gründung ohnehin das hierzu erforderliche technische Equipement besitzen müssen, entstehen den Gründern hieraus weder Mehraufwand noch Mehrkosten.

7. Anmeldung der Aktiengesellschaft

Wie auch bei einer Geldgründung muss die Aktiengesellschaft beim Handelsregister zur Eintragung angemeldet werden. Gegenüber einer Geldgründung besteht lediglich die Besonderheit, dass der Vorstand und Aufsichtsrat gem. § 37 Abs. 1 S. 1 AktG in der Anmeldung zu erklären haben, dass die Voraussetzungen der §§ 36 Abs. 3, 36a AktG erfüllt sind. Damit richtet sich der Inhalt der abzugebenden Erklärungen nach der Art der Sacheinlage. Besteht die Sacheinlage darin, einen

940 GroßkommAktG/*Röhricht*/*Schall* Band 2 § 33 Rn. 36; MüKoAktG/*Pentz* § 33 Rn. 33.

941 OLG Nürnberg BeckRS 2014, 00101; Musielak/Borth/*Borth* FamFG § 25 Rn. 5; Keidel/*Sternal* FamFG § 23 Rn. 19; MüKoFamFG/*Ulrici* § 23 Rn. 38.

Vermögensgegenstand zu übertragen, so ist zu differenzieren, ob dieser Vermögensgegenstand bereits auf die Aktiengesellschaft übertragen wurde oder nicht. Ist Letzteres einschlägig, so genügt die Angabe des Fälligkeitszeitpunktes dieser Einlageverpflichtung.[942] Damit verändert sich der Inhalt der Erklärungen von Vorstand und Aufsichtsrat dahingehend, den Fälligkeitszeitpunkt der Sacheinlageleistung anzugeben oder, falls dieser fehlt, dass die Sacheinlage innerhalb der nächsten 5 Jahre geleistet wird.[943] Wurde die Einlageverpflichtung bereits geleistet, so muss dies entsprechend aus der Anmeldung hervorgehen. Dasselbe gilt, wenn die Einlageverpflichtung darin besteht, einen Vermögensgegenstand zur Nutzung oder zum Gebrauch zu überlassen. Mithin muss aus der Erklärung hervorgehen, dass die Sacheinlagen vollständig geleistet wurde und zur endgültigen freien Verfügung steht.

Auch diesbezüglich gilt, dass bisher kein Mechanismus besteht, falsche Erklärungen zu erkennen. In einem herkömmlichen wie in einem Online-Sachgründungsverfahren muss auf die Richtigkeit der Erklärungen vertraut werden.

Im Übrigen gilt das zu einer Geldgründung Gesagte. Alle für die Anmeldung erforderlichen Dokumente sind elektronisch zu beglaubigen (§ 40a BeurkG-E) und beim Registergericht in elektronischer Form gem. § 12 Abs. 2 HGB einzureichen.

IV. Sonderproblem 1: Grundstück als Sacheinlage

Soll die Einlageverpflichtung eines oder mehrerer Aktionäre durch die Übertragung eines Grundstücks auf die Aktiengesellschaft geleistet werden, entstehen weitere Konfliktpunkte mit den Anforderungen, die eine Online-Sachgründung stellt. Es ist natürlich nicht von der Hand zu weisen, dass eine Grundstückstransaktion äußerst komplex sein kann und von dem Notar eine Menge an Verfahrensschritten abverlangt.[944] Eine umfassende Betrachtung einer vollständig elektro-

942 Hierzu bereits unter H.III.3.d)cc).

943 Hüffer/Koch/*Koch* AktG § 37 Rn. 4; MüKoAktG/*Pentz* § 37 Rn. 41; Großkomm-AktG/*Röhricht*/*Schall* Band 2 § 37 Rn. 41; BeckOGKAktG/*Stelmaszczyk* § 37 Rn. 9.

944 Vgl. hierzu nur die Beratungscheckliste *Herrler*, in: BeckNotHdB § 1 Rn. 9.

nischen Grundstückstransaktion kann auf Grund des gewählten Untersuchungsgegenstandes nicht erfolgen.

Ganz zu Beginn einer weitergehenden Digitalisierung des Immobilienrechts ist jedoch die Frage zu beantworten, ob sich der mit den Formerfordernissen verfolgte Sinn und Zweck unter Nutzung elektronischer Fernkommunikationsmittel erreichen lässt. Denn mit den Formvorschriften weicht der Gesetzgeber bewusst von dem grundlegenden Prinzip der Formfreiheit ab und schränkt die Privatautonomie ein. An den mit den Formvorschriften verfolgten Zielen ist die Überführung einer Immobilientransaktion in ein elektronisches Beurkundungsverfahren zu messen. Sie sind die einzige Rechtfertigung für den mit ihr verbundenem Mehraufwand.[945] Würde ein elektronisches Beurkundungsverfahren den Sinn und Zweck der in Frage stehenden Formvorschrift konterkarieren, ist von diesem Vorhaben abzuweichen.[946] Damit wären auch alle übrigen Fragen obsolet. Der Vereinbarkeit mit den gesetzten Zielen kommt daher überragende Bedeutung zu und ist zum Gegenstand der Ausführungen zu machen.

Um den ersten Schritt in ein stärker digitalisiertes Immobilienrecht zu gehen, ist im Folgenden zu untersuchen, ob die Formvorschriften aus dem Bürgerlichen Gesetzbuch ihren Sinn und Zweck entfalten könnten, wenn der Zeichnungsvertrag und die Auflassung unter Nutzung elektronischer Fernkommunikationsmittel zustande kommen. Denn die §§ 311b Abs. 1, 925 BGB stellen Formerfordernisse auf, an denen eine Online-Sachgründung durch die Übertragung eines Grundstücks *de lege lata* scheitern würde. Die notarielle Beurkundung des Zeichnungsvertrages würde deswegen scheitern, weil das Zivilrecht allein für die Gründung einer GmbH das elektronische Beurkundungsverfahren anbietet und für die Beurkundung eines Zeichnungsvertrages die Präsenzbeurkundung genutzt werden müsste. Aber auch der Vollzug eines Zeichnungsvertrages ist unter die besondere Form der Auflassung gem. §§ 873, 925 BGB gestellt. Demnach muss die für die Eigentumsübertragung notwendige dingliche Einigung vor einer staatlichen Stelle erklärt werden, was meist ein Notar ist. In der Praxis finden sich zur Erklärung der Auflassung beide Vertragsteile vor einem

945 *Mankowski* JZ 2010, 662 (663).
946 So auch *Kienzle* DNotZ 2021, 590 (607).

Notar ein. Und für die Erklärung der Auflassung gem. § 925 BGB existiert bisher keine elektronische Lösung.

Allein diese Formerfordernisse sind zum Gegenstand der folgenden Untersuchung zu erheben. Um den Untersuchungsgegenstand einzugrenzen, wird die nachstehende Untersuchung auf den Fall begrenzt, dass der Aktionär A ein unbelastetes, mangelfreies und unbebautes Grundstück als Sacheinlage in die Aktiengesellschaft einbringen möchte.

Dies wirft die Frage auf, ob die Formerfordernisse des allgemeinen Zivilrechts nicht auch digitalisiert werden können, so dass keiner der an einer Grundstücksaktion Beteiligten persönlich vor einer staatlichen Stelle erscheinen muss. Soweit dies ersichtlich ist, blieb diese Frage in der wissenschaftlichen Literatur bisher unberücksichtigt. Die Online-Sachgründung soll den Anlass dafür bieten, erste Erkenntnisse zu erarbeiten, ob und wie eine Grundstückstransaktion mit ihren Formerfordernissen digitalisiert werden kann.

1. Die notarielle Beurkundung des Zeichnungsvertrages

Gem. § 311b Abs. 1 BGB muss ein Vertrag, durch den sich der eine Teil verpflichtet, das Eigentum an einem Grundstück zu übertragen oder zu erwerben, beurkundet werden. Wie bereits gezeigt wurde, lassen sich Satzungen von Kapitalgesellschaften problemlos elektronisch beurkunden, ohne dass die Beteiligten Einbußen gegenüber einer Präsenzbeurkundung hinzunehmen haben. Ob dies für einen Zeichnungsvertrag gilt, ist fraglich.

a) Vorfeldmaßnahmen

Bereits im Vorfeld einer analogen Beurkundung treffen den Notar eine Vielzahl an Vorsorgemaßnahmen, die allesamt problemlos durchgeführt werden können, wenn der Notar den Zeichnungsvertrag zu einem späteren Zeitpunkt elektronisch beurkunden würde.

Grob skizziert beschränken sich die Maßnahmen im Vorfeld darauf, das Beurkundungsverfahren vorzubereiten. So hat sich der Notar zuvörderst über das Grundstück durch einen Blick in das Grundbuch zu informieren (§ 21 Abs. 1 BeurkG), um sich einerseits über die Eigentümerstellung des Veräußerers zu informieren und andererseits mögliche dingliche Lasten zur Kenntnis zu nehmen. Dieser Schritt stellt den Notar vor keine größeren Hürden, wenn die Beurkundung statt in Präsenz elektronisch abgehalten wird. Die Einsicht beantragt der Notar bei dem zuständigen Amtsgericht. Ein besonderes Interesse muss er hierbei nicht darlegen (§ 43 Abs. 2 GBV i.V.m. § 43 Abs. 1 GBV). Dass der Notar oder eine Hilfsperson das Grundbuch nur vor Ort in den Diensträumen bei dem zuständigen Amtsgericht im Beisein eines Bediensteten einsehen kann[947], schadet aus Sicht einer Online-Gründung nicht. Es ist insbesondere nicht erforderlich, dass sich die späteren Vertragsparteien hierzu einer staatlichen Stelle vorstellen, nur der Notar selbst.

Des Weiteren hat der Notar erste Aufklärungsarbeit zu leisten und die Parteien über den groben Ablaufplan von der Beurkundung und schließlich zum Wechsel der dingliches Rechtsinhaberschaft an dem Grundstück zu informieren.[948] Aber auch dies erfordert kein persönliches Zusammenkommen. Wie der erste Teil der Arbeit gezeigt hat, kann der Notar die Aufklärungsarbeit unter Nutzung von audiovisuellen Fernkommunikationsmitteln leisten, ohne dass die Qualität der Aufklärung darunter leidet.

b) Sinn und Zweck der notariellen Beurkundung des Zeichnungsvertrages

Entscheidend für die Frage, ob sich ein Zeichnungsvertrag im Rahmen elektronischen Sachgründung einer Aktiengesellschaft elektronisch beurkunden lassen könnte, ist der mit dem Formerfordernis nach § 311b Abs. 1 BGB verfolgte Sinn und Zweck. Nur wenn sich dieser bei einer elektronischen Beurkundung erreichen lässt, kann das Beurkundungsverfahren für Sachgründungen digitalisiert werden. Die Normziele der Beurkundungsbedürftigkeit des Zeichnungsvertrages ergeben sich nicht unmittelbar aus dem Gesetz. Allgemeingültig, so auch bei der Beurkundung des Zeichnungsvertrages, dient das Formerforder-

947 OLG Hamm ZErb 2013, 39; BeckOKGBO/*Wilsch* § 12 Rn. 19; Bauer/Schaub/*Maaß* GBO § 12 Rn. 77.

948 Näheres *Herrler*, in: BeckNotHdB § 1 Rn. 2 ff.

nis gem. § 311b Abs. 1 BGB dem Übereilungsschutz, der Warnung, dem Beweis, dem Schutz der Vertragsparteien und der Gültigkeitsgewähr.[949]

aa) Beratungsfunktion

Im Rahmen der notariellen Beurkundung des Zeichnungsvertrages ist der Notar dazu verpflichtet, die Parteien umfassend aufzuklären und zu beraten. Dies erfordert, den wahren Willen zu erforschen (§ 17 Abs. 1 BeurkG), damit sich dieser in dem Rechtsgeschäft wiederfindet und dessen Inhalt entspricht[950], wobei bei bestehender Diskrepanz ein Hinweis erforderlich wird[951].

Ausschließlich in der Begründung zum Regierungsentwurf eines Gesetzes zur Umsetzung der Digitalisierungsrichtlinie finden sich Hinweise, dass sich das elektronische Beurkundungsverfahren für die Gründung einer Kapitalgesellschaft insoweit anbietet, als dass die Interessenlage im Vergleich zu notariellen Beurkundungen im Bereich des Familien- und Erbrechts oder Immobilienrechts übersichtlicher ist.[952]

In der Absolutheit kann diese These im Rahmen dieser Arbeit nicht überprüft werden. Für den vorliegend gewählten Untersuchungsgegenstand ist diese These hingegen widerlegbar. Denn im Rahmen einer elektronischen Gründung ist nicht ersichtlich, dass die Beratungsleistung des Notars im Rahmen der Satzungsbeurkundung vor größeren Hürden steht, als die Beratungsleistung unter Beteiligung derselben Personen im Rahmen der Beurkundung eines Zeichnungsvertrages. Die Interessen der Beteiligten sind noch immer von derselben Motivation getrieben. Denn gemeinsames Ziel ist weiterhin unverändert die Gründung der Aktiengesellschaft. Das ändert sich nicht, nur weil das zu beurkundende Rechtsgeschäft ein anderes ist. Möchte einer der Gründer hierzu ein Grundstück an die Aktiengesellschaft leisten, dann ist die Interessenlage überschaubar, wie in der parallel abgelaufenen Beurkundung der Satzung.

949 *Herrler*, in: BeckNotHdB § 1 Rn. 496; MüKoBGB/*Ruhwinkel* § 311b Rn. 2.
950 Armbrüster/Preuß/Renner/*Armbrüster* BeurkG § 17 Rn. 21.
951 OLG Frankfurt BeckRS 2006, 10084.
952 Begr. DiRuG-RegE, BR-Drucks. 144/21, S. 130, 132.

Mithin kann das Argument für Online-Sachgründungen nicht überzeugen, dass die Interessenlage bei der Beurkundung des Zeichnungsvertrages komplexer sei und dieses keiner elektronischen Lösung zugeführt werden könne.

bb) Warn- und Schutzfunktion

Der notariellen Beurkundung eines Zeichnungsvertrages kommt Warn- und Schutzfunktion zu.[953] Durch die Aufklärungsarbeit des Notars sollen Wissensasymmetrien unter den Vertragsparteien behoben und beide insoweit geschützt werden. Warnfunktion hat die notarielle Beurkundung eines Rechtsgeschäfts nach den Motiven des Bürgerlichen Gesetzbuches, weil dem Bauern durch den Gang zu Gericht oder Notar der Ernst der Lage klargemacht und eine wohltätige Überlegungsfrist gegeben wird.[954] Die Schriftform hätte bei diesen Verträgen nicht die gewollte Funktion erfüllt, weil „Stift und Tinte"[955] schnell zur Hand gewesen seien, eine Nachdenkzeit hierdurch nicht gewährleistet ist und es zu vorschnellen Vertragsschlüssen kommt. Aber bereits damals wurde offenbar erkannt, dass durch das Erfordernis der notariellen Beurkundung in erster Linie „einfache" Bauern vor den Erfahrenen und den geschäftlich Geschickteren geschützt werden sollten. Man erkannte mit anderen Worten schon damals potentielle Informationsasymmetrien zwischen Parteien, die es durch den Notar auszugleichen galt. Dies schränkt die Bedeutung der Warn- und Schutzfunktion insoweit etwas ein. Sind beide Parteien annährend auf demselben Kenntnisstand, muss keiner von beiden umfassend geschützt oder gewarnt werden.

Natürlich lässt sich der heutige Wirtschaftsverkehr mit den damaligen Zuständen nicht vergleichen. Es ist aber davon auszugehen, dass ein in der Rechtsform einer Aktiengesellschaft betriebenes Unternehmen von erfahrenen Personen gegründet wird, deren Schutz nicht unbedingt im Vordergrund steht. So ist zuzugeben, dass bei einer elektronischen Beurkundung der Weg zum Notar entfällt, weil man sich lediglich über

953 *Heckschen*, in: BeckNotHdB § 1 Rn. 496; MüKoBGB/*Ruhwinkel* § 311b Rn. 4.

954 Mugdan, Protokolle des Bürgerlichen Gesetzbuches, Band 2, S. 621.

955 Mugdan, Protokolle des Bürgerlichen Gesetzbuches, Band 2, S. 621.

das elektronische Videokommunikationssystem einloggt. Die Parteien müssen den Notar nicht erst aufsuchen und eine Wegstrecke auf sich nehmen. Allerdings wird die Bedenkzeit auf andere Art und Weise gewährleistet. Zum einen wird die erhöhte Bedeutung des geplanten Geschäfts schon allein dadurch deutlich, dass die Beteiligten bereits im Zuge der Vorfeldmaßnahmen durch den Notar aufgeklärt werden. Aus Alltagsgeschäften sind die Gründer und Unternehmer so etwas nicht gewöhnt, da diese überwiegend formfrei abgeschlossen werden können. Folglich werden die Beteiligten einen qualitativen Unterschied zum beurkundungsbedürftigen Zeichnungsvertrag spüren. Dies schon allein deshalb, weil der Notar noch immer zwingend eingeschaltet werden muss und zeitlicher Aufwand entsteht.

Zusätzlich zeigt ein Blick in die Protokolle zum Bürgerlichen Gesetzbuch, dass die Warnfunktion primär unerfahrene Personen schützt. Schon aus diesem Grund rückt die Warnfunktion etwas in den Hintergrund, wenngleich sie auch bei einem Zeichnungsvertrag spürbar bleibt. Dass der Weg zum Notar bei einer elektronischen Beurkundung wegfällt, ist damit unerheblich. Eine gewisse Warnfunkton lässt sich auch in einem elektronischen Beurkundungsverfahren des Zeichnungsvertrages im Rahmen einer elektronischen Sachgründung entsprechend dem Wissensniveau und Erfahrungswerten der Beteiligten erfüllen.

cc) Gültigkeitsgewähr

Nicht zuletzt gewährleistet die notarielle Form, dass das beurkundete Rechtsgeschäft inhaltlich im Einklang mit dem geltenden Recht und damit wirksam abgeschlossen wurde, so auch der Zeichnungsvertrag, wenn als Sacheinlage ein Grundstück an die Aktiengesellschaft zu übertragen ist.[956] Schon aus den Motiven des Bürgerlichen Gesetzbuches lässt sich erkennen, dass die notarielle Form vollständige und inhaltlich richtige, wie inhaltlich mit dem Willen der Parteien übereinstimmende Verträge gewährleisten soll. Obwohl es bereits damals viele Gegenstände gab, die wesentlich wertvoller als ein Grundstück waren, erkannte man im Bereich von Grundstückstransaktionen die Notwen-

956 *Heckschen*, in: BeckNotHdB § 1 Rn. 496; BeckOKBGB/*Gehrlein* § 311b Rn. 1.

digkeit gültiger Verträge. Dies war damals wie heute dem Umstand geschuldet, dass Grundstücke vor allem aus sozialer Sicht eine hohe Bedeutung zugesprochen wurde und an Grundstücken auch weitere Rechtsverhältnisse geschlossen wurde, die es durch die notarielle Form zu schützen galt.[957] Die Vereinbarkeit von Vertrag und Gesetz ist hierzu unabdingbar.

Im Rahmen einer elektronischen Beurkundung eines Zeichnungsvertrages lässt sich die Vereinbarkeit von Vertrag und Gesetz gewährleisten. Vorgeschaltet zur Gewährleistung der materiellen Rechtmäßigkeit des zu beurkundenden Rechtsgeschäfts ist die Erforschung des Willens gem. § 17 Abs. 1 BeurkG. Denn erst wenn der Wille erforscht ist, kann dieser in das Vertragswerk transportiert werden. An der Erforschung des Willens der Beteiligten stellt ein elektronisches Beurkundungsverfahren unter Verwendung elektronischer Fernkommunikationsmittel keine zusätzlichen Hürden. Denn die Willensforschung gelingt dem Notar primär durch die Rezeption geäußerter Erklärungen und stichhaltigen Rückfragen.[958] Hierzu bedarf es allerdings keines physischen Zusammenkommens. Die audiovisuelle Echtzeitverbindung gewährleistet, dass der Notar die Reaktionen der Parteien auf die Rückfragen jederzeit erkennen kann. So ist es möglich, gesprochene Emotionen wahrzunehmen. Denn ein Zögern oder Unsicherheiten werden durch das audiovisuelle Echtzeitgespräch gleichermaßen transportiert. Wird dies wahrgenommen, kann der Notar gezielt Rückfragen stellen und Aufklärungsarbeit leisten.

Um die materielle Rechtmäßigkeit des Vertrages zu gewährleisten, muss der Notar nicht einmal mit den Beteiligten kommunizieren. Dass zu beurkundende Rechtsgeschäft materiell rechtmäßig zu formulieren, fällt ohnehin in den Verantwortungsbereich des Notars und ist eigenständig durch ihn zu erfüllen. Hat er den Willen der Parteien einmal festgestellt, kann er das Vertragswerk eigenständig erstellen und im Zuge dessen materielle Rechtsfragen eigenständig klären. Hierzu müssen die Vertragsparteien aber nicht persönlich in dem Notariat erscheinen. Die Gültigkeitsgewähr eines beurkundungsbedürftigen Rechts-

957 Mugdan, Motive des Bürgerlichen Gesetzbuches, Band 2, S. 104.

958 Armbrüster/Preuß/Renner/*Armbrüster* BeurkG § 17 Rn. 21.

geschäfts lässt sich in einem elektronischen Beurkundungsverfahren durch den Notar erfüllen.

dd) Beweisfunktion

Nicht zuletzt dient eine notarielle Beurkundung im Rechtsverkehr, den Abschluss des Rechtsgeschäfts und der hierzu notwendigen Abgabe der Willenserklärungen zu beweisen.[959] Notarielle Urkunden beweisen damit zweierlei. Zum einen werden der Inhalt der Willenserklärungen und des Vertragswerkes dokumentiert und dem Beweis zugänglich gemacht. Daneben kann der Fortbestand eines Rechtsgeschäfts der Urkunde eindeutig entnommen werden.

Im Zuge der Untersuchung elektronischer Vollmachten wurde festgestellt, dass diese beliebig oft reproduzierbar sind, was dazu führt, dass sich eine elektronische Vollmacht faktisch nicht widerrufen und sich ihr Bestand zu einem beliebigen Zeitpunkt nicht rechtssicher darlegen lässt. Als Lösung für elektronische Vollmachten kann ein *Blockchain*-basiertes Vollmachtregister dienen.[960] Mit einem *Blockchain*-basierten Vollmachtregister bestünde eine dezentral organisierte Plattform, die den Bestand und den Inhalt einer elektronisch ausgestellten Vollmacht rechtssicher im Rechtsverkehr beweisen kann.

Ein ähnliches Problem entstünde bei elektronisch beurkundeten Verträgen. Denn die am Ende jeder elektronischen Beurkundung angefertigte Niederschrift ist den Beteiligten – ähnlich wie auch im Anschluss an eine Präsenzbeurkundung (§ 13 Abs. 1 S. 4 BeurkG) – auf ihr Verlangen zur Durchsicht elektronisch zu übermitteln (§ 16b Abs. 5 BeurkG-E). So könnte ein elektronisch beurkundeter Zeichnungsvertrag in den Machtbereich eines Beteiligten gelangen, der das Dokument zu eigenen zu missbilligenden Zwecken nutzen möchte.

Ob die Beweisfunktion eines elektronisch beurkundeten Zeichnungsvertrages gesichert ist, ist im Folgenden zu untersuchen.

---

959 *Heckschen*, in: BeckNotHdB § 1 Rn. 496; BeckOKBGB/*Gehrlein* § 311b Rn. 1.
960 Hierzu bereits unter G.II.4.b)cc).

(1) Verwendung eines Zeichnungsvertrages im Rechtsverkehr

Zunächst sind die Unterschiede herauszuarbeiten, die zwischen einem elektronisch beurkundeten Zeichnungsvertrag und einer elektronischen Vollmacht bei ihrer Verwendung im Rechtsverkehr bestehen. Denn bei näherem Hinsehen ist festzustellen, dass das Missbrauchspotential einer elektronischen Vollmacht höher ist als bei einem elektronisch beurkundeten Zeichnungsvertrag.

Eine elektronische Vollmacht kann im Rechts- und Geschäftsverkehr vorgelegt werden, ohne dass eine staatliche Instanz ihren Bestand überprüft. Hat A dem B eine elektronische Vollmacht ausgestellt, damit dieser im Namen des A bei C eine Couch kaufen kann, und wird diese Vollmacht so dann widerrufen, dann verfügt der B noch immer über das elektronische Dokument. Dieses kann er dem C vorlegen, den Vertrag in Namen des A als *falsus procurator* schließen und die Couch mit nach Hause nehmen. Es besteht kein Mechanismus, der den Vertragsschluss verhindern kann. Das Missbrauchspotential ist damit als hoch einzustufen.

Anders ist die Sachlage bei einem elektronischen Zeichnungsvertrag zu beurteilen. Ein elektronisch beurkundeter Zeichnungsvertrag beweist zunächst einmal nur, dass ein wirksamer Vertrag zwischen zwei Parteien zustande gekommen ist. Wirkung gegenüber Dritten kann er ohnehin nicht entfalten.[961]

Sollte der Vertrag zwischenzeitlich formfrei aufgehoben worden sein,[962] dann können die Parteien mit dem Vertragsdokument wenig anfangen. Der Vertrag beweist lediglich, dass der Aktionär sich dazu verpflichtet hat, als Einlage ein Grundstück an die Aktiengesellschaft zu übertragen. Um diesen Anspruch durchzusetzen, wird in der Regel ein Gericht aufgesucht werden müssen, wenn Uneinigkeit über den Bestand des Vertrages oder einzelner Klauseln besteht. Die gerichtliche Kontrolle wird in Fällen, in denen ein Vertragswerk einseitig abgewan-

---

961 Zur relativen Wirkung eines Schuldverhältnisses vgl. nur MüKoBGB/*Bachmann* § 241 Rn. 11; MüKoBGB/*Ernst* Einl. Schuldrecht Rn. 18;

962 Das ist zumindest bis zum Entstehen eines Anwartschaftsrecht möglich, vgl. BGHZ 83, 395 (397) = NJW 1982, 1639; BGHZ 83, 395; BGHZ 103, 175 = NJW 1986, 1386; BGH NJW 1994, 3346; MüKoBGB/*Ruhwinkel* § 311b Rn. 68; BeckOKBGB/*Gehrlein* § 311b Rn. 29.

delt wird, die Regel darstellen. Denn wenn die Aktiengesellschaft zum Beispiel Änderungen in dem Vertragswerk vornimmt, ist davon auszugehen, dass der Aktionär Aufklärung vor einem Gericht suchen wird. Im Rahmen des gerichtlichen Verfahrens wird der Sachverhalt aufgeklärt, so dass etwaige trügerische Vorhaben aufgedeckt werden. Damit kann das einseitig abgewandelte Vertragswerk keinen so hohen Schaden anrichten, wie eine bereits widerrufene elektronische Vollmacht.

(2) Grundbuchamt „überwacht" die dingliche Rechtsänderung

Zusätzlich ist hervorzuheben, dass die Aktiengesellschaft mit dem formwirksamen Abschluss des Zeichnungsvertrages noch nicht Eigentümer geworden ist. Hierzu muss die Auflassung erklärt und die Aktiengesellschaft in das Grundbuch als nun dinglich Berechtigter eintragen werden. Um sich als Eigentümer im Grundbuch eintragen lassen zu können, bedarf es jedoch der Einwilligung des Aktionärs als Berechtigtem (§ 20 GBO), die dem Grundbuchamt vorzulegen ist. Das Vertragsdokument beweist diese Einigung nicht. Denn die Einwilligung im Sinne des § 20 GBO ist in Form der Auflassung zu erklären (§ 925 BGB).[963] Die Aktiengesellschaft kann eine dingliche Rechtsänderung allein mit dem Zeichnungsvertrag nicht herbeiführen, sondern ist auf die Mitwirkung des Aktionärs angewiesen. Zusätzlich ist eine staatliche Stelle dazwischengeschaltet, nämlich das Grundbuchamt, welchem die Auflassung dargelegt werden muss. Unberechtigte und einseitige Vertragsänderungen einer Partei fallen damit in jedem Fall auf, bevor eine Rechtsänderung an dem Grundstück im Grundbuch eingetragen wird.

(3) Vertragsänderungen

Hinzutritt der Umstand, dass der notariell beurkundete Zeichnungsvertrag keineswegs so schnell und unkompliziert aufgehoben werden kann wie eine (elektronisch) ausgestellte Vollmacht. Vollmachten sind grundsätzlich formfrei widerrufbar. Dies führt dazu, dass das Bestehen einer Vollmacht durch keine staatliche Stelle dokumentiert werden

963 BeckOKGBO/*Hügel* § 20 Rn. 40.

muss, was zugleich den Ursprung des Problems rund um den Widerruf elektronischer Vollmachten darstellt. Ist die Vollmacht elektronisch ausgestellt, hindern allein praktische Erwägungen den Vollmachtgeber daran, den Rechtsschein einer elektronisch ausgestellten Vollmacht aufzuheben. Denn hat der Bevollmächtigte dieses Dokument beliebig oft kopiert, ist es dem Vollmachtgeber unmöglich, die Anzahl der Kopien ausfindig zu machen und alle elektronischen Kopien zu löschen. Ein auf der *Blockchain*-Technologie basierendes Vollmachtregister[964] könnte es Dritten ermöglichen, den Bestand einer Vollmacht jederzeit zu bestätigen. Duplikate, die keinen Bestand mehr haben, können dadurch keine Rechtswirkungen mehr entfalten.

Ein ähnliches System existiert bereits für elektronisch beurkundete Dokumente. Die Sach- und Rechtslage wäre bei einem elektronisch beurkundeten Zeichnungsvertrag eine andere. Ist der Zeichnungsvertrag wirksam zustande gekommen, sind die Parteien hieran grundsätzlich gebunden (pacta sunt servanda). Von dem Vertrag kann sich eine Partei einseitig und formfrei nur lösen, wenn ihr ein Gestaltungsrecht zusteht.[965] Eine von beiden Parteien gewollte Vertragsaufhebung ist ab Entstehen eines Anwartschaftsrechts – d.h. ab Erklärung der Auflassung in bindender Form und Antragsstellung beim Grundbuch[966] oder Eintragung einer Vormerkung[967] – für den Käufer an das Formerfordernis der notariellen Beurkundung gebunden[968], wohingegen formfreie Aufhebungen bis zur Entstehung einer Anwartschaft möglich bleiben.

Soll der Zeichnungsvertrag hingegen inhaltlich verändert werden, muss dies nach der Rechtsprechung bis zur Erklärung der bindenden Auflassung (§ 873 Abs. 2 BGB) unter Einhaltung der notariellen Form

964 Ausführlich hierzu unter G.II.4.b)cc).

965 *Herrler*, in: BeckNotHdB § 1 Rn. 962.

966 BGH NJW 1982, 1639; Grüneberg/*Herrler* BGB § 925 Rn. 23 ff; *Herrler*, in: BeckNotHdB § 1 Rn. 958.

967 BGH DNotZ 1992, 293; BGH DNotZ 1982, 619; OLG Nürnberg NJW 2015, 562.

968 BGHZ 83, 395 (397) = NJW 1982, 1639; BGHZ 103, 175 = NJW 1986, 1386; BGH NJW-RR 2005, 241 (242); BayObLG DNotZ 1989, 363 f.; MüKoBGB/*Ruhwinkel* § 311b Rn. 68; BeckOKBGB/*Gehrlein* § 311b Rn. 29; Grüneberg/*Grüneberg* BGB § 311b Rn. 39f.

erfolgen und ist nach Erklärung der Auflassung formlos möglich[969]. Frei von Kritik[970] ist dieser Ansatz wiederrum nicht, weshalb den Parteien geraten wird, nachträgliche Änderungen, die vor allem die Hauptleistungspflichten betreffen, notariell beurkunden zu lassen.[971]

Damit bestehen zwar Zeiträume, in denen eine formlose Änderung wie Aufhebung eines Zeichnungsvertrages möglich ist. Allerdings entsteht damit keine zum Widerruf einer (elektronischen) Vollmacht vergleichbare Sachlage. Denn anders als eine Vollmacht handelt es sich bei einem Vertrag um kein einseitiges, sondern mehrseitiges Rechtsgeschäft. Änderungen und Aufhebungen verlangen nach einem übereinstimmenden Willen. Dadurch haben Aktionär und Aktiengesellschaft ein Interesse daran, Haupt- und Gegenleistung äquivalent auszugestalten, wohingegen bei einer Vollmacht die Interessenlage einseitig gestaltet ist. Folglich haben beide Parteien ein Interesse daran, Änderungen und Aufhebung lückenlos zu dokumentieren. Das Missbrauchspotential einseitiger Änderung ist ohnehin gering. Wird eine Änderung behauptet, die der anderen Partei unbekannt ist, wird es in der Regel zu einem Rechtsstreit kommen, in dessen Rahmen eine umfassende Aufklärung erfolgt.

Das Formerfordernis der elektronischen Beurkundung erstreckt sich zusätzlich ab einem bestimmten Zeitpunkt im Interesse der Beweissicherung auf nachträgliche Änderungen sowie einverständliche Aufhebungen und damit über einen längeren Zeitraum als bei einer elektronischen Vollmacht. Es ist damit weder der Aktiengesellschaft, noch dem Aktionär möglich, den Zeichnungsvertrag eigenständig zu ändern und im Rechtsverkehr zu nutzen, ohne dass dies früher oder später mit an Sicherheit grenzender Wahrscheinlichkeit auffallen würde, bevor ein wirtschaftlicher Schaden entsteht. Denn die Änderungen müssen eigenständig beurkundet werden. Über die hierzu technischen Mittel verfügt jedoch ausschließlich der Notar. Somit wird ein Notar

969 BGH DNotZ 2019, 183 mAnm *Ruhwinkel* MittBayNot 2019, 249; BGH DNotZ 1985, 284; *Roemer* RNotZ 2019, 192 ff.; *Steinbrecher* NJW 2018, 1214 ff.

970 So z.B. MüKoBGB/*Ruhwinkel* § 311b Rn. 67; Staudinger/*Schumacher* BGB § 311b Abs. 1 Rn. 207 – 210.

971 *Herrler*, in: BeckNotHdB § 1 Rn. 975.

aufgesucht werden, der entsprechende Änderungen oder Aufhebung dokumentiert und beurkundet.

(4) Elektronische Urschrift ist verwahrt

Zusätzlich ist zu beachten, dass der Notar notarielle Urkunden zur Beweissicherung archivieren muss. Dies gilt für elektronische Urkunden gleichermaßen wie für physische Urkunden (§ 45 BeurkG iVm § 45b BeurkG-E). Gerade für elektronische Urkunden war es notwendig, die Urschrift zu definieren. Die elektronische Urschrift ist das nach § 16b BeurkG-E bzw. § 39a BeurkG-E erstellte elektronische Dokument (§ 45 Abs. 3 BeurkG-E). Notwendig ist dies, weil elektronische Dokumente beliebig oft dupliziert werden können, ohne dass dies offensichtlich wird, obwohl mittels qualifiziert elektronischer Signatur unterzeichnete Dokumente weitgehend fälschungssicher sind.[972] Nur nachträgliche Änderungen fallen auf, weil die qualifiziert elektronischen Signaturen der Notare dann erkennbar ungültig werden.[973]

Aber anders als bei elektronischen Vollmachten sind die Urschriften elektronischer Niederschriften bei den Notaren dezentral hinterlegt. Damit nimmt die Verwahrung in der elektronischen Urkundensammlung eine ähnliche Stellung ein wie ein *Blockchain*-basiertes Vollmachtregister, mit dem Unterschied, dass das elektronische Urkundenarchiv nicht öffentlich einsehbar und ein Echtzeitabgleich über das Einscannen eines QR-Codes nicht möglich ist. Schaden tut dies nicht. Entscheidend ist, dass im Fall des Verdachts einer Täuschung die elektronische Urschrift als Abgleich hinzugezogen werden kann. Damit besteht ein Schutzmechanismus, um sich im Umlauf befindliche Vertragswerke auf Authentizität überprüfen zu können. Sollte ein Bürger ein Duplikat erstellt und in diesem Duplikat Änderungen vorgenommen haben, lassen sich diese Änderungen durch einen Abgleich mit der elektronischen Urschrift identifizieren.

972 Begr. DiRuG-RegE, BR-Drucks. 144/21, S. 151.

973 S. *Apfelbaum/Bettendorf* RNotZ 2007, 89 (91, 93); unklar jedoch Begr. DiRuG-RegE, BR-Drucks. 144/21, S. 147, 150, 151.

(5) Zwischenergebnis

Die vorstehenden Untersuchungen haben unter Beweis gestellt, dass elektronisch beurkundete Zeichnungsverträge wie physische Urkunden dazu geeignet sind, Beweis im Rechtsverkehr zu erbringen. Anders als bei elektronischen Vollmachten besteht mit der Verwahrungspflicht ein Mechanismus, der Fälschungen erkennen lässt.

c) Resümee

Die vorstehenden Ausführungen haben dargelegt, dass die mit der notariellen Beurkundung eines Zeichnungsvertrages gem. § 311b Abs. 1 BGB verfolgten Zwecke in einem elektronischen Beurkundungsverfahren zur Geltung kommen und durch den Notar erfüllt werden können.

Für eine Erprobungsphase sollte ein elektronisches Beurkundungsverfahren allerdings nicht im allgemeinen Teil des BGB verortet werden. Dies hätte zur Folge, dass jeder Grundstückskaufvertrag elektronisch beurkundet werden kann. Ein solch intensiver Einschnitt sollte die elektronische Sachgründung nicht nach sich ziehen, weil die Problemlage außerhalb von elektronischen Sachgründungen nicht abschließend überblickt werden kann. Da die Interessenlage bei einer Satzungsbeurkundung dieselbe ist wie bei der Beurkundung des Zeichnungsvertrages, geht der Gesetzgeber kein Risiko ein, wenn er die Beurkundung des Zeichnungsvertrages digitalisiert. Erst wenn erste praktische Erkenntnisse gesammelt sind, kann die elektronische Beurkundung von Zeichnungsverträgen in das allgemeine Zivilrecht übergesiedelt und für Grundstückskaufverträge jeglicher Art geöffnet werden. Vorerst ist im Aktienrecht eine Regelung zu treffen, nach der die notwendig werdende Beurkundung bei der Sacheinlageleistung eines Grundstücks elektronisch durchgeführt werden kann. So sollte ein neuer § 23 Abs. 6 AktG-E wie folgt lauten:

> Soll als Sacheinlage ein Grundstück geleistet werden, kann die Beurkundung des Grundstückskaufvertrages (§ 311b Abs. 1 BGB) elektronisch erfolgen. Hierzu ist das von der Bundesnotarkammer betriebene Videokommunikationssystem gem. § 16a-16e BeurkG zu verwenden. In diesem Fall genügen für die Unterzeichnung die qualifiziert elektronische Signatur.

Durch eine solche Regelung wird sichergestellt, dass Zeichnungsverträge ausschließlich im Rahmen von elektronischen Sachgründungen von Aktiengesellschaften elektronisch beurkundet werden können.

Da die Online-Sachgründung einer GmbH ausdrücklich ausgeschlossen ist (§ 2 Abs. 3 GmbHG), stellen sich auch keine Fragen über eine analoge Anwendung von § 26 Abs. 6 AktG-E im Gründungsrecht der GmbH.

2. Die elektronische Auflassung

Um den elektronisch beurkundeten Zeichnungsvertrag zu vollziehen, müssen die Parteien die nach § 873 BGB erforderliche dingliche Einigung in der besonderen Form der Auflassung erklären (§ 925 Abs. 1 S. 1 BGB). Hierzu muss die zur Übertragung des Eigentums an einem Grundstück nach § 873 erforderliche Einigung des Veräußerers und des Erwerbers bei gleichzeitiger Anwesenheit beider Teile vor einer zuständigen Stelle erklärt werden. Nach § 925 Abs. 1 S. 2 BGB ist unbeschadet der Zuständigkeit weiterer Stellen jeder Notar zuständig, was nach dieser Lesart in der Praxis die Regel darstellt[974].

Auf den ersten Blick steht diese Anforderung im Konflikt mit den Anforderungen einer elektronischen Gründung. Denn hierzu soll gerade auf ein persönliches Erscheinen einer Partei vor einer staatlichen Stelle verzichtet werden.

a) Motive des Bürgerlichen Gesetzbuchs

Nach den Motiven des Bürgerlichen Gesetzbuchs musste die Auflassung ursprünglich vor dem Grundbuchamt[975] erklärt werden.[976] Mangels elektronischer Alternativen mussten die Parteien gewiss persönlich vor dem Grundbuchamt erscheinen und die Auflassung erklären. Hierdurch versprach man sich Rechtssicherheit, die sich bei notariel-

974 Jauernig/*Berger* BGB § 925 Rn. 14; BeckOKBGB/*Grün* § 925 Rn. 19.

975 Grundbuchamt und Amtsgericht sind zur Entgegennahme seit dem 1.10.1970 nicht mehr zuständig, vgl. BeckOKBGB/*Grün* § 925 Rn. 19; MüKoBGB/*Ruhwinkel* § 925 Rn. 15.

976 Mugdan, Motive zum Bürgerlichen Gesetzbuch, Band 3 Sachenrecht, S. 173.

ler Form oder durch Erklärung vor einem Richter nicht hätte erreichen lassen sollen.[977] Denn der Vorteil gegenüber zuletzt genannten Formerfordernissen lag darin, dass in diesem Zeitpunkt der aktuelle Stand des Grundbuchs entnommen und die Eintragung unmittelbar im Anschluss an die Erklärung der Auflassung vorgenommen werden konnte.[978] Nach der Grundidee stellten Auflassung und Eintragung einen einheitlichen Rechtsakt dar.

Als Nachteile der notariellen oder gerichtlichen Form erkannte man das zeitliche Auseinanderfallen vom Blick ins Grundbuch, der Erklärung der Auflassung und der Antragsstellung zur Eintragung einer Rechtsänderung im Grundbuch. Insbesondere die zeitliche Zäsur zwischen der Auflassung und der Antragsstellung sollte Raum für Betrügereien schaffen. So hätte in diesem Zeitraum die Gefahr bestanden, dass in der Person des Veräußerers Verfügungsbeschränkungen entstanden sein könnten und das Grundstück durch den Erwerber schon weiterveräußert hätte sein können, zu einem Zeitpunkt, in denen eine nachträgliche Verfügungsbeschränkung noch ihre Rechtswirkung entfaltet hätte.[979] Nicht zuletzt hätte die zeitliche Zäsur Situationen provozieren können, in denen vor dem Notar eine Auflassung erklärt wurde, die im Zeitpunkt der Antragsstellung nicht mehr mit der Lage des Grundbuchs zu vereinbaren gewesen wäre. Dies hätte zur Ablehnung des Antrags geführt. Um diesen missbrauchsanfälligen Zeitraum gar nicht erst entstehen zu lassen, entschied man sich ursprünglich dazu, die Auflassung nur vor dem Grundbuchamt zeitgleich unter Anwesenheit beider Parteien erklären zu können.[980]

Eine weitere Funktion ergibt sich aus der Besonderheit, dass gleich im Anschluss an die Auflassungserklärung die Eintragung in das Grundbuch geschehen sollte. In dem den Parteien die unmittelbare Rechtswirkung ihrer Erklärungen vor Auge geführt werden konnte, sprach man der gleichzeitigen Anwesenheit beider Parteien beim Grundbuchamt eine gewisse Warnfunktion zu. Hierdurch sollten leichtsinnige und unüberlegte Erklärungen verhindert werden können, eine Wir-

977 Mugdan, Motive zum Bürgerlichen Gesetzbuch, Band 3 Sachenrecht, S. 174.
978 Mugdan, Motive zum Bürgerlichen Gesetzbuch, Band 3 Sachenrecht, S. 174.
979 Mugdan, Motive zum Bürgerlichen Gesetzbuch, Band 3 Sachenrecht, S. 174.
980 Mugdan, Motive zum Bürgerlichen Gesetzbuch, Band 3 Sachenrecht, S. 174.

kung, die nach damaliger Einschätzung der notariellen oder gerichtlichen Form nicht nachgesagt wurde.[981]

Zusammenfassend ist festzuhalten, dass die Auflassung die Rechtssicherheit des Grundbuchverkehrs sichern und die Parteien gleichzeitig die Rechtswirkung ihrer Erklärungen vor Augen halten sollte.

b) Frühere Form der Auflassung

Seither hat sich die Rechtsordnung aber in einem grundlegenden Punkt geändert. Denn seit dem 1.10.1970 kann die Auflassung nicht mehr direkt beim Grundbuchamt erklärt werden.[982] An die Stelle des Grundbuchamts sind ersatzlos die Notare getreten, die die Auflassung seither entgegennehmen. Damit lassen sich die Erkenntnisse aus den Motiven des Bürgerlichen Gesetzbuchs nur abstrakt übertragen, nicht jedoch in ihrer Absolutheit. Ein zeitliches Auseinanderfallen vom Blick ins Grundbuch zur Erklärung der Auflassung und der Antragsstellung ist seither zwangsnotwendig hinzunehmen. Weiterhin ist entscheidend, dass die Auflassung auch nach dem heutigen Sinn und Zweck vor allem Rechtssicherheit garantieren soll, während die Warn-, Beratungs- und Belehrungsfunktion des Notars eher in den Hintergrund rückt.[983] Hingegen hat sich die Zielrichtung dieser Funktion leicht gewendet. In erster Linie sind die Grundbuchämter zu entlasten. Im Vorfeld hat der Notar auf eindeutige Erklärungen hinzuwirken, die die Eintragung besonders leicht gestalten und insbesondere frei von Willensmängeln, Irrtümern und Geschäftsunfähigkeiten sind.[984]

Allerdings ist ein persönlichen Erscheinen nach dem Wortlaut des § 925 Abs. 1 S. 1 BGB nicht zwingend erforderlich. Dieser spricht lediglich davon, dass beide Parteien gleichzeitig vor einer zuständigen Stelle anwesend sein müssen, allerdings nicht zwingend persönlich anwesend. Diese Lesart deckt sich auch mit dem mit dem Formerfordernis ursprünglich verfolgten Sinn und Zweck.

---

981 Mugdan, Motive zum Bürgerlichen Gesetzbuch, Band 3 Sachenrecht, S. 175.

982 MüKoBGB/*Ruhwinkel* § 925 Rn. 15; BeckOKBGB/*Grün* § 925 Rn. 19.

983 MüKoBGB/*Ruhwinkel* § 925 Rn. 1; *Kanzleiter* DNotZ 1994, 275 (283).

984 MüKoBGB/*Ruhwinkel* § 925 Rn. 1; vgl. auch Mugdan, Motive zum Bürgerlichen Gesetzbuch, Band 3 Sachenrecht, S. 173

c) RG JW 1928, 2519 f.

Fraglich bleibt damit weiterhin, ob die Parteien nach der gesetzlichen Grundausrichtung tatsächlich persönlich vor einem Notar sitzen und die Auflassung erklären müssen, oder es nach § 925 Abs. 1 BGB vielmehr auf die Gleichzeitigkeit ankommt und die Art und Weise des Zusammentreffens nicht vorgeschrieben ist. Interessant ist hierbei ein Blick auf ein Urteil des Reichsgerichts aus dem Jahre 1928.[985]

Zur Entscheidung wurde dem Reichsgericht ein Sachverhalt vorgelegt, in denen die Parteien in unterschiedlichen Räumen anwesend waren, sich dabei aber nicht sehen konnten. Allerdings kam es nicht so sehr auf die Besonderheit an, dass sich die Parteien in unterschiedlichen Räumen befanden, als vielmehr darauf, dass die eine Partei auf die Auflassungserklärung der anderen Partei hin schwieg. Dennoch lässt sich dem Urteil entnehmen, dass das Gesetz aus Sicht des RG nicht danach verlangen würde, dass beide Personen in einem Raum anwesend sein müssten. Denn es sei allein entscheidend, dass sich die Personen zeitgleich hören und sehen können, um etwaige Gesten oder ähnliches zu erkennen, woraus sich auf eine Ablehnung oder Zustimmung schließen lässt.[986] Deswegen sei es nicht erforderlich, dass sich beide Parteien persönlich in einem Raum einfinden müssen.[987] Entscheidend sei demnach nur ein visueller und akustischer Kontakt.

Hieraus ist zu schlussfolgern, dass die Auflassung auch unter Einsatz von audiovisuellen Fernkommunikationsmitteln erklärt werden kann. Dabei muss nur sichergestellt sein, dass sich die Parteien jederzeit sehen und hören können. Genau dies gewährleistet das von der Bundesnotarkammer betriebene Videokommunikationssystem. Durch die audiovisuelle Echtzeitverbindung ist gewährleistet, dass die Parteien spontane Reaktionen und auch Emotionen aus dem Gesicht des anderen ablesen können. Zudem können die Parteien aktiv kommunizieren. Der offene Wortlaut des § 925 BGB lässt den Einsatz von Fernkommunikationsmitteln unter Berücksichtigung des Urteils des Reichsgerichts aus dem Jahre 1928 damit zu und muss nicht angepasst werden.

985 RG JW 1928, 2519.
986 RG JW 1928, 2519.
987 Ring/Grziwotz/Keukenschrijver/*Grziwotz* BGB § 925 Rn. 26.

d) Form

Nicht zuletzt stellt sich die Frage, ob sich weitere formale Vorgaben aus dem Gesetz ergeben, wie die Auflassungserklärungen erklärt werden müssen. Das Bürgerliche Gesetzbuch schreibt keine Form vor, so dass eine mündliche Erklärung genügt. Allerdings darf im Falle der Auflassung eines Grundstücks die Eintragung nur erfolgen, wenn die erforderliche Einigung des Berechtigten und des anderen Teils erklärt ist (§ 20 GBO). Zudem schreibt § 29 Abs. 1 S. 1 GBO vor, dass eine Eintragung nur vorgenommen werden soll, wenn die Eintragungsbewilligung oder die sonstigen zu der Eintragung erforderlichen Erklärungen durch öffentliche oder öffentlich beglaubigte Urkunden nachgewiesen werden. Da die Auflassungserklärungen Willenserklärungen sind, entfällt die Möglichkeit einer Beglaubigung. Sie weist nicht die Abgabe von Willenserklärungen nach. Damit bleibt nur die Variante, die Auflassungserklärungen zu beurkunden.[988]

Das Formerfordernis der notariellen Beurkundung folgt damit nicht aus § 925 BGB, sondern aus § 29 Abs. 1 S. 1 GBO. Um die elektronische Auflassung für das elektronische Sachgründungsverfahren einer Aktiengesellschaft einzuführen, ist § 29 Abs. 1 GBO entsprechend anzupassen. Vorgeschlagen wird, einen neuen S. 2 zu schaffen und den aktuellen S. 2 als S. 3 zu formulieren. S. 2 hat wie folgt zu lauten:

> [2]Die Eintragungsbewilligung und die sonstigen zu der Eintragung erforderlichen Erklärungen können durch elektronische Urkunden nachgewiesen werden, soweit ein Gesetz dies gestattet.

Hierdurch wird eine Folgeänderung notwendig. Denn bisher existiert kein Gesetz, welches die Beurkundung im Sinne des § 29 Abs. 1 GBO auf elektronischem Wege iSd §§ 16a-e BeurkG-E ermöglicht. Um den sachlichen Anwendungsbereich zunächst einzuschränken und Erfahrungen zu sammeln, wird eine dezentrale Vorschrift im Aktiengesetz vorgeschlagen. § 23 Abs. 1 S. 2 AktG-E[989] ist dadurch um einen Annex zu erweitern:

988 OLG Braunschweig RNotZ 2019, 464; KG BeckRS 2015, 4516; OLG München DNotZ 2009, 292.

989 Zum Vorschlag des Verfassers vgl. G.VIII.1.

> [2]Die Beurkundung der Feststellung der Satzung sowie jedwede im Rahmen der Gründung der Gesellschaft abzugebende Erklärungen der Gesellschafter können durch einen in Deutschland amtsansässigen Notar im Wege des elektronischen Beurkundungsverfahrens nach den §§ 16a-16e BeurkG-E erfolgen.

Durch diese Regelung ist mehrerlei erreicht. Zum einen kann die Beurkundung der Auflassungserklärungen über das von der Bundesnotarkammer betriebene Videokommunikationssystem erfolgen. Daneben ist der sachliche Anwendungsbereich ausschließlich auf elektronische Sachgründungen von Aktiengesellschaften beschränkt. Daneben ist § 29 Abs. 1 S. 2 GBO-E derart offen formuliert, dass sein Anwendungsbereich durch punktuelle Anpassungen in anderen Gesetzen jederzeit erweiterbar ist.

3. Ergebnis

Der mit den Formerfordernissen in §§ 311b Abs. 1, 925 BGB verfolgte Sinn und Zweck lässt sich auch in einem elektronischen Beurkundungsverfahren erreichen. Der Öffnung des sachlichen Anwendungsbereichs der §§ 16a-e BeurkG-E steht von theoretischer Seite nichts im Wege. Offen ist allerdings die Frage, ob sich eine Immobilientransaktion auch aus dem Blickwinkel der Praxis vollständig digitalisieren lässt. Aus Platzgründen kann auf die einzelnen Fragen nicht eingegangen werden. Das ändert jedoch nichts daran, dass an dem Beurkundungserfordernis des Zeichnungsvertrages und der Auflassungserklärungen keinerlei Bedenken bestehen. Selbst wenn einige Verfahrensschritte einer Immobilientransaktion nach der Präsenz einiger Akteure verlangen, steht dies der Öffnung des sachlichen Anwendungsbereich des elektronischen Beurkundungsverfahrens nach den §§ 16a-e BeurkG-E für die §§ 311b Abs. 1, 925 BGB nicht im Wege.

V. Sonderproblem 2: GmbH-Anteil als Sacheinlage

Soll die Einlageverpflichtung eines Aktionärs ganz oder teilweise dadurch erfüllt werden, in dem GmbH-Anteile an die Aktiengesellschaft übertragen werden, stellt sich ein ähnliches Problem, wie wenn Grundstücke an die Aktiengesellschaft übereignet werden sollen. Denn gem. § 15 Abs. 3 GmbHG sind das Verfügungsgeschäft, also die Abtretungserklärungen (§§ 413, 398 BGB) notariell zu beurkunden, und gem. § 15 Abs. 4 GmbHG das Verpflichtungsgeschäft (§§ 453, 433 BGB).

Zunächst soll in einem Überblick das Meinungsspektrum dargestellt werden, ehe der Frage nachgegangen wird, ob es der Sinn und Zweck der Formerfordernisse in § 15 Abs. 3, 4 GmbH zulassen würde, die Verpflichtung zur Übertragung und die Übertragung selbst in einem elektronischen Beurkundungsverfahren durchzuführen.

1. Meinungsstand

Ob die Formerfordernisse gem. §§ 15 Abs. 3, 4 GmbH unter Nutzung elektronischer Fernkommunikationsmittel erfüllt werden können, wird in der Rechtswissenschaft bisher nur oberflächlich behandelt. In dem Regierungsentwurf eines Gesetzes zur Umsetzung der Digitalisierungsrichtlinie und bereits in dem NRW-Entwurf finden sich ausschließlich Hinweise, dass sich das elektronische Beurkundungsverfahren nur für die Online-Gründung einer GmbH anbieten würde, für andere Beurkundungsgegenstände im Familien-, Erb-, oder Immobilienrecht jedoch weniger geeignet sei[990], insbesondere auch für die Abtretung eines GmbH-Anteils, weil die zusätzlichen Anforderungen an die Beurkundungsverhandlung sachgerecht nur in einem Präsenzverfahren eingehalten werden können[991].

Richtigerweise wird darauf hingewiesen, dass sich sowohl dem Regierungsentwurf eines Gesetzes zur Umsetzung der Digitalisierungsrichtlinie als auch der Entwurfsfassung des Bundeslandes NRW keine Argumente entnehmen lassen, die diesen Schluss begründen.[992] Es wird lediglich darauf hingewiesen, dass die Übertragung von GmbH-Anteilen unter Nutzung des von der Bundesnotarkammer bereitge-

990 BegrRegE z. DiRUG, S. 130.
991 BR-Drucks. 611/19, S. 15.
992 *J. Schmidt* ZIP 2021, 112 (117).

stellten Videokommunikationssystems keine Minusmaßnahme zur eigentlichen Online-Gründung einer GmbH darstellt und vom Anwendungsbereich der §§ 16a-e BeurkG-E deshalb nicht erfasst sei.[993] Ob die Übertragung eines GmbH-Anteils ein komplizierter und komplexer Vorgang ist, kann an dieser Stelle dahinstehen. Denn ob ein Vorgang komplex ist[994] oder nicht[995], hat keine Auswirkungen auf die Frage, ob er sich unter Nutzung des von der Bundesnotarkammer bereitgestellten Videokommunikationssystems durchführen lässt und muss deswegen nicht weiter problematisiert werden.[996] Wie bereits gezeigt, ist die Gründung einer Aktiengesellschaft komplexer als die einer GmbH und lässt sich dennoch unter Nutzung elektronischer Fernkommunikationsmittel durchführen.

Auf Grund der eindeutigen gesetzlichen Konzeption ist die elektronische Beurkundung ausschließlich auf das Online-Geldgründungsverfahren einer GmbH beschränkt. Nach geltender Rechtslage müsste für die Übertragung eines GmbH-Anteils fortan ein Notar aufgesucht werden. Insgesamt sei es Unternehmern schwer zu vermitteln, dass sich die GmbH online gründen lässt, man für die Übertragung eines GmbH-Anteils jedoch auf die Präsenzbeurkundung angewiesen ist.[997] Da der Sinn und Zweck der Formerfordernisse in § 15 Abs. 3, 4 GmbHG nicht wesentlich von § 2 Abs. 1 GmbHG abweichen würde, müsste für erst genannten Vorgang das von der Bundesnotarkammer betriebene Videokommunikationssystem genutzt werden können. Argumentativ wird dies dadurch untermauert, dass der Handel mit GmbH-Anteilen bei der Nutzung von elektronischen Fernkommunikationsmittel erschwert ist und die Anteilsinhaber vor voreiligen Entscheidungen geschützt werden.[998]

Die daneben bestehenden Funktionen werden allerdings nicht näher erläutert.[999] Um diese Lücke zu schließen wird im Folgenden unter-

993 *Keller/Schümmer* NZG 2021, 573 (577 aE).
994 *Keller/Schümmer* NZG 2021, 573 (578).
995 *Drygala/Grobe* GmbHR 2020, 985 (991 Rn. 34).
996 So im Ergebnis auch *Keller/Schümmer* NZG 2021, 573 (578).
997 *Keller/Schümmer* NZG 2021, 573 (577); *J. Schmidt* ZIP 2021, 112 (117).
998 *Keller/Schümmer* NZG 2021, 573 (578).
999 Zumindest *Drygala/Grobe* GmbHR 2020, 985 (991 Rn. 34) weisen vorsichtig darauf hin.

sucht, ob die darüber hinaus mit dem Formerfordernis bezweckten Funktionen in einem elektronischen Beurkundungsverfahren erreicht werden.

2. Verpflichtungsgeschäft

Bezüglich des üblichen Sinn und Zwecks einer notariellen Beurkundung gilt das bereits Gesagte. Unabhängig davon, ob die Beurkundung in Präsenz oder elektronisch durchgeführt wird, wird der mit der Beurkundung verfolgte Zweck auch in einem elektronischen Beurkundungsverfahren erfüllt.[1000] Selbst bei gegenteiliger Auffassung, wird man die elektronische Beurkundung bei der Verpflichtung zur Übertragung und der Übertragung nicht damit begründen können, dass sich die üblichen Formzwecke nicht erreichen lassen. Diese stellen bei den GmbH-Anteiltransaktionen nur einen bloßen Rechtsreflex dar und stehen damit nicht im Vordergrund.[1001] Leichte Nachteile in einer elektronischen Beurkundung gegenüber einer herkömmlichen Beurkundung wären damit hinzunehmen und fallen nicht so stark ins Gewicht.

In den Vordergrund der Darstellungen rücken nun andere, bisher noch nicht genannte Funktionen des Beurkundungsverfahrens. Hierbei ist zu klären, ob sich diese in einem elektronischen Beurkundungsverfahren erreichen lassen.

a) Spekulativen Handel verhindern

Hervorzuheben ist, dass die Beurkundung des Verpflichtungsgeschäfts insbesondere einen spekulativen Handel mit den GmbH-Anteilen erschweren soll.[1002] Um dieses Ziel zu erreichen, war es notwendig, eine

---

1000 Hierzu bereits ausführlich unter G.

1001 BGHZ 141, 207 (211) = NJW 1999, 2594 (2595); Beschl. v. 27.2.1997 – III ZR 75/96, GmbHR 1997, 605 (606;); Lutter/Hommelhoff/*Bayer* GmbHG § 15 Rn. 1; Rowedder/Schmidt-Leithoff/*Görner* GmbHG § 15 Rn. 2; MüKoGmbHG/*Reichert*/*Weller* § 15 Rn. 16.

1002 BT-Drs. 7/253, S. 113; BGHZ 13, 49 (51 f.) = NJW 1954, 1157; RGZ 135, 71; Baumbach/Hueck/*Servatius* GmbHG § 15 Rn. 21; BeckOKGmbHG/*Wilhelmi* § 15 Rn. 111.

ungebundene Übertragung von Hand zu Hand unmöglich zu machen, in dem ein Notar an dem Rechtsgeschäft zwingend eingeschaltet werden muss.[1003] Ob der spekulative Handel auch durch ein elektronisches Beurkundungsverfahren erschwert wird, ist nun zu untersuchen.

Um sich der Antwort der aufgeworfenen Frage zu nähern, ob sich der spekulative Handel auch in einem elektronischen Beurkundungsverfahren verhindern bzw. erschweren ließe, ist als Vergleich ein Streitstand über die Frage heranzuziehen, ob auch Nebenabreden notariell zu beurkunden sind[1004], was nach vorzugswürdiger Auffassung[1005] zu verneinen ist.

Ausgangspunkt der Überlegung ist die Aufteilung eines Vertragswerks zur Übertragung eines Anteils in Haupt- und Nebenabreden, denen jeweils bestimmte notariellen Pflichten zuzuordnen sind und allein an ihnen erfüllt werden.[1006] Um den spekulativen Handel zu unterbinden genügt nach überzeugender Auffassung die Beurkundung der Hauptabrede.[1007]

Ohne auf die einzelnen Argumente des Streitstandes[1008] im Detail einzugehen wird ersichtlich, dass nach dem überwiegenden Teil der Ansichten zumindest die Vereinbarung notariell zu beurkunden ist, die die Verpflichtung zur Übertragung begründet, um den Handel mit GmbH-Anteilen zu bremsen. Überspitzt und mit anderen Worten ausgedrückt, ist die Beurkundung der übereinstimmenden Willenserklärungen „Ich verpflichte mich zur Abtretung meiner Anteile zu

1003 Aus der Rechtsprechung vgl. statt aller RGZ 135, 71; BGHZ 13, 49 (51 f.) = NJW 1954, 1157 (1157); aus der Literatur *Wertenbruch* NZG 2008, 454 (455); MüKoGmbHG/*Reichert*/*Weller* § 15 Rn. 16.

1004 So BGH NZG 2001, 940 (941); Baumbach/Hueck/*Servatius* GmbHG § 15 Rn. 30; Lutter/Hommelhoff/*Bayer* GmbHG § 15 Rn. 57; *Rasner*/*Möllering* BB 2019, 2120 (2021); *Herrmann* GmbHR 2009, 625 (628); MüKoGmbHG/*Reichert*/*Weller* § 15 Rn. 107.

1005 *Hadding* ZIP 2003, 2133 (2137 ff.); *Heidenhain* NJW 1999, 3073 (3077); *W. Sigle*/*Maurer* NJW 1984, 2657 (2658 ff.); Scholz/*Seibt* GmbHG § 15 Rn. 66b; *Pohlmann* GmbHR 2002, 41 (43); *König* ZIP 2004, 1838 (1842); *Loritz* DNotZ 2000, 90 (99 ff.); *Witt* ZIP 2000, 1033 (1036).

1006 OLG Frankfurt a. M. BeckRS 2015, 11018 Rn. 59.

1007 BGHZ 13, 49, 51 = NJW 1954, 1157; *Hadding* ZIP 2003, 2133 (2141); *Sigle*/*Maurer* NJW 1984, 2657 (2658 ff.); *Heidenhain* NJW 1999, 3073 (3075); wohl auch *Witt* ZIP 2000, 1033 (1036).

1008 Vgl. hierzu im Überblick *Hadding* ZIP 2003, 2133 (2135–2137).

einem Preis von 100€" und „Ich nehme das Angebot an" ausreichend, um den spekulativen Handel zu unterbinden. Wird teilweise vertreten, dass auch die Nebenabreden zu beurkunden sind, dann vorwiegend deshalb, um Rechtssicherheit zu wahren[1009] oder um Konflikte mit § 139 BGB zu vermeiden[1010], nicht aber um den spekulativen Handel zu unterbinden.[1011] Die Beurkundung von Nebenabreden unterbindet den spekulativen Handel mit anderen Worten nicht noch effektiver, sondern dient der Erfüllung weiterer Kardinalpflichten des Notars. Es ist allein das Beurkundungsverfahren an sich, wodurch sich der spekulative Handel mit GmbH-Anteilen erschweren lässt, unabhängig davon, ob auch Nebenabreden zu beurkunden sind. Zur Entschleunigung des Handels mit GmbH-Anteilen genügt die Beurkundung der Hauptabrede, womit sich beide Parteien verpflichten.[1012]

Mit dieser Erkenntnis wird offensichtlich, dass der spekulative Handel bereits unterbunden wird, wenn eine neutrale Person das Rechtsgeschäft zu beurkunden hat, Käufer und Verkäufer somit einen Dritten einschalten müssen und die Übertragung nicht einfach unter sich vereinbaren können. Damit wird deutlich, dass ausschließlich die Einschaltung des Notars und das Beurkundungsverfahren an sich den Handel verlangsamen und spekulativen Handel erschweren, mit anderen Worten die bloße Formalität, an dem Beurkundungsverfahren teilzunehmen.

Somit bestehen auch keinerlei Bedenken, wenn das Verpflichtungsgeschäft im Sinne des § 15 Abs. 4 GmbHG elektronisch beurkundet wird. Denn auch im Rahmen einer elektronischen Beurkundung muss die Urkunde am Ende ihrer Verlesung durch eine qualifiziert elektronische Signatur unterschrieben werden (§ 16 Abs. 4 S. 1 BeurkG-E). Damit besteht ein wesentlicher Unterschied zu formfreien Geschäften des alltäglichen Lebens. Denn für die elektronische Beurkundung muss zwangsnotwendig ein Notar über das von der Bundesnotarkammer betriebene Videokommunikationsportal eingeschaltet werden. Hierfür

---

1009 *Wiesner* NJW 1984, 95 (97); Baumbach/Hueck/*Fastrich* GmbHG § 15 Rn. 30.

1010 OLG Hamburg ZIP 2007, 1008 (1010); *Loritz* DNotZ 2000, 90 (99 ff.).

1011 **AA** ohne Begründung MHLS/*Ebbing* GmbHG § 15 Rn. 89.

1012 *Pohlmann* GmbHR 2002, 41 (43); *Hadding* ZIP 2003, 2133 (2138); auch Vertreter der hM weisen darauf hin: Baumbach/Hueck/*Fastrich* GmbHG § 15 Rn. 30; MüKoGmbHG/*Reichert*/*Weller* § 15 Rn. 114.

müssen die Beteiligten erst einmal Kontakt aufbauen, so dann einen Termin vereinbaren und der Verlesung der elektronischen Niederschrift beisitzen. Der Handel mit GmbH-Anteilen ließe sich nur dann beschleunigen und spekulativ betreiben, wenn sie losgelöst der Einschaltung staatlicher Stellen übertragen werden könnten, so z.B. beim Schriftformerfordernis oder gar bei Formfreiheit. Dann könnten sich die Personen über die Verpflichtung zur Anteilsübertragung einigen, ohne dass erst einmal ein Notar dazwischengeschaltet werden muss, der den Handel insoweit kontrolliert und entschleunigt.

b) Beweisfunktion

Ob der notariellen Beurkundung des Verpflichtungsgeschäfts gem. § 15 Abs. 4 GmbHG auch eine Beweissicherungsfunktion zu kommt, ist bereits fraglich. Nach dem auch von Teilen der Rechtsprechung[1013] aufgegriffenen Willen des Gesetzgebers[1014] steht ausschließlich der Zweck im Vordergrund, den spekulativen Handel mit GmbH-Anteilen zu unterbinden. Allerdings hat sich eine herrschende Ansicht herauskristallisiert, nach welcher die Beurkundung des Verpflichtungsgeschäfts auch den Beweis am Bestand des Rechtsgeschäfts sichern soll.[1015] So genieße die notarielle Urkunde den Anspruch auf Vollständigkeit und der Rechtsverkehr kann darauf vertrauen, dass der für das Rechtsgeschäft relevante Inhalt in der Urkunde zumindest angedeutet ist, alles Sonstige damit außer Betracht bleiben kann.[1016]

Vorliegend muss der Streit allerdings nicht entschieden werden. Denn aus nun darzustellenden Gründen, ist die elektronische Urkunde gleichermaßen wie eine Präsenzurkunde dazu geeignet, Beweis zu erbringen.

1013 BGHZ 127, 129 = NJW 1994, 3227 (3229); BGH, NJW 1996, 3338 (3339).

1014 Die Begr. z. GmbH-Gesetz, Sten. Berichte über die Verhandlungen des Reichstags, 8. Legislaturperiode, I. Session, 1890–1892, 5. Anlagenband, S. 3729; dies greift auch auf BT-Drs. 7/253, S. 113.

1015 BGHZ 12, 49 (51) = NJW 1954, 1157; BGHZ 141, 207 (211 f.) = NJW 1999, 2594; BGH NZG 2008, 377 Rn. 14; Baumbach/Hueck/*Servatius* GmbHG § 15 Rn. 21; BeckOKGmbHG/*Wilhelmi* § 15 Rn. 111.

1016 OLG Köln DNotZ 2019, 746 Rn. 78 ff.; Roth/Altmeppen/*Altmeppen* GmbHG § 15 Rn. 66; BeckOKGmbHG/*Wilhelmi* § 15 Rn. 111; Baumbach/Hueck/*Servatius* GmbHG § 15 Rn. 30.

Dadurch dass der Notar die elektronische Urschrift im digitalen Urkundenarchiv hinterlegt, besteht immer ein Dokument, welches den ursprünglich gewollten und beurkundeten Inhalt festhält.[1017] Fälschungen lassen sich durch einen Abgleich leicht aufdecken. Hierdurch lässt gleich mehrerlei beweisen. Zum einen kann die elektronische Urkunde den ursprünglichen Inhalt dauerhaft darlegen. Daneben genießt eine elektronische Urkunde einen Anspruch auf Vollständigkeit. Denn durch die qualifiziert elektronische Signatur werden nachträgliche Änderungen schnell erkenntlich. Sollten nach Abschluss der Beurkundung nachträgliche Änderungen an der Urkunde vorgenommen werden, so verliert die Signatur ihre Gültigkeit, was entsprechend angezeigt wird.[1018]

c) Beratungs- und Belehrungsfunktion

Fraglich ist zudem, ob die Beurkundungsbedürftigkeit des Verpflichtungsgeschäfts sicherstellen soll, dass die Beteiligten durch den Notar beraten werden. Der Wille des (historischen) Gesetzgebers lässt vermuten, dass die Beurkundung des Verpflichtungsgeschäfts ausschließlich dazu dient, den spekulativen Handel zu erschweren.[1019] Ob die Beurkundungsbedürftigkeit die Parteien zugleich umfassend zu beraten und zu belehren[1020], muss nicht entschieden werden. Denn selbst für den Fall, dass die Beurkundungsbedürftigkeit des Verpflichtungsgeschäfts dazu beizutragen hat, die Parteien zu beraten, so wird diese Funktion in einem elektronischen Beurkundungsverfahren aus nun darzustellenden Gründen erreicht.

Gemäß § 17 BeurkG ist die Beratung und Belehrung der Parteien essentieller Bestandteil der notariellen Beurkundung.[1021] Zur Erfüllung dieser notariellen Kardinalpflicht hat der Notar die Beteiligten umfassend über die rechtliche Tragweite des gewollten Rechtsgeschäfts

---

1017 Vgl. hierzu bereits unter G.V.3.

1018 MüKoBGB/*Einsele* § 126a Rn. 9.

1019 Die Begr. z. GmbH-Gesetz, Sten. Berichte über die Verhandlungen des Reichstags, 8. Legislaturperiode, I. Session, 1890–1892, 5. Anlagenband, S. 3729; dies greift auch auf BT-Drs. 7/253, S. 113.

1020 So nach Baumbach/Hueck/*Servatius* GmbHG § 15 Rn. 21, 30; MHLS/*Ebbing* GmbHG § 15 Rn. 55.

1021 *Baumann* MittRhNotK 1996, 1 (11); BeckOKBNotO/*Sander* § 24 Rn. 18.

aufzuklären und auch alternative Gestaltungsmöglichkeiten aufzuzeigen.[1022] Der beratenden Tätigkeit ist in gewisser Hinsicht die Erforschung des Willens vorgeschoben. Denn nur dann kann der Notar den Einzelnen individuell beraten und eine auf die individuellen Bedürfnisse zugeschnittene Urkunde entwerfen. Es bestehen jedoch keinerlei Konflikte, wenn der Notar den Willen des Einzelnen unter Nutzung des von der Bundesnotarkammer bereit gestellten Videokommunikationssystems erforscht und daraufhin beratend tätig wird. Erforderlich ist lediglich eine stabile und funktionierende Internetverbindung. Damit ist gewährleistet, dass der Notar die Beteiligten gut erkennen kann, um Rückschlüsse aus der Mimik und Gestik des Gegenübers ziehen zu können und nicht nur auf das mündlich Vermittelte angewiesen zu sein. Dafür, dass eine audiovisuelle Echtzeitverbindung die wichtigen Bestandteile der Kommunikation durch Mimik, Gestik, Rhetorik und Reaktion, bestehen nach derzeitigem Stand der Technik keine Anhaltspunkte mehr.[1023] So dann kann der Notar durch gezielte Fragen den Willen erforschen und die Vor- und Nachteile bestimmter Gestaltungsmöglichkeiten erläutern. Ob der Notar einer Person unmittelbar gegenüber sitzt ist dabei von keinem besonderen Vorteil. Zwar lassen sich nicht alle nonverbalen Ausdrucksweisen über eine audiovisuelle Echtzeitverbindung wahrnehmen. Diese beeinflussen den Verlauf eines Gesprächs aber ohnehin nicht maßgebend.[1024]

In diesem Zusammenhang ist darauf hinzuweisen, dass der Beratungsaufwand des Notars in der Transaktionspraxis ohnehin gering ist,[1025] weil die Beteiligten im Vorfeld durch Anwälte umfassend beraten und die erforderlichen Verträge bereits aufgesetzt sind. Dies gilt umso mehr,

---

1022 OLG Hamm NJW-RR 1991, 95; BeckOKBGB/*Litzenburger* BeurkG § 17 Rn. 3.

1023 Schon damals zur virtuellen Hauptversammlung Noack BB 1998, 2533 (2535): „Wenn man fast wie Anwesende miteinander kommunizieren kann, dann ist der Versammlungszweck gewahrt" und speziell für Gesellschaften mit kleinem Gesellschafterkreis *Riegger/Mutter* ZIP 1998, 637 (639): „Die zur Verfügung stehenden Videokonferenzsysteme sind technisch ohne weiteres in der Lage, die Durchführung einer solchen Versammlung zu ermöglichen."; zu Gerichtsverhandlungen *Geiger* ZRP 1998, 365 **aA** *Spindler* ZGR 2000, 420 (441); heute auch noch *Bachmann*, in: FS G. H. Roth, 2011, S. 37 (45); auch Gerichtsverhandlungen vgl. *Bachmann* ZZP 2005, 133 ff.

1024 Hierzu bereits unter E.VI.3.d)(cc)(1).

1025 Hierauf weisen ebenso *Drygala/Grobe* GmbHR 2020, 985 (990, Rn. 29).

als wenn professionelle Unternehmer ihre Beteiligungen an GmbH und Aktiengesellschaften umstrukturieren. Dadurch beschränkt sich die beratende Funktion des Notars meist darauf, die durch die Anwälte vorgefertigten Dokumente auf rechtliche Fehler hin zu untersuchen und notfalls im Rahmen der Verlesung der Niederschrift darauf hinzuweisen sowie alternative Lösungen vorzustellen. Mit anderen Worten kommt der Willenserforschung keine allzu hohe Bedeutung mehr zu, da diese Arbeit durch die Anwälte bereits im Vorfeld erledigt wurde.

d) Zwischenergebnis

Als Zwischenergebnis ist festzuhalten, dass sich der mit § 15 Abs. 4 GmbHG verfolgte Zweck in einem elektronischen Beurkundungsverfahren erreichen ließe. Auch ein elektronisches Beurkundungsverfahren würde den spekulativen Handel mit GmbH-Anteilen verhindern. Zudem könnte die elektronische Urkunde den Beweis im Rechtsverkehr erbringen und der Notar würde seiner Beratungs- und Aufklärungsfunktion nachkommen können.

3. Verfügungsgeschäft

Gem. § 15 Abs. 3 GmbHG bedarf es zur Abtretung von Geschäftsanteilen durch Gesellschafter eines in notarieller Form geschlossenen Vertrages. Dabei unterscheidet sich der mit dem Formerfordernis des Verfügungsgeschäfts verfolgte Zweck nicht weiter von jenem des Verpflichtungsgeschäfts. Auch die Beurkundungsbedürftigkeit des dinglichen Rechtsgeschäfts soll den spekulativen Handel mit GmbH-Anteilen erschweren bzw. verhindern und zugleich den Beweis am Inhalt des Rechtsgeschäfts sichern[1026], so dass diesbezüglich auf die vorstehenden Ausführungen verwiesen wird. Auch die elektronische Beurkundung der Abtretung verhindert bzw. erschwert den spekulativen Handel mit GmbH-Anteilen.

1026 RGZ 164, 162 (172 f.); BGHZ 13, 49 (51) = NJW 1954, 1157; BT-Drs. 16/6140, S. 30; Baumbach/Hueck/*Servatius* GmbHG § 15 Rn. 21; MüKoGmbHG/*Reichert*/*Weller* § 15 Rn. 16 f.; BeckOKGmbHG/*Wilhelmi* § 15 Rn. 87; *Wertenbruch* NZG 2008, 454 (455).

Im Hinblick auf § 16 GmbHG kommt der Beweisfunktion einer Beurkundung des Abtretungsvertrages im Gegensatz zum Verpflichtungsgeschäft eine erhöhte Bedeutung zu.[1027] Denn gem. § 16 GmbHG gilt als Gesellschafter nur, wer in der im Handelsregister einsehbaren Gesellschafterliste eingetragen ist. Im Hinblick auf an die Mitgliedschaft geknüpften Rechte und Pflichten besteht also ein erhöhtes Interesse daran, rechtsicher beweisen zu können, wer tatsächlich Inhaber des Anteils ist. Im Gegensatz zu Aktien sind die GmbH-Anteile hingegen regelmäßig nicht verbrieft.[1028] Diese Lücke schließt die Beurkundungsbedürftigkeit des Abtretungsvertrages.

Damit muss die elektronische Urkunde rechtssicher beweisen können, dass ein Anteil von einem Veräußerer auf den Erwerber übergegangen ist. Sodann kann die Eintragung in die Gesellschafterliste erfolgen, die über das Handelsregisterportal eingesehen werden kann. Anders als bei elektronischen Vollmachten ist das von Kopien oder nachträglichen inhaltlichen Änderungen des elektronischen Abtretungsvertrages ausgehende Risiko gering. Zum einen fallen nachträgliche Änderungen durch die qualifiziert elektronische Signatur auf. Sollte dieses Sicherheitssystem gehackt oder umgangen werden, ohne dass dies auffällt, dann lässt sich jedes im Umlauf befindliche Dokument immer mit dem im elektronischen Urkundenarchiv des Notars hinterlegten Originals abgleichen. Fälschungen fallen damit jederzeit auf. Zudem gilt ohnehin nur jene Person als Gesellschafter, die in der Gesellschafterliste als Gesellschafter aufgelistet ist. Mithin kann sich eine Person allein mit dem Vertragsdokument nicht einmal als Gesellschafter ausweisen.

In dem Schutz vor spekulativen Handel und der Beweissicherung erschöpft sich der Sinn und Zweck des § 15 Abs. 3 GmbHG.[1029] Wird teilweise vertreten, dass die Formbedürftigkeit des dinglichen Rechtsgeschäfts die Parteien warnen und belehren und darüber hinaus der Richtigkeitsgewähr und der inneren Vertragsgerechtigkeit dienen

1027 RGZ 164, 162 (170); BGH NJW 1954, 1157 (1157); BGH NZG 2008, 377 (378 Rn. 14); MüKoGmbHG/*Reichert/Weller* § 15 Rn. 17.

1028 MüKoGmbHG/*Reichert/Weller* § 15 Rn. 17.

1029 RGZ 68, 394 (396 f.); RGZ 164, 162 (170); BGH NJW 1996, 3338 (3339); BGH NZG 2008, 377 Rn. 14 ff.; *Wertenbruch* NZG 2008, 454 (455); MüKoGmbHG/*Reichert/Weller* § 15 Rn. 19.

soll[1030], kann dem nicht gefolgt werden. Zum einen handelt es sich hierbei um Formzwecke, die die causa und nicht ihre Erfüllung betreffen.[1031] Zum anderen zeigt die Entstehungsgeschichte[1032] der Norm und ihre überwiegende Rezeption in der Rechtsprechung[1033] und Literatur[1034], dass sich der Sinn und Zweck des § 15 Abs. 3 GmbH darin erschöpft, den Beweis zu sichern und spekulativen Handel zu erschweren.

Doch selbst wenn dem § 15 Abs. 3 GmbHG weitere Funktionen zuzuschreiben wären, bestehen keinerlei Bedenken, die elektronische Beurkundung auch auf das Verfügungsgeschäft auszuweiten. Denn wie bereits gezeigt lassen sich durch eine elektronische Beurkundung wie in einer Präsenzbeurkundung Informationsasymmetrien aufheben[1035], materiell rechtlich korrekte Urkunden schreiben[1036] und die Parteien vor voreiligen Entscheidungen warnen[1037].

4. Vinkulierung

Gem. § 15 Abs. 5 GmbHG kann durch den Gesellschaftsvertrag die Abtretung der Geschäftsanteile an weitere Voraussetzungen geknüpft sein, insbesondere von der Genehmigung der Gesellschaft abhängig gemacht werden. Im Folgenden ist zu untersuchen, ob die Genehmigung in Konflikt mit den Anforderungen einer Online-Sachgründung geraten würde. Dies wäre der Fall, wenn sich hierzu die Gesellschafter GmbH persönlich in einem Raum treffen müssten und die erforderli-

---

1030 OLG Stuttgart DB 1989, 1817; *Walz/Fembacher* NZG 2003, 1134 (1140); *Ruhwinkel* DNotZ 2007, 237 (238); Roth/Altmeppen/*Altmeppen* GmbHG § 15 Rn. 66.

1031 MüKoGmbHG/*Reichert*/*Weller* § 15 Rn. 19.

1032 Begr. Zum GmbHG, stenographischer Bericht über die Verhandlungen des Reichstages, 8. Legislaturperiode, I. Session 1890/1892, 5. Anlagenband, S. 3724, 3729; BT-Drs. 7/253, S. 113.

1033 RGZ 68, 394 (396 f.); RGZ 164, 162 (170); BGH NJW 1996, 3338 (3339); BGH NZG 2008, 377 Rn. 14 ff.

1034 *Jasper*, in: MünchHdB-GesR Band 3 § 24 Rn. 43, 125.

1035 Hierzu bereits unter G.VI.

1036 Hierzu bereits unter G.VI.

1037 Hierzu bereits unter G.IV.4.

chen Verfahrensschritte nicht unter Nutzung von elektronischen Fernkommunikationsmitteln einhalten könnten.

Der Untersuchungsgegenstand wird auf Fälle eingeschränkt, in denen in der Satzung nicht geregelt ist, wer für die Zustimmung im Innenverhältnis der GmbH zuständig ist. Auf die Vielzahl an Gestaltungsmöglichkeiten[1038] kann auf Grund des gewählten Untersuchungsgegenstandes nicht eingegangen werden. Ist in der Satzung der GmbH die Zuständigkeit nicht geregelt, muss die Gesellschafterversammlung über die Zustimmungserklärung einen Beschluss fassen.[1039] Gemessen an den Anforderungen einer elektronischen Sachgründung einer Aktiengesellschaft wäre indes problematisch, wenn die Gesellschafter der GmbH, von welcher ein Anteil die Aktiengesellschaft abgetreten und in diese als Sacheinlage geleistet werden soll, ein örtliches Zusammenkommen der Gesellschafter der GmbH erforderlich wird. Somit ist fraglich, ob die Gesellschafter einer GmbH einen Beschluss auf einer Gesellschafterversammlung auch unter Nutzung von audiovisuellen Fernkommunikationsmitteln fassen können.

Entscheidend ist, wie der Versammlungsbegriff nach § 48 Abs. 1 GmbHG zu interpretieren ist. Nach § 48 Abs. 1 GmbHG werden die Beschlüsse der Gesellschafter in Versammlungen gefasst. Ist zur Abhaltung einer Gesellschafterversammlung im Sinne des § 48 Abs. 1 GmbHG erforderlich, dass die Gesellschafter lokal an einem Ort zusammenkommen, muss die Online-Versammlung *de lege lata* als Beschlussfassung in den Grenzen des § 48 Abs. 2 GmbHG bewertet werden.

a) Rechtslage: Dispositives Versammlungssatzungsrecht im GmbHG

Grundsätzlich gilt, dass das GmbHG anders als das Aktienrecht in weiten Teilen dispositiv ist (vgl. hierzu § 3 Abs. 2 Alt. 2 und § 45 Abs. 1 GmbHG).[1040] Im Gegensatz zur Satzungsstrenge im Aktienrecht

1038 Vgl. hierzu MüKoGmbHG/*Reichert*/*Weller* § 15 Rn. 419 ff.

1039 BGH NJW 1988, 2241; Baumbach/Hueck/*Servatius* GmbHG § 15 Rn. 42; Scholz/*Seibt* GmbHG § 15 Rn. 122 f.; BeckOKGmbHG/*Wilhelmi* § 15 Rn. 162.

1040 MüKoGmbHG/*Wicke* § 3 Rn. 148; Baumbach/Hueck/*Fastrich* GmbHG Einl. Zu § 3 Rn. 24.

(§ 23 Abs. 5 AktG)[1041], lässt sich eine Online-Gesellschafterversammlung in der GmbH einfacher realisieren; denn auch die §§ 48 Abs. 1, 2 GmbHG sind dispositiv[1042]. Ist die Möglichkeit einer Online-Gesellschafterversammlung in der Satzung verankert, bestehen an ihrer Recht- bzw. Satzungsmäßigkeit keinerlei Bedenken. Der Beschluss, mit der die Gesellschafterversammlung ihre Zustimmung erklärt, wäre wirksam. So könnte die Satzung entsprechend offen formuliert werden und auch Online-Gesellschafterversammlung zulassen.

Damit sind allerdings keine Fälle erfasst, in denen die Satzung eine Online-Gesellschafterversammlung nicht als zulässig qualifiziert. Natürlich ließe sich die Satzung entsprechend anpassen. Aber auch hierzu wäre ein Beschluss der Gesellschafterversammlung notwendig.

Entscheidend ist demnach, ob eine Online-Gesellschafterversammlung nicht erst innerhalb der Grenzen des § 48 Abs. 2 GmbHG zulässig ist, sondern bereits unter § 48 Abs. 1 GmbHG zu subsumieren ist. Dann nämlich wäre eine Online-Gesellschafterversammlung in jeder GmbH zulässig, unabhängig davon, ob sie durch den Satzungsgeber zugelassen wurde.[1043] Durch Auslegung des Versammlungsbegriffs im Sinne des § 48 Abs. 1 GmbHG ist nun zu ermitteln, ob sich hierunter die Online-Gesellschafterversammlung subsumieren lässt.

aa) Historische Auslegung

Nach dem **historischen** GmbHG-Gesetzgeber des 19. Jahrhunderts beruht der Begriff „Versammlung“ in § 48 Abs. 1 GmbHG auf dem Wortverständnis, dass unter einer Versammlung eine Präsenzveranstaltung zu verstehen ist, sich also mehrere Personen an einem Ort zusammenfinden.[1044] Nach historischer Auslegung ist unter dem Begriff „Versammlung“ eine Präsenzversammlung zu verstehen und eine Online-Gesellschafterversammlung ist keine Versammlung im Sinne des § 48 Abs. 1 GmbHG. Vielmehr ist ihre Zulässigkeit in das Ermessen

1041 Statt aller Hüffer/Koch/*Koch* AktG § 23 Rn. 34; GroßkommAktG/*Röhricht/Schall* Band 2 § 23 Rn. 174.

1042 Lutter/Hommelhoff/*Bayer* GmbHG § 48 Rn. 29; *Beck* RnotZ 2014, 160 (166).

1043 Offenlassend *Beck* RnotZ 2014, 160 (166).

1044 So heute noch Scholz/*Seibt* GmbHG § 48 Rn. 4.

des Satzungsgebers gestellt und nur bei entsprechender Satzungsklausel zulässig.

Hierbei darf nicht unerwähnt bleiben, dass neue Medien im Vergleich zum Alter des GmbHG noch sehr jung sind. Nun endet die Auslegung eines Gesetzes nicht an seinem Wortlaut, insbesondere dann nicht, wenn er der Vergangenheit behaftet ist und aus einer Zeit stammt, in der die Technik von heute unvorstellbar gewesen sein muss.

bb) Systematische Auslegung

Die **Gesetzessystematik** stützt das Ergebnis, dass eine virtuelle Gesellschafterversammlung eine Versammlung im Sinne des § 48 Abs. 1 GmbHG ist. Nach § 48 Abs. 2 GmbHG können die Gesellschafter auch ohne Gesellschafterversammlung einen Beschluss fassen, wenn sich sämtliche Gesellschafter in Textform mit der zu treffenden Bestimmung (§ 48 Abs. 2 Var. 1 GmbHG) oder mit der schriftlichen Abgabe der Stimmen einverstanden erklären (§ 48 Abs. 2 Var. 2 GmbHG). Die einzuhaltenden Formalitäten richten sich nach den §§ 126, 126b BGB, wobei an die Schriftform durch das Erfordernis einer Unterschrift höhere Hürden gesetzt sind. Der Textform wird jede lesbare Erklärung gerecht, die den Erklärenden erkennen lässt. So genügt nach einhelliger Ansicht die Stimmabgabe per E-Mail den Voraussetzungen der Textform.[1045] Wird per E-Mail abgestimmt, werden die Zwecke einer Versammlung in der Tat nicht erreicht. Durch einen E-Mail-Verkehr können die Gesellschafter sich nicht austauschen, nicht aktiv auf einen Prozess einwirken und zur Willensbildung beitragen. Aus diesem Grunde ist es auch nur konsequent, wenn Kombinationsversammlungen, bei welcher nur ein Teil der Gesellschafter eine Präsenzversammlung abhält, die übrigen per E-Mail über die Beschlussgegenstände abstimmen, nach herrschender Meinung nicht ohne Weiteres möglich sind.[1046] Auf Grund des regen Austauschs auf der

1045 BT-Drs. 14/4987, S. 30; MüKoGmbHG/*Liebscher* § 48 Rn. 160; Baumbach/Hueck/*Zöllner*/*Noack* GmbHG § 48 Rn. 32; MHLS/*Römermann* GmbHG § 48 Rn. 237

1046 OLG München BB 1978, 471 f.; BGH NJW 2006, 2044; UHL/*Hüffer*/*Schürnbrand* GmbHG § 48 Rn 59; MHLS/*Römermann* GmbHG § 48 Rn. 279; Baumbach/Hueck/*Zöllner*/*Noack* GmbHG § 48 Rn 41; im Ergebnis wohl auch Lut-

Versammlung haben die präsenten Gesellschafter einen Informationsvorsprung. Die nicht präsenten Gesellschafter wissen schließlich nicht, wie die anderen Gesellschafter zu dem jeweiligen Beschlussgegenstand eingestellt sind. Zudem können die abwesenden Gesellschafter keinen unmittelbaren Einfluss auf den Prozess der Willensbildung nehmen.

Diese zwei Lager von nicht präsenten und präsenten Gesellschaften bilden sich auf einer visuellen Versammlung hingegen nicht. Denn auf Grund des regen Austauschs durch Nutzung von elektronischen Fernkommunikationsmitteln entsteht keine Informationsasymmetrie, wenn einer Präsenzversammlung visuelle Gesellschafter zugeschaltet werden.[1047] Auch die visuellen Teilnehmer können sich aktiv mit den Präsenzgesellschaftern austauschen. Ist dieser immense Vorteil gegenüber per E-Mail abstimmenden Gesellschaftern hervorgehoben, erscheint die Einordnung einer Online-Gesellschafterversammlung als sonstiges Abstimmungsverfahren im Sinne von § 48 Abs. 2 GmbHG[1048] der Vergangenheit behaftet, untergräbt sie gerade die mit dem technischen Fortschritt einhergehenden Vorteile. Die Vorteile einer visuellen Gesellschafterversammlung gegenüber einer Stimmabgabe mittels E-Mail sind offensichtlich und wurden bereits im Rahmen der Beschlussfassung des Aufsichtsrates aufgezeigt.[1049] Durch eine audiovisuelle Echtzeitverbindung können sich die Gesellschafter in Echtzeit austauschen – wie auch in einer Präsenzversammlung. Sie können aufeinander reagieren und aktiv auf den Willensbildungsprozess einwirken, indem sie in Echtzeit abstimmen und auch von dem Ergebnis erfahren können.

Fragwürdiger wird es, wenn die einer Präsenzversammlung zugeschalteten virtuellen Teilnehmer ihre Stimme *in* der Versammlung[1050] abgeben. Wird dieses Ergebnis fortgedacht, so könnten die virtuellen

---

ter/Hommelhoff/*Bayer* GmbHG § 48 Rn. 29; Rowedder/Schmidt-Leithoff/*Koppensteiner*/*Gruber* GmbHG § 48 Rn 3.

1047 So im Ergebnis auch *Wertenbruch* GmbHR 2019, 149 (152 f.); Baumbach/Hueck/*Zöllner*/*Noack* GmbHG § 48 Rn. 52.

1048 So aber scheinbar Scholz/*Seibt* GmbHG § 48 Rn. 65; kritischer Baumbach/Hueck/*Zöllner*/*Noack* GmbHG § 48 Rn. 41 aE f.

1049 Näheres hierzu unter E.VI.3.d).

1050 So richtigerweise *Wertenbruch* GmbHR 2019, 149 (152 f.); Baumbach/Hueck/*Zöllner*/*Noack* GmbHG § 48 Rn. 42.

Teilnehmer ihre Stimme *in* der Gesellschafterversammlung abgeben, wenn nur ein Gesellschafter vor Ort anwesend ist, sollen es aber nicht können, wenn dieser eine Präsenzteilnehmer auch virtuell teilnimmt und eine Präsenzversammlung nicht stattfindet.[1051] Gibt es bloß einen Präsenzteilnehmer, so findet der Meinungsaustausch und die Willensbildung zum größten Teil unter den virtuellen Teilnehmern statt. Eine Informationsasymmetrie zu Lasten der virtuellen Teilnehmer, wie bei denen per E-Mail abstimmenden Gesellschaftern, entsteht erst gar nicht. So überzeugt es nicht, dass die Beschlussfassung mittels audiovisueller Echtzeitverbindung unter § 48 Abs. 2 GmbHG fallen soll – dem Beschluss per E-Mail somit gleichgestellt wird.[1052]

Beschlussfassungen per E-Mail und Beschlussfassungen per Videokonferenz sind wesensverschieden, wobei die Beschlussfassung per Videokonferenz selbige Vorteile gegenüber der Beschlussfassung per E-Mail mit sich bringt, wie die Beschlussfassung in einer Präsenzversammlung. Gegenüber einer Stimmabgabe per E-Mail lassen sich im Ergebnis zwei Vorteile ausmachen: Es entsteht keine Informationsasymmetrie und zugleich ist die Stimmabgabe und Beschlussfassung in Echtzeit gewährleistet – wie auf einer Präsenzversammlung. Die Stimmabgabe per E-Mail der Stimmabgabe auf einer Online-Versammlung gleichzustellen verbietet sich auf Grund der Wesensverschiedenheit.

cc) Sinn und Zweck

Das Ergebnis der systematischen Auslegung stützt der Umstand, dass der **Sinn und Zweck** einer Präsenzversammlung auf einer Online-Versammlung erreicht werden kann. Die Gesellschafterversammlung dient der internen Willensbildung durch Beschlussfassung, aber auch dazu, bereits im Vorfeld auf einen Willensbildungsprozess durch einen regen Austausch unter den Gesellschaftern einwirken zu können.[1053] So wird es den Gesellschaftern in der Versammlung ermöglicht, sich

1051 Dies müsste Scholz/*Seibert* GmbHG § 48 Rn. 4, 65 feststellen.

1052 So aber scheinbar Scholz/*Seibt* GmbHG § 48 Rn. 57.

1053 BeckOKGmbHG/*Schindler* § 48 Rn. 3; MüKoGmbHG/*Liebscher* § 48 Rn. 3; MHLS/*Römermann* GmbHG § 48 Rn. 8; Scholz/*Seibt* GmbHG § 48 Rn. 1.

zu beraten[1054] und zum Beispiel im Rahmen ihrer Möglichkeiten Einfluss auf die Geschäftsführung (§ 46 Nr. 5 und 6 GmbHG) und somit auf die Entwicklung der GmbH zu nehmen. Dadurch, dass sich die Gesellschafter in Echtzeit austauschen und keine unterschiedlichen Informationsniveaus entstehen, können die Gesellschafter auf einer Online-Versammlung zur Willensbildung beitragen, wie Einfluss auf die Geschäftsführung nehmen.

Auf Grund der personalistischen Struktur einer GmbH wird teilweise angemerkt, dass eine Gesellschafterversammlung zwingend eine örtliche Zusammenkunft der Gesellschafter verlangt.[1055] Näher erläutert wird dies nicht. Hiergegen sprechen aber bereits aufgezeigte teleologische Argumente. Je kleiner der Gesellschafterkreis, desto einfacher gelingt der Austausch unter den Gesellschaftern auch über eine audiovisuelle Echtzeitverbinudng. Hinzukommt, dass in den meist personalistisch organisierten GmbHs eine örtliche Zusammenkunft auf Grund des gegenseitigen Kennens der Gesellschafter nicht notwendig sein sollte. Je besser man sich kennt, desto vertrauter sollte eine Versammlung auch per audiovisueller Echtzeitverbindung sein. Zudem ermöglicht eine audiovisuelle Echtzeitverbindung, dass sich die Teilnehmer ohne Zeitverzögerung im Dialog austauschen können.

b) Mögliche Risiken

Aus der Diskussion um die Möglichkeiten und Grenzen einer Online-Hauptversammlung in einer Aktiengesellschaft lassen sich einige Erkenntnisse gewinnen, die im Folgenden auch im Recht der Gesellschafterversammlung einer GmbH fruchtbar zu machen und zu beleuchten sind. Im Detail sind die Probleme auf einer Online-Hauptversammlung vielseitig und können auf Grund des gewählten Untersuchungsgegenstandes nicht abschließend beurteilt werden. Dennoch soll die Möglichkeit genutzt werden, immer wiederkehrende Bedenken gegen Online-Versammlungen zu entkräften.

1054 MHLS/*Römermann* GmbHG § 48 Rn. 4; Rowedder/Schmidt-Leithoff/*Koppensteiner* GmbHG § 48 Rn. 1; MüKoGmbHG/*Liebscher* § 48 Rn. 3; BeckOKGmbHG/*Schindler* § 48 Rn. 3.

1055 Scholz/*Seibt* GmbHG § 48 Rn. 4; *Römermann*, in: MünchAnwHdB-GmbHR § 15 Rn. 196.

aa) Sicherheitslücken schließen

Eine über das Internet abgehaltene Online-Gesellschafterversammlung muss selbstverständlich wie eine Online-Hauptversammlung vor **Hackern** geschützt werden. Relativierend wird darauf hingewiesen, dass das Hackerrisiko durch technische Schutzvorkehrungen auf einer Hauptversammlung klein gehalten werden kann.[1056] Der technische Fortschritt ermöglicht es 20 Jahre später erst recht, dass eine virtuelle Hauptversammlung wie eine Online-Gesellschafterversammlung vor Hackerangriffen ausreichend gesichert ist.

Durch Firewalls ist sicherzustellen, dass der virtuelle Versammlungsraum der Gesellschafterversammlung besonders geschützt ist, sodass für das System unseriös erscheinende Teilnehmer erst gar nicht in den virtuellen Raum gelangen. Eine Firewall kann man sich als Tor vorstellen, welches passiert werden muss, um auf ein anderes System (=virtueller Raum der Online-Gesellschafterversammlung) zugreifen zu können.[1057] Anhand bestimmter Ausschlusskriterien, welche das System abarbeitet, ist der virtuelle Raum zu schützen. Will ein Aktionär bzw. Gesellschafter über den URL-Pfad in den virtuellen Raum der Online-Versammlung gelangen, so wird die Firewall die Zugangsberichtigung[1058] zunächst überprüfen, aber auch, ob durch den Teilnehmer die Gefahr einer Virusbelastung droht.[1059] Den Teilnehmern wird erst dann Zugang in den virtuellen Raum gewährt, wenn die Prüfung positiv ausfällt. Um möglichen Anfechtungsklagen ihr Fundament zu nehmen (§ 243 Abs. 3 Nr. 1 AktG analog[1060]), sollte die verwendete Software in jedem Fall dem neusten Stand der Sicherheitstechnik entsprechen und dauerhaft kritisch auf ihre Verwendbarkeit getestet werden.[1061]

1056 *Hasselbach/Schumacher* ZGR 2000, 259 (269).

1057 Über die Möglichkeiten und Grenzen eines auf einer Firewall gestützten Sicherheitssystems vgl. eingehend *Groeneveld/Wächter* CR 1999, 390 ff.

1058 Ist er oder sie auch Aktionärin bzw. Teilnahmeberechtigt. Denkbar ist, dass das Teilnehmerverzeichnis entsprechend digitalisiert wird und das eingesetzte System anhand des festgesetzten Teilnehmerkreises die Zugangsberechtigung überprüft.

1059 Im Detail *Groeneveld/Wächter* CR 1999, 390 ff.

1060 Vgl. nur MüKoGmbHG/*Wertenbruch* Anh. § 47 Rn. 226 mwN.

1061 Bereits schon *Fleischhauer* ZIP 2001, 1133 (1135).

bb) Doppelte Stimmabgabe vermeiden

Teilweise wird problematisiert, dass die Aktionäre ihr Stimmrecht doppelt ausüben könnten, nämlich dann, wenn sie eigenständig an der Online-Hauptversammlung teilnehmen und zugleich einen Stimmrechtsvertreter teilnehmen lassen. Da sich die Gesellschafter einer GmbH in der Gesellschafterversammlung stets durch einen Stimmrechtsvertreter vertreten lassen können, sind ähnliche Problemlagen denkbar.

Es muss mithin ein System entwickelt werden, das gewährleistet, dass ein Gesellschafter nur einmal an der Gesellschafterversammlung teilnimmt und sein Stimmrecht ausübt.

Um den Anforderungen der EU-Richtlinie zu entsprechen und insbesondere ausländische Investoren nicht vor das Problem zu stellen, an einer Online-Versammlung nicht teilnehmen zu können, weil sie über die Identifikation durch eine qualifiziert elektronische Signatur (§ 126a BGB) erforderliche Technik nicht verfügen[1062], entschied sich der deutsche Gesetzgeber letztendlich dagegen, die Identifikation der Investoren durch die elektronische Signatur sicherzustellen.[1063] Der Bundesrat kritisierte das Vorgehen und plädierte dafür, die Aktionäre durch die elektronisch qualifizierte Signatur zu identifizieren.[1064] Vor dem Hintergrund des rasanten technischen Fortschritts nahm der Gesetzgeber jedoch die Unternehmen in die Verantwortung, für ein ausreichendes Sicherheitsniveau zu sorgen.[1065]

Die Identität der Teilnehmer lässt sich aber auch ohne einen Rückgriff auf die kostenintensive qualifiziert elektronische Signatur erreichen. Denkbar ist, dass den Aktionären postalisch oder auch über ein End-to-End verschlüsseltes E-Mailsystem ein nur für eine Hauptversammlung gültiger Zugangscode und Zugangsname zugesendet wird.[1066]

1062 Schon in Deutschland ist die qualifiziert elektronische Signatur in der Praxis auf Grund des technischen und finanziellen Aufwandes nicht wirklich angekommen, BeckOKBGB/*Wendtland* § 126a Rn. 1; *Thüsing/Rombey* NZA 2019, 1399 (1402).

1063 BReg. BT-Drs. 16/11462, S. 57.

1064 BReg. BT-Drs. 16/11462, S. 50.

1065 BReg. BT-Drs. 16/11462, S. 57.

1066 Ähnlich auch der Vorschlag von *Hasselbach/Schumacher* ZGR 2000 258 (268); *Zetzsche* ZIP 2001, 682 (683); *Heckschen*, in: BeckNotHdB § 23 Rn. 362.

Ebenso können die Aktiengesellschaften jedem Aktionär und jedem sonst Teilnahmeberechtigten einen Mitgliedsaccount erstellen. Loggen sie sich mit diesem ein, haben sie Zugang zu einem nur den Mitgliedsberechtigten zugänglichen internen Bereich.[1067] Dort kann den Teilnahmeberechtigten über eine interne Kommunikationsplattform der einmalig gültige Zugangsname bzw. -code zu einer virtuellen Hauptversammlung mitgeteilt werden. Im Ergebnis ist der Teilnehmerkreis beschränkt und das Risiko unerwünschter Gäste hoch, wie bei einer analogen Gesellschafterversammlung.[1068]

In beiden Fällen wird verhindert, dass ein Aktionär doppelt an der Hauptversammlung teilnehmen und abstimmen kann. Zudem ist die Hauptversammlung gegen die Teilnahme nicht teilnahmeberechtigter Dritter ausreichend geschützt. Ein solches Sicherheitssystem ließe sich auch unproblematisch für eine Online-Gesellschafterversammlung in einer GmbH nutzen.

cc) Anfechtungsrisiko geringhalten

Teilweise wird darauf hingewiesen, dass technische Störungen beim Ablauf der Hauptversammlung zur Anfechtung eines Beschusses führen könnten (§ 243 Abs. 3 Nr. 1 AktG)[1069] und virtuelle Hauptversammlungen aus diesem Grunde kaum durchführbar seien, würde jede noch so kurze Störung einen Anfechtungsgrund liefern. Dieser Ansatz überzeugt nicht.[1070] Vielmehr ist es Technikaffinen durchaus möglich, eine virtuelle Hauptversammlung störungs- und anfechtungsfrei durch entsprechende Vorkehrungen durchzuführen.[1071]

Die Vielfältigkeit möglicherweise auftretender technischer Störungen kann an dieser Stelle nicht zusammengefasst und rechtlich bewertet werden. Auf Grund der gem. § 243 Abs. 3 Nr. 1 AktG geschaffenen Aufteilung der Risikosphären ist das rechtliche Risiko als niedrig zu bewerten.[1072]

1067 Etwa wie in einem Intranet.
1068 So bereits schon So bereits schon *Fleischhauer* ZIP 2001, 1133 (1137).
1069 *Horn* ZIP 2008, 1558 (1564); *Habersack* ZHR 165 (2001), 171 (198 f.).
1070 So *Teichmann* ZfPW 2019, 247 (259).
1071 Schon damals *Claussen* AG 2001, 161 (169).
1072 So im Ergebnis auch *Beck* RNotZ 2014, 160 (164).

Auf Seite der Aktiengesellschaft ist zu beachten, dass sie leistungsfähige Soft- und Hardware zur Verfügung stellt, um Beweisschwierigkeiten auf Seiten der Aktiengesellschaft möglichst klein zu halten. Die Formulierung „*es sei denn*" verlagert die Beweislast auf den klagenden Aktionär.[1073] Durch die Beweislastregelung beabsichtigte der Gesetzgeber, die digitale Teilnahme der Aktionäre auch für die Aktiengesellschaft attraktiv zu gestalten und sich keiner Schar an Anfechtungsklagen ausgesetzt zu fürchten.[1074] In der Literatur wird die gesetzliche Beweislastverteilung bereits kritisiert, insbesondere in solchen Fällen, in denen alle Aktionäre online an der Hauptversammlung teilnehmen.[1075] Mangels praktischer Erfahrungen ist nicht absehbar, wie die Gerichte mit der Beweislastproblematik umgehen werden. Bislang hat kein Gericht Stellung zu der Frage beziehen müssen.

Auf Grund der Informationsasymmetrie zwischen Aktiengesellschaft und Aktionär zugunsten der Aktiengesellschaft ist denkbar, dass die Beweislast – wie auch in Produkthaftungsfällen im Vertrags- und Deliktsrecht[1076] – im Wege der teleologischen Reduktion des § 243 Abs. 1 Nr. 3 AktG bei einer Vollversammlung auf die Aktiengesellschaft umgewälzt wird, da dem klagenden Aktionär in Folge der fehlenden Einsehbarkeit in die internen Organisationsabläufe der Beweis nur schwer möglich sein wird. Aber selbst in solch einem Fall könnte sich die Aktiengesellschaft exkulpieren, in dem durch entsprechende technische Vorkehrungen entscheidungserhebliche Daten gesichert werden. So könnten Rückschlüsse auf die Ursache eines technischen Fehlers gezogen und einer Risikosphäre zugeordnet werden.

Selbstverständlich sollte zusätzlich darauf geachtet werden, dass die genutzte Soft- und Hardware jederzeit auf dem neusten Stand der Technik ist.[1077] Zudem sollte die Hauptversammlung durch technisch

1073 RegBegr. BT-Drs. 16/11642, S. 40; BeckOGKAktG/*Drescher* § 243 Rn. 235; Hüffer/Koch/*Koch* AktG § 243 Rn. 44.

1074 RegBegr. BT-Drs. 16/11642, S. 40.

1075 BeckOGKAktG/*Drescher* § 243 Rn. 235; BeckOGKAktG/Drescher § 243 Rn. 233; sonstige Kritik auch Hüffer/Koch/Koch AktG § 243 Rn. 44 a; verworfen in Hüffer/Koch/*Koch* AktG § 243 Rn. 44, 44 a.

1076 Zu den Voraussetzungen im Einzelnen vgl. MüKoBGB/*Wagner* § 823 Rn. 1014 ff.

1077 Begr. RegE, BT-Drs. 16/11642, S. 27; *Lieder* NZG 2020, 81 (91); schon damals *Claussen* AG 2001, 161 (166).

geschultes Personal begleitet werden, damit diese im Ernstfall einschreiten können. Wird dies berücksichtigt, gelingt der Entlastungsbeweis. Das Pendant zum vielzitierten Siemens-Fall[1078], bei welchem eine Aktionärin auf Grund des Handtrockners Teile der Versammlung nicht hören konnte, wäre wohl das durch einen Aktionär eigens verschuldete Offlinesein. Dies fällt nach der Gesetzessystematik nicht in den Risikobereich der Aktiengesellschaft. Den Zugriff zu dem virtuellen Raum hat der Aktionär sicherzustellen, so wie er auch eigenverantwortlich den Weg zur Hauptversammlung zu finden hat.[1079]

dd) Kommunikation unter den Gesellschaftern strukturieren

Daneben etablierte sich das Argument, dass eine virtuelle Hauptversammlung querulatorische populistische Entwicklungen fördern würde.[1080] So soll die kostenfreie Möglichkeit, von seinem Rederecht Gebrauch zu machen, ein *race to the bottom* fördern.[1081] Langfristig würde die Qualität der Redebeiträge sinken, zugleich aber die Kosten der Informationsevaluation steigen, wenngleich die Kosten zur Durchführung der Versammlung sinken.[1082] Im Ergebnis seien die Vorteile einer virtuellen Hauptversammlung neutralisiert.[1083]

Gegen eine solche Annahme spricht zweierlei. Einerseits lässt sich der in der Hauptversammlung abzuarbeitende Fragenkatalog durch ein neues Verständnis des Fragerechts entschlacken. Die Aktionäre sind demnach bereits im Vorfeld dazu angehalten, ihren Fragenkatalog zu überdenken.

Maßgebliche Bedeutung kommt dem Vorstand in erster Linie bei der Realisierung des Fragerechts der Aktionäre zu, § 131 AktG, wonach der Vorstand Auskunft zu erteilen hat, soweit dies *erforderlich* ist. Was erforderlich ist, soll folgende Darstellung zeigen.

1078 OLG München NZG 2013, 622 (623).
1079 So bereits schon *Fleischhauer* ZIP 2001, 1133 (1137).
1080 *Noack* BB 1998, 2533 (2535); *Spindler* ZGR 2000, 420 (442); erneut aufgreifend *Bachmann*, in: FS G. H. Roth, 2011, S. 37 (45).
1081 *Spindler* ZGR 2000, 420 (442); erneut aufgreifend *Bachmann*, in: FS G. H. Roth, 2011, S. 37 (45).
1082 *Spindler* ZGR 2000, 420 (442).
1083 *Bachmann*, in: FS G. H. Roth, 2011, S. 37 (45).

Das Fragerecht bedient Individual- und Kollektivinteressen und dem einzelnen Aktionär nützen sie zur Realisierung seines Informationsanspruchs und Stimmrechts[1084], um Informationsasymmetrien zwischen ihm und der Gesellschaft auszugleichen. Daneben wird durch den Auskunftsanspruch gewährleistet, dass der Aktionär über die zur Ausübung von Minderheitsrechten relevante Informationen unterrichtet wird.[1085] Andererseits werden die Fragen mündlich in der Hauptversammlung beantwortet und somit den anwesenden Aktionären offengelegt. Das Auskunftsrecht zielt mithin auch auf das Informationsbedürfnis der Hauptversammlung als kollektives Organ ab.[1086] Unter dieser Prämisse lassen sich die Fragen im Vorfeld in zwei Lager unterteilen. Wird von der Möglichkeit Gebrauch gemacht, dem Kollektivinteresse dienende Fragen auf anderen Kanälen – beispielsweise auf der Homepage der Gesellschaft – zu beantworten, kann auf eine Antwort in der Hauptversammlung verzichtet werden. Diese ist dann nicht mehr *erforderlich*.[1087] Zusätzlich müssen die Antworten aber während der Hauptversammlung zugänglich sein (§ 131 Abs. 3 S. 1 Nr. 7 AktG). In Folge entschlackt sich der in der Hauptversammlung zu beantwortende Fragenkatalog.

Es kann nicht darüber hinweggesehen werden, dass die Fragen dennoch ausufernd gestellt werden und die Hauptversammlung zum Erlahmen kommen kann.[1088] Um dies zu verhindern, wird Präsenzaktionären die Redezeit vorgegeben. Umsetzbar ist eine Redezeitbegrenzung auch auf einer virtuellen Versammlung. Das digitale Pendant kann jedoch nicht darin gesehen werden, die Zeichenzahl in einem vorgesehenen Fragefeld zu begrenzen.[1089] Dies würde voraussetzen,

---

1084 Hüffer/Koch/*Koch* AktG § 131 Rn. 1; MüKoAktG/*Kubis* § 131 Rn. 1.

1085 BGHZ 160, 385, 389 – ThyssenKrupp; Hüffer/Koch/*Koch* AktG § 131 Rn. 1; *Hüffer* ZIP 1996, 401 (406); MüKoAktG/*Kubis* § 131 Rn. 1.

1086 BGH NJW 2014, 541 ff. Rn. 33 – Kirch/Deutsche Bank; OLG München AG 2009, 121 (122); OLG Frankfurt AG 2007, 452 (453); LG München I AG 2011, 211 (219) – HRE; LG Frankfurt AG 2014, 869 Rn. 111; K. Schmidt/Lutter/*Spindler* AktG § 131 Rn. 4; BeckOGKAktG/*Poelzig* § 131 Rn. 2; differenzierend MüKoAktG/*Kubis* § 131 Rn. 3.

1087 So auch BeckOGKAktG/*Poelzig* § 131 Rn. 7.

1088 *Holten/Bauerfeind* AG 2018, 729 (736).

1089 BT-Drs. 16/11642, 26 (zu Nr. 7); *Kersting* NZG 2010, 130 (133); *Noack* WM 2009, 2289 (2293).

dass die Fragen der Aktionäre nicht mündlich gestellt werden, sondern über ein Online-Forum in schriftlicher Form. Begrenzt man in diesem Forum die Zeichenzahl, so ist zwar richtig, dass bei solch einer Lösung keine aktienrechtlich relevante Ungleichbehandlung vorliegen mag (§ 53a AktG). Allerdings würde man die Aktionärsrechte damit nur teilweise ermöglichen, § 118 Abs. 1 S. 2 AktG. § 118 Abs. 1 S. 2 AktG sieht aber ebenso vor, dass die Online-Aktionäre den Präsenzaktionären vollständig gleichgestellt, ihnen demnach dieselben Rechte in gleichem Umgang zugesprochen werden können. Auf ein vorzeitiges oder auch zeitgleiches Einsenden dem Kollektivinteresse dienender Fragen über eine entsprechende Plattform kann aber auch verzichtet werden. Durch entsprechende Vorkehrungen in einem EDV-System können sich die Online-Aktionäre zum Beispiel durch ein virtuelles „Handheben" erkennbar machen. In direktem Dialog kann der Vorstand nun Antworten liefern. Das aufgezeigte Modell gewährleistet, dass das digitalisierte Fragerecht nicht zum Ausufern animiert.[1090] Wissen die Aktionäre, dass in der Hauptversammlung bloß dem Individualinteresse des Einzelnen dienende Fragen beantwortet werden, ist zu erwarten, dass das Kollektivinteresse betreffende Fragen gar nicht erst in die Hauptversammlung getragen werden.

Hinzukommt, dass der Versammlungsleiter das Rederecht über die audiovisuelle Echtzeitverbindung nach dem Verhältnismäßigkeitsgrundsatz beschränken kann, in dem er aktiv mit den Aktionären kommuniziert. Im Ergebnis bestehen dieselben Instrumente wie auf einer analogen Gesellschafterversammlung, den Redebeitrag nicht ausufern zu lassen. Querulatorische Aktionäre hätten in der virtuellen Hauptversammlung ebenso wenig (bzw. viel) Raum, wie in einer Präsenzveranstaltung. Wie an anderer Stelle[1091] befürchtet, wird aus genannten Gründen keine Übersättigung von Informationen eintreten. Vorgebrachte Argumente sind gegenwärtig mithin haltlos.

Mit ähnlichen Mitteln ließen sich die Online-Gesellschafterversammlungen einer GmbH strukturieren. Gewiss bestehen zwischen einer Hauptversammlung und einer Gesellschafterversammlung strukturelle Unterschiede. Insbesondere haben die Gesellschafter einer GmbH

1090 Kritisch insoweit BeckOGKAktG/*Poelzig* § 131 Rn. 7.
1091 *Spindler* ZGR 2000, 420 (442 f.).

auch andere Kanäle, ihre Gesellschafterrechte durchzusetzen. Es ist aber durchaus denkbar, dass die Online-Gesellschafterversammlungen von einzelnen Gesellschaftern gestört werden könnten. Um dies zu verhindern, ließen sich ähnliche strukturgewinnende Maßnahmen treffen, wie sie für die Online-Hauptversammlung einer Aktiengesellschaft diskutiert werden. Es bietet sich ganz grundsätzlich an, eine virtuelle Versammlung nicht einfach zu starten, sondern bereits im Vorfeld Maßnahmen zu treffen und die Versammlung zu strukturieren, so wie es auch bereits auf Präsenzversammlungen geschieht. Festzuhalten ist, dass die Gesellschafter auf Strukturelemente zurückgreifen können, um für einen reibungslosen Ablauf einer Online-Gesellschafterversammlungen sorgen zu können.

c) Ergebnis

Eine Online-Gesellschafterversammlung ist der Präsenzversammlung nach § 48 Abs. 1 GmbHG gleichzustellen und ist nicht erst innerhalb der Grenzen des § 48 Abs. 2 GmbHG zulässig.[1092] Gegen die Online-Hauptversammlung vorgetragene Argumente lassen sich auch für die Online-Gesellschafterversammlung einer GmbH entkräften und stellen lösbare Hürden dar.

Auf Grund derzeit noch bestehender Unsicherheiten über die Auslegung des Versammlungsbegriffs im Sinne des § 48 Abs. 1 GmbHG sollte jedoch ein entsprechender Passus in die Satzung aufgenommen werden, der eine Online-Gesellschafterversammlung ermöglicht. Denn andernfalls riskieren die Gesellschafter, dass der Beschluss ohne satzungsrechtliche Legitimation als nichtig bewertet wird.[1093] Dieser Ansatz ist jedoch zu überdenken, was vorstehende Ausführungen unter Beweis gestellt haben.

Um dies klarzustellen, empfiehlt sich eine Gesetzesanpassung. So wird vorgeschlagen, § 48 Abs. 1 GmbHG um einen zweiten Satz zu ergänzen. § 48 Abs. 1 GmbHG hat wie folgt lauten:

1092 So im Ergebnis auch *Wertenbruch* GmbHR 2019, 149 (153).
1093 BGH GmbHR 1917, 74.

(1) Die Beschlüsse der Gesellschafter werden in Versammlungen gefasst. Versammlungen können per audiovisueller Echtzeitverbindung abgehalten werden.

Für die Umsetzung der Online-Versammlung in der GmbH sind bestimmte Vorkehrungen zu treffen. Zunächst sollten sich die Gesellschafter per Ton und Video zuschalten. Zur Umsetzung einer audiovisuellen Echtzeitverbindung empfiehlt sich die Entwicklung einer speziellen Software, welche zu jeder Zeit auf dem aktuellsten Stand der Technik sein sollte. Nur so kann verhindert werden, dass Beschlüsse auf Grundlage technischer Fehler angefochten werden, § 243 Abs. 3 Nr. 1 AktG analog. Die Software ist so auszugestalten, dass die Gesellschafter auf wichtige Informationen während der Versammlung zugreifen können.[1094] Durch entsprechende Schaltflächen können die Gesellschafter abstimmen und sich bemerkbar machen, aber auch im Laufe der Online-Versammlung auftretende Fragen zur Sammlung einreichen. Daneben sollten Schaltflächen geschaffen werden, die eine Online-Abstimmung ermöglichen.[1095]

5. Gesellschafterliste

Gem. § 40 Abs. 1 GmbHG haben die Gesellschafter eine aktuelle Gesellschafterliste an das Handelsregister zu übersenden, sobald sich der personelle Bestand des Gesellschafterkreises verändert. Die Gesellschafterliste ist grundsätzlich von jedem Gesellschafter zu unterschreiben (§ 40 Abs. 1 S. 1 GmbHG). Allerdings wechselt die Zuständigkeit für die Einreichung und das Unterschreiben, wenn ein Notar an der Veränderung des Gesellschafterbestandes mitgewirkt hat. Dann hat der Notar unverzüglich nach deren Wirksamwerden ohne Rücksicht auf etwaige später eintretende Unwirksamkeitsgründe die Liste anstelle der Geschäftsführer zu unterschreiben, zum Handelsregister einzureichen und eine Abschrift der geänderten Liste an die Gesellschaft zu übermitteln (§ 40 Abs. 2 S. 1 GmbHG). Für den Fall, dass ein Gesellschafter seine GmbH-Anteile als Sacheinlage an die Aktiengesellschaft

1094 So z.B. Tagesordnungspunkte, Bilanzen, Beschlussgegenstände.
1095 So sollten der Beschlussgegenstand und Schaltflächen mit „Ja" und „Nein" den Gesellschaftern angezeigt werden.

zur Erfüllung der Einlageverpflichtung leistet, wäre der Notar auf Grund seiner Mitwirkung auch für die Einreichung der aktualisierten Gesellschafter zum Handelsregister zuständig.[1096] Damit müssen die einzelnen Gesellschafter die aktualisierte Gesellschafterliste nicht unterzeichnen und ein persönliches Erscheinen einer Person vor einer staatlichen Stelle ist nicht erforderlich. In welcher Form der Notar die Gesellschafterliste zu erstellen hat, ist nun zu untersuchen.

a) Form

Formerfordernisse lassen sich dem GmbH-Gesetz nicht unmittelbar entnehmen. Aus dem Wortlaut folgt lediglich, dass die Gesellschafterliste zu unterzeichnen und damit in Schriftform (§ 126 BGB) zu erstellen ist. Typischerweise wird die Gesellschafterliste als Bild-Datei an das Handelsregister geschickt.[1097] Hierzu wird die physische Liste eingescannt. Im Ergebnis wird somit ein Ausdruck notwendig. Probleme entstehen dadurch bei einer Online-Sachgründung allerdings nicht. Da ohnehin der Notar für die Einreichung zuständig ist, kann er die Liste aktualisieren, ausdrucken, unterzeichnen und an das Handelsregister übersenden. Es ist nicht erforderlich, dass eine Person vor einer staatlichen Stelle persönlich erscheinen muss.

Zudem ist nach hier vertretener Auffassung nicht einmal ein Ausdruck notwendig. Statt in Schriftform, kann der Notar die Gesellschafterliste auch in elektronischer Form erstellen und sie durch eine qualifiziert elektronische Signatur unterzeichnen (§ 126a BGB)[1098]. Die Schriftform ist durch die elektronische Form substituierbar, wenn sich aus dem Gesetz nicht ein anderes ergibt (§ 126 Abs. 3 BGB). Das GmbH-Gesetz schreibt die Schriftform nicht ausdrücklich vor. Zwar zählt die Gesellschafterliste neben der Satzung zu den wichtigsten Dokumenten in der GmbH.[1099] Allerdings kann auch die Satzung einer GmbH in einem elektronischen Gründungsverfahren in elektronischer Form er-

1096 MüKoGmbHG/*Heidinger* § 40 Rn. 222.

1097 Baumbach/Hueck/*Servatius* GmbHG § 40 Rn. 36; *Link* RNotZ 2009, 193 (208); Scholz/*Seibt* GmbHG § 40 Rn. 63.

1098 Baumbach/Hueck/*Servatius* GmbHG § 40 Rn. 35.

1099 Lutter/Hommelhoff/*Bayer* GmbHG § 40 Rn. 1; BeckOKGmbHG/*Heilmeier* § 40 Rn. 8.

stellt und durch qualifiziert elektronische Signatur unterzeichnet werden (§ 16b Abs. 4 BeurkG-E). So muss die in den Grenzen des § 126 Abs. 3 BGB bestehende Formfreiheit für die Gesellschafterliste gelten.

b) Sinn und Zweck der Gesellschafterliste

Fraglich ist weiterhin, ob eine in elektronischer Form erstellte Gesellschafterliste den mit ihr verfolgten Sinn und Zweck erreicht. Nur falls dies der Fall ist, kann die Gesellschafterliste in einem elektronischen Sachgründungsverfahren in elektronischer Form fortgeschrieben werden. Der Sinn und Zweck der Gesellschafterliste ergibt sich aus §§ 16, 40 GmbHG.[1100]

Zum einem verspricht die Gesellschafterliste mehr Rechtssicherheit für den Rechtsverkehr und konkret für den Erwerber eines Anteils. Denn idealerweise geht aus der Veränderungsspalte der Gesellschafterliste (Art. 2 Abs. 3 GesLV[1101]) lückenlos der Übergang eines Anteils seit Gründung der GmbH von einen auf den folgenden Gesellschafter hervor.[1102] In Vertrauen auf die Richtigkeit der Angaben ordnet § 16 Abs. 3 GmbHG auch konsequent die Möglichkeit eines gutgläubigen Erwerbs an. Für den Rechtsverkehr ist die Gesellschafterliste von Vorteil, weil sie gem. § 9 HGB online einsehbar ist, ohne der Publizität nach § 15 HGB zu unterfallen. Hierdurch wird die Binnenstruktur der GmbH transparenter.[1103] Davon profitieren neben den Gesellschaftern auch (potentielle) Vertragspartner.[1104]

Hervorzuheben ist in diesem Zusammenhang auch die historische Entwicklung der Einreichungspflicht einer aktuellen Gesellschafterliste. Denn ursprünglich war die Gesellschafterliste einmal jährlich im Januar einzureichen.[1105] Als Problem kristallisierte sich allerdings schnell heraus, dass der Gesellschafterbestand innerhalb eines Jahres

1100 Scholz/*Seibt* GmbHG § 40 Rn. 2.

1101 Gesellschafterlistenverordnung vom 20. Juni 2018 (BGBl. I S. 870), die durch Artikel 65 des Gesetzes vom 10. August 2021 (BGBl. I S. 3436) geändert worden ist.

1102 Zur Veränderungsspalte vgl. auch Beck'scheNotHdB/*Mayer*/*Weiler* § 22 Rn. 538 ff.

1103 MüKoGmbHG/*Heidinger* § 40 Rn. 5; *Birkefeld*/*Schäfer* BB 2017, 2755 (2755 f.).

1104 Scholz/*Seibt* GmbHG § 40 Rn. 3.

1105 BeckOKGmbHG/*Heilmeier* § 40 Rn. 1.

wechselte.[1106] Damit erfüllte die Gesellschafterliste nicht mehr ihren Zweck, da sich der aktuelle Gesellschafterbestand nicht rechtssicher aus ihr entnehmen ließ. Erstmals 1998 durch das Handelsrechtsreformgesetz wurden die Geschäftsführer dazu verpflichtet, ohne schuldhaftes Zögern eine aktualisierte Gesellschafterliste einzureichen. Bei Ausbleiben dieser Mitteilung, hafteten die Geschäftsführer auf Ersatz etwaig entstandener Schäden (§ 40 Abs. 2 GmbHG aF).[1107] Allerdings erwies sich die Haftungsandrohung in der Praxis als nicht so wirkungsvoll, wie erhofft.[1108] Als Ursache wurde hierfür identifiziert, dass die Gesellschafterliste eine geringe Bedeutung hatte und eine veraltete Liste damit wohl nicht wirklich auffiel.[1109]

Schließlich verbesserte das MoMiG[1110] die Rechtslage rund um die Gesellschafterliste maßgeblich.[1111] Seither ist in § 40 Abs. 1 S. 1 GmbHG festgeschrieben, dass eine aktuelle Gesellschafterliste immer dann einzureichen ist, wenn sich der Gesellschafterbestand verändert hat.

Ein Blick auf den historischen Kontext verdeutlicht den mit der Gesellschafterliste verfolgten Zweck. So wird deutlich, dass die Gesellschafterliste zu jedem Zeitpunkt den aktuellen Gesellschafterbestand richtig wiedergeben soll. Nur dann kann der Rechtsverkehr wie erhofft von der Transparenz partizipieren. Hierzu ist also auch notwendig, dass die Angaben jederzeit richtig sind. Die elektronische Form stellt hierbei jedoch kein Problem dar, zumal vorliegend ausschließlich der Zeitraum während einer elektronischen Sachgründung betrachtet wird. Problematisch wäre, wenn mit der Erstellung der Gesellschafterliste in elektronischer Form Zeitverzögerungen einhergingen. Dies ist nicht zu erwarten. Da der Notar ohnehin zuvor die Satzung der Aktiengesellschaft elektronisch beurkundet hat, verfügt er über das erforderliche

1106 BayObLG Rpfleger 1988, 26; BeckOKGmbHG/*Heilmeier* § 40 Rn. 2; MüKoGmbHG/*Heidinger* § 40 Rn. 2.

1107 Ausführlich zum alten Recht BeckOKGmbHG/*Heilmeier* § 40 Rn. 4.

1108 *Hasselmann* NZG 2009, 409 (410).

1109 *Hasselmann* NZG 2009, 409 (409 f.).

1110 Gesetz zur Modernisierung des GmbH-Rechts und zur Bekämpfung von Missbräuchen (MoPeG) BGBl. 2008 I, S. 2026.

1111 Unter anderem genießt die Gesellschafterliste seither auch Rechtsscheinwirkung, vgl. zu den maßgeblichen Änderungen im Detail *Hasselmann* NZG 2009, 409 (410 ff.); BeckOKGmbHG/*Heilmeier* § 40 Rn. 4.

Equipment, die Gesellschafterliste mit der qualifiziert elektronischen Signatur zu unterzeichnen.

Es ist zu beachten, dass der Notar die Gesellschafterliste in dem uns vorliegenden Fall gem. § 40 Abs. 2 GmbHG einzureichen hat. Zudem ist es naheliegend, dass der Notar, der die Gesellschafterliste einreicht, auch jener ist, der die Satzung der Aktiengesellschaft zuvor beurkundet hat. Damit ist sichergestellt, dass alle an der Übertragung des GmbH-Anteils Beteiligten identifiziert wurden. Mithin kann auf die in der (elektronischen) Gesellschafterliste angegebene Information vertraut werden, wie in einer physisch hergestellten.

Festzuhalten ist, dass keinerlei Bedenken bestehen, die Gesellschafterliste im Rahmen einer elektronischen Sachgründung in elektronischer Form zu erstellen und beim Handelsregister einzureichen.

6. Zwischenergebnis

Entgegen der bisher vorherrschenden Meinung wurde unter Beweis gestellt, dass sich GmbH-Anteile problemlos durch ein elektronisches Beurkundungsverfahren abtreten lassen. Es wird nicht in Frage gestellt, dass die Abtretung von Anteilen durchaus komplex sein kann. Allerdings hindert diese Erkenntnis nicht daran, den sachlichen Anwendungsbereich des elektronischen Beurkundungsverfahrens für die §§ 15 Abs. 3, 4 GmbHG zu öffnen. Der mit den Formvorschriften verfolgte Sinn und Zweck lässt sich in einem elektronischen Beurkundungsverfahren erreichen. Ein Beurkundungsverfahren zweiter Klasse entsteht damit nicht. Es wurde gezeigt, dass sich die im Einzelfall erforderliche Erteilung der Zustimmung zur Abtretung über das von der Bundesnotarkammer betriebene Videokommunikationssystem erklären lässt. Auch die Gesellschafterliste kann problemlos in elektronischer Form erstellt werden.

Im Ergebnis ist der sachliche Anwendungsbereich der elektronischen Beurkundung für die Abtretung und die Verpflichtung zur Abtretung von GmbH-Anteilen zu öffnen.

VI. Ergebnis

Das elektronische Beurkundungsverfahren wurde für Sachgründungen vom deutschen Gesetzgeber bewusst nicht umgesetzt. Diese Entscheidung ist in der Literatur weit überwiegend auf Zustimmung gestoßen. Als Argument wird seither lediglich darauf hingewiesen, dass eine Sachgründung zu komplex sei, um sie über das von der Bundesnotarkammer betriebene Videokommunikationssystem durchzuführen.

Allerdings drohen hierbei erhebliche Rechtsunsicherheiten, wenn Sacheinlagen verdeckt eingebracht werden. Um solchen Situationen entgegenzuwirken, sollte das elektronische Beurkundungsverfahren auch in Sachgründungen Anwendung finden können. Die zusätzlichen Verfahrensschritte lassen sich durch elektronische Fernkommunikationsmittel durchführen. Gewiss muss der sachliche Anwendungsbereich des elektronischen Beurkundungsverfahrens auch für die Immobilien- und GmbH-Anteiltransaktionen geöffnet werden. Nur dann hätte das elektronische Beurkundungsverfahren für Sachgründungen einen weiten Anwendungsbereich in der Praxis. Aber auch diesem Schritt steht der Sinn und Zweck der Formvorschriften in § 311b Abs. 1 BGB i.V.m. § 15 Abs. 3, 4 GmbH nicht entgegen. Mithin können diese Formvorschriften einem elektronischen Beurkundungsverfahren bedenkenfrei zugeführt werden.

Im Ergebnis ist damit festzuhalten, dass die elektronische Sachgründung von Aktiengesellschaft möglich ist, ohne dass hierdurch ein Beurkundungsverfahren zweiter Klasse geschaffen wird.

I. Endergebnisse

Damit sind alle aufgeworfenen Fragen beantwortet. Die eingangs gestellte Frage, ob sich das Gründungsrecht einer Aktiengesellschaft unter Anpassung des rechtlichen Rahmens digitalisieren lässt, ist eindeutig mit „Ja“ zu beantworten. Im Folgenden werden die erarbeiteten Gesetzesvorschläge nicht noch einmal wiederholt. Vielmehr werden die Ergebnisse in einem Überblick aufgelistet. Die Reihenfolge ergibt sich aus der Chronologie der Arbeit und gibt keine Auskunft über die Wichtigkeit des einzelnen Ergebnisses.

1. Mit dem elektronischen Gründungsverfahren einer Aktiengesellschaft besteht die Möglichkeit, den Erfahrungsschatz von elektronischen Beurkundung zu erweitern. Grundsätzlich wohnt der elektronischen Beurkundung das Potential inne, die mit dem Beurkundungsgesetz verfolgten Ziele in einer Beurkundung besser zu erreichen.

2. Der Gesetzesvorschlag des Bundeslandes NRW zur Umsetzung der Europäischen Richtlinie 2019/1151 und das Gesetz zur Umsetzung der Digitalisierungsrichtlinie (DiRuG) setzen die europäischen Vorgaben weitestgehend innerhalb der zugestandenen Gestaltungsspielräume um. Einzig die vorgesehenen Präsenzvorbehalte sind richtlinienwidrig umgesetzt. Derart weit gefasste Präsenzvorbehalte sind nicht notwendig, da das Beurkundungsgesetz ausreichende Schutzmechanismen bereithält, die Rechts- und Geschäftsfähigkeit sowie die Identifizierung der Beteiligten sicherzustellen. Auch die fehlende Möglichkeit, Vollmachten elektronisch zu beglaubigen, steht in Widerspruch zu den Vorgaben des Richtliniengebers.

3. Elemente präventiver Rechtspflege sind nötig, um die Publizität eines Handelsregisters aufrechterhalten zu können. Um den Gestaltungsspielraum des Satzungsgebers nicht einzuengen, muss

ein Notar den Gründungsprozess begleiten. Ein elektronisches Gründungsverfahren ohne Notar ließe sich nur dann umsetzen, wenn der Gestaltungsspielraum des Satzungsgebers sehr stark eingeschränkt wird. Doch selbst dann besteht die Gefahr, dass sich falsche Information in das Handelsregister einschleichen. Somit ist ein Notar in einem elektronischen Gründungsverfahren einer Aktiengesellschaft zwingend zu beteiligen.

4. Die Identifizierung durch Besitz (einer elektronischen Identifizierungskarte) und Wissen (der dazugehörigen Geheimnummer) ist nicht ausreichend, eine Person im elektronischen Verfahren zu identifizieren. Es fehlt an einem Echtzeitabgleich der erklärenden und identifizierten Person.

5. Ein elektronisches Gründungsverfahren einer Aktiengesellschaft lässt sich sinnvollerweise nur unter notarieller Beteiligung ohne Mustersatzung, das heißt mit Gestaltungsspielraum innerhalb der durch § 23 Abs. 5 AktG gesetzten Grenzen, realisieren. Die empirische Untersuchung von Satzungen von Aktiengesellschaften mit Sitz in Brandenburg hat gezeigt, dass sich die Etablierung einer Mustersatzung für die Aktiengesellschaft nicht lohnt. Hierfür sind die gewählten Satzungsgestaltungen zu unterschiedlich.

6. Das Gründungsrecht einer Aktiengesellschaft lässt sich durch kleine punktuelle Anpassungen des Aktienrechts einem elektronischen Gründungsverfahren zuführen. Dies betrifft vor allem die Öffnung des Anwendungsbereichs der elektronischen Beurkundung. Im Übrigen lässt das Gründungsrecht der Aktiengesellschaft digitale Lösungen zu.

7. Ohne zusätzliche Anpassungen des Aktienrechts ist es möglich, eine Aktiengesellschaft im Rahmen einer gemischten Beurkundung zu gründen. Hierbei ist eine elektronische Niederschrift zu erstellen.

8. Um das elektronische Gründungsverfahren zu strukturieren, sollten alle benötigten Dokumente über eine Art *Live-Cloud* ausgetauscht werden. Dadurch lässt sich realisieren, dass alle Beteiligten jederzeit auf jedes Dokument zugreifen können. Durch ein über-

sichtliches Interface ergänzt diese Plattform das von der Bundesnotarkammer betriebene Videokommunikationssystem.

9. Die Identifizierungspflicht im deutschen Recht muss auch in einem elektronischen Beurkundungsverfahren eingehalten werden. Notwendig ist, dass der Notar die erklärende mit der identifizierten Person abgleichen kann. Das kann nur gewährleistet werden, indem der Notar ein amtliches Lichtbild aus einem elektronischen Ausweisdokument auslesen und dieses mit dem visuellen Live-Erscheinungsbild abgleichen kann. Für sich genommen kann kein derzeit verfügbares elektronisches Identifizierungsmittel dieses Niveau erreichen. Erst in Verbindung mit einer audiovisuellen Echtzeitverbindung gelten die Beteiligten vor dem Beurkundungsgesetz als identifiziert. Ein noch stärkeres Sicherheitsniveau eröffnet die Möglichkeit, zusätzlich einen Fingerabdruck auszulesen. Der elektronische Personalausweis wäre hierzu geeignet.

10. Online-Gründungen unter Beteiligung von Bevollmächtigten werden in der Praxis die größten Probleme bereiten. Eine elektronische Vollmacht beweist das Bestehen einer Vollmacht nicht ausreichend. Ein auf Basis der *Blockchain*-Technologie geführtes Vollmachtregister kann die elektronische Gründung einer Aktiengesellschaft sinnvoll ergänzen. Die Architektur einer Vollmachtregister-*Blockchain* lässt sich datenschutzkonform gestalten. Erforderlich ist es, den Kreis der *Nodes* auf Notare zu begrenzen. Die Vergabe des *private* und *public keys* hat in zwei Schritten zu erfolgen. Realisieren lässt sich dies, indem die Bundesnotarkammer eine pseudoanonyme Berechtigung ausspricht und eine weitere staatliche Stelle daraufhin das Schlüsselpaar vergibt. Die Vollmachtregister-*Blockchain* ist damit als *private Blockchain* zu konzipieren. Auf der *Blockchain* sind nur *Hashwerte* zu speichern, da diese keine persönliche Daten iSd DS-GVO sind.

11. Alle mit dem Formerfordernis der notariellen Beurkundung der Satzung gem. § 23 Abs. 1 AktG verfolgten Zwecke lassen sich in einem elektronischen Beurkundungsverfahren erreichen.

12. Die elektronische Sachgründung einer Aktiengesellschaft lässt sich realisieren, ohne dass ein Gründungsverfahren zweiter Klasse geschaffen wird.

13. Wird das elektronische Gründungsverfahren auf die Geldgründung beschränkt, entsteht für verdeckte Sacheinlagen eine undurchsichtige Rechtslage. Ein Vergleich zum Gründungsrecht der Unternehmergesellschaft zeigt, dass die Anrechnungslösung gem. § 27 Abs. 3 S. 3 AktG in einem elektronischen Geldgründungsverfahren einer Aktiengesellschaft nicht anzuwenden ist, sollte das Online-Gründungsverfahren ausdrücklich auf Geldgründungen beschränkt werden.

14. Daneben sprechen praktische Erwägungen für die Öffnung des Anwendungsbereichs einer elektronischen Gründung für Sachgründungen. Zum einen besteht schon eine digitale Infrastruktur. Zum anderen ließen sich weitere Erfahrungen rund um die elektronische Beurkundung sammeln.

15. Die zusätzlichen Anforderungen einer Sachgründung lassen sich digital abbilden, ohne dass das Gründungsrecht einer Aktiengesellschaft anzupassen wäre. Wie die Geldgründung, so ist auch die Sachgründung der Verwendung technischer Hilfsmittel gegenüber offen.

16. Der mit dem Formerfordernis der notariellen Beurkundung eines Zeichnungsvertrages gem. § 311b Abs. 1 BGB verfolgte Sinn und Zweck lässt sich in einem elektronischen Beurkundungsverfahren erreichen.

17. Auch die Auflassung lässt sich einem elektronischen Verfahren zuführen. Der mit ihr verfolgte Sinn und Zweck lässt sich ebenso erreichen. Zudem lassen sich die mit den Motiven des Bürgerlichen Gesetzbuches verfolgten Ziele bei einer elektronischen Auflassung realisieren. In jedem Fall ist kein persönliches Zusammenkommen an einem bestimmten Ort erforderlich. Es genügt ein audiovisueller Kontakt, um die Auflassung zu erklären. Hierfür sprechen schon historische Überlegungen.

18. Sollen als Sacheinlagen GmbH-Anteile in das Gesellschaftsvermögen der Aktiengesellschaft eingebracht werden, bestehen keinerlei Bedenken. Hierzu müssen die Formvorschriften in § 15 Abs. 3, 4 GmbHG einem elektronischen Verfahren zugeführt werden. Der insbesondere mit § 15 Abs. 3, 4 GmbHG verfolgte Sinn und Zweck, den spekulativen Handel mit GmbH-Anteilen zu verhindern, wird auch in einem elektronischen Beurkundungsverfahren erreicht.

19. Für den Fall, dass die Übertragung eines GmbH-Anteils an die Zustimmung der GmbH geknüpft ist, kann der hierzu erforderliche Gesellschafterbeschluss unter Nutzung elektronischer Fernkommunikationsmittel gefasst werden. Eine visuelle Gesellschafterversammlung ist als Präsenzversammlung im Sinne des § 48 Abs. 1 GmbH zu qualifizieren.

Literaturverzeichnis

Andersen, Paul Krüger.; Sørensen, Evelyne J. B.: The Danish Companies Act: a modern and competitive European law, 2012 (zitiert: *Andersen/Sørensen*, The Danish Companies Act, S.).

Apfelbaum, Sebastian: Anmerkung zu OLG Schleswig, Beschluss vom 13.12.2007 – 2 W 198/07, in: Deutsche Notarzeitschrift 2008, S. 711–716 (zitiert: *Apfelbaum* DNotZ 2008, S.).

Apfelbaum, Sebastian/Bettendorf, Jörg: Die elektronisch beglaubigte Abschrift im Handelsregisterverkehr, in: Rheinische Notarzeitschrift 2007, S. 89–97 (zitiert: *Apfelbaum/Bettendorf* RNotZ 2007, S.).

Arbeitsgruppe Digitaler Neustart der Justizministerkonferenz: Bericht der Arbeitsgruppe vom 15.4.2019, abrufbar unter: https://www.justiz.nrw.de/JM/schwerpunkte/digitaler_neustart/zt_fortsetzung_arbeitsgruppe_teil_2/2019-04-15-Bericht_April-2019.pdf (zuletzt aufgerufen am: 16.11.21, 11:45 Uhr) (zitiert: Arbeitsgruppe Digitaler Neustart, S.).

Armbrüster, Christian (Hrsg.)/Preuß, Nicola (Hrsg.)/Renner, Thomas (Hrsg.): Notarkommentar Beurkundungsgesetz und Dienstordnung für Notarinnen und Notare, 8. Auflage 2020 (zitiert: Armbrüster/Preuß/Renner/*Bearbeiter* BeurkG § Rn.).

Bauer, Hans-Joachim (Hrsg.)/Schaub, Bernhard (Hrsg.): Grundbuchordnung Kommentar, 4. Auflage 2018 (zitiert: Bauer/Schaub/*Bearbeiter* GBO § Rn.).

Baumbach, Adolf (Begr.)/Hueck, Alfred (Hrsg.): Beck'scher Kurzkommentar zum Gesetz betreffend die Gesellschaften mit beschränkter Haftung: GmbHG, 22. Auflage 2019 (zitiert: Baumbach/Hueck/*Bearbeiter* GmbHG § Rn.).

Bachmann, Gregor: ECLR – Grundtendenzen der Reform geschlossener Gesellschaften in Europa, in: Zeitschrift für Unternehmens- und Gesellschaftsrecht 2001, S. 351–384 (zitiert: *Bachmann* ZGR 2001, S.).

ders.: "Allgemeines Prozessrecht" – Eine kritische Untersuchung am Beispiel von Videovernehmung und Unmittelbarkeitsgrundsatz, in: Zeitschrift für Zivilprozess 2005, S. 133–159 (zitiert: *Bachmann* ZZP 2005, S.).

ders.: Abschaffung der Hauptversammlung? in: Altmeppen, Holger (Hrsg.)/Fitz, Hanns (Hrsg.)/Honsell, Heinrich (Hrsg.): Festschrift für Günther H. Roth zum 70. Geburtstag, 2011, S. 37–51 (zitiert: *Bachmann*, in: FS G. H. Roth, 2011, S.)

Baumann, Wolfgang: Das Amt des Notars – Seine öffentlichen und sozialen Funktionen, in: Mitteilungen der Rheinischen Notarkammer 1996, S. 1–28 (zitiert: *Baumann* MittRhNotK 1996, S.).

Bayer, Walter: Neue und neueste Entwicklungen zur verdeckten GmbH-Sacheinlage, in: Zeitschrift für Wirtschaftsrecht 1998, S. 1985–1993 (zitiert: *Bayer* ZIP 1998, S.).

ders.: Verdeckte Sacheinlage nach MoMiG und ARUG, in: Bengel, Manfred (Hrsg.)/Limmer, Peter (Hrsg.)/Reimann, Wolfgang (Hrsg.): Festschrift für Rainer Kanzleiter zum 70. Geburtstag am 17. Juni 2010, S. 75–87 (zitiert: *Bayer*, in: FS Kanzleiter, 2010, S.).

ders./Schmidt, Jessica: BB-Gesetzgebungs- und Rechtsprechungsreport zum Europäischen Unternehmensrecht 2018/19 – Teil I: Company Law Package, in: Betriebsberater 2019, S. 1922–1936 (zitiert: *Bayer/J. Schmidt* BB 2019, S.).

dies.: BB-Gesetzgebungs- und Rechtsprechungsreport Europäisches Unternehmensrecht 2014/15, in: Betriebsberater 2015, S. 1731–1742 (zitiert: *Bayer/J. Schmidt* BB 2015, S.).

Bayer, Walter/Hoffmann, Thomas: Erste Unternehmergesellschaften (haftungsbeschränkt) seit Inkrafttreten des MoMiG, in: GmbH-Rundschau 2008, S. 1302 (zitiert: *Bayer/Hoffmann* GmbHR 2008, S.).

Bayer, Walter/Hoffmann, Thomas/Schmidt, Jessica: Satzungskomplexität und Mustersatzung. Eine Untersuchung vor dem Hintergrund des Regierungsentwurfs zum MoMiG, in: GmbH-Rundschau 2007, S. 953–958 (zitiert: *Bayer/Hoffmann/J. Schmidt* GmbHR 2007, S.).

Bayer, Walter/Hoffmann, Thomas/Lieder, Jan: Ein Jahr MoMiG in der Unternehmenspraxis. Rechtstatsachen zu Unternehmergesellschaft, Musterprotokoll, genehmigtes Kapital, in: GmbH-Rundschau 2010, S. 9–16 (zitiert: *Bayer/Hoffmann/Lieder* GmbHR 2010, S.).

Bechtolf, Hans/Vogt, Niklas: Datenschutz in der Blockchain – Eine Frage der Technik, in: Zeitschrift für Datenschutz 2018, S. 66–71 (zitiert: *Bechtolf/Vogt* ZD 2018, S.).

dies.: Blockchain und Datenschutz – Recht technologisch, in: Deutsche Stiftung für Recht und Informatik Tagungsband Herbstakademie 2017, S. 873–887 (zitiert: *Bechtolf/Vogt* DSRITB 2017, S.).

Beck, Lukas: Aktuelles zur elektronischen Hauptversammlung, in: Rheinische Notarzeitschrift 2014, S. 160–168 (zitiert: *Beck* RNotZ 2014, S.).

Beckmann, Martin J./Waßmuth, Guido: Die Musterfeststellungsklage – Teil II, in: Zeitschrift für Wirtschafts- und Bankrecht 2019, S. 89–96 (zitiert: *Beckmann/Waßmuth* WM 2019, S.).

Beck'sche Handbuch der AG, 3. Auflage 2018, Drinhausen, Florian (Hrsg.)/Eckstein, Hans-Martin (Hrsg.) (zitiert: *Bearbeiter*, in: BeckHdB AG § Rn.).

Beck'sche Notar-Handbuch, 7. Auflage 2019, Brambring, Günter (Begr.)/Jerschke, Hans-Urlich (Begr.)/Heckschen, Heribert (Hrsg.)/Herrler, Sebastian (Hrsg.)/Münch, Christof (Hrsg.) (zitiert: *Bearbeiter*, in: BeckNotHdB § Rn.).

Beck Online Großkommentar zum Aktienrecht, 1.6.2021, Henssler, Martin (GesamtHrsg.)/Spindler, Gerald (Hrsg.)/Stilz, Eberhard (Hrsg.): (zitiert: BeckOGKAktG/*Bearbeiter* § Rn.).

Beck'scher Online-Kommentar Ausländerrecht, 29. Edition 2021, Kluth, Winfried (Hrsg.)/Heusch, Andreas (Hrsg.) (zitiert: BeckOKAuslR/*Bearbeiter* Gesetz § Rn.).

Beck'scher Onlinekommentar Datenschutzrecht, 36. Edition 2021, Brink, Stefan (Hrsg.)/Wolff, Heinrich Amadeus (Hrsg.) (zitiert: BeckOKDatenschutzR/*Bearbeiter* Gesetz § Rn.).

Beck'scher Online-Kommentar BNotO mit DONot und RLEmBNotK, 4. Edition 2021, Görk, Stefan (Hrsg.) (zitiert: BeckOKBNotO/*Bearbeiter* § Rn.).

Beck'scher Online Kommentar BGB, 58. Edition 2021, Hau, Wolfgang (Hrsg.)/ Poseck, Roman (Hrsg.) (zitiert: BeckOKBGB/*Bearbeiter* § Rn.).

Beck'scher Online-Kommentar GwG, 6. Edition 2021, Frey, Tobias (Hrsg.)/Pelz, Christian(Hrsg.) (zitiert: BeckOKGwG/*Bearbeiter* § Rn.).

Beck'sche Online-Kommentar GBO, 42. Edition Stand 1.5.2021, Hügel, Stefan (Hrsg.) (zitiert: BeckOKGBO/*Bearbeiter* § Rn.).

Beck'scher Online-Kommentar ZPO, 40. Edition 2021, Vorwerk, Volkert (Hrsg.)/ Wolf, Christian (Hrsg.) (zitiert: BeckOKZPO/*Bearbeiter* § Rn.).

Berger, Ariane: Blockchain – Mythos oder Technologie für die öffentliche Verwaltung? in: Deutschs Verwaltungsblatt 2017, S. 1271–1273 (zitiert: *Berger* DVBl 2017, S.).

Beurskens, Michael: Blockchain und Gesellschaftsrecht – Endlose Möglichkeiten? In: Neue Zeitschrift für Gesellschaftsrecht 2021, S. 353–354 (zitiert: *Beurskens* NZG 2021 S.).

Bierekoven, Christiane: Auftragsverarbeitung, Joint Controllership und kleines Konzernprivileg, in: Der IT-Rechts-Berater 2017, S. 282–285 (zitiert: *Bierekoven* ITRB 2017, S.).

Birkefeld, Jan/Schäfer, Stephan: Gründung auf Knopfdruck? Was sich mit der EU-Digitalisierungs-Richtlinie im Gesellschaftsrecht ändert, in: Betriebsberater 2019, S. 2626–2632 (zitiert: *Birkefeld/Schäfer* BB 2019, S.).

Blocher, Walter: The next big thing: Blockchain – Bitcoin – Smart Contracts, in: Anwaltsblatt 2016, S. 612–618 (zitiert: *Blocher* AnwBl 2016, S.).

Blunk, Andreas/Monden, Julian: Online-Beurkundungen im Gesellschaftsrecht, in: Zeitschrift für das Recht der digitalen Wirtschaft 2021, S. 74–85 (zitiert: *Blunk/Monden* ZdiW 2021, S.).

Bock, Lenard: Online-Gründung und Digitalisierung im Gesellschaftsrecht – Der Richtlinienvorschlag der Europäischen Kommission, in: Deutsche Notar-Zeitschrift 2018, S. 643–661 (zitiert: *Bock* DNotZ 2018, S.).

ders.: Company Hijacking im Vereinigten Königreich, in: Zeitschrift für Unternehmens- und Gesellschaftsrecht 2011, S. 2449–2452 (zitiert: *Bock* ZIP 2011, S.).

Boente, Walter/Riehm, Thomas: Das BGB im Zeitalter digitaler Kommunikation – Neue Formvorschriften, in: Juristische Ausbildung 2001, S. 793–798 (zitiert: *Boente/Rhiem* jura 2001, S.).

Böhme, Rainer/Pesch, Paulina: Technische Grundlagen und datenschutzrechtliche Fragen der Blockchain-Technologie, in: Datenschutz und Datensicherheit 2017, S. 473–481 (zitiert: *Böhme/Pesch* DuD 2017, S.).

Bohrer, Michael: Notarsperre für Verbraucherverträge? in: Deutsche Notar-Zeitschrift 2002, S. 579–593 (*Bohrer* DNotZ 2002, S.).

Bönner, Maximilian: Zweiniederlassungen ausländischer Gesellschaften in der notariellen Praxis, in. Rheinische Notar-Zeitschrift 2015, S. 253–275 (zitiert: *Bönner* RNotZ 2015, S.).

Borges, Georg: Der neue Personalausweis und der elektronische Identitätsnachweis, in: Neue Juristische Wochenschrift 2010, S. 3334–3339 (zitiert: *Borges* NJW 2010, S.).

ders.: Rechtsfragen der Haftung im Zusammenhang mit dem elektronischen Identitätsnachweis, 2011 (zitiert: *Borges*, Rechtsfragen der Haftung im Zusammenhang mit dem elektronischen Identitätsnachweis, S.).

ders. (Hrsg.)/Schwenk, Jörg (Hrsg.)/Stuckenberg, Carl-Friedrich/Wegener, Christpoh (Hrsg.): Identitätsdiebstahl und Identitätsmissbrauch im Internet, 1. Auflage 2011 (zitiert: *Borges/Schwenk/Stuckenberg/ Wegener*, Identitätsdiebstahl und Identitätsmissbrauch im Internet, S.).

Bormann, Michael: Die Kapitalaufbringung nach dem Regierungsentwurf des MoMiG, in: GmbH-Rundschau 2007, S. 897–904 (*Bormann* GmbHR 2007, S.).

ders.: Anmerkung zu BGH Urteil vom 7.7.2003 II ZR 235/01, in: GmbH-Rundschau 2003, S. 1055–1057 (zitiert: *Bormann* GmbHR 2003, S.).

Bormann, Jens: Die digitalisierte GmbH, in: Zeitschrift für Unternehmens- und Gesellschaftsrecht 2017, S. 621–647 (zitiert: *Bormann* ZGR 2017, S.).

ders.: 29. Deutscher Notartag Berlin 2016, in: Deutsche Notar-Zeitschrift – Sonderheft 2016, S. 9–18 (zitiert: *Bormann* DNotZ-Sonderheft 2016, S.).

Bormann, Jens/Apfelbaum, Sebastian: Handelsregister und GmbH-Gründung in Deutschland als „best practice" im Vergleich zum anglo-amerikanischen Rechtskreis, in: Zeitschrift für Unternehmens- und Gesellschaftsrecht 2007, S. 946–952 (zitiert: *Bormann/Apfelbaum* ZIP 2007, S.).

dies.: Der Einfluss signaturrechtlicher Anforderungen auf die Wirksamkeit der elektronischen notariellen Urkunde, in: Rheinische Notar-Zeitschrift 2007, S. 15–22 (zitiert: *Bormann/ Apfelbaum* RNotZ 2007, S.).

Bormann, Jens/König, David C.: Verfassungsrechtliche Aspekte der vorsorgenden Rechtspflege und des Notariats, in: notar 2008, S. 256–264 (zitiert: *Bormann/ König* notar 2008, S.).

Bormann, Jens/Stelmaszczyk, Peter: Digitalisierung des Gesellschaftsrechts nach dem EU-Company Law Package, in: Neue Zeitschrift für Gesellschaftsrecht 2019, S. 601–612 (zitiert: *Bormann/Stelmaszczyk* NZG 2019, S.).

Breyer, Partick: Personenbezug von IP-Adressen Internetnutzung und Datenschutz, in: Zeitschrift für Datenschutz 2014, S. 400–405 (zitiert: *Breyer* ZD 2014, S.).

Brisch, Klaus/Pieper, Fritz: Das Kriterium der „Bestimmbarkeit" bei Big Data-Analyseverfahren, in: Computer und Recht 2015, S. 724–729 (zitiert: *Brisch/Pieper* CR 2015, S.).

Bundesministerium für Verkehr und digitale Infrastruktur: Chancen und Herausforderungen von DLT (Blockchain) in Mobilität und Logistik Mai 2019, abrufbar unter: https://www.bmvi.de/SharedDocs/DE/Anlage/DG/blockchain-gutachten.pdf?__blob=publicationFile (zuletzt aufgerufen am: 16.11.21, 11:45 Uhr) (zitiert: BMVI, Chancen und Herausforderungen von DLT (Blockchain), S.).

Bundesnotarkammer K.d.Ö.R. und Bayrisches Staatsministerium der Justiz: Das Blockchain-basierte Gültigkeitsregister – Eine Machbarkeitsstudie zur ersten Blockchain-Kooperation in der deutschen Justiz – Projektgruppe Wirtschaftsinformatik des Fraunhofer-Instituts für Angewandte Informationstechnik FIT, 2020 (zitiert: Bundesnotarkammer K.d.Ö.R. und Bayrisches Staatsministerium der Justiz: Das Blockchain-basierte Gültigkeitsregister, S.).

Bürgers, Tobias (Hrsg.)/Körber, Torsten (Hrsg.): Kommentar Aktiengesetz, 4. Auflage 2017 (zitiert: Bürgers/Körber/*Bearbeiter* AktG § Rn.).

Carstens, Christoph/Gisewski, Martin: Anmerkung zu OLG Köln Urteil vom 15.1.2009–18 U 205/07, in: Corporate Compliance Zeitschrift 2009, S. 73–76 (zitiert: *Carstens/Gisewski* CCZ 2009, S.).

Claussen, Carsten P.: Hauptversammlung und Internet, in: Die Aktiengesellschaft 2001, S. 161–171 (zitiert: *Claussen* AG 2001, S.).

Dauses, Manfred A. (Begr.)/Ludwigs, Markus (Hrsg): Handbuch des EU-Wirtschaftsrecht, 52. Ergänzungslieferung Februar 2021 (zitiert: *Bearbeiter*, in: Dauses/Ludwigs HdB EU-Wirtschaftsrecht, Kapitel Rn.).

Deutscher Notarverein: Schreiben Deutscher Notarverein vom 22.7.2010: Entwurf eines Gesetzes zur Regelung von De-Mail-Diensten und zur Änderung weiterer Vorschriften – De-Mail-Gesetz, abrufbar unter: https://www.dnotv.de/_files/Dokumente/Stellungnahmen/2010-07-22_Stellungnahme_De_Mail_Gesetz_DNotVfinal.pdf (zuletzt aufgerufen am: 16.11.21, 11:46 Uhr) (zitiert: Deutscher Notarverein, Stellungnahme zum De-MailG, S.).

ders.: Schreiben Deutscher Notarverein vom 4.7.2018: Vorschläge der EU-Kommission zum Company Law Package Ihr Schreiben vom 23. Mai 2018, Az. III A 1–9520/35–36 133/2018, abrufbar unter: https://www.dnotv.de/wp-content/uploads/StN-Master-Company-Law-Package-2018-07-04_final.pdf (zuletzt aufgerufen am: 16.11.21, 11:46 Uhr) (zitiert: Deutscher Notarverein, Stellungnahme zum EU-Company Law Package, S.).

Djazayeri, Alexander: Rechtliche Herausforderungen durch Smart Contracts, in: jurisPR-BKR 12/2016, Anmerkung 1 (zitiert: *Djazayeri* jurisPR-BKR 12/2016, Anm. 1).

Drygala, Tim/Grobe, Tony: Die geplante Regelung der Onlinegründung von Gesellschaften mit beschränkter Haftung – die Hälfte einer halben Lösung, in: GmbH-Rundschau 2020, S. 985–991 (zitiert: *Drygala/Grobe* GmbHR 2020, S.).

Ebenroth, Thomas (Begr.)/Boujong, Karlheinz (Begr.)/Joost, Detlev (Hrsg.)/Strohn, Lutz (Hrsg.): Kommentar Handelsgesetzbuch, 4. Auflage 2020 (zitiert: Ebenroth/Boujong/Joost/Strohn/*Bearbeiter* HGB § Rn.).

Ehmann, Eugen (Hrsg.)/Selmayr, Martin (Hrsg.): Beck'sche Kurz-Kommentare DS-GVO Datenschutzgrundverordnung, 2. Auflage 2018 (zitiert: Ehmann/Selmayr/*Bearbeiter* DS-GVO Art. Rn.).

Eibl, Maximilian (Hrsg.)/Daedke, Martin (Hrsg.): INFORMATIK 2017, Gesellschaft für Informatik e.V. (zitiert: *Bearbeiter*, in: INFORMATIK 2017, S.).

Eickelberg, Jan: SUP, EGVP, ePerso und XML – Die schöne neue (digitale) Welt der GmbH-Gründung, in: Neue Zeitschrift für Gesellschaftsrecht 2015, S. 81–86 (zitiert: *Eickelberg* NZG 2015, S.).

Engel, Christian: Auf dem Weg zum elektronischen Personalausweis – Der elektronische Personalausweis (ePA) als universelles Identifikationsdokument, in: Datenschutz und Datensicherheit 2006, S. 207–210 (zitiert: *Engel* DuD 2006, S.).

Erbguth, Jörn: Datenschutzkonforme Verwendung von Hashwerten auf Blockchains, in: Zeitschrift für IT-Recht und Recht der Digitalisierung 2019, S. 654–660 (zitiert: *Erbguth* MMR 2019, S.).

Erbguth, Jörn/Fasching, Joachim Galileo: Wer ist Verantwortlicher einer Bitcoin-Transaktion? Anwendbarkeit der DS-GVO auf die Bitcoin Blockchain, in: Zeitschrift für Datenschutz 2017, S. 560–565 (zitiert: *Erbguth/Fasching* ZD 2017, S.).

Ernst, Stefan: Trojanische Pferde und die Telefonrechnung – Einflussmöglichkeiten von Schadsoftware auf den Anscheinsbeweis für die Richtigkeit von Telefonrechnungen, in: Computer und Recht 2006, S. 590–594 (zitiert: *Ernst* CR 2006, S.).

Esser, Robert (Hrsg.)/Rübenstahl, Markus (Hrsg.)/Saliger, Frank (Hrsg.)/Tsambikakis, Michael (Hrsg.): Wirtschaftsrecht Kommentar mit Steuerstrafrecht und Verfahrensrecht, 1. Auflage 2017 (zitiert: Esser/Rübenstahl/Saliger/Tsambikakis/*Bearbeiter* Gesetz Kapitel § Rn.).

Feind, Robert/Paluch, Krzysztof: Die einfache Aktiengesellschaft – Eine neue Rechtsform im polnischen Gesellschaftsrecht, in: Wirtschaft und Recht in Osteuropa 2018, S. 327–332 (zitiert: *Feind/Paluch* WiRO 2018, S.).

Fink, Michèle: Blockchains and Date Protection in the European Union, in: European Data Protection Law Review 2018, S. 17–35 (zitiert: *Finck* EDPL 2018, S.).

Fischer-Dieskau, Stefanie: Das elektronische signierte Dokument als Mittel zur Beweissicherung, 2006 (zitiert: *Fischer-Dieskau*, Elektronisch signierte Dokumente, S.).

Fleischer, Holger/Maas, Jannik L.: Satzungsgestaltung in den DAX-Unternehmen, in: Die Aktiengesellschaft 2020, S. 761–776 (*Fleischer/Maas* AG 2020, S.).

Fleischhauer, Jens: Hauptversammlung und Neue Medien Gesetzesvorschlag der Bundesnotarkammer zur Öffnung der Hauptversammlung der Aktiengesellschaft für den Einsatz Neuer Medien, in: Zeitschrift für Wirtschaftsrecht 2001, S. 1133–1138 (zitiert: *Fleischhauer* ZIP 2011, S.).

Forschner, Julius/Kienzle, Philipp: Die e-Apostille – de lege lata und de lege ferenda, in: Deutsche Notarzeitschrift 2020, S. 724–732 (zitiert: *Forschner/Kienzle* DNotZ 2020, S.).

Freitag, Robert/Riemenschneider, Markus: Die Unternehmergesellschaft – „GmbH light" als Konkurrenz für die Limited? in: Zeitschrift für Wirtschaftsrecht 2007, S. 1485–1492 (zitiert: *Freitag/Riemenschneider* ZIP 2007, S.).

Frenz, Norbert (Hrsg.)/Miermeister, Uwe (Hrsg.)/Eylmann, Horst (Begr.)/Vaase, Hans-Dieter (Begr.): Kommentar Bundesnotarordnung mit BeurkG, Richtlinienempfehlungen BNotK, DONot, 5. Aufl. 2020 (zitiert: Frenz/Miermeister/*Bearbeiter* Gesetz § Rn.).

Flume, Werner: Allgemeiner Teil des Bürgerlichen Rechts, Band 2: Das Rechtsgeschäft, 1992 (zitiert: Flume BGB AT Band 2 § Kapitel).

Frey, Kaspar: Überschriften in notariellen Urkunden, in: Zeitschrift für die notarielle Beratungs- und Beurkundungspraxis 2021, S. 13–21 (zitiert: *Frey* NotBZ 2021, S.).

Fuchs, Felix: Der internationale Urkundenverkehr 4.0: Die elektronische Apostille, in: Praxis des Internationalen Privat- und Verfahrensrechts 2020, S. 302–305 (zitiert: *Fuchs* IPrax 2020, S.).

Gassen, Dominik: Die Form der elektronischen Notarurkunde, in: Rheinische Notar-Zeitschrift 2007, S. 142–150 (zitiert: *Gassen* RNotZ 2007, S.).

Gasteyer, Thomas: Die Unternehmergesellschaft (haftungsbeschränkt) – Die praktische Umsetzung des § 5a GmbHG aus anwaltlicher Sicht, in: Neue Zeitschrift für Gesellschaftsrecht 2009, S. 1364–1368 (zitiert: *Gasteyer* NZG 2009, S.).

Gehrlein, Markus: Der aktuelle Stand des neuen GmbH-Rechts, in: Der Konzern 2007, S. 771–796 (zitiert: *Gehrlein* DK 2007, S.).

Geiger, Stefan: Gerichtsverfahren mittels Videokonferenz, in: Zeitschrift für Rechtspolitik, 1998, S. 365–368 (zitiert: *Geiger* ZRP 1998, S.).

Geserich, Stephan: Auslegung und Rechtsfortbildung, in: Deutsches Steuerrecht Beiheft 2011, S. 59–66 (zitiert: *Geserich* DStR-Beih. 2011, S.).

Giegerich, Thomas: Geht der gutgläubige Erwerb im Dickicht der Stellvertretungslehre verloren? in: Neue Juristische Wochenschrift 1986, S. 1975–1976 (zitiert: *Giegerich* NJW 1986, S.).

Grigoleit, Hans Christoph (Hrsg.): Aktiengesetz Kommentar, 2. Auflage 2020 (zitiert: Grigoleit/*Bearbeiter* AktG § Rn.).

Groeneveld, Heiko/Wächter, Michael: Firewall-Systeme – ein Mittel der Organisationskontrolle? in: Computer und Recht 1999, S. 390–395 (zitiert: *Groeneveld/Wächter* CR 1999, S.).

Großkommentar zum Aktiengesetz Band 2, 5. Auflage 2016, Hirte, Heribert (Hrsg.)/Mülbert, Peter O. (Hrsg.)/Roth, Markus (Hrsg.) (zitiert: GroßKomm-AktG/*Bearbeiter* Band 2 § Rn.).

Großkommentar zum Aktiengesetz Band 12, 5. Auflage 2020, Hirte, Heribert (Hrsg.)/Mülbert, Peter O. (Hrsg.)/Roth, Markus (Hrsg.) (zitiert: GroßKomm-AktG/*Bearbeiter* Band 12 § Rn.).

Grüneberg: Beck'sche Kurzkommentare Bürgerliches Gesetzbuch BGB, 80. Auflage 2021 (zitiert: Grüneberg/*Bearbeiter* Gesetz § Rn.).

Grunewald, Barbara: Gesellschaftsrecht, 11. Auflage 2020 (zitiert: Grunewald GesR § Rn.).

Grziwotz, Herbert (Hrsg.)/Keukenschrijver, Alfred (Hrsg.)/Ring, Gerhard (Hrsg.): Nomos Kommentar BGB Sachenrecht Band 3 §§ 854–1296 BGB, 4. Auflage 2016 (zitiert: Ring/Grziwotz/Keukenschrijver/*Bearbeiter* BGB § Rn.).

Glunz, Benjamin: Psychologische Effekte beim gerichtlichen Einsatz von Videotechnik, 2012 (zitiert: *Glunz*, Psychologische Effekte beim gerichtlichen Einsatz von Videotechnik, S.).

Gola, Peter (Hrsg.): Kommentar Datenschutzgrundverordnung, 2. Auflage 2018 (zitiert: Gola/*Bearbeiter* DS-GVO Art. Rn.).

Götz, Heinrich: Rechte und Pflichten des Aufsichtsrats nach dem Transparenz- und Publizitätsgesetz, in: Neue Zeitschrift für Gesellschaftsrecht 2002, S. 599–604 (zitiert: *Götz* NZG 2002, S.).

Haager Konferenz für Internationales Privatrecht Ständiges Büro: Apostille-Handbuch Handbuch über die praktische Durchführung des Apostille-Übereinkommens, abrufbar unter: https://assets.hcch.net/docs/ce650882-b1d4-46b7-a74c-c0a8fd0af428.pdf letzter Aufruf: 18.06.2022, 19:35 Uhr) (zitiert: HCCH-Handbuch, Rn.).

Habersack, Mathias (Hrsg.)/Casper, Matthias (Hrsg.)/Löbbe, Marc (Hrsg.): GmbH-Großkommentar, 3. Auflage 2020 (zitiert: Habersack/Casper/Lübbe/*Bearbeiter* GmbHG § Rn.).

Habersack, Mathias (Erlt.)/Henssler, Martin /Erlt.)/Hanau, Peter (Begr.)/Ulmer, Peter (Begr.): Beck'scher Kurzkommentar Mitbestimmungsrecht Kommentierung des MitbestG, des DrittelbG, des SEBG und des MgVG, 4. Auflage 2018 (zitiert: Habersack/Henssler/*Bearbeiter* MitbestG § Rn.).

Habersack, Mathias (Hrsg.)/Schäfer, Carsten (Hrsg.): Das Recht der OHG Kommentierung der §§ 105–160 HGB, 2. Auflage 2019 (zitiert: Habersack/Schäfer/*Bearbeiter* HGB § Rn.).

Hadding, Walther: Zum gesetzlich notwendigen Umfang der notariellen Beurkundung der „Vereinbarung", einen GmbH-Geschäftsanteil zu übertragen, in: Zeitschrift für Wirtschaftsrecht 2003, S. 2133–2141 (zitiert: *Hadding* ZIP 2003, S.).

Hägele, Matthias: Beeinflussen das richterrechtliche Verbot der Kreditvergabe an Gesellschafter und die Rechtsfolge der Nichtigkeit des dinglichen Erfüllungsgeschäfts bei der verdeckten Sacheinlage die Heilung derselben? in: GmbH-Rundschau 2005, S. 91–95 (zitiert: *Hägele* GmbHR 2005, S.).

Halder, Johannes: Online-Gründung und Online-Einreichung von Unterlagen nach dem Company Law Package sowie deren Umsetzung in deutsches Recht, in: Neue Juristische Online-Zeitschrift 2020, S. 1505–1513 (zitiert: *Halder* NJOZ 2020, S.).

Hangebrauck, Ralf: Aktuelle Fragen zur Unternehmergesellschaft (haftungsbeschränkt), § 5 a GmbHG, in: Juristische Rundschau 2010, S. 323–328 (zitiert: *Hangebrauck* JR 2010, S.).

Harder, Frank: Anmerkung OLG Frankfurt v. 22.2.2006–4 U 170/05, in: Immobilien & Baurecht 2006, S. 263 (zitiert: *Harder* IBR 2006, S.).

Hasselbach, Kai/Schumacher, Stephan: Hauptversammlung im Internet, in: Zeitschrift für Unternehmens- und Gesellschaftsrecht 2000, S. 258–286 (zitiert: *Hasselbach/Schumacher* ZGR 2000, S.).

Hasselmann, Cord-Georg: Die Gesellschafterliste nach dem MoMiG – Überblick und Gesellschaftsgründung, in: Neue Zeitschrift für Gesellschaftsrecht 2009, S. 409–415 (zitiert: *Hasselmann* NZG 2009, S.).

Hecht, Johannes: Notariat 4.0 und Blockchain-Technologie, in: Mitteilungen des Bayrischen Notarvereins 2020, S. 314–323 (zitiert: *Hecht* MittBayNot 2020, S.).

Heckelmann, Martin: Zulässigkeit und Handhabung von Smart Contracts, in: Neue Juristische Wochenschrift 2018, S. 504–510 (zitiert: *Heckelmann* NJW 2018, S.).

Heckmann, Dirk: Authentifizierung zwischen Datenschutz und Technikmisstrauen – Belastungsproben für den elektronischen Personalausweis, in: Datenschutz und Datensicherheit 2009, S. 656–660 (zitiert: *Heckmann* DuD 2009 S.).

Heckschen, Heribert: Die GmbH-Reform – Wege und Irrwege, in: Deutsches Steuerrecht 2007, S. 1442–1451 (zitiert: *Heckschen* DStR 2007, S.).

ders.: Firmenbildung und Firmenverwertung – aktuelle Tendenzen, in: Zeitschrift für die notarielle Beratungs- und Beurkundungspraxis 2006, S. 346–353 (zitiert: *Heckschen* NotBZ 2006, S.).

ders.: Gründungserleichterungen nach dem MoMiG – Zweifelsfragen in der Praxis, in: Deutsches Steuerrecht 2009, S. 166–174 (zitiert: *Heckschen* DStR 2009, S.).

Heidel, Thomas (Hrsg.): Aktienrecht und Kapitalmarktrecht Kommentar, 5. Auflage 2019 (zitiert: Heidel/*Bearbeiter* AktG § Rn.).

Heidel, Thomas (Hrsg.)/Hütege, Rainer (Hrsg.)/Mansel, Heinz-Peter (Hrsg.)/ Noack, Ulrich (Hrsg.): Kommentar BGB Allgemeiner Teil EGBGB, 4. Auflage 2021 (zitiert: Heidel/Hütege/Mansel/Noack/*Bearbeier* BGB § Rn.).

Heidenhain, Martin: Zum Umfang der notariellen Beurkundung bei der Veräußerung von Geschäftsanteilen, in: Neue Juristische Wochenschrift 1999, S. 3073–3077 (zitiert: *Heidenhain* NJW 1999, S.).

Heinze, Harald: Verdeckte Sacheinlage und verdeckte Finanzierungen nach dem MoMiG, in: GmbH-Rundschau 2008, S. 1065–1074 (zitiert: *Heinze* GmbHR 2008, S.).

Heldrich, Karl: Die Form des Vertrages, in: Archiv für die civilistische Praxis 147 (1941), S. 89–130 (zitiert: *Heidrich* AcP 147 (1941), S.).

Hennrichs, Joachim: Die UG (haftungsbeschränkt) – Reichweite des Sacheinlageverbots und gesetzliche Rücklage, in Neue Zeitschrift für Gesellschaftsrecht 2009, S. 1161–1167 (zitiert: *Hennrichs* NZG 2009, S.).

Henssler, Martin (Hrsg.)/Strohn, Lutz (Hrsg.): Beck'sche Kurzkommentare Gesellschaftsrecht, 5. Auflage 2021 (zitiert: Henssler/Strohn/*Bearbeiter* Gesetz § Rn.).

Herrmann, Florian: Der Umfang des notariellen Formerfordernisses bei GmbH-Geschäftsanteilsübertragungen am Beispiel von Finanzierungszusagen – Keine Verbesserung durch das MoMiG, in: GmbH-Rundschau 2009, S. 625–631 (zitiert: *Herrmann* GmbHR 2009, S.).

Herrler, Sebastian (Hrsg.): Gesellschaftsrecht in der Notar- und Gestaltungspraxis, 1. Auflage 2017 (zitiert: Herrler/*Bearbeiter* GesR in der Notar- und Gestaltungspraxis § Rn.).

ders.: Kapitalaufbringung nach dem MoMiG, in: Der Betrieb 2008, S. 2347–2352 (zitiert: *Herrler* DB 2008, S.).

ders.: Aktuelles zur Kapitalerhöhung bei der GmbH, in: Deutsche Notarzeitschrift 2008, S. 903–916 (zitiert: *Herrler* DNotZ 2008, S.).

Herzog, Felix (Hrsg.)/Achtelik, Olaf (Hrsg.): Kommentar Geldwäschegesetz (GwG), 4. Auflage 2020 (zitiert: Herzog/Achtelik/*Bearbeiter* GwG § Rn.).

Hirte, Heribert: Die Unternehmergesellschaft (UG) nach dem Gesetz zur Modernisierung des GmbH-Rechts und zur Bekämpfung von Missbräuchen (MoMiG), in: Zeitschrift für das gesamte Insolvenz- und Sanierungsrecht 2008, S. 933–937 (zitiert: *Hirte* ZInsO 2008, S.).

ders.: Der Unternehmensgegenstand und die Abschaffung seiner registergerichtlichen Kontrolle durch das Gesetz zur Modernisierung des GmbH-Rechts und zur Bekämpfung von Missbräuchen (MoMiG), in: Kindler, Peter (Hrsg.)/Koch, Jens (Hrsg.)/Ulmer, Peter (Hrsg.)/Winder, Martin (Hrsg.): Festschrift für Uwe Hüffer zum 70. Geburtstag, 1. Auflage 2010, S. 329–337 (zitiert: *Hirte*, in: FS Hüffer, 2010, S.).

Hoeren, Thomas (Hrsg.)/Sieber, Ulrich (Hrsg.)/Holznagel, Bernd (Hrsg.): Handbuch Multimedia-Recht, 55. Ergänzungslieferung 2021 (zitiert: *Bearbeiter*, in: Hoeren/Sieber/Holznagel MMR-HdB Teil Rn.).

Hofert, Eduard: Blockchain-Profiling Verarbeitung von Blockchain-Daten innerhalb und außerhalb der Netzwerke, in: Zeitschrift für Datenschutz 2017, S. 161–166 (zitiert: *Hofert* ZD 2017, S.).

Hoffmann, Christian: EU-Verordnung über elektronische Identifizierung auf nationale Angebote – Auswirkungen auf De-Mail, E-Postbrief und nPA, in: Datenschutz und Datensicherheit 2014, S. 762–767 (zitiert: *Hoffmann* DuD 2014, S.).

Hoffmann-Becking, Michael: Schriftliche Beschlussfassung des Aufsichtsrats und schriftliche Stimmabgabe abwesender Aufsichtsratsmitglieder, in: Hoffmann-Becking, Michael (Hrsg.)/Ludwig, Rüdiger (Hrsg.): Festschrift für Wilhelm Happ zum 70. Geburtstag, 2006, S. 81–93 (zitiert: *Hoffmann-Becking*, in: FS Happ, 2006, S.).

ders.: Der Einbringungsvertrag zur Sacheinlage eines Unternehmens oder Unternehmensteils in die Kapitalgesellschaft, in: Schneider, Uwe H. (Hrsg.)/Hommelhoff, Peter (Hrsg.): Festschrift für Marcus Lutter zum 70. Geburtstag, 2000, S. 453–473 (zitiert: *Hoffmann-Becking*, in: FS Lutter, 2000, S.).

Hohn-Hein, Nicloas/Barth, Günter: Immaterialgüterrechte in der Welt von Blockchain und Smart Contract, in: Gewerblicher Rechtsschutz und Urheberrecht 2018, S. 1089–1096 (zitiert: *Hohn-Hein/Barth* GRUR 2018, S.).

von Holten, Matthias/Bauerfeind, Tobias: Die Möglichkeiten der Online-Hauptversammlung nach § 118 AktG, in: Die Aktiengesellschaft 2015, S. 498–493 (zitiert: *Holten/Bauerfeind* AG 2015, S.).

dies.: Die Online-Hauptversammlung in Deutschland und Europa, in: Die Aktiengesellschaft 2018, S. 729–738 (zitiert: *Holten/Bauerfeind* AG 2018, S.).

Holzhauer, Heinz: Der praktische Fall – Bürgerliches Recht – Der flotte Autohandel, in: Juristische Schulung 1997, S. 43–49 (zitiert: *Holzhauer* JuS 1997, S.).

Holznagel, Bernd: Elektronischen Identitätsnachweis nachhaltig fördern! in: Zeitschrift für IT-Recht und Recht der Digitalisierung 2017, S. 365–366 (zitiert: *Holznagel* MMR 2017, S.).

Hommelhoff, Peter/Teichmann, Christoph: Auf dem Weg zur Europäischen Privatgesellschaft, in: Deutsches Steuerrecht 2008, S. 925–933 (zitiert: *Hommelhoff/Teichmann* DStR 2008, S.).

Hölters, Wolfgang (Hrsg.): Aktiengesetz Kommentar, 3. Auflage 2017 (zitiert: Hölters/*Bearbeiter* AktG § Rn.).

Horn, Christian: Die Virtualisierung von Unternehmen als Rechtsproblem, 2005 (zitiert: *Horn*, Die Virtualisierung von Unternehmen als Rechtsproblem, S.).

Hüffer, Uwe (Begr.)/Koch, Jens (Bearb.): Beck'scher Kurzkommentar zum Aktienrecht, 15. Aufl. 2021 (zitiert: Hüffer/Koch/*Koch* AktG § Rn.).

Ising, Peter: Handelsregisteranmeldungen durch den beurkundenden Notar, in: Neue Zeitschrift für Gesellschaftsrecht 2012, S. 289–292 (zitiert: *Ising* NZG 2021, S.).

Janicki, Thomas/Saive, David: Privacy by Design in Blockchain-Netzwerken Verantwortlichkeit und datenschutzkonforme Ausgestaltung von Blockchains, in: Zeitschrift für Datenschutz 2019, S. 251–256 (zitiert: *Janicki/Saive* DuD 2019, S.).

Jauernig, Othmar (Begr.)/Stürner, Rolf (Hrsg.):Bürgerliches Gesetzbuch Kommentar mit Rom-I-VO, Rom-II-VO, Rom-III-VO, EG-UnthVO/HUntProt und EuErbVO, 18. Auflage 2021 (zitiert: Jauernig/*Bearbeiter* BGB § Rn.).

Jerschke, Hans-Ulrich: Das Notariat im Hause Europa am Beginn des 3. Jahrtausends, in: Zeitschrift für die Notarpraxis 2001, S. 89–96 (zitiert: *Jerschke* ZNotP 2001, S.).

John, David: Zur Sachqualität und Eigentumsfähigkeit von Kryptotoken, in: Zeitschrift für Bank- und Kapitalmarktrecht 2020, S. 76–81 (zitiert: *John* BKR 2020, S.).

Joost, Detlev: Unternehmergesellschaft, Unterbilanz und Verlustanzeige, in: Zeitschrift für Wirtschaftsrecht 2007, S. 2242–2248 (zitiert: *Joost* ZIP 2007, S.).

Kanzleiter, Rainer: Der Umfang der Beurkundungsbedürftigkeit bei verbundenen Rechtsgeschäften, in: Deutsche Notarzeitschrift 1994, S. 275–284 (zitiert: *Kanzleiter* DNotZ 1994, S.).

Karl, Roland: Sacheinlagen bei der UG (haftungsbeschränkt) und GmbH, in: GmbH-Rundschau 2020, S. 9–22 (zitiert: *Karl* GmbHR 2020, S.).

Karper, Irene: Sorgfaltspflichten beim Online-Banking – Der Bankkunde als Netzwerkprofil? Zur möglichen Neubewertung des Haftungsmaßstabs, in: Datenschutz und Datensicherheit 2006, S. 215–219 (zitiert: *Karper* DuD 2006, S.).

Kaulartz, Markus: Die Blockchain-Technologie, in: Computer und Recht 2016, S. 4747–480 (zitiert: *Kaulartz* CR 2016, S.).

Kaulartz, Markus/Heckmann, Jörn: Smart Contracts – Anwendungen der Blockchain-Technologie, in: Computer und Recht 2016, S. 618–624 (zitiert: *Kaulartz/ Heckmann* CR 2016, S.).

Kaulartz, Markus/Matzke, Robin: Die Tokenisierung des Rechts, in: Neue Juristische Wochenschrift 2018, S. 3278–3283 (zitiert: *Kaulartz/Matzke* NJW 2018, S.).

Keidel, Theodor (Begr.)/Engelhardt, Helmut (Hrsg.)/Sternal, Werner (Hrsg.): Gesetz über das Verfahren in Familiensachen und in den Angelegenheiten der freiwilligen Gerichtsbarkeit FamFG Kommentar, 20. Auflage 2020 (zitiert: Keidel/*Bearbeiter* FamFG § Rn.).

Keim, Christopher: Streitverhüung, Streitregelung – die Rolle des Notars, in: Mitteilungen des Bayrischen Notarvereins 1994, S. 2–9 (zitiert: *Keim* MittBayNot 1994, S.).

Keller, Tobias/Schümmer, Kevin: Digitale GmbH-Gründung, in: Neue Zeitschrift für Gesellschaftsrecht 2021, S. 573–578 (zitiert: *Keller/Schümmer* NZG 2021, S.).

Kienzle, Philipp: Die Videobeurkundung nach dem DiRUG, in: Deutsche Notarzeitschrift 2021, S. 590–607 (zitiert: *Kienzle* DNotZ 2021, S.).

Kersting, Christian: Das Auskunftsrecht des Aktionärs bei elektronischer Teilnahme an der Hauptversammlung (§§ 118, 131 AktG), in: Neue Zeitschrift für Gesellschaftsrecht 2010, S. 130–135 (zitiert: *Kersting* NZG 2010, S.).

Kiesewetter, Matthias/Spengler, Myriam: Hauptversammlungszuständigkeit bei Veräußerung und Erwerb von Gesellschaftsvermögen im Rahmen von M&A-Transaktionen, Der Konzern 2009, S. 451–459 (zitiert *Kiesewetter/Spengler* DK 2009, S.).

Kindl, Johann: Die Teilnahme an der Aufsichtsratssitzung, 1993 (zitiert: *Kindl*, Die Teilnahme an der Aufsichtsratssitzung, S.).

ders.: Beschlussfassung des Aufsichtsrats und neue Medien – Zur Änderung des § 108 Abs. 4 AktG, in: Zeitschrift für das gesamte Handels- und Wirtschaftsrecht 166 (2002), S. 335–348 (zitiert: *Kindl* ZHR 166 (2002), S.).

Kindler, Peter: Die Einpersonen-Kapitalgesellschaft als Konzernbaustein – Bemerkungen zum Kompromissvorschlag der italienischen Ratspräsidentschaft für eine Societas Unius Personae (SUP), in: Zeitschrift für das gesamte Handels- und Wirtschaftsrecht 179 (2015), S. 330–385 (zitiert: *Kindler* ZHR 179 (2015), S.).

Kindler, Peter/Jobst, Simon: Die Online Gründung nach dem Company Law Package – Chancen und Risiken bei der Umsetzung ins deutsche Recht, in: Der Betrieb 2019, S. 1550–1555 (zitiert: *Kindler/Jobst* DB 2019, S.).

Kipker, Dennis-Kenji/Bruns, Hauke: Blockchains für Versorgungsketten im Lebensmittelsektor und der Datenschutz, in: Computer und Recht 2020, S. 210–216 (zitiert: *Kipker/Bruns* CR 2020, S.).

Kleindiek, Detlef: Kapitalaufbringung und Kapitalerhaltung nach MoMiG und ARUG: Zur Abgrenzung des Anwendungsbereichs der neuen Vorschriften, in: Grundmann, Stefan (Hrsg.)/Haar, Brigitte (Hrsg.)/Merkt, Hanno (Hrsg.): Festschrift für Klaus J. Hopt zum 70. Geburtstag am 24. August 2010, S. 941–959 (zitiert: *Kleindiek*, in: FS Hopt, 2010, S.).

Kleinert, Ursula/Mayer, Volker: Elektronische Wertpapiere und Krpyto-Token, in: Europäische Zeitschrift für Wirtschaftsrecht 2019, S. 857–863 (*Kleinert/Mayer* EuZW 2019, S.).

Kloss, Peter: Die verdeckte Sacheinlage im GmbH-Recht unter besonderer Berücksichtigung der neuen Einstiegsvarianten, 2013 (zitiert: *Kloss*, Die verdeckte Sacheinlage im GmbH-Recht unter besonderer Berücksichtigung der neuen Einstiegsvarianten, S.).

Klumpen, Fabian: Die elektronische Gesellschaftsgründung über die Grenze, 2018 (zitiert: *Klumpen*, Die elektronische Gesellschaftsgründung über die Grenze, S.).

Knaier, Ralf: Digital first, Bedenken second? in: GmbH-Rundschau 2018, S. 560–570 (zitiert: *Knaier* GmbHR 2018, S.).

ders.: Handelsregister 4.0 dank Blockchain-Technologie? in: GmbH Rundschau 2017, R 305–306 (zitiert: *Knaier* GmbHR 2017, R.).

ders.: Die Digitalisierung des deutschen Gesellschaftsrechts durch den Referentenentwurf eines Gesetzes zur Umsetzung der Digitalisierungs-RL im Gesellschaftsrecht und Handelsregisterrecht (RefE-DiRUG), in: GmbH-Rundschau 2021, S. 169–182 (zitiert: *Knaier* GmbHR 2021, S.).

Knaier, Ralf/Lothar Wolff: Die Blockchain-Technologie als Entwicklungsoption für das Handelsregister? in: Betriebsberater 2018, S. 2253–2260 (zitiert: *Knaier/Wolff* BB 2018, S.).

Knobbe-Keuk, Brigitte: „Umwandlung" eines Personenunternehmens in eine GmbH und verschleierte Sachgründung, in: Zeitschrift für Wirtschaftsrecht 1986, S. 885–890 (zitiert: *Knobbe-Keuk* ZIP 1998, S.).

Koch, Frank A.: Updating von Sicherheitssoftware – Haftung und Beweislast, in: Computer und Recht 2009, S. 485–491 (zitiert: *F. Koch* CR 2009, S.).

Koch, Robert: Haftung für die Weiterverbreitung von Viren und E-Mails, in: Neue Juristische Wochenschrift 2004, S. 801–807 (zitiert: *R. Koch* NJW 2004, S.).

Kompetenzzentrum Öffentliche Informationstechnologie Fraunhofer-Institut für Offene Kommunikationssysteme FOKUS: Mythos Blockchain: Herausforderung für den Öffentlichen Sektor, 1. Auflage 2017 (zitiert: *Bearbeiter*, Kompetenzzentrum Öffentliche Informationstechnologie, S.).

König, Franz: Auswirkungen des neuen Europäischen Datenschutzrechts auf die Haftung von Aktiengesellschaften und ihrer Vorstände, in: Die Aktiengesellschaft 2017 (zitiert: *König* AG 2017, S.).

König, Wolfgang: Zur notariellen Beurkundung der Abtretung von GmbH-Geschäftsanteilen -Ein Vorschlag zur Einschränkung des § 15 Abs. 3 und 4 GmbHG (§ 15 Abs. 3, 4 GmbHG), in: Zeitschrift für Gesellschaftsrecht 2004, S. 1838–1842 (zitiert: *König* ZIP 2004, S.).

König, David C./Bormann, Jens: Die Reform des Rechts der Gesellschaften mit beschränkter Haftung, in: Deutsche Notarzeitschrift 2008, S. 652–672 (zitiert: *König/Bormann* DNotZ 2008, S.).

Kort, Michael: Die Bedeutung von Unternehmensgegenstand und Gesellschaftszweck einer AG bei Auslagerung von Geschäftsbereichen auf gemeinnützige Gesellschaften, in: Neue Zeitschrift für Gesellschaftsrecht 2011, S. 929–932 (zitiert: *Kort* NZG 2011, S.).

Kornblum, Udo: Bundesweite Rechtstatsachen zum Unternehmens- und Gesellschaftsrecht (Stand 1.1.2020), in: GmbH-Rundschau 2021, S. 681–692 (zitiert: *Kornblum* GmbHR 2021, S.).

Krafka, Alexander: Die Neuregelung notarieller Zuständigkeiten im Registerverfahren, in: Neue Zeitschrift für Gesellschaftsrecht 2017, S. 889–893 (zitiert: *Krafka* NZG 2017, S.).

Krauß, Hans-Frieder (Hrsg.)/Weise, Stefan (Hrsg.): Beck'sche Online-Formular Vertrag, 56. Edition 2021 (zitiert: Krauß/Weise/*Bearbeiter* Formular).

Krebs, Karsten/Wagner, Jens: Der Leistungszeitpunkt von Sacheinlagen nach § 36 a Abs. 2 AktG, in: Die Aktiengesellschaft 1998, S. 467–473 (zitiert: *Krebs/Wagner* AG 1998, S.).

Krieger, Gerd: Zur Heilung verdeckter Sacheinlagen in der GmbH – Besprechung der Entscheidung BGH ZIP 1996, 668 –, in: Zeitschrift für Unternehmens- und Gesellschaftsrecht 1996, S. 674–692 (zitiert: *Krieger* ZGR 1996, S.).

Kruchen, Carsten: Virtuelle Hauptversammlungen, in: Deutsche Zeitschrift für Wirtschafts- und Insolvenzrecht 2020, S. 431–465 (zitiert: *Kruchen* DZWIR 2020, S.).

Kuntz, Thilo: Digitale Kommunikation mit Aktionären und Investoren, in: Zeitschrift für das gesamte Handels- und Wirtschaftsrecht Band 183 (2019) S. 190–253 (zitiert: *Kuntz* ZHR 183 (2019), S.).

Kühling, Jürgen (Hrsg.)/Buchner, Benedikt (Hrsg.): Datenschutzgrundverordnung BDSG Kommentar, 3. Auflage 2020 (zitiert: Kühling/Buchner/*Bearbeiter* DS-GVO BDSG Art./§ Rn.).

Kühling, Jürgen/Klar, Manuel: Unsicherheitsfaktor Datenschutzrecht – Das Beispiel des Personenbezugs und der Anonymität, in: Neue Juristische Wochenschrift 2013, S. 3611–3617 (zitiert: *Kühling/Klar* NJW 2013, S.).

dies.: Speicherung von IP-Adressen beim Besuch einer Internetseite, in: Zeitschrift für Datenschutz 2017, S. 27–29 (zitiert: *Kühling/Klar* ZD 2017, S.).

Kühn, Philipp: Formerfordernisse in der IT-Beschaffung im regulierten Bereich und die elektronische Signatur, in: Computer und Recht 2017, S. 834–840 (zitiert: *Kühn* CR 2017, S.).

Lackner, Karl (Hrsg. der 21.–24. Auflage)/Kühl, Krisitan (Hrsg.)/Dreher, Eduard (Begr.)/Maassen, Hermann (Begr.)/Heger, Martin (Hrsg.): Strafgesetzbuch Kommentar, 29. Auflage 2018 (zitiert: Lackner/Kühl(*Bearbeiter* StGB § Rn.).

Lapp, Thomas: Brauchen wir De-Mail und Bürgerportale? Überflüssige Anwendung mit Geburtsfehlern, in: Datenschutz und Datensicherheit 2009, S. 651–655 (zitiert: *Lapp* DuD 2009, S.).

Langenbucher, Katja: Zur Rechtsfolge der verdeckten Sacheinlage bei der GmbH – Zugleich eine Anmerkung zu BGH v. 7.7.2003, II ZR 235/01, in: Deutsches Steuerrecht 2003, S. 1838–1844 (zitiert: *Langenbucher* DStR 2003, S.).

Langheld, Georg/Haagen, Christian: Decentralized Autonomous Organizations – verbandsrechtliche Einordnung und Gestaltungsmöglichkeiten, in: Neue Zeitschrift für Gesellschaftsrecht 2021, S. 724–729 (zitiert: *Langheld/Haagen* NZG 2021, S.).

Larenz, Karl (Begr.)/Wolf, Manfred (Hrsg. 8. und 9. Auflage)/Neuner, Jörg (Hrsg.): Allgemeiner Teil des Bürgerlichen Rechts, 12. Auflage 2020 (zitiert: Neuner BGB AT § Rn.).

Laue, Philip (Hrsg.)/Kremer, Sascha (Hrsg.): Das neue Datenschutzrecht in der betrieblichen Praxis, 2. Auflage 2019 (zitiert: Laue/Kremer/*Bearbeiter* DatenschutzR § Rn.).

Lehmann, Jochen/Rettig, Sören: Rechtliche Vorgaben für Kunden-Online-Postfächer, in: Neue Juristische Wochenschrift 2020, S. 569–574 (zitiert: *Lehmann/Rettig* NJW 2020, S.).

Leven, Jens: Der neue elektronische Personalausweis – Funktionen, Rechtsrahmen, Datenschutz, in: Verwaltungsrundschau 2012, S. 3–6 (zitiert: *Leven* VR 2012, S.).

Libertus, Michael: Zivilrechtliche Haftung und strafrechtliche Verantwortlichkeit bei unbeabsichtigter Verbreitung von Computerviren, in: Zeitschrift für IT-Recht und Recht der Digitalisierung 2005, S. 507–512 (zitiert: *Libertus* MMR 2005, S.).

Lieder, Jan: Digitalisierung des Europäischen Unternehmensrechts – Online-Gründung, Online-Einreichung, Online-Zweigniederlassung, in: Neue Zeitschrift für Gesellschaftsrecht 2018, S. 1081–1091 (zitiert: *Lieder* NZG 2018, S.).

ders.: Die Bedeutung des Vertrauensschutzes für die Digitalisierung des Gesellschaftsrechts, in: Neue Zeitschrift für Gesellschaftsrecht 2020, S. 81–92 (zitiert: *Lieder* NZG 2020, S.).

Link, Jan: Gesellschafterliste und gutgläubiger Erwerb von GmbH-Anteilen aus Sicht der Notarpraxis, in: Rheinische Notarzeitschrift 2009, S. 193–221 (zitiert: *Link* RNotZ 2009, S.).

Loritz, Karl-Georg: Rechtsfragen der notariellen Beurkundung bei Verkauf und Abtretung von GmbH-Geschäftsanteilen, in: Deutsche Notarzeitschrift 2000, S. 90–109 (zitiert: *Loritz* DNotZ 2000, S.).

Lutter, Marcus: Das neue „Gesetz für kleine Aktiengesellschaften und zur Deregulierung des Aktienrechts", in: Die Aktiengesellschaft 1994, S. 429–447 (zitiert: *Lutter* AG 1994, S.).

Lutter, Marcus (Hrsg.)/Hommelhoff, Peter (Hrsg.): Kommentar GmbH-Gesetz, 20. Auflage 2020 (zitiert: Lutter/Hommelhoff/*Bearbeiter* GmbHG § Rn.).

Lutter, Marcus (Hrsg.)/Krieger, Gerd (Hrsg.)/Verse, Dirk A. (Hrsg.): Rechte und Pflichten des Aufsichtsrats, 7. Auflage 2020 (zitiert: *Bearbeiter*, in: Lutter/Krieger/Verse Rechte und Pflichten des Aufsichtsrats, Rn.).

Malzer, Hans Michael: Elektronische Beglaubigung und Medientransfer durch den Notar nach dem Justizkommunikationsgesetz, in: Deutsche Notar-Zeitschrift 2006, S. 9–32 (zitiert: *Malzer* DNotZ 2006, S.).

Mankowski, Peter: Formzwecke, in: Juristenzeitung 2010, S. 662–668 (zitiert: *Mankowski* JZ 2010, S.).

Mantz, Reto: Haftung für kompromittierte Computersysteme – § 823 Abs. 1 BGB und Gefahren aus dem Internet 2007, S. 566–572 (zitiert: *Mantz* K&R 2007, S.).

Mann, Maximilian: Die Decentralized Autonomous Organization – ein neuer Gesellschaftstyp? in: Neue Zeitschrift für Gesellschaftsrecht 2017, S. 1014–1020 (zitiert: *Mann* NZG 2017, S.).

Markwardt, Karsten: Kapitalaufbringung nach dem MoMiG, in: Betriebsberater 2008, S. 2414–2422 (zitiert: *Markwardt* BB 2008, S.).

Marsch-Barner, Reinhard (Hrsg.)/Schäfer, Carsten (Hrsg.): Handbuch börsennotierte Aktiengesellschaft, 2017 (zitiert: *Bearbeiter*, in: Marsch-Barner/Schäfer Börsennotierte AG-HdB, Rn.).

Martini, Mario: Transformation der Verwaltung durch Digitalisierung, in: Die öffentliche Verwaltung 2017, S. 443–455 (zitiert: *Martini* DÖV 2017, S.).

Martini, Mario/Weinzierl, Quirin: Die Blockchain-Technologie und das Recht auf Vergessenwerden, in: Neue Zeitschrift für Verwaltungsrecht 2017, S. 1251–1259 (zitiert: *Martini/Weinzierl* NVwZ 2017, S.).

McColgan, Peter: Abschied vom Informationsmodell im Recht allgemeiner Geschäftsbedingungen, 2020 (zitiert: *McColgan*, Abschied vom Informationsmodell im Recht allgemeiner Geschäftsbedingungen, S.).

Meder, Stephan/Blissenbach, Dirk: Anmerkung zu LG Köln, Urteil von 05.12.2007 9 S 195/07, in: Entscheidungen zum Wirtschaftsrecht 2008, S. 243–244 (zitiert: *Meder/Blissenbach* EWiR 2008, S.).

Meinel, Christoph/Gayvoronskaya, Tatiana/Schnjakin, Maxim: Blockchain: Hype oder Innovation, in: Technische Berichte Nr. 113 des Hasso-Plattner-Instituts für Digital Engineering an der Universität Potsdam, 2018, abrufbar unter: https://publishup.uni-potsdam.de/opus4-ubp/frontdoor/deliver/index/docId/10314/file/tbhpi113.pdf (zuletzt aufgerufen am: 20.06.2022, 9:54 Uhr) (zitiert: *Meinel/Gayvoronskaya/Schnjakin*, Blockchain: Hype oder Innovation, S.).

Melchior, Robin: Handelsregisteranmeldungen und EHUG – Was ist neu? in: Zeitschrift für die notarielle Beratungs- und Beurkundungspraxis 2006, S. 409–415 (zitiert: *Melchior* NotBZ 2006, S.).

Meyerdierks, Per: Sind IP-Adressen personenbezogene Daten? in: Zeitschrift für IT-Recht und Recht der Digitalisierung 2009, S. 8–13 (zitiert: *Meyerdierks* MMR 2009, S.).

Michalski, Lutz (Hrsg. bis zur 2. Auflage)/Heidinger, Andreas (Hrsg.)/Leible, Stefan (Hrsg.)/Schmidt, Jessica (Hrsg.): Kommentar zum Gesetz betreffend die Gesellschaften mit beschränkter Haftung (GmbH-Gesetz), 3. Auflage 2017 (zitiert: MHLS/*Bearbeiter* GmbHG § Rn).

Miettinen, Johanna/Villeda, Gisella Victoria: Abstimmungsformen des Aufsichtsrats, in: Die Aktiengesellschaft 2007, S. 346–352 (zitiert: *Miettinen/Villeda* AG 2007, S.).

Mödl, Robert: Die ausländische Kapitalgesellschaft, in: Rheinische Notar-Zeitschrift 2008, S. 1–22 (zitiert: *Mödl* RNotZ, S.).

Möslein, Florian: Smart Contracts im Zivil- und Handelsrecht, in: Zeitschrift für das gesamte Handelsrecht und Wirtschaftsrecht 183 (2019), S. 254–293 (zitiert: *Möslein* ZHR 183 (2019), S.).

Möslein, Florian/Omlor, Sebastian/Urbach, Nils: Grundfragen eines Blockchain-Kapitalgesellschaftsrechts, in: Zeitschrift für Wirtschaftsrecht 2020, S. 2149–2164 (zitiert: *Möslein/Omlor/Urbach* ZIP 2020, S.).

Musielak, Hans-Joachim (Hrsg.)/Borth, Helmut (Hrsg.): Familiengerichtliches Verfahren 1. und 2. Buch Kommentar, 6. Auflage 2018 (zitiert: Musielak/Borth/*Bearbeiter* Gesetz § Rn.).

Musielak, Hans-Joachim (Hrsg.)/Voit, Wolfgang (Hrsg.): Zivilprozessordnung mit Gerichtsverfassungsgesetz, Kommentar, 18. Auflage 2021 (zitiert: Musielak/Voit/*Bearbeiter* ZPO § Rn.).

Mühlenbrock, Tobias/Dienstbach, Paul: Anmerkung zu AG Wiesloch, Urteil vom 20.6.2008 – 4 C 57/08, in: Zeitschrift für IT-Recht und Recht der Digitalisierung 2008, S. 630–631 (zitiert: *Mühlenbrock/Dienstbach* MMR 2008, S.).

Mülbert, Peter O.: Shareholder Value aus rechtlicher Sicht, in: Zeitschrift Für Unternehmens- und Wirtschaftsrecht 1997, S. 129–172 (zitiert: *Mülbert* ZGR 1997, S.).

Müller, Lukas: Die Online-Gründung einer Aktiengesellschaft, in: Schweizerische Juristenzeitung 2020, S. 555–568 (zitiert: *Müller* SJZ 2020, S.).

Müller, Marion: Digitalisierung als Chance für Maschinen- und Anlagenbauer, in: Die Aktiengesellschaft 2017, R 15–R 16 (zitiert: *Müller* AG 2017, S.).

Müller-Glöge, Rudi (Hrsg.)/Preis, Ulrich (Hrsg.)/Schmidt, Ingrid (Hrsg.): Beck'sche Kurz-Kommentare Erfurter Kommentar zum Arbeitsrecht, 21. Auflage 2021 (zitiert: Müller-Glöge/Preis/I. Schmidt /*Bearbeiter* Gesetz § Rn.).

Münch, Christof: Notar und Parität – Die Bedeutung notarieller Beurkundung im Rahmen der Inhaltskontrolle von Eheverträgen, in: Deutsche Notar-Zeitschrift 2004, S. 901–914 (zitiert: *Münch* DNotZ 2004, S.).

Münchener Anwaltshandbuch Aktienrecht, 3. Auflage 2018, Schüppen, Matthias (Hrsg.)/Schaub, Bernhard (Hrsg.) (zitiert: *Bearbeiter*, in: MünchAnwHdB-AktR § Rn.).

Münchener Anwaltshandbuch GmbH – Recht, 4. Auflage 2018, Römermann, Volker (Hrsg.) (zitiert: *Bearbeiter*, in: MünchAnwHdB-GmbHR § Rn.).

Münchener Handbuch des Gesellschaftsrecht, Band 4 Aktiengesellschaft, 5. Aufl. 2020, Hoffmann-Becking, Michael (Hrsg.) (zitiert: *Bearbeiter*, in: MünchHdB-GesR Band 4 § Rn.).

Münchener Handbuch des Gesellschaftsrechts, Band 3: Gesellschaft mit beschränkter Haftung, 5. Auflage 2018, Priester, Hans-Joachim (Hrsg.)/Mayer, Dieter (Hrsg.)/Wicke, Hartmut (Hrsg.): (zitiert: *Bearbeiter*, in: MünchHdB-GesR Band 3 § Rn.).

Münchener Kommentar zum Handelsgesetzbuch Band 1, 5. Auflage 2021, Drescher, Ingo (Hrsg.)/Fleischer, Holger (Hrsg.)/Schmidt, Karsten (Hrsg.) (zitiert: MüKoHGB/*Bearbeiter* § Rn.).

Münchener Kommentar zum FamFG Band 1–2, 3. Auflage 2018, Rauscher, Thomas (Hrsg.) (zitiert: MüKoFamFG/*Bearbeiter* § Rn.).

Münchener Kommentar zur Zivilprozessordnung mit Gerichtsverfassungsgesetz und Nebengesetzen Band 2, 6. Auflage 2020, Rauscher, Thomas (Hrsg.)/Krüger, Wolfgang (Hrsg.) (zitiert: MüKoZPO/*Bearbeiter* § Rn.).

Münchener Kommentar zum Bürgerlichen Gesetzbuch, 8. Auflage 2018, Säcker, Franz Jürgen (Hrsg.)/Rixecker, Roland (Hrsg.)/Oetker, Hartmut (Hrsg.)/Limperg, Bettina (Hrsg.) (zitiert: MüKoBGB/*Bearbeiter* § Rn.).

Münchener Kommentar zum GmbHG Band 1–3, 3. Auflage 2018, Fleischer, Holger (Hrsg.)/Goette, Wulf (Hrsg.) (zitiert: MüKoGmbHG/*Bearbeiter* § Rn.).

Münchener Kommentar zum Aktiengesetz, 5. Auflage 2019, Goette, Wulf (Hrsg.)/Habersack, Mathias (Hrsg.)/Kalss, Susanne (Hrsg.) (zitiert: MüKoAktG/*Bearbeiter* § Rn.).

Münchener Kommentar zum StGB Band 4, 4. Auflage 2021, Joecks, Wolfgang (Hrsg.)/Miebach, Klaus (Hrsg.) (zitiert: MüKoStGB/*Bearbeiter* § Rn.).

Mugdan, Benno (Hrsg.): Die gesammten Materialien zum Bürgerlichen Gesetzbuch für das Deutsche Reich, 1899–1900, Band 2 (zitiert: Mugdan, Protokolle des Bürgerlichen Gesetzbuches, Band 2, S.).

Nakamoto, Satoshi: Bitcoin: A Peer-to-Peer Electronic Cash System, abrufbar unter: https://bitcoin.org/bitcoin.pdf (zuletzt aufgerufen am: 22.06.2022, 10:40 Uhr) (zitiert: *Nakamoto*, Bitcoin, S.).

Noack, Ulrich: Online-Gründung von Kapitalgesellschaften in Europa – Der neue Richtlinienvorschlag im Company Law Package, in: Der Betrieb 2018, S. 1324–1329 (zitiert: *Noack* DB 2018, S.).

ders.: Briefwahl und Online-Teilnahme an der Hauptversammlung: der neue § 118 AktG, in: Zeitschrift für Wirtschafts- und Bankrecht, S. 2289–2294 (zitiert: *Noack* WM 2009, S.).

ders.: Digitaler Rechtsverkehr: Elektronische Signatur, elektronische Form und Textform, in: Deutsches Steuerrecht 2001, S. 1893–1897 (zitiert: *Noack* DStR 2001, S.).

ders.: Hauptversammlungen und neue Medien, in: Betriebsberater 1998, S. 2533–2536 (zitiert: *Noack* BB 1998, S.).

ders. (Hrsg.)/Spindler, Gerald (Hrsg.): Unternehmensrecht und Internet, 1. Aufl. 2001 (zitiert: *Bearbeiter*, in: Noack/Spindler, Unternehmensrecht und Internet, S.).

Omlor, Sebastian: Digitalisierung im EU-Gesellschaftsrechtspakt: Online-Gründung und Registerführung im Fokus, in: Deutsches Steuerrecht 2019, S. 2544–2549 (zitiert: *Omlor* DStR 2019, S.).

Otto, Dirk-Urlich: Anmerkung zu OLG Celle, Beschl. v. 6.11.2017 – 18 W 57/17, in: Deutsche Notar-Zeitschrift 2018, S. 66–67 (zitiert: *Otto* DNotZ 2018, S.).

Paal, Boris P.: Die digitalisierte GmbH, in: Zeitschrift für Unternehmens- und Gesellschaftsrecht 2017, S. 590–620 (zitiert: *Paal* ZGR 2017, S.).

Paal, Boris (Hrsg.)/Pauly, Daniel A. (Hrsg.): Beck'sche Kompakt-Kommentare Datenschutzgrundverordnung Bundesdatenschutzgesetz, 3. Auflage 2021 (zitiert: Paal/Pauly/*Bearbeiter* DS-GVO BDSG Art./§ Rn.).

Pahlen-Brandt, Ingrid: Datenschutz braucht scharfe Instrumente, Beitrag zur Diskussion um „personenbezogene Daten", in: Datenschutz und Datensicherheit 2008, S. 34–40 (zitiert: *Pahlen-Brandt* DuD 2008, S.).

Paulus, David: Was ist eigentlich ein Smart Contract? in: Juristische Schulung 2020, S. 107–108 (zitiert: *Paulus* JuS 2020, S.).

Paulus, David/Matzke, Robin: Smart Contracts und das BGB – viel Lärm um nichts? In: Zeitschrift für die gesamte Privatrechtswissenschaft 2018, S. 431–465 (zitiert: *Paulus/Matzke* ZfPW 2018, S.).

Pellens, Bernhard/Kemper, Thomas/Schmidt, Andre: Geplante Reformen im Recht der GmbH: Konsequenzen für den Gläubigerschutz, in: Zeitschrift für Unternehmens- und Gesellschaftsrecht 2008, S. 381–430 (zitiert: *Pellens/Kemper/A. Schmidt* ZGR 2008, S.).

Pentz, Andreas: Verdeckte Sacheinlage und UG (haftungsbeschränkt), in: Habersack, Mathias (Hrsg.)/Hommelhoff, Peter (Hrsg.): Festschrift für Wulf Goette zum 65. Geburtstag, 2011, S. 355–369 (zitiert: *Pentz*, in: FS Goette, 2011, S.).

Perridon, Louis (Bearb.)/Steiner, Manfred (Bearb.)/Rathgeber, Andreas W. (Bearb.): Finanzwirtschaft der Unternehmung, 17. Aufl. 2017 (zitiert: *Perridon/Steiner/Rathgeber*, Finanzwirtschaft der Unternehmung, S.).

Peters, Carsten/Wüllrich, Philipp: Grenzenlose gesellschaftsrechtliche Flexibilität – die Societas Privata Europaea (SPE), in: Neue Zeitschrift für Gesellschaftsrecht 2008, S. 807–812 (zitiert: *Peters/Wüllrich* NZG 2008, S.).

Pohlmann, Petra: GmbH-Anteilskauf: Formzwang für Nebenabreden und Vertragsübernahme; Heilung bei Veräußerungskette, in: GmbH-Rundschau 2002, S. 41–47 (zitiert: *Pohlmann* GmbHR 2002, S.).

Preis, Ulrich/Schwarz, Katharina: Reform des Teilzeitarbeitsrechts, in: Neue Juristische Wochenschrift 2018, S. 3673–3679 (zitiert: *Preis/Schwarz* NJW 2018, S.).

Priester, Hans-Joachim: Unterschreitung des satzungsmäßigen Unternehmensgegenstandes im Aktienrecht, in: Zeitschrift für Unternehmens- und Gesellschaftsrecht 2017, S. 474–484 (zitiert: *Priester* ZGR 2017, S.).

ders.: Nichtkorporative Satzungsbestimmungen bei Kapitalgesellschaften – Begriff, Abgrenzung, Behandlung, in: Der Betrieb 1979, S. 681–687 (zitiert: *Priester* DB 1979 S.).

ders.: Zur Wirksamkeit des Verkehrsgeschäfts bei verdeckter Sacheinlage im Recht der GmbH, in: Westermann, Harm (Hrsg.)/Mock, Klaus (Hrsg.): Festschrift für Gerold Bezzenberger zum 70. Geburtstag am 13. März 2000, S. 309–321 (zitiert: *Priester*, in: FS Bezzenberger, 2000, S.).

Quiel, Philipp: Blockchain-Technologie im Fokus von Art. 8 GRC und DS-GVO, in Datenschutz und Datensicherheit 2018, S. 566–573 (zitiert: *Quiel* DuD 2018, S.).

Rasner, Markus/Möllering, Marie: Beurkundung von W&I-Policen beim Unternehmenskauf, in: Betriebsberater 2019, S. 2120–2123 (zitiert: *Rasner/Möllering* BB 2019, S.).

Rechtshandbuch Legal Tech, 2. Auflage 2021, Breidenbach, Stephan (Hrsg.)/Glatz, Florian (Hrsg.) (zitiert: *Bearbeiter*, in: Rechtshandbuch Legal Tech, Kap. Rn.).

Rechtshandbuch Smart Contracts, 2019, Braegelmann, Tom (Hrsg.)/Kaulartz, Markus (Hrsg.) (zitiert: *Bearbeiter*, in: Rechtshandbuch Smart Contracts, Kap. Rn.).

Reichert, Michael/Kaubisch, Arndt: Sitzungsgeld für Telefon- und Videokonferenzen des Aufsichtsrats? in: Die Aktiengesellschaft 2013, S. 150–157 (zitiert: *Reichert/Kaubisch* AG 2013, S.).

Rezori, Alexander: Die Kapitalaufbringung bei der GmbH-Gründung. Ausgewählte Gesichtspunkte und Neuregelung der §§ 19 Abs. 4 und Abs. 5 GmbHG, in: Rheinische Notar-Zeitschrift 2011, S. 125–148 (zitiert: *Rezori* RNotZ 2011, S.).

Riegger, Bodo/Mutter, Stefan: Zum Einsatz neuer Kommunikationsmedien in Hauptversammlungen von Aktiengesellschaften, in: Zeitschrift für Wirtschaftsrecht 1998, S. 637–640 (zitiert: *Riegger/Mutter* ZIP 1998, S.).

Ries, Peter: Brauchen wir die „Unternehmergesellschaft" und den Verzicht auf die notarielle Beurkundung des GmbH-Gesellschaftsvertrages? in: Zeitschrift für die notarielle Beratungs- und Beurkundungspraxis 2007, S. 244–246 (zitiert: *Ries* NotBZ 2007, S.).

Roemer, Heiner: Die Formbedürftigkeit von Änderungen eines Grundstückskaufvertrages nach Auflassung – Zugleich eine Besprechung von BGH, Urteil vom 14.9.2018 – V ZR 213/17, in: Rheinische Notarzeitschrift 2019, S. 192–200 (*Roemer* RNotZ 2009, S.).

Röhricht, Voker (Hrsg.)/Graf von Westphalen, Friedrich (Hrsg.): Handelsgesetzbuch Kommentar, 5. Auflage 2019 (zitiert: Röhricht/GvWestphalen/*Bearbeiter* HGB § Rn.).

Roßnagel, Alexander: Das neue Recht elektronischer Signaturen – Neufassung des Signaturgesetzes und Änderung des BGB und der ZPO, in: Neue Juristische Wochenschrift 2001, S. 1817–1826 (zitiert: *Roßnagel* NJW 2001, S.).

ders.: Pseudonymisierung personenbezogener Daten, in: Zeitschrift für Datenschutz 2018, S. 243–247 (zitiert: *Roßnagel* ZD 2018, S.).

Roßnagel, Alexander/Hornung, Gerrit: Ein Ausweis für das Internet – Der neue Personalausweis erhält einen „elektronischen Identitätsnachweis", in: Die öffentliche Verwaltung 2009, S. 301–306 (zitiert: *Roßnagel/Hornung* DÖV 2009, S.).

Roßnagel, Alexander/Hornung, Gerrit/Schnabel, Christoph: Die Authentisierungsfunktion des elektronischen Personalausweises aus datenschutzrechtlicher Sicht, in: Datenschutz und Datensicherheit 2008, S. 168–172 (zitiert: *Roßnagel/Hornung/Schnabel* DuD 2008, S.).

Roßnagel, Alexander/Scholz, Philip: Datenschutz durch Anonymität und Pseudoanonymität Rechtsfolgen der Verwendung anonymer und pseudoanonymer Daten, in: Zeitschrift für IT-Recht und Recht der Digitalisierung 2000, S. 721–731 (zitiert: *Simitis/Scholz* MMR 2000, S.).

Roth, Günter (Begr.)/Altmeppen, Holger (Hrsg.): Gesetz betreffen die Gesellschaften mit beschränkter Haftung Kommentar, 10. Auflage 2021 (zitiert: Roth/Altmeppen/*Bearbeiter* GmbHG § Rn.).

Rowedder, Heinz (Hrsg.)/Schmidt-Leithoff, Christian (Hrsg.): Kommentar Gesetz betreffend die Gesellschaften mit beschränkter Haftung: GmbHG, 6. Auflage 2017 (zitiert: Rowedder/Schmidt-Leithoff/*Bearbeiter* GmbHG § Rn.).

Ruhwinkel, Sebastian: Anmerkung zu BGH Urteil vom 14.9.2018, V ZR 213/17, in: Mitteilungen des Bayrischen Notarvereins, S. 249–251 (zitiert: *Ruhwinkel* MittBayNot 2019, S.).

ders.: Der GmbH-Geschäftsanteil, in: Deutsche Notarzeitschrift 2007, S. 237–239 (zitiert: *Ruhwinkel* DNotZ 2007, S.).

Saenger, Ingo (Hrsg.)/Aderhold, Lutz (Hrsg.)/Lenkaitis, Karlhein (Hrsg.)/Speckmann, Gerhard (Hrsg.): Handels- und Gesellschaftsrecht Praxishandbuch, 2. Auflage 2011 (zitiert: *Bearbeiter*, in: Saenger/Aderhold/Lenkaitis/Speckmann Handels- und Gesellschaftsrecht § Rn.).

Safferling, Christoph/Rückert, Christian: Telekommunikationsüberwachung bei Bitcoins, in: Zeitschrift für IT-Recht und Recht der Digitalisierung 2015, S. 788–794 (zitiert: *Safferling/Rückert* MMR 2015, S.).

Saive, David: Haftungsprivilegierung von Blockchain-Dienstleistern gem. §§ 7 ff. TMG, in: Computer und Recht 2018, S. 186–193 (zitiert: *Saive* CR 2018, S.).

ders.: Rückabwicklung von Blockchain-Transaktionen, in: Datenschutz und Datensicherheit 2018, S. 764–767 (zitiert: *Saive* DuD 2018, S.).

ders.: Blockchain in der Transportwirtschaft, in: Zeitschrift für das Recht der Transportwirtschaft 2018, S. 85–89 (zitiert: *Saive* RdTW 2018, S.).

Sattler, Andreas: Der Einfluss der Digitalisierung auf das Gesellschaftsrecht, in: Betriebsberater 2018, S. 2243–2253 (zitiert: *Sattler* BB 2018, S.).

Schäfer, Carsten: Die Lehre vom fehlerhaften Verband, 2002 (zitiert: *Schäfer*, Die Lehre vom fehlerhaften Verband, S.).

ders.: Rechtsprobleme bei Gründung und Durchführung einer Unternehmergesellschaft, in: Zeitschrift für Wirtschaftsrecht 2011, S. 53–59 (zitiert: *Schäfer* ZIP 2011, S.).

Schall, Alexander: Kapitalaufbringung nach dem MoMiG, in: Zeitschrift für Unternehmens- und Gesellschaftsrecht 2009, S. 126–155 (zitiert: *Schall* ZGR 2009, S.).

Schantz, Peter: Die Datenschutz-Grundverordnung – Beginn einer neuen Zeitrechnung im Datenschutzrecht, in: Neue Juristische Wochenschrift 2016, S. 1841–1847 (zitiert: *Schantz* NJW 2016, S.).

Schefzig, Jens: Big Data = Personal Data? Der Personenbezug von Daten bei Big Data-Analysen, in: Kommunikation und Recht, 2014, S. 772–778 (zitiert: *Schefzig* K&R 2014, S.).

Schlatt, Vincent/Schweizer, André/Ursbach, Nils/Fridgen, Gilbert: Blockchain: Grundlagen, Anwendungen und Potenziale – White Paper, Frauenhofer Institute for applied Information Technology FIT, G. 2016, abrufbar unter: https://www.fit.fraunhofer.de/content/dam/fit/de/documents/Blockchain_WhitePaper_Grundlagen-Anwendungen-Potentiale.pdf (zuletzt aufgerufen am: 16.11.21, 11:46 Uhr) (zitiert: *Schlatt/Schweizer/Ursbach/Fridgen*, Blockchain, S.).

Schmidt, Jessica: DiRUG-RefE: Ein Digitalisierungs-Ruck für das deutsche Gesellschafts- und Registerrecht, in: Zeitschrift für Unternehmens- und Gesellschaftsrecht 2021, S. 112–123 (zitiert: *J. Schmidt* ZIP 2021, S.).

dies.: EU Company Law Package 2018: Mehr Digitalisierung und Mobilität von Gesellschaften, in: Der Konzern 2018, S. 273–285 (zitiert: *J. Schmidt* DK 2018, S.).

dies.: Coming soon: „Company Law Package Part 2 – Implementation", in: Europäische Zeitschrift für Wirtschaftsrecht 2019, S. 801–802 (zitiert: *J. Schmidt* EuZW 2019, S.).

Schmidt, Karten: Gesellschaftsrecht, 4. Auflage 2002 (zitiert: K. Schmidt GesR § Rn.).

Schmidt, Karsten (Hrsg.)/Lutter, Marcus (Hrsg.): Kommentar Aktiengesetz, 4. Auflage 2020 (zitiert: K. Schmidt/Lutter/*Bearbeiter* AktG § Rn.).

Schmidt, Sascha H.: Videokonferenzen als Aufsichtsratssitzungen, 2012 (zitiert: *S. H. Schmidt*, Videokonferenzen als Aufsichtsratssitzungen, S.).

Scholz, Franz (Hrsg.): Kommentar GmbH – Gesetz, Band 1, 12. Auflage 2021 (zitiert: Scholz/*Bearbeiter* GmbHG § Rn.).

Schrey, Joachim/Thalhofer, Thomas: Rechtliche Aspekte der Blockchain, in: Neue Juristische Wochenschrift 2017, S. 1431–1436 (zitiert: *Schrey/Thalhofer* NJW 2017, S.).

Schulz, Sönke E.: Anmerkung zu einer Entscheidung des EuGH (Urteil vom 05.06.2018 – C-210/16, ZD 2018, 357) – Zur gemeinsamen Verantwortlichkeit eines Fanpage-Betreibers und des dazugehörigen sozialen Netzwerks, in: Zeitschrift für Datenschutz 2018, S. 363–365 (zitiert: *Schulz* ZD 2018, S.).

Schurr, Francesco A.: Digitalisierung im Gesellschaftsrecht in der EU: Quo vadis? in: Europäische Zeitschrift für Wirtschaftsrecht 2019, S. 772–779 (zitiert: *Schurr* EuZW 2019, S.).

Schwarz, Christian/Stein, Stefan: Industrie 4.0: Quantifizierung von Wertschöpfungsbeiträgen in digitalen Netzwerken, in: Der Betrieb 2017, 1525–1530 (zitiert: *Schwarz/Stein* DB 2017, S.).

v. Schenk, Kersten (Hrsg.): Der Aufsichtsrat Kommentar, 1. Auflage 2015 (zitiert: v. Schenk/*Bearbeiter* § Rn.).

Sefrin, Benno: Die Grundbuchpublizität – Kein Formalismus, sondern Garant für Rechtssicherheit, in: Mitteilungen des Bayrischen Notarvereins 2010, S. 268–274 (zitiert: *Sefrin* MittBayNot 2010, S.).

Sigle, Walter/Maurer, Anton: Umfang des Formzwangs beim Unternehmenskauf, in: Neue Juristische Wochenschrift 1984, S. 2657–2662 (zitiert: *Sigle/Maurer* NJW 1984, S.).

Simitis, Spiros (Hrsg.)/Hornung, Gerrit (Hrsg.)/Spiecker gen. Döhmann, Indra (Hrsg.): Nomos Kommentar Datenschutzrecht DS-GVO mit BDSG, 1. Auflage 2019 (zitiert: Simitis/Hornung/Spiecker gen. Döhmann/*Bearbeiter* Datenschutzrecht Gesetz Art./§ Rn.).

Simon, Jürgen: Der "verschwundene" Aktionär. Ein Sonderfall des Rechts auf Auskunft in der Hauptversammlung, in: Die Aktiengesellschaft 1996, S. 540–542 (zitiert: *Simon* AG 1996, S.).

Soergel, Hans-Theodor (Begr.): Kommentar Bürgerliches Gesetzbuch mit Einführungsgesetz und Nebengesetzen: BGB, Band 2: Allgemeiner Teil, §§ 104–204 BGB, 14. Auflage 2021 (zitiert: Soergel/*Bearbeiter* BGB Band 2 § Rn.).

Spindler, Gerald: Gesellschaftsrecht und Digitalisierung, in: Zeitschrift für Unternehmens- und Gesellschaftsrecht 2018, S. 17–55 (zitiert: *Spindler* ZGR 2018, S.).

ders.: Datenschutzrechtliche Anforderungen an den Einsatz der Blockchain-Technologie im Aktienrecht, in: Zeitschrift für Unternehmens- und Gesellschaftsrecht 2020, S. 707–748 (zitiert: *Spindler* ZGR 2020, S.).

ders.: Internet und Corporate Governance – ein neuer virtueller (T)Raum? Zum Entwurf des NaStraG, in: Zeitschrift für Unternehmens- und Gesellschaftsrecht 2000, S. 420–445 (zitiert: *Spindler* ZGR 2000, S.).

ders.: Verantwortlichkeiten von IT-Herstellern, Nutzern und Intermediären Studie im Auftrag des BSI, Stand 2020, abrufbar unter: https://www.bsi.bund.de/SharedDocs/Downloads/DE/BSI/Publikationen/Studien/ITSicherheitUndRecht/Gutachten_pdf.pdf?__blob=publicationFile&v=2 (zuletzt aufgerufen am: 16.11.21, 11:47 Uhr) (zitiert: *Spindler*, BSI-Studie, S.).

ders.: Gesellschaftsrecht und Digitalisierung, in: Zeitschrift für Unternehmens- und Gesellschaftsrecht 2018, S. 17–55 (zitiert: *Spindler* ZGR 2018, S.).

ders.: Initial Coin Offerings und Prospektpflicht und -haftung, in: Zeitschrift für Wirtschafts- und Bankrecht 2018, S. 2109–2118 (zitiert: *Spindler* WM 2018, S.).

Spindler, Gerald (Hrsg.)/Schuster, Fabian (Hrsg.): Recht der elektronischen Medien, 4. Auflage 2019 (zitiert: Spindler/Schuster/*Bearbeiter*, DS-GVO Art. Rn.)

Staub, Hermann (Hrsg.): Kommentar Handelsgesetzlich Band 3: §§ 105–160, 5. Auflage 2009 (zitiert: Staub/*Bearbeiter* § Rn.).

Staudinger, Julius von (Hrsg.): Kommentar zum Bürgerlichen Gesetzbuch, Buch 1: Allgemeiner Teil: §§ 125–129; BeurkG, 16. Auflage 2017 (zitiert: Staudinger/*Bearbeiter* Gesetz § Rn.).

Stein, Friedrich (Hrsg.)/Jonas, Martin (Hrsg.): Kommentar zur Zivilprozessordnung Band 5, 23. Auflage 2015 (zitiert: Stein/Jonas/*Bearbeiter* ZPO § Rn.).

Steinbrecher, Michael: Beurkundungspflicht von Änderungen eines Grundstückskaufvertrags mit Vorlagesperre der Auflassung, in: Neue Juristische Wochenschrift 2018, S. 1214–1218 (zitiert: *Steinbrecher* NJW 2018, S.).

Stelmaszczyk, Peter/Kienzle, Philipp: GmbH digital – Online-Gründung und Online-Verfahren für Registeranmeldungen nach dem Gesetzentwurf der Bundesregierung zum DiRUG, in: Zeitschrift für Wirtschaftsrecht 2021, S. 765–776 (zitiert: *Stelmaszczyk/Kienzle* ZIP 2021, S.).

Spiegel, Alexandra: Blockchain-basiertes virtuelles Geld, 2020 (zitiert: *Spiegel*, Blockchain-basiertes virtuelles Geld, S.).

Süß, Rembert (Hrsg.)/Wachter, Thomas (Hrsg.): Handbuch des internationalen GmbH-Rechts, 3. Auflage 2016 (zitiert: *Bearbeiter*, in: Süß/Wachter, HdB internationale GmbH-Recht, Land Rn.).

Sydow, Gernot (Hrsg.): Europäische Datenschutzgrundverordnung Handkommentar, 2. Auflage 2018 (zitiert: Sydow/*Bearbeiter* DS-GVO Art. Rn.).

Tebben, Joachim: Die Reform der GmbH – das MoMiG in der notariellen Praxis, in: Rheinische Notar-Zeitschrift 2008, S. 441–462 (zitiert: *Tebben* RNotZ 2008, S.).

Teichmann, Christoph: Digitalisierung und Gesellschaftsrecht, in: Zeitschrift für die gesamte Privatrechtswissenschaft 2019, S. 247–272 (zitiert: *Teichmann* ZfPW 2019, S.).

ders.: Die elektronische Gründung von Kapitalgesellschaften, in: GmbH-Rundschau 2018, S. 1–15 (zitiert: *Teichmann* GmbHR 2018, S.).

ders.: Digitale Gründung von Kapitalgesellschaften nach dem EU-Company Law Package, in: Zeitschrift für Wirtschaftsrecht 2018, S. 2451–2462 (zitiert: *Teichmann* ZIP 2018, S.).

Teichmann, Christoph/Götz, Andrea: Metamorphosen des Europäischen Gesellschaftsrechts: SUP, Company Law Package und SPE 2.0, in: Zeitschrift für Europäisches Privatrecht 2019, S. 260–286 (zitiert: *Teichmann/Götz* ZEuP 2019, S.).

Thoma, Robert: Der Handel mit Waren aller Art als Unternehmensgegenstand einer GmbH – zugleich Anmerkung zu OLG Düsseldorf, RNotZ 2011, 117 ff., in: Rheinische Notarzeitschrift 2011, S. 413–417 (*Thoma* RNotZ 2011, S.).

Thüsing, Gregor/Rombey, Sebastian: Die „schriftlich oder elektronisch" erteilte Einwilligung des Beschäftigten nach dem neuen Formerfordernis in § 26 II 3 BDSG, in: Neue Zeitschrift für Arbeitsrecht 2019, S. 1399–1403 (zitiert: *Thüsing/Rombey* NZA 2019, S.).

Tieves, Johannes: Der Unternehmensgegenstand der Kapitalgesellschaft, 1998 (zitiert: *Tieves*, Der Unternehmensgegenstand der Kapitalgesellschaft, S.).

Ulmer, Peter: Sacheinlagenverbote im MoMiG – umgehungsfest? in: GmbH-Rundschau 2010, S. 1298–1306 (zitiert: *Ulmer* GmbHR 2010, S.).

Ulmer, Peter (Hrsg.)/Habersack, Mathias (Hrsg.)/Löbbe, Marc (Hrsg.): GmbHG – Gesetz betreffend die Gesellschaften mit beschränkter Haftung Großkommentar Band 1, 2. Auflage 2016 (zitiert: UHL/*Bearbeiter* GmbHG § Rn.).

Veil, Rüdiger: Die Unternehmergesellschaft im System der Kapitalgesellschaft, in: Zeitschrift für Unternehmens- und Gesellschaftsrecht 2009, S. 623–643 (zitiert: *Veil* ZGR 2009, S.).

Vogel, Hans/Heinrich: Gutglaubenserwerb, Fälschung, Staatshaftung und Identitätsfeststellung im schwedischen Grundstücksrecht, in: notar 2002, S. 42–47 (zitiert: *Vogel* notar 2002, S.).

Wachter, Thomas: Neues zum Europäischen Gesellschaftsrecht: Digitalisierung im GmbH-Recht, in: GmbH-Steuerberater 2018, S. 214–227 (zitiert: *Wachter* GmbH-StB 2018, S.).

ders. (Hrsg.): Kommentar Aktiengesetz, 3. Auflage 2018 (zitiert: Wachter/*Bearbeiter* § Rn.).

ders.: Zweigniederlassungen englischer private limited companies im deutschen Handelsregister, in: Zeitschrift für die Notarpraxis 2005, S. 122–145 (zitiert: *Wachter* ZNotP 2005, S.).

Wagner, Bernd: Disruption der Verantwortlichkeit Private Nutzer als datenschutzrechtliche Verantwortliche im Internet of Things, in: Zeitschrift für Datenschutz 2018, S. 307–312 (zitiert: *Wagner* ZD 2018, S.).

Wagner, Jens: Aufsichtsratssitzung in Form der Videokonferenz – Gegenwärtiger Stand und mögliche Änderungen durch das Transparenz- und Publizitätsgesetz, in: Neue Zeitschrift für Gesellschaftsrecht 2002, S. 57–64 (zitiert: *Wagner* BZG 2002, S.).

Waldenberger, Arthur/Sieber, Dorothée: Die Unternehmergesellschaft (haftungsbeschränkt) jenseits der „Existenzgründer", in: GmbH-Rundschau 2009, S. 114–124 (zitiert: *Waldenberger/Sieber* GmbHR 2009, S.).

Walz, Robert: Mediative Vertragsgestaltung durch Notare, in: Deutsche Notarzeitschrift 2003, S. 164–181 (zitiert: *Walz* DNotZ 2003, S.).

Walz, Robert/Fembacher, Tobias: Zweck und Umfang der Beurkundung nach § 15 GmbHG, in: Neue Zeitschrift für Gesellschaftsrecht 2003, S. 1134–1143 (zitiert: *Walz/Fembacher* NZG 2003, S.).

Wälzholz, Eckhard: Die Reform des GmbH-Rechts, in: Mitteilungen des Bayrischen Notarvereins 2008, S. 425–437 (zitiert: *Wälzholz* MittBayNot 2008, S.).

ders.: Das MoMiG kommt: Ein Überblick über die neuen Regelungen, in: GmbH-Rundschau 2008, S. 841–850 (zitiert: *Wälzholz* GmbHR 2008, S.).

Wansleben, Till/Niggemann, Gerold: Verdeckte Sacheinlage und das Sacheinlageverbot in der Unternehmergesellschaft, in: Neue Zeitschrift für Gesellschaftsrecht 2012, S. 1412–1415 (zitiert: *Wansleben/Niggemann* NZG 2012, S.).

Wasse, Norman: Die Internationalisierung des Aufsichtsrats – Herausforderungen in der Praxis, in: Die Aktiengesellschaft 2011, S. 685–692 (zitiert: *Wasse* AG 2011, S.).

Weber, Charlotte: Digitalisierung im Gesellschaftsrecht – Die elektronische Gründung von Kapitalgesellschaften nach dem EU-Company Law Package, 2021 (zitiert: *Weber*, Digitalisierung im Gesellschaftsrecht, S.).

Weber, Jörg-Andreas: Die Unternehmergesellschaft (haftungsbeschränkt), in: Betriebsberater 2009, S. 842–848 (zitiert: *Weber* BB 2009, S.).

Weber-Elżanowska, Anne-Marie/Dybiński, Jacek: Die polnische eAktie – Polnisches Wertpapierrecht als rechtsvergleichende Inspiration für eine Reform des deutschen Aktienrechts? in: Zeitschrift für Bank- und Kapitalmarktrecht 2021, S. 292–299 (zitiert: *Weber-Elżanowska/Dybiński* BKR 2021, S.).

Werner, Dennis: Anmerkung zu AG Wiesloch, Urteil vom 20.6.2008 – 4 C 57/08, in: Kommunikation und Recht 2008, S. 554–556 (zitiert: *D. Werner* K & R 2008, S.).

Wertenbruch, Johannes: BGB Allgemeiner Teil, 5. Auflage 2021 (zitiert: Wertenbruch BGB AT § Rn.).

ders.: Rechtsfolgen und Heilung einer (mittelbar) verdeckten Sacheinlage, in: Neue Zeitschrift für Gesellschaftsrecht 2003, S. 1107–1109 (zitiert: *Wertenbruch* NZG 2003, S.).

ders.: Formfreie Veräußerung von GbR-Anteilen bei Halten von GmbH-Anteilen oder Grundstücken, in: Neue Zeitschrift für Gesellschaftsrecht 2008, S. 454–456 (zitiert: *Wertenbruch* NZG 2008, S.).

ders.: Audiovisuelle Zuschaltung verhinderter Gesellschafter in der GmbH-Gesellschafterversammlung, in: GmbH-Rundschau 2019, S. 149–156 (zitiert: *Wertenbruch* GmbHR 2019, S.).

Westermann, Harm Peter (Hrsg.)/Wertenbruch, Johannes (Hrsg.): Handbuch Personengesellschaftsrecht, 80. Aktualisierung 2021 (zitiert: Westermann/Wertenbruch/*Bearbeiter* PersGes-HdB Rn.).

Wicke, Hartmut: Nachhaltigkeit als Unternehmenszweck, in: Deutsche Notarzeitschrift 2020, S. 448–455 (zitiert: *Wicke* DNotZ 2020, S.).

Wiesner, Georg: Beurkundungspflicht und Heilungswirkung bei Gründung von Personengesellschaften und Unternehmensveräußerungen, in: Neue Juristische Wochenschrift 1984, S. 95–99 (zitiert: *Wiesner* NJW 1984, S.).

Willer, Heinz/Krafka, Alexander: Die elektronische Einreichung von Handelsregisteranmeldungen aus Sicht der Registerpraxis, in: Deutsche Notar-Zeitschrift 2006, S. 885–891 (zitiert: *Willer/Krafka* DNotZ 2006, S.).

Wilsch, Harald: Die Blockchain-Technologie aus der Sicht des deutschen Grundbuchrechts, in: Deutsche Notarzeitschrift, 2017, S. 761–787 (zitiert: *Wilsch* DNotZ 2017, S.).

Winkler, Karl (Hrsg.): Kommentar Beurkundungsgesetz, 19. Auflage 2019 (zitiert: Winkler/*Bearbeiter* BeurkG § Rn.).

Witt, Carl-Heinz: Verdeckte Sacheinlage, Unternehmergesellschaft und Musterprotokoll, in: Zeitschrift für Wirtschaftsrecht 2009, S. 1102–1106 (zitiert: *Witt* ZIP 2009, S.).

ders: Formbedürftigkeit und Heilung von Formmängeln bei der gleichzeitigen Einbringung von KG- und GmbH-Anteilen in eine Holding-Gesellschaft, in: Zeitschrift für Wirtschaftsrecht 2000, S. 1033–1040 (zitiert: *Witt* ZIP 2000, S.).

Woinar, Thomas: Vorsicht verdeckte Sacheinlage! In: Zeitschrift für notarielle Beratungs- und Beurkundungspraxis 2009, S. 197–207 (zitiert: *Woinar* NotBZ 2009, S.).

Wolf, Frank: Die verdeckte Sacheinlage in GmbH und AG, 2013 (zitiert: *Wolf*, Die verdeckte Sacheinlage in GmbH und AG, S.).

Wolf, Peter: Grenzüberschreitende Mobilität von Gesellschaften in Europa – Entwicklungslinien der Niederlassungsfreiheit zwischen Vale, Brexit und Digitalisierung, in: Mitteilungen des Bayrischen Notarvereins 2018, S. 510–525 (zitiert: *Wolf* MittBayNot 2018, S.).

Wright, Aaron/De Filippi, Primavera: Decentralized Blockchain Technology and the Rise of Lex Cryptographia, Working Paper 2016, abrufbar unter: https://papers.ssrn.com/sol3/papers.cfm?abstract_id=2580664 (zuletzt aufgerufen: 30.11.21, 11:14 Uhr) (zitiert: *Wright/De Filippi*, Decentralized Blockchain Technology and the Rise of Lex Cryptographia, S.).

Würzburger Notarhandbuch, 6. Auflage 2021, Frenz, Norbert (Hrsg.)/Hertel, Christian (Hrsg.)/Limmer, Peter (Hrsg.) (zitiert: *Bearbeiter*, in: WürzburgerNotar-HdB Teil Kap. Rn.).

Wybitul, Tim/Fladung, Armin: EU-Datenschutz-Grundverordnung – Ein Überblick und arbeitsrechtliche Betrachtung des Entwurfs, in: Betriebsberater 2012, S. 509–515 (zitiert: *Wybitul/Fladung* BB 2012, S.).

Zetzsche, Dirk: Corporate Technologies – Zur Digitalisierung im Aktienrecht, in: Die Aktiengesellschaft 2019, S. 1–17 (zitiert: *Zetzsche* AG 2019, S.).

ders.: NaStraG – ein erster Schritt in Richtung Virtuelle Hauptversammlung für Namens- und Inhaberaktien, in: Zeitschrift für Wirtschaftsrecht 2001, S. 682–691 (zitiert: *Zetzsche* ZIP 2001, S.).

Zimmer, Maximilian: Neue Prüfungspflichten des Notars – oder alles beim Alten? in: Neue Juristische Wochenschrift 2019, S. 1909–1913 (zitiert: *Zimmer* NJW 2019, S.).

Zöller, Richard (Hrsg.): Kommentar ZPO Zivilprozessordnung, 33. Auflage 2020 (zitiert: Zöller/*Bearbeiter* ZPO § Rn.).

FSC
www.fsc.org
MIX
Papier | Fördert gute Waldnutzung
FSC® C083411

Kolibri 360 GmbH
Ferdinand-Jühlke-Straße 7
99095 Erfurt, Deutschland
produktsicherheit@kolibri360.de